阿加西阿斯《历史》译注与研究

Annotated Translation and Study of Agathias' *Histories*

李 强 著

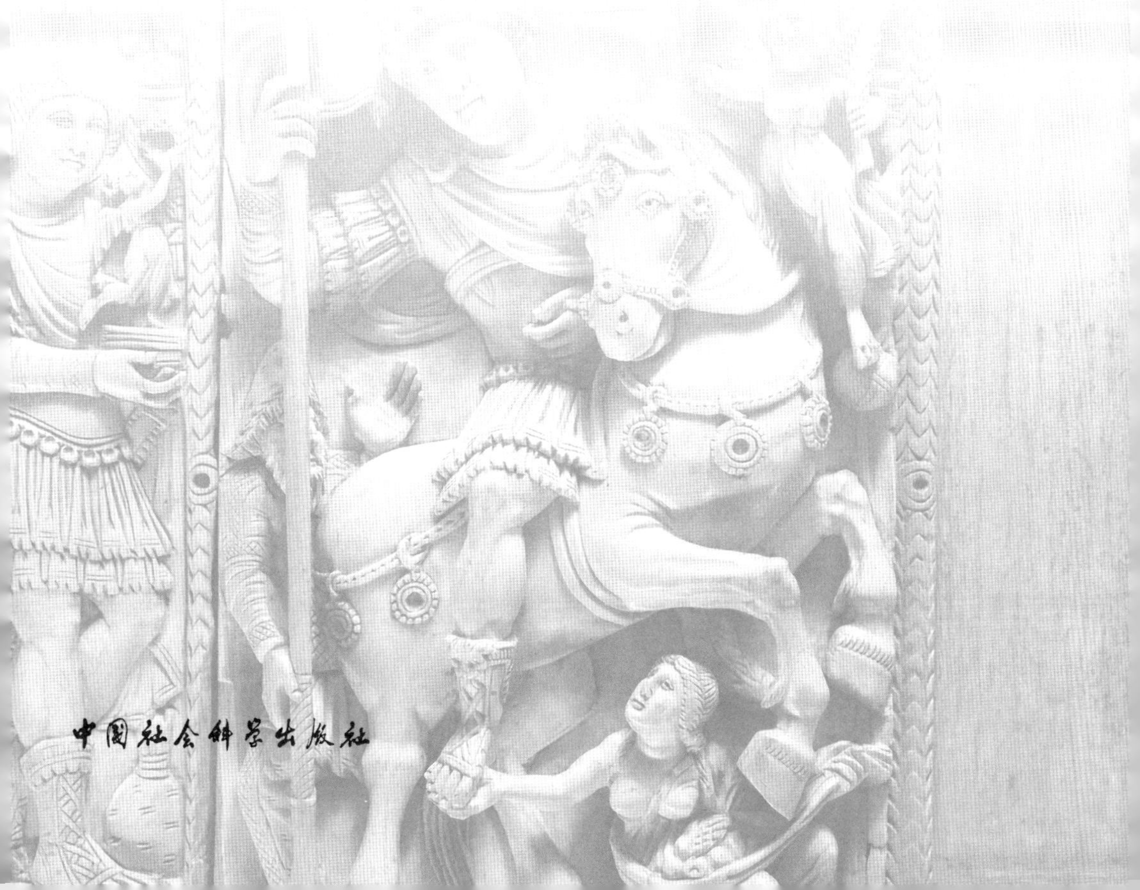

中国社会科学出版社

图书在版编目（CIP）数据

阿加西阿斯《历史》译注与研究 / 李强著. -- 北京：中国社会科学出版社，2025.5. -- ISBN 978-7-5227-4451-3

Ⅰ．K134

中国国家版本馆 CIP 数据核字第 2024DM0434 号

出 版 人	赵剑英
责任编辑	耿晓明
责任校对	李　莉
责任印制	李寡寡

出　　版	中国社会科学出版社
社　　址	北京鼓楼西大街甲 158 号
邮　　编	100720
网　　址	http://www.csspw.cn
发 行 部	010-84083685
门 市 部	010-84029450
经　　销	新华书店及其他书店

印　　刷	北京君升印刷有限公司
装　　订	廊坊市广阳区广增装订厂
版　　次	2025 年 5 月第 1 版
印　　次	2025 年 5 月第 1 次印刷

开　　本	710×1000　1/16
印　　张	18.25
字　　数	320 千字
定　　价	89.00 元

凡购买中国社会科学出版社图书，如有质量问题请与本社营销中心联系调换
电话：010-84083683
版权所有　侵权必究

国家社科基金后期资助项目
出版说明

后期资助项目是国家社科基金设立的一类重要项目，旨在鼓励广大社科研究者潜心治学，支持基础研究多出优秀成果。它是经过严格评审，从接近完成的科研成果中遴选立项的。为扩大后期资助项目的影响，更好地推动学术发展，促进成果转化，全国哲学社会科学工作办公室按照"统一设计、统一标识、统一版式、形成系列"的总体要求，组织出版国家社科基金后期资助项目成果。

全国哲学社会科学工作办公室

序　言

李强博士所著《阿加西阿斯〈历史〉译注与研究》即将由中国社会科学出版社出版。作为授业导师，应其之请为该书写序，亦在情理之中。

李强博士于2003年至2009年在东北师范大学历史文化学院完成本硕连读，硕士阶段跟我研习拜占庭学。2010年，他获希腊政府奖学金（IKY）资助，前往希腊约阿尼纳大学，师从米哈伊尔·科尔多西教授，继续研究拜占庭学及中希交流史，并于2015年以优异成绩获得博士学位。回国后，他在东北师范大学世界古典文明史研究所任职，主要从事拜占庭的法律、军事、思想文化史以及拜占庭与丝绸之路、中西文明交流史的研究。至今，他已经在东北的黑土地上辛勤耕耘近十年（这里从来不是学术的荒漠）。李博士为人积极向上，严于律己，乐于助人，献身学术，勤恳教书育人，勇于承担责任，十年来赢得了周围同仁和师生的一致赞誉。

从文献学的角度入手展开对古文本的探究和解析，以此来探索古代地中海和西亚北非文明发展的轨迹，是东北师范大学世界古典文明史研究所自1984年建所以来一直秉持、并在我国深入探索和广泛推动的事业。40年来，古典所培养了一批又一批从事西方古代史研究的精英人才，其中有我国第一代的古代西亚、北非、埃及文字的释读者，也有最好的希腊拉丁文字—文学作品研究者。他们的足迹遍布大江南北、长城内外并与世界级的相关学术领域的学者建立了持久而广泛的联系，成为推动我国世界史研究并可以与全球相关研究领域的精英学者相比肩的重要学术队伍。而对拜占庭（中世纪希腊）文献的释读和研究事业，也于本世纪早期（具体地说，2004年之后）被纳入了东北师大历史文化学院与世界古典文明史研究所的学术研究领域。以拜占庭法律文献（从拜占庭希腊文著述文本入手）研究和注释为切入点的《罗得海商法研究》（王小波，2011年中国政法大学出版社出版），《仁爱与严苛的统一：拜占庭〈法律选编〉研究》

（李继荣，2024 年中国社会科学出版社出版），和一些结合行政法律文献研究去深入探讨拜占庭中世纪社会阶层流动和社会生活的作品：《权贵与土地—马其顿王朝社会解析》（尹忠海，2010 年人民出版社出版）和《君士坦丁堡城市管理研究》（毛欣欣，2017 年吉林大学出版社出版），以及 7～10 世纪拜占庭法律文献释读与研究的重要学术论文和编译作品的相继出版（李强等，《国家治理视域下的拜占庭法律文献研究》，2024 年中国社会科学出版社出版），在我国法学界和世界史学界引起了广泛的关注。李强的这部作品，是从拜占庭希腊文的史学文本研究入手，为拜占庭历史编纂学领域贡献的一部重要著作。

本书所论及的阿加西阿斯（Agathias，532～582 年）是查士丁尼（527～565 年在位）时代晚期到后查士丁尼时代之历史作家中的典型代表人物。他的《历史》（Histories，希腊文，Ἱστορίαι）延续普罗柯比的作品，以古典风格记述查士丁尼东迎波斯、西伐意大利，欲将地中海重新变为罗马世界"内湖"、重振罗马世界雄风的历史巨变的史实。同时，书中也论及了那个时代拜占庭与欧亚大陆草原族群及西方新兴族群法兰克人之间的互动。

查士丁尼时代，是当下国际学界所强调的"古代晚期"（Late Antiquity）研究的核心时期，这是一个承前启后的过渡（转型）时代。从事"古代晚期"研究的学者并不强调罗马帝国于 3 世纪之后分裂为东、西罗马帝国、不拘泥于罗马文明在"蛮族入侵"的战争中"灭亡"的认知，不相信罗马文明的"断裂"，而更强调中世纪时期罗马文明在欧洲和地中海世界的传承和发展，只不过在此传承和发展过程中，融入了基督教的元素。因此，当代学术理论界认为，所谓"古代晚期"理论的提出，是对 18 世纪爱德华·吉本提出的"罗马帝国衰亡"理论的有力挑战。在所谓的"古代晚期"，罗马帝国的东方形成了以希腊语言为主体，将近东和埃及古代传统及基督教的核心价值融合于罗马的政治法律体系之内的拜占庭文明；在西方，形成以日耳曼语言文化与拉丁文化相融合、以日耳曼习惯法与罗马法相容共存、以基督教为核心价值的西欧中世纪文明。如果说查士丁尼是这一历史变局中发生的诸多历史事件的实践者和推动者，那么，阿加西阿斯则是这一历史变局的见证者和记录者。

历代罗马史、拜占庭史和早期中世纪研究的专家们对查士丁尼时代的历史功过均有着较为详尽的记载和评述。虽然不乏尖锐的批评和谴责，但不能否认的是，查士丁尼积极组织强大的学者队伍，重新整理编撰颁布了罗马法，使这部在后世称为《罗马民法大全》的经典成为当代欧洲大陆法系立法的蓝本；他承认了希腊语言文化已经在地中海东部占优势地位的现实，终止了罗马帝国官方语言—拉丁语在东地中海帝国（拜占庭）国家行政和立法文献中的使用，使希腊语成为拜占庭的官方语言；他强力推行"正统的"基督教信仰，打压以希腊文化为代表的"异教"势力，导致了代表希腊文化传承的"雅典学园"的衰落；他向传统的罗马"共和"体制挑战，动用国家军队镇压竞技场的民众骚乱，宣示了"一个帝国"之皇帝的权威；他强力镇压和扑灭非正统的基督教异端运动，强力推行所谓的"皇帝教权主义"（Caesaropapism）理念，强迫罗马教宗同意召开与东方的"一性派"信众妥协的第五次基督教主教公会议，并迫使其签字接受会议决议。他的军事征伐活动，最后保持了古代晚期到伊斯兰教兴起之前地中海的交通联系，维系了罗马传统在环地中海区域族群中的持续发展，但也无底线地消耗了国家的财力，加之6世纪后期天灾、地震、瘟疫的打击，以至于到了查士丁尼统治的末年，拜占庭帝国已经陷于风雨飘摇的重重危机之中。但是，查士丁尼毕竟完成了从古罗马帝国向中世纪拜占庭帝国的转型，他的立法思想，他确定以希腊语为东罗马—拜占庭帝国官方语言的举措，他所强调的"一个教会"的原则，以"政教协调"为名的"皇帝教权主义"统治理念，他对古罗马共和时期传统的决绝，以及他重新打通东西地中海交通、引进和发展中国丝织技术，并在新征服地实行军政合权的统治理念，都为中世纪拜占庭帝国的发展奠定了牢固的基础。7世纪初，拜占庭帝国已经成就了一个以东地中海为中心、以希腊语为官方语言的基督教中世纪帝国的雏形。但也为东西地中海世界的分离和基督教会的分裂埋下了隐患。

  在此特殊时代，出身于律师家庭的阿加西阿斯在帝国的东方，即亚历山大东征之后形成的叙利亚、埃及等希腊化的核心地区（也是罗马时期希腊古典文化和罗马法学教育的核心区域，这里的凯撒里亚、安条克以及贝鲁特等都是在希腊—罗马—拜占庭早期世界赫赫有名的文化名城）接受了传统的希腊化教育。在传统的古希腊文化和罗马法光环的笼罩中，阿加西阿斯一步一步经历了米利纳、君士坦丁堡和亚历山大城的学习、实践和政治历练，成为他那个时代集律师、诗人、史家于一身的社会精英人士。他的个人背景、人生追求以独特的语言和写作风格融于其《历史》作品中，从不同角度展现了帝国转型时期的特点以及同时代人应对这种变化的反应。阿加西阿斯的写作风格延续了普罗柯比的特点，其文本中充满了古典文化的痕迹：用的是接近于阿提卡方言的古希腊语、热衷于模仿希罗多德和修昔底德的书写和修辞范式，但相较于普罗柯比①，他更能心悦诚服地接受基督教已经在帝国获得至尊地位的事实。虽然他不会像中世纪的历史作者和编年史作者们那样更多地关注神迹奇事或者与圣者有关的"祥瑞"或预示着自然或人为灾祸的"神启"，却也注意到了人们在地震来临时虔诚祈祷上帝降下恩泽、解救世人的现实；他还关注到那些自以为是的人时常在大街上谈论上帝—基督之性的复杂哲学问题—这一早期拜占庭特有的社会现象。② 可以说，阿加西阿斯是拜占庭历史编纂学界从传统史学到中世纪基督教史学过渡阶段的重要代表人物，是6世纪末7世纪初从普罗柯比到西摩卡塔之间的古典学人中最后的中坚力量。

西方古典学界和"古代晚期"的许多研究学者历来都很关注阿加西阿斯及其作品，并从阿加西阿斯的作品中深入地探求普罗柯比之后拜占庭—地中海世界发生的深刻变化。自15世纪以来，对阿加西阿斯的研究经历了对其《历史》文本本身从文献学角度的整理与翻译、解读，进而对其所记录的历史人物和事件、包括对作者本人经历的详细考证、以及后来学者们对其文本从文学批评角度进行的研究。20世纪70年代以来，历史研究中对于"语言学"、文化史的格外关注和古代晚期研究理论的出现，促使人们对阿加西阿斯《历史》的研究展现出新的趋势，越来越多的学者关注史实以外的信息，如作者个人的背景、心理素质对文本书写的影响和体现。英国著名古典—拜占庭学者埃弗里尔·卡麦隆③出版于1970年的专著《阿加西阿斯》（*Agathias*），是第一部对阿加西阿斯及其著作进行综合研究的论著。在该书中，卡麦隆第一次将以阿加西阿斯为代表的6世纪拜占庭史学纳入古代晚期研究中，她强调，阿加西阿斯的《历史》是将对立冲突的古典和拜占庭元素、异教与基督教思想融合在一起的历史著作典范。虽然这部《历史》作为当时代的历史作品并不算十分厚重，但

---

① 由于普罗柯比在其作品中刻意渲染纯粹希腊文化（当时被基督徒视为异教、其学者不可飞升天堂）、很少关注基督徒的感受，因此，在近现代学者中，很多人不认为普罗柯比是纯正的基督徒。当然，这种观点后来被西方古典—拜占庭学界以埃弗里尔·卡麦隆女士为代表的一些学者所否认。
② Agathias, *Histories*, II, 29.2; V, 3.6 - 8.
③ 卡麦隆曾经在2002年应笔者邀请来中国进行学术访问。她先后在东北师大、北京大学、南开大学和复旦大学讲学，把"古代晚期"研究的信息介绍给中国学者。2019年，在东北师范大学世界古典文明史研究所出版的英文文集中，她撰文回顾了自己与中国学者交往的经历，见 Averil Cameron, 2019: "Justinian and the Sixth Century Now", in Sven Günther, Li Qiang, Claudia Sode, Stafan Wahlgren, and Zhang Qiang (eds.), *Byzantium in China: Studies in Honour of Professor Xu Jialing on the Occasion of her Seventieth Birthday*, Changchun: IHAC, pp. 57 - 70.

是其中反映的古典与中世纪特点的冲突与融合却有助于后人深入思考古代晚期的文化史变迁。

追随着西方前辈史学家对阿加西阿斯探索的理路，李强的《阿加西阿斯〈历史〉译注与研究》一书，从对希腊文原始文献的版本谱系研究入手，总结了前此西方史学界对于阿伽西斯研究之各个时段的特点，并条分缕析地以翻译评注方式，完整地向当代读者展示了阿加西阿斯的《历史》（叙事年代断限自552～559年）所记录的拜占庭帝国在意大利和高加索地区的军事、政治与文化事件、以及当时代表西方世界的法兰克人和蛮族各新兴国家与东方世界之间的交往与冲突，回顾了在此风云变幻的时代，作为传统帝国的拜占庭，应对各处边疆的军事、政治和文化变故中采取的不同应对策略、以及这些应对策略的成功之处。上述研究的完成，无疑客观地体现了李强阅读和理解古代希腊文献的深厚功力和脚踏实地、无怨无悔地投身于学术研究的赤诚之心。

值得关注的是，李强在释读和翻译阿加西阿斯《历史》文本的同时，亦做了关于阿加西阿斯所生活与写作的时代以及该时代后续影响的七项专题研究：一、古代晚期及其视角下拜占庭世俗历史书写的特点；二、雅典学园的衰落与拜占庭古典多神教思想的"终结"；三、拜占庭视野中的法兰克人；四、6～7世纪拜占庭帝国与西突厥交往中的地缘政治影响；五、古代晚期视角下拜占庭的转型及其对东西方的影响；六、古代晚期拜占庭金币的东方之旅；七、全球史视域下的纸张西传拜占庭之路。这些专题，展示了十余年来李强博士在拜占庭与古代晚期研究以及古代中国—西方早期经济、社会和文化交往互鉴领域积极探索的系列成果，从中国新一代拜占庭学者的角度，结合千余年国内外各方历史研究和著述的成果，对阿加西阿斯《历史》所展示的时代开展了进一步的拓展研究，体现了作者在拜占庭与东地中海学术领域中更为关注的志趣与方向。无疑，李强博士的系列研究将为热心于拜占庭和古代晚期研究相关方面的后来者提供更多的研究思路和更深入广泛探讨相关学术问题的有益启示。

言及此，想起李强在初入大学本科一年级时（2003年）与我的一次互动。那时，我上本科课，讲中世纪和拜占庭，在上完导言课之后，我的个人电子邮箱中收到了李强"同学"的一封信，他问我，如果立志做世界史、特别是中世纪史研究，需要具备哪些基础条件。我回答他，掌握多种语言，是学习和从事世界史研究的最重要前提，当然，史学理论（包括对于历史时空观的把握和唯物主义史学的批判思想）和写作能力训练也都是从事史学研究不可或缺的基本功，但于世界史而言，语言是最重要的工具。过后，我淡忘了这一次互动，但在三年之后，却在办公室里见到了通过严格的考核、进入本硕连读程序，即将开始中世纪与拜占庭方向硕士阶段学习任务的李强和杜培（她也是个十分聪慧的女孩子，虽然走上了不同的事业道路，却也是她目前工作领域中的一颗璀璨的明星）……我知道，李强能如愿走上中世纪与拜占庭研究的道路，必定付出了诸多艰辛与努力。我也深为他的拳拳赤子心所感动。如今，作为他的授业导师，看到经历了硕士—出国读博—回国入职奉献、教书育人……长达20余年的学术求索之路日渐成熟的李强，又完成了一个新的跨越，欣喜之心自是难于言表，唯愿他更快地攀登新的高峰。

记得我在李强及其以后各届的学生入学时常说：佛家经常劝慰那些执着于世俗凡事又感前途遥遥无期的人们"苦海无边、回头是岸"。可我却说，在学术的这条路上，我们都应该做好"回头无岸"的思想准备。学术的道路就是要不断学习、不断探索、不断挑战新的高度，真的入了门，就是一条不归路……感谢李强，他使我看到了，在学术研究的艰难旅途上，我们的90后、00后人群中总有不畏艰难险阻而奋发前行的身影，他们是我国学术界的希望。

徐家玲

2024.12.20 于长春净月东师家园

目　　录

绪　论 …………………………………………………………（1）
 第一节　选题缘起 ……………………………………………（1）
 第二节　国内外学界研究现状与趋势 ………………………（3）
 第三节　研究内容、意义及方法 ……………………………（8）

第一章　史家、著述以及《历史》抄本 ………………………（14）
 第一节　阿加西阿斯的生平及其生活的时代 ……………（14）
 第二节　阿加西阿斯的著述及其基本特征 ………………（16）
 第三节　《历史》抄本 ………………………………………（21）

第二章　译文与注释 …………………………………………（24）
 序　言 …………………………………………………………（24）
 第一卷 …………………………………………………………（31）
 第二卷 …………………………………………………………（52）
 第三卷 …………………………………………………………（88）
 第四卷 …………………………………………………………（115）
 第五卷 …………………………………………………………（142）

第三章　专题研究 ……………………………………………（166）
 第一节　古代晚期及其视角下拜占庭世俗历史书写的特点
    ——以阿加西阿斯《历史》为中心 ………………（166）
 第二节　雅典学园的衰落是拜占庭古典多神教思想的
    终结吗？ …………………………………………（178）
 第三节　拜占庭视野中的法兰克人
    ——以阿加西阿斯《历史》为视角 ………………（186）

第四节 6~7世纪拜占庭帝国与西突厥交往中的地缘政治
影响 ………………………………………………（196）
第五节 古代晚期视角下6世纪拜占庭转型及其对东西方的
影响
——以查士丁尼的帝国统治为中心 ………………（211）
第六节 古代晚期拜占庭金币的东方之旅
——兼论拜占庭金币研究的意义及其对中国
拜占庭学的启示 ………………………………（220）
第七节 全球史视域下的纸张西传拜占庭之路 ……………（228）

结 语 …………………………………………………………（243）

参考文献 ………………………………………………………（247）

索 引 …………………………………………………………（270）

后 记 …………………………………………………………（280）

绪　　论

第一节　选题缘起

阿加西阿斯（Agathias，532～582）的《历史》（*Histories*，希腊文为 Ἱστορίαι）是一部创作于6世纪中后期①的拜占庭帝国世俗历史著作，全文为仿阿提卡希腊文创作而成，内容主要涵盖两大地区的事件，即552～559年拜占庭帝国在意大利地区与哥特人的战争和在高加索地区与波斯人之间争夺领土控制权的战争。受古典文风的影响，《历史》在语言形式与结构、修辞手法以及文本体例上极力模仿希罗多德、修昔底德等古典史家；同时，由于统治者介入和推动基督教的传播，6世纪基督教在拜占庭帝国的影响不断增强（不仅深入人们日常生活之中，而且对帝国的精英阶层也产生了较深影响），② 因此各种基督教元素也若隐若现地存在于《历史》之中。古典元素逐渐消退并与基督教元素融合正是拜占庭帝国由早期向中期过渡的重要特征之一，而该书正是一部反映该趋势、展现拜占庭帝国转型特征的代表性著作。

4～6世纪是当下国际学界盛行的史学研究领域——古代晚期（Late

---

① 埃弗里尔·卡麦隆（Averil Cameron）将成书时间定在579～582年，因为：书中明确提及最晚的事件是579年萨珊波斯国王库斯劳一世（Khosrow I，531～579年在位）的去世，而卡麦隆根据阿加西阿斯对法兰克人的记载，推测阿加西阿斯在拜占庭皇帝提比略二世（Tiberius II，578～582年在位）时期依旧在写作《历史》，但鉴于书中提到下一任拜占庭皇帝莫里斯（Maurice，582～602年在位）时，只是"保罗之子"，只字未提关于其登基的任何事宜，因此，该书最晚成书时间在582年之前，参见 Averil Cameron, 1970: *Agathias*, Oxford: Clarendon Press, pp. 9–10。

② Averil Cameron, 2017: "The Eastern Church Splits", in Averil Cameron, *Byzantine Christianity: A Very Brief History*, London: SPCK Publishing.

Antiquity)① 研究的核心时期。② 古代晚期研究反对爱德华·吉本提出的"罗马帝国衰亡"理论，③ 强调该时期地中海世界及其周边处于一个社会和文化的变革时代。④ 作为这一时期地中海世界的核心区域，拜占庭帝国同样与这一大时代背景相一致，自身也处于转型的重要时期：此前以古典希腊文化和罗马制度为主的早期帝国开始向以基督教为核心、以希腊文为官方语言的中期帝国转变。其中，6 世纪是该转型的关键阶段。作为该时期最杰出的帝王，查士丁尼大帝的统治思想与实践直接影响了帝国的发展，因此 6 世纪又被称为"查士丁尼时代"⑤。文化思想上，查士丁尼颁布法令，意欲消除"异教思想"，并通过主持基督教宗教会议，企图加强对教会的控制，进而实现其拜占庭帝国"一个教会"的统一目标。在法律上，他组织法学家们对传统的罗马—拜占庭法律进行整理，编纂形成后被后世称为《民法大全》（Corpus Juris Civilis），意图实现"一部法律"的宏伟目标。其中，为了适应时代的变迁，即帝国的中心位于东方这一事实，查士丁尼颁布的《新律》开始使用东地中海的通用语言——希腊文颁布。军事上，查士丁尼发动了针对西地中海地区、旨在恢复帝国昔日荣光的再征服运动，虽获短暂成功，但是却耗尽了帝国的财力和兵力，同时帝国在征服地区的后续统治并不稳定，并造成了其统治后期帝国边疆危机四伏的态势。总体上看，查士丁尼帝国统治的理念与实践既存在合理性，

---

① 还有学者翻译为"晚期古代""古典晚期"等。此处依照大多数学者的用法，翻译为"古代晚期"。

② 古代晚期研究兴起于 20 世纪 70 年代，代表人物是彼得·布朗（Peter Brown）和埃弗里尔·卡麦隆。虽然"古代晚期"的用法早在 20 世纪初就已经有德国艺术史学者开始使用，但是作为一个研究领域，从研究的广度和深度来看，学界一般将彼得·布朗的《古代晚期的世界》视为开山之作（Peter Brown, 1971: *The World of Late Antiquity: AD 150 ~ 750*, London: Thames and Hudson Ltd.），参见刘寅《彼得·布朗与他的古代晚期研究》，《史学史研究》2021 年第 2 期。

③ 虽然在爱德华·吉本之前已经有学者在讨论罗马帝国衰亡的问题，但在其于 18 世纪末出版的六卷本《罗马帝国衰亡史》中，他认为是基督教和蛮族的胜利导致罗马帝国走向衰亡。鉴于吉本著作的广泛流行，并对后世产生重要影响，"现代学者认为，吉本通过这部六卷本的鸿篇巨制经典性地确立了'罗马帝国衰亡'模式，主宰此后学术界达两百年之久"。直到 20 世纪初，这一理论模式才逐渐被学者们否定，并被罗马帝国转型说、古代晚期等理论所代替，参见李隆国《从"罗马帝国衰亡"到"罗马世界转型"——晚期罗马史研究范式的转变》，《世界历史》2012 年第 3 期。

④ 关于古代晚期内涵的具体阐释，参见 Peter Brown, 1971: *The World of Late Antiquity: AD 150 ~ 750*, pp. 7 ~ 9.

⑤ Michael Maas ed., 2005: *The Cambridge Companion to the Age of Justinian*, New York: Cambridge University Press.

又有矛盾之处，即查士丁尼既想恢复昔日罗马帝国大一统的帝国景象，但又无法逆转帝国统治中心向东地中海转移、基督教逐渐上升为帝国核心信仰、希腊文成为通行语言的趋势，这正是拜占庭帝国转型的表现与影响。从历史发展的角度来看，拜占庭帝国的转型是无法逆转的、必然的趋势。

在文学领域，查士丁尼时代是拜占庭帝国历史上的一个黄金时期，史家辈出，论著丰硕。与此同时，该领域同样展现了明显的转型特征。整个6世纪最杰出的史家是以《战史》《论建筑》（以及于17世纪才发现的秘而不宣的《秘史》）为代表作的普罗柯比（Procopius，约500~565），他不但留下了关于这一时期最全面的历史记载的著作，更以其古典文风，为众多现代研究者所关注。[①] 事实上，这一时期还有很多知名史家，诸如约翰·马拉拉斯（John Malalas）、阿加西阿斯、侍卫官弥南德（Menander the Protector）、塞奥费拉克特·西摩卡塔（Theophylact Simocatta），但他们均被普罗柯比的光芒所掩盖。紧随普罗柯比之后，以保持古典写作风格而著称的阿加西阿斯是涉及查士丁尼统治后期最为重要的史家。他之所以能够撰写出具有古典文风的《历史》，离不开其独特的个人背景和时代背景。阿加西阿斯通过该作揭示了6世纪帝国转型时期内外的政治、军事、宗教和文化等多方面的矛盾、冲突与融合，因此，对《历史》进行整理与研究，不仅有助于深入探究拜占庭帝国转型这一重要课题，更有助于结合古代晚期研究理论进一步考查地中海文明的变动与发展及其对东西方文明的影响。

第二节　国内外学界研究现状与趋势

国际学界对《历史》的整理与研究已有六百余年的历史，在出版多

[①] 关于普罗柯比研究的著作非常丰富，近年来，受到古代晚期研究理论的影响，国际学界又出现了一股普罗柯比研究的热潮，参见 C. Lillington-Martin and E. Turquois eds., 2017: *Procopius of Caesarea: Literary and Historical Interpretations*, Milton Park: Routledge; Geoffrey Greatrex and Sylvain Janniard eds., 2018: *Le Monde de Procope/ The World of Procopius*, Paris: Éditions de Boccard; M. Meier and Federico Montinaro eds., 2022: *A Companion to Procopius of Caesarea*, Leiden: Brill。

部校勘本和译本的同时，产生了一批对文本进行深入研究的著作与论文，形成了较为丰富的研究成果。目前来看，受整体学术发展的影响，国际学界对《历史》的研究，已向跨学科、多视角等方向深化。与国际学界的繁荣景象相比，国内学界目前尚处于将《历史》作为史料加以应用的基础阶段，尚未从社会文化史的角度对作品、作者以及社会三个角度展开较为深入的探究。

《历史》文本的整理研究始于15世纪。15世纪正处于文艺复兴的盛期，整理和研究古典文献蔚然成风，受这一潮流的影响，罗马修士皮尔松纳（Christophorus Persona，1416~1486）开始整理普罗柯比的著作。据他所言，对阿加西阿斯《历史》的整理仅仅是作为其即将完成的普罗柯比著作整理工作的一个"开胃菜"。1481年5月24日~10月20日，他以梵蒂冈博物馆收藏的希腊文《历史》抄本[①]为基础结合其他抄本，首度完成了《历史》的拉丁文翻译，[②] 但是明显此时《历史》是被作为古典文献来看待的。他一共制作了六部副本，其中有五部保存了下来。1516年，博学的意大利书商和出版商马佐齐乌斯（Iacobus Mazochius，1506~1527年活跃于出版界）根据其中一个副本印刷发行。此后该版或单行或与其他文本一起多次重复印刷。在拉丁文译本出现的100多年后，即1594年，荷兰人文主义学者弗尔坎尼乌斯（Bonaventura Vulcanius，1538~1614）在荷兰莱顿出版了第一部标准拜占庭希腊文版《历史》，[③] 并附上了他的新版拉丁文译本。[④] 此后，《历史》文本的整理和移译仍在继续，主要是对皮尔松纳本《历史》的进一步整理、修正和完善。[⑤] 1828年，德国罗

[①] 该抄本编号是 V（Vat. gr. 151），参见 Agathias, 1967：*Agathiae Myrinaei Historiarum Libri Quinque*（*CFHB 2*），recensuit R. Keydell, Series Berolinensis, Berlin：Walter de Gruyter, p. xi。

[②] 鉴于皮尔松纳是依据不同抄本所整理出的新稿本，因此德国学者基德尔也将其视作一份新抄本，编号为 P，参见 Agathias, *Agathiae Myrinaei Historiarum Libri Quinque*（*CFHB 2*），p. xv。

[③] 拜占庭希腊文依据的是 Vulc. 54，s. XIV，参见 Reka Forrai, 2014："Agathias", *Catalogus Translationum et Commentariorum*, 10, p. 243。

[④] Agathias, 1594, repr., 1660：*De imperio et rebvs gestis Iustiniani imperatoris libri quinque*, Græcè nunquam antehac editi. Ex bibliothecâ & interpretatione Bonaventuræ Vulcanii. cum notis eiusdem, Leiden；Hélène Cazes ed., 2010：*Bonaventura Vulcanius：Brugge 1588-Leiden 1614*, Leiden：Brill, pp. 51, 67, 342, etc.

[⑤] Reka Forrai, 2014："Agathias", *Catalogus Translationum et Commentariorum*, 10, pp. 243~244。

马史研究学者尼布尔（Barthold G. Niebuhr，1776~1831）将其整理并出版了第一个现代版的拜占庭希腊文—拉丁文《历史》对照本，并收入第二套拜占庭历史文献大全（又称波恩大全，CSHB，*Corpus Scriptorum Historiae Byzantinae*），① 成为19世纪末和20世纪初权威的《历史》版本。德国古典学者丁多夫（L. Dindorf，1805~1871）在1871年再版了尼布尔的版本，并补充了一些新的阐释。② 在新拜占庭文献大全（CFHB，*Corpus Fontium Historiae Byzantinae*）问世以后，德国拜占庭文献学者基德尔（R. Keydell）在尼布尔版本的基础上，重新考订所收集到的《历史》抄本，整理出20世纪权威的《历史》拜占庭希腊文校勘本。③ 以此为背景，20世纪以来，《历史》的翻译和研究工作取得了极大的进展。在翻译上，先后出现俄文、英文、法文、现代希腊文和西班牙文等多个译本，其中在基德尔的1967年权威版之前出版的译本，还是以尼布尔的版本为基础：列夫臣柯（М. В. Левченко）的俄译本（1953）④、埃弗里尔·卡麦隆的英文节译本（1969~1970）⑤、弗莱多（J. D. Frendo）的英译本（1975）⑥、库里耶（B. Coulie）的法译本（2006）⑦、马哈瓦尔（P. Maraval）的法译本（2007）⑧、阿莱克萨基斯（Alexandros Alexakis）的拜占庭希腊文—现

---

① Agathias, 1828: *Agathiae Myrinaei Historiarum Libri Quinque*, cum versione latina et annotationibus Bon. Vulcanii; B. G. Niebuhrius C. F. graeca recensuit, Bonnae: Impensis ED. Weberi. 该版本亦收录于米涅希腊教父大全（*Patrologia Graeca*, Vol. 88, J. P. Minge, 1860, pp. 1248~1608）。

② Agathias, 1871: *Historici Graeci Minores* II: *Menander Protector et Agathias*, edidit L. Dindorf, Leipzig: B. G. Teubneri.

③ Agathias, 1967: *Agathiae Myrinaei Historiarum Libri Quinque* (CFHB 2); 在此之后，还有一本意大利学者整理的校勘本，即 Agathias, 1969: *Agathiae Myrinaei Historiarum Libri Quinque*, recensuit S. Costanza, Messina: Universita degli Studi。

④ Agathias, 1953: *Агафий Миринейский. О царствовании Юстиниана* (Agathias of Mirineas. On the Reign of Justinian), trans. by М. В. Левченко (M. V. Levchenko), Moscow: AN Publishing House of the Academy of Sciences.

⑤ Averil Cameron, 1969~1970: "Agathias on the Sassanians", *Dumbarton Oaks Papers*, Vol. 23~24, pp. 67~183.

⑥ Agathias, 1975: *Agathias*: *The Histories* (CFHB 2A), trans. by J. D. Frendo, Series Berolinensis, Berlin: Walter de Gruyter.

⑦ Agathias, 2006: *Thesaurus Agathiae Myrinaei*: *Historia et epigrammata*, ed. by B. Coulie, Turnhout: Brepols.

⑧ Agathias, 2007: *Agathias*, *Histoires*, *Guerres et malheurs du temps sous Justinien*, trans. by P. Maraval, Paris: Les Belles Lettres.

代希腊文对照本（2008，2023年修订本）①、阿莱山德罗（Pagano Alessandro）和奥尔特加（Rosario García Ortega）分别出版的西班牙文译本（2008、2008〈2018〉）②。

  在整理和翻译的基础上，国际学者对《历史》进行了解读性研究。第一类是传统的历史考证研究。从内容上看，学者们重点关注的是《历史》中有关法兰克人、哥特人和波斯人记载的史料价值及其在研究中的应用。③ 第二类是文献学研究。这类研究是古典文献学者的旨趣所在，通过文本的分析和考查，他们主要对阿加西阿斯的个人经历、家庭和教育背景进行了考证，与此同时重点考查历史文本中的古典元素以及基督教元素的体现和融合④。第三类是文学批评研究。20世纪70年代历史研究中"语言学"的转向、文化史的兴起以及古代晚期研究理论的出现，促使学者们在研究《历史》中展现了新的趋势，越来越多的学者关注史实以外的信息，如作者个人的背景、心理对文本书写的影响和体现，因此一些学

---

① Agathias, 2008: Ἀγαθίου Σχολαστικοῦ, Ἱστορίαι, trans. by Alexandros Alexakis, Athens: Kanakis Editions.

② Agathias, 2008: Historias, trans. by Pagano Alessandro, Madrid: Editorial Gredos; Agathias, 2008: De imperio et rebus gestis Iustiniani, trans. by Rosario García Ortega, Madrid: Gredos; Agathias, 2018: Historias: guerras en Italia y Persia, trans. by Rosario García Ortega, Granada: Centro de Estudios Bizantinos, Neogriegos y Chipriotas.

③ Averil Cameron, 1968: "Agathias on the Early Merovigians", *Annali della Scuola Normale Superiore di Pisa. Lettere, Storia e Filosofia*, Serie Ⅱ, 37~1/2, pp. 95~140; Geoffrey Greatrex, 1995: "Procopius and Agathias on the Defences of the Thracian Chersonese", in C. Mango and G. Dagron eds., *Constantinople and its Hinterland*, Aldershot: Ashgate, pp. 125~129; Gherardo Gnoli, 2004: "Agathias and the Date of Zoroaster", *East and West*, 54~1/4, pp. 55~62; David Frendo, 2004: "Agathias' View of the Intellectual Attainments of Khusrau I: A Reconsideration of the Evidence", *Bulletin of the Asia Institute*, New Series, 18, pp. 97~110; Dallas DeForest, 2020: "Agathias on Italy, Italians and the Gothic War", *Estudios bizantinos*, 8, pp. 61~81.

④ Averil Cameron, 1964: "Herodotus and Thucydides in Agathias", *Byzantinische Zeitschrift*, Vol. 57, pp. 33~52; Ronald C. McCail, 1967: "The Earthquake of A. D. 551 and the Birth-date of Agathias", *Greek, Roman and Byzantine Studies*, 8, pp. 241~247; R. Keydell, 1968: "Sprachliche Bemerkungen zu den Historien des Agathias", *Byzantinische Zeitschrift*, 61, pp. 1~4; Ronald C. McCail, 1968: "Poetic Reminiscence in the Histories of Agathias", *Byzantion*, 38, pp. 563~565; Ronald C. McCail, 1970: "On the Early Career of Agathias Scholasticus", *Revue des études byzantines*, 28, pp. 141~151; Ronald C. McCail, 1977: "'The Education Preliminary to Law': Agathias, 'Historiae', 11, 15, 7", *Byzantion*, 47, pp. 364~367; K. Adshead, 1983: "Thucydides and Agathias", in B. Croke and A. M. Emmett eds., *History and Historians in Late Antiquity*, Sydney: Pergamon Press, pp. 82~87; Francesco Valerio, 2013: "Aazia student ad Alessandria (Hist. 2. 15. 7)", *Byzantion*, 83, pp. 415~420.

者从该角度对《历史》展开研究。①

英国著名古典—拜占庭学者埃弗里尔·卡麦隆出版于1970年的专著《阿加西阿斯》(Agathias),②是第一部对阿加西阿斯及其著作进行综合研究的论著。虽然距其出版已经过去了50余年,但其在阿加西阿斯研究中的综合性、权威性目前尚无人超越。③ 在该书中卡麦隆提出经典论断,即《历史》是将对立冲突的古典和拜占庭元素、异教与基督教思想融合在一起的历史著作典范。④ 该书的最大贡献便是卡麦隆第一次将以阿加西阿斯为代表的6世纪拜占庭史学纳入古代晚期研究的范式。正是因为古代晚期是对早期拜占庭研究的突破和创新,因此作为既是古典—拜占庭学者又是古代晚期研究推动者的卡麦隆强调,虽然阿加西阿斯《历史》所载内容有限,但是其中反映的古典与中世纪特点的冲突与融合却有助于深入思考古代晚期的文化史变迁。⑤ 这正是本书撰写的起因,也是所要呈现和阐释的目标。

近年来,随着与国际学界交流的日益密切,中国学界越来越重视古典—拜占庭历史文献的整理与研究工作,并将之视作进一步研究和展现中国话语的基础。在古典学方面,出现了以日知古典丛书为代表的一大批原

---

① Aathon Kaldellis, 1997: "Agathias on History and Poetry", *Greek, Roman and Byzantine Studies*, 38, pp. 295~306; Aathon Kaldellis, 1999: "The Historical and Religious Views of Agathias: A Reinterpretation", *Byzantion: Revue internationale*, Vol. 69, pp. 206~252; Athony Kaldellis, 2003: "Things Are not What They Are: Agathias Mythistoricus and the Last Laugh of Classical Culture", *Classical Quarterly*, 53, pp. 295~300; Alexandros Alexakis, 2008: "Two Verses of Ovid Liberally Translated by Agathias of Myrina (Metamorphoses 8. 877~878 and Historiae 2. 3. 7)", *Byzantinische Zeitschrift*, 101. 2, pp. 609~616; L. Liculle Santini, 2023: "Literary (self-) Criticism in Agathias' Histories", *Maia*, Vol. 75, pp. 106~120.
② 该书是在其博士论文的基础上完善而成(1966),其导师是著名的意大利古典史学家莫米里亚诺(A. Momigliano)。
③ 2023年11月末,英国圣安德鲁斯大学博士桑蒂尼(Larisa Ficulle Santini)在其学校网站提交了以《重估阿加西阿斯:普罗柯比之外的早期拜占庭史学》为题的博士论文,但论文内容尚未开放。据其摘要介绍,该论文从历史学、文学批评、文献学以及语言学的跨学科角度出发,对阿加西阿斯史家身份以及其在历史创作中的角色展开分析。作者认为《历史》不止是一部模仿希罗多德和修昔底德的古典风格的历史著作;也不仅是普罗柯比《战史》的续写,更是一部具有其特质的、独立学者的文学选择。见 L. Ficulle Santini, 2023: *Reassessing Agathias: Early Byzantine Historiography beyond Procopius*, PhD dissertation, St. Andrews University, 29 Nov. https://research-portal.st-andrews.ac.uk/en/studentTheses/reassessing-agathias-early-byzantine-historiography-beyond-procop, accessed on 20-02-2024。
④ Averil Cameron, 1970: "Agathias' History in fact provides a peculiarly interesting case of the fusion of opposites characteristic of a transitional period. Christian and pagan, classical and Byzantine—these are the obvious polarities, and there are other more subtle contrasts", see Averil Cameron, *Agathias*, p. vii.
⑤ Averil Cameron, *Agathias*, p. 8.

始文献的中译，而拜占庭学领域也已经开始进行文献的整理和翻译工作，如约尔丹（约达尼斯）的《哥特史》①、普罗柯比（普洛科皮乌斯）的《战史》②和《秘史》③、莫里斯的《战略》④、利奥的《战术》⑤、安娜·科穆宁娜的《阿莱克修斯传》⑥等都有了中文译本，此外还有一大批拜占庭时期的法律文献也得到了整理和翻译，⑦这不仅体现了国内古典—拜占庭学日益受到重视，更凸显了其研究的新趋势。学者们一致认为，重视古典语言与古典历史文献的整理研究有助于全面推动国内古典—拜占庭学研究的深入发展，以及加强与国外学者展开对话，从而逐步构建中国学者在世界历史研究领域的话语权，并推动中西文明的交流互鉴。不过，从现状来看，国内的古典—拜占庭历史文献整理工作仍旧处于发展阶段，尚有很大提升空间，拜占庭学领域的情况尤为如此。

鉴于此，本书作者认为，整理《历史》的中文译注本，在此基础上探究《历史》中所反映的拜占庭帝国转型特征及其理论与实践的关系，既符合国内古典—拜占庭学发展的总体趋势，也有助于中国学者与国际学术界接轨，并积极参与到国际拜占庭学研究中。

第三节　研究内容、意义及方法

古代晚期作为一个重要的研究时期、领域，在国际学界已经得到广泛

---

① 〔拜占庭〕约达尼斯：《哥特史》，罗三洋译注，商务印书馆，2012。
② 〔拜占庭〕普洛科皮乌斯：《普洛科皮乌斯战争史》，王以铸、崔妙因译，商务印书馆，2010；〔东罗马〕普罗柯比：《战史》，崔艳红译，陈志强审校注释，大象出版社，2010。
③ 〔拜占庭〕普罗柯比：《秘史》，吴舒屏、吕丽蓉译，陈志强审校注释，上海三联书店，2007。
④ 〔拜占庭〕莫里斯一世：《战略》，王子午译，台海出版社，2019。
⑤ 〔拜占庭〕利奥六世：《战术》，李达译，台海出版社，2018。
⑥ 〔东罗马〕安娜·科穆宁娜：《阿莱克修斯传》，谭天宇、秦艺芯译，东北林业大学出版社，2017；〔古罗马〕安娜·科穆宁娜：《阿莱克休斯传》，李秀玲译，上海三联书店，2018。
⑦ 罗马法的整理与研究，在国内起步较早，最早的拜占庭时期罗马法的中译本是〔罗马〕查士丁尼：《法学总论—法学阶梯》，张企泰译，商务印书馆，1989。以东北师范大学徐家玲为首的拜占庭学团队自2008年以来整理、翻译并发表了早期和中期拜占庭的重要法律文献，即将以《国家治理视域下的拜占庭法律文献研究》为题结集由中国社会科学出版社出版。与此同时，厦门大学罗马法教研室（罗马法研究所）与中国政法大学罗马法与意大利法研究中心也分别整理出版了一批重要的拜占庭法律文献，包括罗马法民法大全翻译系列和优士丁尼国法大全选译系列，其中代表作如徐国栋《优士丁尼〈法学阶梯〉评注》，北京大学出版社，2011。

的认可和积极的参与，21世纪以来，随着世界史一级学科的建立以及中国日益国际化的发展趋势，越来越多的中国古代—中世纪学者投入古代晚期的研究当中，使得古代晚期研究在中国呈现出快速发展的态势。鉴于此，本书以《历史》为个案，通过由特殊到一般的研究思路，对该时期拜占庭帝国转型现象、特征、原因及其对后世影响展开深入研究。具体而言，本书以《历史》文本的翻译与注释为基础，结合文本内容，从作者的时代背景、个人经历、文本的形式、其中贯穿的写作思想、记载的重要史实等角度考查拜占庭帝国这一转型发生的长时段原因、探究古典文化与基督教文化对拜占庭帝国转型产生的具体影响，以及转型的体现和对此后拜占庭以及周边文明的影响等问题。

（一）研究内容

按照上述思路，本书由五部分构成。

第一部分　绪论

绪论包括三个方面。选题缘起指出，6世纪是古代晚期研究中的核心时段，而拜占庭作为古代晚期研究的重要组成部分，这也是其重大的转折阶段。从文化和思想的层面来看，帝国由以古典希腊文化和罗马制度为主的早期帝国向以基督教为核心、以希腊文为官方语言的中期帝国转变。阿加西阿斯《历史》正是在这个时代背景下创作而成，通过对该文本的研究，可以从个案的角度展现拜占庭帝国在整个地中海世界中潜移默化的转型，这对于系统地研究拜占庭帝国的历史发展，古代晚期地中海文明的变革具有重要的借鉴意义。国内外研究现状与趋势指出，有关阿加西阿斯《历史》的研究在国际学界已经有数百年的历史，而且经历了文本整理与翻译、传统的文本考证向文学批评以及跨学科研究的新趋势的发展，但国内刚刚接触古代晚期以及地中海文明史的研究，尚处于兴起阶段，这也是本书研究的重要背景。研究内容、意义与方法部分主要介绍了全书的内容与研究思路，并强调，本书对于国内古代晚期和古典—拜占庭学研究具有基础性意义，是中国学界对于世界史研究的积极探索，并且《历史》的内容对于中国的国家治理以及处理对外关系具有借鉴意义；同时简介了本书采取的基本研究方法。

第二部分　史家、史著与抄本

该部分主要梳理阿加西阿斯的个人生平，丰富研究背景，并且梳理《历史》的抄本信息。阿加西阿斯是6世纪拜占庭一位非常具有代表性的史家，自幼接受了传统的古典学教育，后研习法学，深受罗马法治传统文化的影响，但是他所生活的时代恰逢基督教思想走向兴盛的时期，因此他本人的经历深刻地映射着这个时代的复杂特征，这种特征又被阿加西阿斯融入了他的《历史》之中。除《历史》外，他的作品还有诗歌、铭体诗等，其中一部分铭体诗作品流传下来，与《历史》一起成为研究其思想特征以及6世纪拜占庭帝国历史的重要史料。《历史》共有14份抄本，分别收藏在欧洲各地的图书馆以及博物馆。

第三部分 《历史》翻译与注释

近年来国内的世界史研究发展迅速，作为研究的重要基础——史料的整理和翻译也愈发受到重视。目前，国内学界对世界古代—中世纪文献史料的翻译和整理主要集中于古典时期的文本，古代晚期尤其是拜占庭帝国的文献整理和翻译还处在起步阶段。此外，在翻译的基础上对作品的注释，可以帮助读者更好地理解文本。因此，本书主要以目前权威的基德尔校勘本为底本，借助其他语言的译本（英文、法文、俄文、现代希腊文、西班牙文等），尽可能地提供一部忠实于原文、全面关注最新研究成果、细致解析文本的翻译—注释本。

第四部分 专题研究

在译注的基础上，本书将对《历史》文本展开深入研究。主要从以下四个角度入手。

第一，古代晚期背景下6世纪拜占庭历史编纂学的中世纪转向研究。西方学者关于古代晚期历史编纂学的研究多集中于4~5世纪，而6世纪作为拜占庭历史编纂学变革的一个重要时期却遭到忽视（仅有少数拜占庭学者对此有所关注）。本书以《历史》为个案，重点考查拜占庭帝国史学在6世纪的重大转变："拉丁文向希腊文的转变"与"古典叙事风格向基督教历史观的转变"。并且提出，上述变化之后的拜占庭编纂学呈现出与早期拜占庭乃至西方中世纪历史编纂学不同的新的历史编纂学范式，它是基督教史观与古典语言风格书写的有机融合，在此基础上，进一步探究拜占庭历史编纂学中世纪转向后的特征及影响要素。

第二，古典与基督教思想冲突和融合下的帝国转型理论与实践研究。6世纪是拜占庭帝国古典文化逐渐衰退，基督教文化盛行并进而获得统治地位的时期。以查士丁尼为代表的官方对以古典文化为代表的异教思想不断打压。该部分以529年雅典学园关闭事件为中心，重点考查拜占庭古典多神教思想和基督教思想关系的演变问题，强调529年并非古典多神教思想的终结，古典与基督教文化已经逐渐摆脱冲突并趋于融合，这对于中晚期拜占庭帝国独特文明特征的形成具有重要的推动作用。

第三，6~7世纪帝国的边疆族群观念与边疆治理方略。阿加西阿斯《历史》对552~559年拜占庭在东西两侧的意大利与高加索边疆地区的事务进行了详细描写，其中也包括对法兰克人、拉齐人等帝国边疆族群特征的细致描写。该部分以史料中的法兰克人以及与此相关的拜占庭与西突厥关系为重点（阿加西阿斯的著述虽未直接涉及西突厥，但重点书写了南高加索地区这一连接西突厥的重要通道），重点考查拜占庭对于不同边疆以及活跃在该地区的族群的认知和处理方式，探究帝国在处理族群与边疆问题上的灵活策略，意在说明帝国在6~7世纪极为复杂的外部地缘政治环境下，曾试图根据边疆地区族群的变动，主动调整帝国的政治、经济、军事与文化政策。但帝国的行动多出于临时性的决定且不具系统性与延续性，这些因素导致帝国在6世纪末7世纪初虽然短暂在东西两方向上取得了优势，但随后立即被迫转为收缩防御，在政治、军事、边疆统治等领域加速了向中世纪希腊化帝国转型的进程。这种转型是主动调整与被动适应双重作用的结果。

第四，古代晚期视角下拜占庭帝国转型对地中海周边世界的影响。该部分以《历史》的背景为中心，考查转型下的拜占庭帝国对地中海世界周边地区的影响。查士丁尼时代是帝国转型的重要阶段，同时也是古代晚期拜占庭帝国与外部世界交往的活跃时期。通过查士丁尼个人对拜占庭帝国所发生的转型的感知、其个人的策略以及拜占庭帝国金币的跨境传播，考查帝国转型与地中海周边世界的关系，可以揭示处于转型时期的拜占庭帝国如何解决自身内部的转型与其对外关系的变化之间的矛盾问题，并且进一步厘清6世纪之后拜占庭帝国与地中海东西世界的西欧、近东乃至远东地区的互动交流及其影响。鉴于古代晚期与全球史研究主题和视角的交叉性，该部分最后又从纸张传播的角度，突破了6世纪的时间限制，强调了古代晚期地中海与欧亚大陆互动交流的历时性与跨区域性的影响。

第五部分 结语

结语部分，对全书进行总结和提升。首先对古代晚期拜占庭帝国转型的总体特征、表现、影响进行阐述，然后对地中海文明的变革进行探讨。在分析阿加西阿斯《历史》个案的基础上，强调以拜占庭为中心的地中海文明在这个时期面临的变革受到了来自西方与北方族群迁徙以及东方丝路政局变动的影响，在应对外来文化和族群冲击的同时，地中海区域文明一方面试图维护其传统，另一方面也主动调适并融入其中，这共同塑造了中世纪时期新的地中海文明，并且对于近代欧洲、丝路各文明的发展起到了一定的促进作用。

（二）研究意义

《历史》的整理和翻译可以提供标准的中文译注本，同时展示该书中所载重大历史问题的最新观点和研究成果。史料的整理和翻译是学术研究的核心基础，代表了一个国家学术研究的水平。国内加大了整理和翻译西方古典史料的力度，取得了引人注目的成果，其中东北师范大学世界古典文明史研究所主编的《日知古典》丛书便是最杰出的代表之一。但国内拜占庭领域的史料整理和翻译工作未受到足够重视。从拜占庭学来看，与阿加西阿斯同时代的普罗柯比的大部分著作已经得到了整理和翻译（尚有《论建筑》未得到翻译），并且迅速在学界得到推广和使用，因此，《历史》译注本的出现，可能有助于进一步加快中国拜占庭学的史料整理工作。同时，本书将国际学者最新研究成果加以收集和整理，令读者能够了解到与之相关的最新研究动态和发展趋势。

古代晚期视角的《历史》研究，对于推动国内古代晚期拜占庭学的研究工作具有积极的意义。古代晚期研究是自20世纪70年代兴起、流行于西方的研究古典—中世纪过渡时期的新研究领域。该范式强调，3～8世纪的地中海及其周边世界是一个积极的转型时期。这一研究范式的出现极大地改变了学界以往强调古典衰落、中世纪黑暗、忽视古典向中世纪转变的观点。[1] 古代晚期研究脱胎于早期拜占庭研究，但是，前者对后者的突破和创新，在变换研究思路的基础上，造就了新的史观、新的侧重领域。[2] 本书就是进行这样一个尝试，透过《历史》内容中所反映的作者的历史观、宗教观以及文本形式的张力，来发现拜占庭社会、文化和思想等领域所体现的古代晚期的特点，以及其对拜占庭帝国转型的重大影响。

同时，对《历史》所载意大利地区和东部高加索地区的地理、人文环境以及草原族群的研究，有助于国内对"一带一路"沿线国家、地区和民族的深入了解。《历史》所涉及的意大利和高加索地区处于今天"一带一路"的关键位置上，因此，通过该著作的整理和研究，可以为今天中国在"丝绸之路经济带"和"21世纪海上丝绸之路"的研究与推进，提供具有价值的地缘政治信息，对于如何处理与周边地区的族群或国家的关系提供一些借鉴。

---

[1] 李隆国：《古代晚期研究的兴起》，《光明日报》2011年12月22日；《从"罗马帝国衰亡"到"罗马世界转型"——晚期罗马史研究范式的转变》，《世界历史》2012年第3期。

[2] 陈志强：《古代晚期研究：早期拜占庭研究的超越》，《世界历史》2014年第4期。

（三）研究方法

鉴于本书包括两部分——注释与研究，因此所采用的方法也有所区别。首先最重要的是，本书遵守的是马克思主义史学的基本理论与唯物史观，强调历史发展的规律性，并坚持实证研究，对史料进行鉴别分析与采纳。在注释部分，借鉴文献学的理论与方法，对文献进行合理阐释与注解。在研究部分，以二重论据法为基础，结合多种史料，对《历史》所载史实予以分析和研究；综合古代晚期研究、丝绸之路研究以及全球史研究的理论与方法，将本书的内容置于欧亚大陆的跨时空境遇内展开深入研究，进而综合展现该时期的历史发展脉络与时空影响。

第一章 史家、著述以及《历史》抄本

第一节 阿加西阿斯的生平及其生活的时代

阿加西阿斯可能在532年左右出生于小亚细亚的米里纳（Myrina，现在的土耳其桑德里克，位于伊兹密尔省阿利亚加镇附近），这是一个古代希腊伊奥利亚人所建立的城市，在6世纪时期拥有浓厚的希腊文化氛围。他的父亲迈穆诺尼乌斯（Memnonius）是一位"修辞学者"（rhetor），这个头衔可能暗示他是一位行省律师，因此其家境比较殷实。阿加西阿斯还有一个妹妹和两个兄弟。① 大概在535年，他的父亲带着全家人去帝国首府君士坦丁堡处理事务。不久之后，他的母亲佩里科莱娅（Pericleia）在君士坦丁堡去世。② 在君士坦丁堡，阿加西阿斯度过了童年的时光，并接受了初等教育，后来前往埃及的亚历山大里亚学习修辞学。551年左右，他回到了君士坦丁堡继续学习法律，并且最终成为一名律师。从其记述中可知，为了谋生，他工作非常辛苦，不但埋头于法律卷宗之中，而且常常需要工作至深夜。③ 他去世的时间像他出生的时间一样不确定。但考虑到《历史》中记载的最后事件，以及弥南德提到自己是在阿加西阿斯去世后才接续他的作品继续写作的事实，埃弗里尔·卡麦隆认为，他去世的时间应该是在579~582年。④ 基于这一考虑，查士丁尼于565年去世的时候，阿加西阿斯大概33岁，此后他又经历了查士丁二世统治时期和提比略二

---

① 关于阿加西阿斯父亲的职业问题，卡麦隆在其著作中有详细论述。她提到，阿加西阿斯的一首铭文诗中指出他的父亲是一位来自亚洲的rhetor，对于rhetor在该时期的工作性质，她也做了分析。参见Averil Cameron, 1970: *Agathias*, p. 4。
② Averil Cameron, 1970: *Agathias*, p. 4.
③ Agathias, 1975: *The Histories*, III, 1. 4.
④ Averil Cameron, 1970: *Agathias*, p. 10.

世·君士坦丁的部分统治时期。综上来看，阿加西阿斯的寿命在47~50岁。

阿加西阿斯生活的时代适逢拜占庭帝国第一个黄金时代臻至极盛而颓势渐显之时。前期，在杰出的皇帝查士丁尼的统治下，帝国纵横捭阖，在军事上完成了再征服运动，势力再次扩展到地中海西部，但从拜占庭发展的长时段历程可知，这仅仅是昙花一现。随着查士丁尼的衰老和逝去，帝国的边疆危机日益加重，帝国西部再征服的领土又逐渐丧失于日耳曼族群之手，而帝国北部和东部面临的外族压力不断强化，这意味着帝国的统治重心不得不再次转移到东方。在查士丁尼治国的"一个帝国、一部法典和一个教会"的总目标[①]中，再征服运动是皇帝对外的重要策略，其他两项目标则涉及帝国的内部管理与统治。查士丁尼组织的立法活动，将以往过时的罗马法进行整理和重新编纂，其目的有二：第一，盛世立法，确立自己的统治权威；第二，适应帝国逐渐以东地中海为中心、以基督教为信仰的统治现实。其中最突出的表现就是，新律采用希腊文编纂，其他拉丁文法律文本也出现了希腊文译本，并对异教采取更为严厉的打击政策。关于一个教会，可以发现，查士丁尼不但在法律文本中，强调了自己作为上帝代理人的身份，而且组织第二次君士坦丁堡大公会议（第五次大公会议），[②] 挟持罗马大主教，企图调和正统教派与一性论派的矛盾，从各个方面来加强对基督教的控制，这也在无形中使得基督教会在帝国的地位和影响得到极大提升。[③]

因此由以上事实可知，虽然查士丁尼极力恢复罗马帝国的统治版图，但为了维护统治，他的政策也在与时俱进，不断适应变化的时代新特征，帝国已经呈现出越来越具有东方特征的一个崭新的帝国样貌，正如当下国际学术界对拜占庭帝国的新定位：新罗马帝国。[④] 因此生活在该时代的阿加西阿斯，正是在这种昔日罗马帝国的旧影笼罩之下，整体社会与文化不断变迁的环境中成长起来的，其自身必然也受到这种环境的影响与塑造。

[①] 徐家玲：《拜占庭文明》，人民出版社，2006，第47页。
[②] 关于该次宗教会议的前因后果以及具体内容参见 *The Acts of the Coucil of Constantinople of 553, with Related Texts on the Three Chapters Controversy*, translated with an introduction and notes by Richard Price, 2 Vols., Liverpool: Liverpool University Press, 2009。
[③] 查士丁尼的宗教政策和措施存在着执行不严以及受到抵制等问题，不但教会内部没有实现统一，而且诸如聂斯脱利派、摩尼教等不同异端和异教依旧存在，因此其"一个教会"的目标并没有得到完全地实现，参见 Michael Maas ed., 2005: *The Cambridge Companion to the Age of Justinian*, pp. 215~238.〔美〕A. A. 瓦西列夫：《拜占庭帝国史》卷一，徐家玲译，商务印书馆，2020，第241页。
[④] Anthony Kaldellis, 2023: *The New Roman Empire: A History of Byzantium*, New York: Oxford University Press; Johannes Preiser-Kapeller, 2023: *Byzanz: Das Neue Rom und die Welt des Mittelalters*, München: C. H. Beck.

第二节　阿加西阿斯的著述及其基本特征

（一）著述

虽然今天研究者们更多的是把阿加西阿斯看作一位史家，但是其最初热衷的是文学创作。在史著《历史》前言中，他提到自幼便钟情于诗歌写作，并且认为诗歌创作是神圣的且受到神启发的活动。[①] 在诗歌中，人的灵魂可以达到入迷的状态。因此他决定在其年轻的时候要保持对诗歌的追求。[②] 6世纪是铭体诗（epigram，希腊文为 $\acute{ε}πίγραμμα$）非常盛行的时代，[③] 阿加西阿斯是当时铭体诗作家的代表人物。在约三十岁时，也就是在562年左右，他创作了一部个人的诗歌集，名为《达芙妮亚卡》（$Δαφνιακά$），但是该诗集已经佚失，后世仅从《历史》的前言和一首短诗了解到其存在。[④] 在前言中他写道："我在儿时便钟情于英雄史诗，因此，我用6音步（或6脚韵）写下了大量的短诗，我称这个诗集为《达芙妮亚卡》，里面都是爱情的主题，充满了迷人的话题。"[⑤] 在一首短诗中，他称自己创作了这部9卷的诗集，并将其献给爱神阿弗洛狄特。[⑥]

而令其诗人身份展现异彩的是他写作并汇编而成的另外一部保存较为完好的铭体诗集《吉格洛斯》（$Κύκλος\ τῶν\ νέων\ ἐπιγραμμάτων$）。[⑦] 这部诗集没有抄本流传下来，今天所使用和研究的版本来自拜占庭帝国的学者君士坦丁·凯法拉斯（Constantine Cephalas）于917年所汇编的一部铭体诗集。后来凯法拉斯手稿也佚失了，但该诗集出现在17世纪所发现的海德

---

① Agathias, 1975: *The Histories*, Prooimio, 9.
② Agathias, 1975: *The Histories*, Prooimio, 10.
③ 铭体诗，又翻译为碑铭体诗、铭文诗、隽语、箴铭诗或铭隽诗，最初是古代希腊人撰写在碑铭上的短小诗句，自公元前4世纪起，发展成为一种诗歌形式，并在拜占庭时期得到继承和延续。关于铭体诗的历史演变及其在拜占庭时期的情况，参见 Ruth Scodel, Peter Bing, 2011: "Greek Poetry: Epigrams", *Oxford Bibliography in Classics*, doi: 10.1093/obo/9780195389661-0049, 2021年5月11日；刘悦：《希腊—拜占庭"铭隽诗"（$\acute{ε}πίγραμμα$）文献研究》，博士学位论文，东北师范大学，2021。
④ Averil Cameron, 1970: *Agathias*, p. 12.
⑤ Averil Cameron, 1970: *Agathias*, p. 9.
⑥ W. R. Paton, 1920: *The Greek Anthology*, Vol. 1, London: William Heinemann, p. 343.
⑦ 《吉格洛斯》主要保存在两个抄本中。

堡《帕拉汀诗文集》（*Palatine Anthology*）手稿中。① 今天学者们对于《吉格洛斯》的了解主要来自上述诗集，它们现在被翻译和整理收录在洛布古典丛书（Loeb Classical Library）的《希腊诗文集》（*Greek Anthology*）里，但散落在不同卷中，目前尚未有学者将其辑录作为单册形式出版。

铭体诗这种诗歌形式最初镌刻在石碑上，后来其超出了献词的功能，包括爱情、会饮及笑话等主题。它在希腊化时期特别流行，最早的铭体诗集就是在该时期开始编纂的。类似的著作直到6世纪继续出现。著名牛津大学荣休教授西里尔·曼戈（Cyril Mango）称阿加西阿斯的《吉格洛斯》为"黑暗时代"来临之前的最后一部铭体诗集。②

据学者们考证，《吉格洛斯》的成书时间大概在568年，也有学者认为更早。这部诗集包括阿加西阿斯本人100首左右的诗作（列夫臣柯认为是101首，卡麦隆认为是100首，阿莱克萨基斯认为是110首），③ 除此以外还包含25（30左右④）位左右与阿加西阿斯同时代人的作品，⑤ 他们和阿加西阿斯基本处于同一阶层，大多是律师或者行政官员。⑥ 有学者整理出来了他们的名单，如保罗（Paul the Silentiary）、马凯冬尼乌斯（Macedonius the Consul）、辛奈西乌斯（Synesius Scholasticus）等。这些诗人基本是阿加西阿斯的同事、朋友和亲属，如保罗可能就是他的岳父，其他很多拥有Scholasticus头衔的人都是律师，这应该是与他一起工作的同事和朋友。

《吉格洛斯》中铭体诗的特点是简短、隽永、形式优美。这显示出阿加西阿斯等诗人具有很高的古典教养和优雅的趣味。关于诗歌的主题，一方面，在这些短诗中，有仿照古希腊诗人阿纳克瑞翁和萨福的精神歌颂人间爱情、会饮和愉快的生活等主题的诗歌，另一方面，还有一些献给大天使的赞辞及其他"奇迹创造者"的神圣事迹的诗歌。⑦

作为史家，阿加西阿斯的主要作品是五卷本的《历史》。该书成书时

---

① Ανδρέας Λεντάκης, 2019: *500 Ποιήματα από την Παλατινή Ανθολογία*, trans. by Ανδρέας Λεντάκης, Gutenberg.
② Cyril Mango, 2002: *The Oxford History of Byzantium*, New York: Oxford University Press, p. 225.
③ Agathias, 1975: *The Histories*, p. Ⅸ.
④ 来自沃伦·特里高德的统计，参见 W. Treadgold, 2007: *The Early Byzantine Historians*, London: Palgrave Macmillan, p. 283.
⑤ 9世纪的著名拜占庭辞书《苏达》（*Suda*）中提到该诗集的标题，并且记载到，诗集中的诗人主要是阿加西阿斯的同代人（τὸν κύκλον τῶν νέων ἐπιγραμμάτων, ὧν αὐτὸς συνῆξεν ἐκ τῶν κατὰ καιρὸν ποιητῶν）。
⑥ Cyril Mango, 2002: *The Oxford History of Byzantium*, pp. 224～225.
⑦ 〔苏联〕列夫臣柯：《拜占廷》，葆煦译，生活·读书·新知三联书店，1962，第126页。

间无法确定，作者从 565 年开始写作，但是未完成该书便去世了。该书的重要价值在于，作者接续普罗柯比《战史》结束的时间，① 继续提供了 552～559 年拜占庭对外征服和交往史的细节。《历史》前两卷记载了查士丁尼手下的宦官将军纳尔泽斯（Narses, 478～573）在意大利与哥特人、法兰克人以及阿勒曼尼人的战争；第三卷记载了高加索地区拉齐卡王国的战争问题；第四卷继续讲述关于高加索地区的问题，同时对波斯的历史进行了回顾；第五卷涉及拜占庭对小亚细亚东北地区和亚美尼亚地区的控制。

阿加西阿斯提到其撰写《历史》的原因是：自己所生活的时代战争频仍，各种灾难降临，他认为自己应该肩负起为后世保留下历史史实的重任，而不应该继续浸淫在诗歌的幻想之中，此外他还受到了自己的朋友、帝国秘书处官员尤提西亚努斯（Euthicianus）的鼓励。由此可以看出，阿加西阿斯深受以希罗多德为代表的古典史家，以及普罗柯比的影响，以保留历史史实为己任，② 当然无论是普罗柯比还是阿加西阿斯，他们的意图可能已经超越了古典时期史家的范畴，更多意在通过自己的著作，引起统治阶层的注意，从而获得更多身份提升的机会。譬如，身居高位的尤提西亚努斯对阿加西阿斯撰写该著的鼓励，可能就是这样一个暗示。阿加西阿斯还借尤提西亚努斯之口表达了他的观点：历史与诗歌之间并没有遥远的距离，唯一的差别在于韵律，这一特点在《历史》中可以清晰地看到：作者融入了大量的诗歌元素，频繁地使用诗歌词汇，引用荷马、赫西俄德、品达、欧里庇得斯等古希腊诗人的诗歌。③

（二）基本特征

古典特征。阿加西阿斯自身拥有深厚的古典素养。鉴于拜占庭时期

---

① 《战史》的记载到 552 年结束。
② 普罗柯比提出，"凯撒里亚的普洛科皮乌斯……分别记述了每一战争里的事件，其目的则在于不使时间长河由于缺乏一个记录而淹没了那些格外重要的事业……从而使它们泯灭的无影无踪"。王以铸先生提到，普罗柯比在这里的记述正是受到了希罗多德开篇的影响，参见〔拜占庭〕普洛科皮乌斯《战争史》上册，王以铸、崔妙因译，商务印书馆，2010，第 1 页。
③ Agathias, 1967: *Agathiae Myrinaei Historiarum Libri Quinque*（*CFHB 2*），S. 5～6; Anthony Kaldellis, 2003: "Things Are Not What They Are: Agathias Mythistoricus and the Last Laugh of Classical Culture", *Classical Quarterly*, 53, p.296. 在这一问题上，普罗柯比与阿加西阿斯的观点有所不同，普罗柯比认为，"聪明伶俐的人适于搞辞学，有创造力的人适于写诗歌，只有实事求是的人适于写历史"。参见〔拜占庭〕普洛科皮乌斯《战争史》上册，王以铸、崔妙因译，第 2 页。

的教育基本承袭了古希腊罗马的教育模式,初等和中等教育基本以古典内容为主。因此阿加西阿斯能够在研习法律之前,在家乡、父母身边以及亚历山大里亚接受传统的古典教育,并可以轻松阅读古典著作,创作古典风格的作品;此外,6世纪的整体社会仍然没有褪去古典的影响,很多文人墨客依旧以创作、分享古典文学作品为荣,因此古典思想在文人以及精英阶层的盛行也对他产生了深刻的影响。阿加西阿斯的诗歌和《历史》中深深印刻着古典的烙印:首先是希腊文阿提卡方言的应用,这是自古典时代以来自认为传承自古典学脉的学者们的基本特征;其次是诗歌中对古希腊主题,如爱情、饮酒等的赞颂和追求;最后是在历史作品中对希罗多德[①]和修昔底德[②]著作中语言以及经典场景的模仿,这在《历史》中多次体现。希腊学者阿莱克萨基斯还提到,阿加西阿斯《历史》中的记载,还体现了阿加西阿斯有一定的拉丁文学素养。[③] 这是可以理解的,因为他早年曾在君士坦丁堡接受法律教育,而此时的法律课程依旧包括拉丁语内容,这一点充分说明,该时期帝国正处在从拉丁文化向希腊文化的过渡。

基督教主题。传统学者在讨论6世纪史家的时候大多坚持,此时的史家们都是持有古典信仰的异教徒,其理由主要是根据他们作品中体现的强烈的古典文化色彩,以及基督教信息的模糊与隐含。[④] 对于阿加西阿斯也

---

① 卡麦隆认为,他对希罗多德的模仿主要是对后者对温泉关和普拉泰亚战役的描写,以此来隐喻贝利撒留与匈人的战斗。Averil Cameron, 1964: "Herodotus and Thucydides in Agathias", *Byzantinische Zeitschrift*, Vol. 57, p. 48。
② 关于修昔底德,阿加西阿斯模仿较多的是修昔底德著作中重要的演讲和战争场面,如伯里克利的葬礼演说词、底比斯使节演说词、普拉蒂亚围攻等。而且其中有很多模仿早就出现在罗马帝国初期的很多名家著述中,如阿里安、狄奥、普利斯库斯等,尤其是大量模仿修昔底德的普罗柯比,因此阿加西阿斯是追随着一条传统的道路。卡麦隆认为其中很多的模仿,不一定直接来自上述两位古典史家,极有可能是从后世其他模仿者那里得来,如普罗柯比。Averil Cameron, 1964: "Herodotus and Thucydides in Agathias", *Byzantinische Zeitschrift*, Vol. 57, p. 51.
③ 阿莱克萨基斯认为,阿加西阿斯《历史》中关于阿勒曼尼首领柳塔利斯在破坏基督教教堂之后所受到的惩罚的描述,与罗马诗人奥维德中关于希腊神话的记载相似,应该是前者对后者的转写,由此作者判断,阿加西阿斯拥有拉丁文化的素养和知识(有关拉丁文学对拜占庭文学的影响,这方面的研究还有待提高,但是对于拉丁诗歌对拜占庭诗人的影响有一些研究)。Alexandros Alexakis, 2008: "Two Verses of Ovid Liberally Translated by Agathias of Myrina (Metamorphoses 8.877 ~ 878 and Historiae 2.3.7)", *Byzantinische Zeitschrift*, 101.2, pp.609 ~ 616.
④ 马锋:《关于普罗柯比的宗教信仰问题》,《中南大学学报》(社会科学版)2013年第3期。

出现了这样的讨论。① 但以埃弗里尔·卡麦隆为首的大部分学者坚信阿加西阿斯就是基督徒。之所以有此结论，是因为在阿加西阿斯的各种作品中，基督教主题频繁出现，而且阿加西阿斯也在不同场合下表达了对基督教的崇敬之情。在《吉格洛斯》中就有阿加西阿斯表达对大天使的赞颂②及其他"奇迹创造者"的神圣事迹的诗歌；在《历史》一书中虽然没有找到可以明确说明他是基督徒的证据，但是从很多涉及上帝等基督教主题的记述中，明显能感受到他对基督教的尊重和亲近，如他认为上帝是仁爱而非残暴的，③ 他还记述了阿勒曼尼人因为在教堂的恶行，受到了上帝的惩罚④等。

因此通过对阿加西阿斯的生平、生活的时代以及著作特征的考察可以得知，6世纪拜占庭整体的社会环境，正处于一个由传统时代向新时代转变的重要时期，人们的思想中虽然依旧留有古希腊罗马文化的痕迹，但现实的东方化不断将他们拉向新的时代。作为精英阶层的学者，他们具有一定的保守性，仍然被传统的古典思维所包围，自诩为古典作家并以此为荣，由此便形成了普罗柯比、阿加西阿斯、侍卫官弥南德、塞奥费拉克特·西摩卡塔等前后相继、模仿并继承古典而写作的所谓的最后的古典作家群体。他们著作的特点是使用阿提卡希腊文的形式写作，并模仿古典作品的写作形式和语言风格。但是随着5~6世纪基督教的逐步确立，及其对人们思想和行为的渗透，再加上拉丁文化的逐步消逝，历史写作的古典特征逐渐让位于深受基督教影响的希腊化特征，正如卡麦隆所指出的，"从普罗柯比到希拉克略登基这段时间是文化整合的过程，是艺术、文学以及帝国仪式围绕着基督教信仰和形象为核心的不断加强，而古典文化则默默地退到后台……那些曾经想要努力保持'古典'风格的帝国史家和诗人现在开始在圣经旧

---

① 最典型的代表就是当下美国的拜占庭研究先锋学者安东尼·卡尔德里斯（Anthony Kaldellis），他虽然没有明确提出阿加西阿斯是一位异教徒，但是他认为后者表现了更为明显的对古典异教的同情，如 Athony Kaldellis, 1999: "The Historical and Religious Views of Agathias: A Reinterpretation", *Byzantion: Revue internationale*, Vol. 69, pp. 206~252。
② Aglae Pizzone, 2013: "Toward a Self-Determined and Emotional Gaze: Agathias and the Icon of the Archangel Michael", in Stock W. -M. and Mariev S. (eds.), *Theurgy and Aesthetics in Byzantium*, New York and Berlin: de Gruyter, pp. 75~103.
③ "而且我也认为上帝不应该为战争和流血负责。因为我无法将仁爱的、保护人们远离恶魔的上帝描述成残暴的、好战的，我也无法相信别人所说。"Agathias, 1975: *The Histories*, Ⅰ, 1.4.
④ "这就是他们的恶行以及他们轻视上帝和人类的法律的结果。上帝的惩罚在他们的首领身上体现尤其明显"，Agathias, 1975: *The Histories*, Ⅱ, 3.5~6。

约的语言体系中写作"①。虽然如此,但是阿加西阿斯和普罗柯比等人仍在作品中大量使用希腊神话以及古典风格的写作范式来对其同时代的人物以及事件进行书写,这显现出他们对古典风格的执着。② 但是时代的整体趋势无法改变,在 6 世纪末 7 世纪初,古典风格已经从拜占庭的世俗著作中逐渐消失或隐藏,基督教文化占据了绝对的统治地位。

第三节 《历史》抄本

基德尔在《历史》的校勘本前言中对阿加西阿斯《历史》的抄本进行了详细地阐述。据其统计,至其校勘本完成之时(1967),共有 14 份《历史》抄本被发现,其中 8 份为全文(V、L、O、W、A、M、P、R),6 份为残篇(E、D、H、G、K、J)。除了 A 抄本,其余抄本均被记录在意大利学者科隆娜(Maria Elisabetta Colonna)所编著的《4~15 世纪的拜占庭史家》③ 和匈牙利学者莫拉夫切克(Gyula Moravcsik)编著的《拜占庭—突厥史料》④ 中。A 抄本则被另一位意大利学者贞提利(Bruno Gentili)单独发表在《意大利中世纪历史研究所期刊》⑤ 上。在所有的抄本中,V 抄本(Vaticanus graecus 151)的成书时间最早,大概在 10~11 世纪,书写的材料是皮纸。V 抄本共有两卷,245 页,阿加西阿斯的《历史》在 2~241 页中。其他抄本的成书或者被传抄的时间基本在 14~16 世纪。除上述抄本外,学者们还发现,阿加西阿斯《历史》中的部分信息被摘录于其后

---

① Averil Cameron, 1981: "Images of Authority: Élites and Icons in Late Sixth-century Byzantium", in M. Mullett and R. Scott eds., *Byzantium and the Classical Tradition*, Birmingham: Centre for Byzantine Studies, University of Birmingham, p. 206.

② Anthony Kaldellis, 2003: "Things Are Not What They Are: Agathias Mythistoricus and the Last Laugh of Classical Culture", *Classical Quarterly*, 53, p. 300. 卡麦隆持不同观点,她认为,阿加西阿斯认识到基督教风格的影响,也在努力往这方面靠近,但是他古典传统的风格对他有很深的影响,令他轻易无法脱离古典的范式,参见 Averil Cameron, 1981: "Images of Authority: Élites and Icons in Late Sixth-century Byzantium", in M. Mullett and R. Scott eds., *Byzantium and the Classical Tradition*, Birmingham: Centre for Byzantine Studies, University of Birmingham, p. 225。

③ Maria Elisabetta Colonna, 1956: *Gli storici Byzantini dal IV al XV Seculo*, Napoli: Armanni, p. 3.

④ Gyula Moravcsik, 1958: *Byzantinoturcica I*, 2. Aufl., Berlin: Deutsche Akademie der Wissenschaften zu Berlin, S. 215.

⑤ Bruno Gentili, 1944: "I codici e le edizioni delle" Storie "di Agatia", *Bulletino dell'Instituto Storico Italiano per il Medio Evo e Archivo Muratoriano*, 68, pp. 163~176.

的拜占庭历史文献之中,如君士坦丁七世的《文献摘编》(*Excerpta historica*)、《苏达》(*Suda*)和《词源书》(*Etymologica*)等。

基德尔的《历史》校勘本就是在1828年尼布尔整理的拜占庭希腊—拉丁文《历史》基础上,综合上述抄本整理而成的新版本,也是当前学界研究阿加西阿斯及其《历史》的权威版本。以下为基德尔依据现有资料整理的各抄本之间的谱系图。

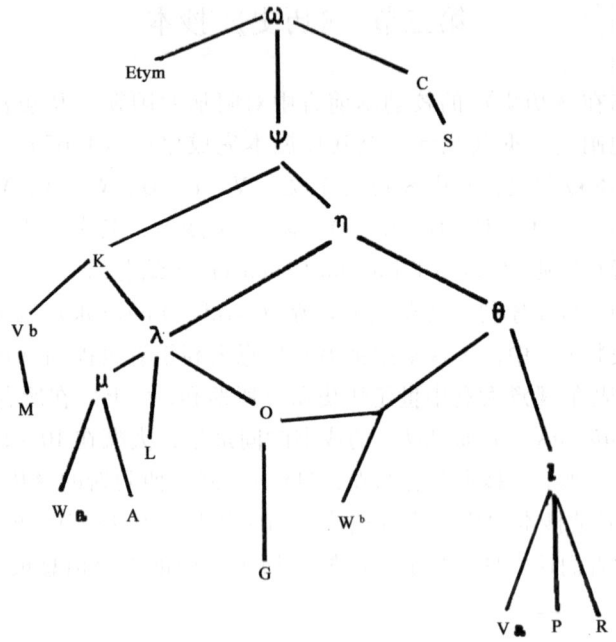

Agathias, *Agathiae Myrinaei Historiarum Libri Quinque* (CFHB 2), S. XXXIV。

各抄本的名称如下:

V^a: *Vaticanus Graecus* 151

L: *Leidensis ex leg. Vulcanii* 54

O: *Ottobobonianus graecus* 82

W: *Vaticanus graecus* 152

A: *Athos códice de Lavra* 148 ~ Θ 186

M: *Venetus Marcianus* 552

P: *Persona*

R: *Rehdigeranus* 11

第一章 史家、著述以及《历史》抄本　23

E：*Vaticanus graecus* 96
D：*Vaticanus-Palatinus graecus* 93
H：*Parisinus graecus* 1601
G：*Laurentianus* 74，13
K：*Laurentianus* 59，17
J：*Parisinus graecus* 3025

第二章　译文与注释

本译文依据基德尔的拜占庭希腊文校勘本翻译而成，并且严格遵循其排版编号顺序；同时，在存疑之处亦参考其他现代语言的译本；在此基础上，对文中的语言、句法、词汇以及历史事件与人物予以注释，尽可能地提供前沿的学术成果。

序　言

1. 战争的胜利和战利品、城市的建筑和装饰，以及其他类似所有伟大、令人惊叹的作品都是美好的事物。这些事物给那些拥有者们带来的是极大的荣耀和愉悦，但是一旦他们逝去，这些也相应地消失了。随之而来的遗忘便将事件的真相掩藏并束之高阁。了解这些的人去世后，相应的信息也随之而去。2. 记忆没有任何意义，并且只是暂时的，不会长久存在。在知晓即便作出更大的贡献，荣耀也只会伴随其一生，并终将随之逝去的情况下，如果不是上帝的福祉为了助佑人性的弱点，向我们推荐了历史的益处和由此带来的希望，我认为没有人会为了其国家而冒生命或其他危险。3. 因为我认为，奥林匹亚赛会或者尼米亚赛会①赛场上的选手不是为了得到欧芹枝或者野生橄榄枝制作的花环，天生的战士不会出于对屠杀和战利品的渴望而把自己置于公开的明显的危险之下。他们受到了对永恒、纯粹荣耀的渴望的激励，这样的荣耀除非是通过由历史给予的永生，否则无法获得，这不是依照扎摩尔克西斯②的方

---

① "尼米亚竞技会"是古代希腊最重要的四大周期性竞技赛会之一（其他三个赛会为奥林匹亚赛会、皮提亚赛会和科林斯地峡赛会），是为了纪念大力神赫拉克勒斯而进行的献祭运动会。该赛会每隔一年在尼米亚山谷举行一次，胜利者以欧芹枝加冕。

② 吉塔人（又翻译成盖塔人）的冥界之神。

式以及吉塔人①的习俗，而是以真正的永生和神圣的形式，这是凡人唯一可以永存的方式。4. 很难提及并罗列所有历史浇灌在人类生活上的祝福，简而言之，我认为历史完全不低于政治科学，甚至可能还要更有益。5. 政治科学规定了其秩序和指令以及裁决和告诫，就像是一位严厉的女教师以强迫和劝说为手段。尽管历史使一切尽可能吸引人，通过插入各种有益的轶事使她的消息更加易于接受，并在她的叙述中展示了人们因行动的智慧和公正而享有良好声誉的实例，以及因某些误算或偶然因素而误入歧途的实例，悄无声息地将美德植入人们的心中。因为得到快乐地呈现和自由选择的观点赢得了更加广泛而深入的认可。6. 我在此事的思考上花费时间太长，我认为从事这一领域的人应该像社会捐助人一样受到仰慕和赞颂，最初我也没有想到自己会去尝试这种文体。7. 的确，自孩童时代我便倾心于英雄韵律，并且乐于享受诗歌带来的愉悦，于是我以六音步创作了很多短诗，（将整理的诗集）② 命名为《达芙妮亚卡》，③ 并以爱情的情节来修饰，（使之）充满了同样迷人的主题。8. 此外，我认为值得赞赏和快乐的工作是尽可能地把那些最近和当代的鲜为人知、但得到口耳相传的铭体诗分类、收集整理成完整的诗集。④ 我已经把这部诗集与其他我所创作的作品放在一起完成了，我的目的不是实用，而是因为它们令人惊叹和愉悦。9. 诗歌是如此神圣和美好的事物。正如身为哲学家的阿里斯通之子⑤所言，灵魂从诗歌中获得了一种令人着迷的渴望的状态，那些完全被缪斯所迷、被这种沉醉的狂热所控制的人诞生了引人入胜的东西。⑥ 10. 因此，我决定投身于这一主题，并且不会主动放弃这些我年轻时快乐的追求，追随著名的德尔菲劝谕，去认识（提高和完善）自己。⑦ 但是鉴于在

---

① 希罗多德在《历史》第四卷中提到，吉塔人是色雷斯人的一支，他们信仰永生，去世后不是真的死去，而是到了神祇扎摩尔克西斯那里（Herodotus, 1921: Histories, Ⅳ, 96~98）。中文可参见〔古希腊〕希罗多德《历史》（详注修订本），徐松岩译注，上海人民出版社，2018，第 428 页。
② 译文中（）内为译者补充内容，[ ] 为原文作者添加内容，下同。
③ 这是阿加西阿斯早年创作的短诗集，已经逸失。
④ 该铭体诗集以《吉格洛斯》为题，编著于 567~568 年，其中 100 首左右铭体诗流传下来，收于《希腊诗歌集》中，见 W. R. Paton, 1920: The Greek Anthology, Vol. 1。
⑤ 阿里斯通是希腊先哲柏拉图的父亲，所以这里的哲学家就是柏拉图本人。
⑥ 柏拉图在《苏格拉底的申辩》等著中都表达了对诗人负面的印象，如"作诗不是靠智慧作的，而是靠某种自然，被灵感激发，就像先知和灵媒一样，他们是说了很多很美的话，但是他们并不理解自己所说的"。〔古希腊〕柏拉图：《苏格拉底的申辩》，22c，吴飞译/疏，华夏出版社，2007。
⑦ 此处的德尔斐神谕指的是苏格拉底所推崇的"认识你自己"（Γνῶθι σεαυτόν）。

我的人生当中，大战在世界各地毫无预兆地爆发了，蛮族人的大规模移民出现了，令人迷惑的命运沉浮发生了，不可预见和难以置信的事件通过其结果打乱了所有的预测，众多部族被消灭，城市遭到奴役，人口流离失所，由此所有的人类牵涉进了剧变之中；鉴于这些和类似的事情已经发生了，我陷入茫然的疑虑之中，我觉得，如果我对之视而不见或者没有去记录下这些对后世有积极价值、惊人的重大事件，我可能会受到指责。11. 因此我决定，我应该记载下历史，这样我的生活才不会完全放在诗歌的幻想之上，而是做出一些有意义的贡献。此外，我的很多朋友通过催促和劝告我采取行动的方式鼓励我坚持最初的努力。所有支持者中的第一人是更年轻的尤提西亚努斯，① 他是帝国秘书中的主要成员，此外得益于弗劳鲁斯家族拥有的智慧和适宜的文化水平，他还是一位非常优秀的人物。12. 正是因为他的确把我的兴趣放在心上，并且关心我的声誉和地位，所以他从不厌倦地鼓励我，并且唤起我的希望。他不断告诉我，不要认为这项工作非常困难且超出我的能力，或者是像一个新水手第一次踏上航程一样，因为没有经验而灰心。此外他还坚持，在他看来，历史与诗歌之间差距并不大，并且这二者是相近的同类文体，其区别可能只是在韵律上。因此，他催促我自信地去做，将我的全部精力投入其中，并铭记在心，从一个文体转移到另一个文体，就像是从我家的一个房间进入另一个房间。13. 他的鼓励正合我意，他轻松地说服了我。由此，我此刻正在撰写一部历史作品，我希望并祈祷，我能够创作一部符合我诚挚的期望的作品，并且尽可能地符合历史事实。14. 首先，就像以往史家的习惯一样，我需要说明我是谁，来自哪里。我是阿加西阿斯，出生于米里纳，② 我的父亲是迈穆诺尼乌斯。③ 我从事有关罗马法的工作，并在法庭上替别人辩护。我提到的米里纳不是色雷斯的那座城市，也不是欧罗巴或者利

---

① 他是一位年轻的宫廷书记员，可能与同时代的宫廷静默官保罗是亲属，本人接受过良好的教育。阿加西阿斯撰写《历史》正是受到了他的鼓励。阿加西阿斯提及弗劳鲁斯家族的目的，就是将其与静默官保罗联系在一起，因为后者的祖父是弗劳鲁斯。见 John R. Martindale, A. H. M. Jones and John Morris eds., 1992: *The Prosopography of the Later Roman Empire*, Volume III: AD 527~641 〔缩写为 PLRE〕, New York: Cambridge University Press, pp. 475, 490.
② 拜占庭时期，帝国境内拥有多个名为米里纳的城市，这里的米里纳指的是位于小亚细亚西部地区的海边城市，现在该地位于土耳其境内，称为桑德里克。
③ 阿加西阿斯的父亲，不见于其他史料。PLRE, pp. 872~873.

比亚的同名城市,而是位于亚细亚的这座城市,这里是伊奥利亚人①的殖民区,位于皮希库斯河的入海口处,该河从吕底亚流入最远处的艾莱亚湾②的海峡。15. 我希望尽我所能地通过书写先贤们的杰出成就来报答她(米里纳)的养育之恩。此刻我必须请求她接受我的心意,但是我需要继续书写普遍关注以及最重要的事情。16. 我不会像同代的其他人那样撰写历史。因为其他与我同时代以及以往从事该工作的人,在绝大部分时间里对真理以及历史的真实并不感兴趣,而是奉承讨好有影响的人物,即便偶尔他们诉说的是事实,但是也无人相信。17. 然而(熟知)这些问题的权威称,对个人优点的夸赞是赞美诗的工作,虽然历史的写作并不排除赞美那些做出好事之人,但是我认为,史家并不把这当作他们的主要目标和其职业的杰出之处。无论情况得到安排的方式需要赞美或者指责,史家绝不可以试图掩盖或者改变事实。18. 但是,那些宣布写作历史和在其作品的标题页上体现出其职业的著作家们,通过更加仔细地考查就会发现他们都是骗子。因为他们赞美那些健在者,那些是皇帝或者有名望的人,不仅是通过对他们所经历的事实的呈现——那只是轻微的错误,而且公然在众人面前只关心如何赞扬他们,甚至表达出超乎寻常的钦佩。当涉及逝者时,他们谩骂其为恶棍或社会的破坏分子,无论他们的真实本质如何,或者比这两种恶魔好得多,他们对其如此绝对地轻视,以至于他们都不提及其名字。19. 通过这种方式,他们认为,他们当下的利益是建立在可靠的基础之上的,并且他们认为,通过支持那些台上的掌权者,他们能够获得优势,不幸的是,他们算计错了,因为那些他们赞美的人并不满意这种颂词,他们认为公开的奉承不足以确保他们的声誉。20. 因此,让这些著作家们以他们喜欢的和习以为常的方式去写作吧。而我必须揭示出我的主题的真实,顺其自然。我会记述所有直至现在的罗马人和蛮族人的大部分伟大的成就,不仅是那些依旧健在的人,还包括那些尤其是已经逝去的人。我不会漏掉任何重要的事件。21. 因此,虽然直到查士丁尼③去世之后以

---

① 伊奥利亚人(佩拉斯吉人)最初来自希腊的色萨利地区,与亚该亚人、爱奥尼亚人、多利亚人一起被称为古希腊四大主要部族。
② 艾莱亚城附近的港湾,靠近现在土耳其伊兹密尔省的齐廷达镇(Zeytindag),艾莱亚城原来是伊奥利亚人在亚洲的城市,是古派加蒙的港口。
③ 早期拜占庭最著名的皇帝之一(527~565 年在位),在位时期完成了《民法大全》的编纂、意大利再征服运动,以及解决教会争端等重大问题,使得帝国进入了黄金时代。但同时,在其去世后,帝国开始走向衰落,并可以由早期向中期转型。参见徐家玲《早期拜占庭和查士丁尼时代研究》,东北师范大学出版社,1998;PLRE,pp. 645~648.

及查士丁（二世）①登基之时②我才开始历史写作，但是我会回溯之前的时期，并特别关注其他人完全还未涉及的内容。22. 因为查士丁尼统治时期的大部分事件已经在修辞学家凯撒利亚的普罗柯比③那里得到了准确的记载，我认为没有必要去涉及同样的内容，但是我肯定会尽可能对接下来的事情予以详述。23. 普罗柯比提到了阿卡狄乌斯④的去世和将波斯国王伊嗣俟（一世）⑤作为其子提奥多西（二世）的监护人，瓦赫兰（五世）⑥和卑路斯（一世）⑦统治时期的事件，以及卡瓦德（一世）⑧如何成为国王，失去王位并重新获得，阿米达⑨被其占领，此时阿纳斯塔修斯⑩是罗马人的皇帝，查士丁（一世）⑪登基以及与此事相关的问题。24. 接下来是波斯战争，查士丁尼在叙利亚、亚美尼亚和拉齐卡⑫的边疆对付卡瓦德（一世）和库斯劳（一世），⑬这一切都可以在普罗柯比的记

---

① 拜占庭查士丁尼时代第三位皇帝（565~576年在位），查士丁尼的外甥、继任者。在其统治时期，一改查士丁尼的收买外交政策，开始强硬应对阿瓦尔人和波斯人，结果导致了帝国在巴尔干和近东地区的军事危机。PLRE, pp. 754~756.
② 查士丁尼去世和查士丁二世登基的时间都在565年，因此可以确定阿加西阿斯撰写本书的时间肯定在此以后。
③ 普罗柯比（Procopius, 500~565）是查士丁尼时代最伟大的古典史家，在贝利撒留为帝国在东方与波斯和西方与汪达尔以及哥特人征战之时，他作为其幕僚，亲历了战争的过程，因此留下了名垂后世的《战史》《论建筑》以及鲜为人知的《秘史》。阿加西阿斯在其作品中明确说明，他的写作就是续写罗科比的作品（Agathias, 1975: The Histories, Prooimio, 32）。PLRE, pp. 1060~1066.
④ 提奥多西大帝的长子，在395年被父亲任命为拜占庭皇帝（395~408年在位）。
⑤ 第十三任萨珊波斯国王（399~420年在位）。在其统治时期，波斯与拜占庭帝国保持相对和平的关系。
⑥ 第十四任萨珊波斯国王（420~438年在位）。伊嗣俟一世之子。彻底废除其父宽容基督教的政策，下令严禁基督教信仰，并对教徒进行迫害。大批基督教徒因而逃往拜占庭。瓦赫兰五世遂以庇护逃亡的基督教徒为借口向拜占庭发动战争。在战争相持之后，他于422年和拜占庭休战，并允许国内的基督教徒迁往拜占庭。瓦赫兰五世同时也放松了在国内对基督教的打击。427年，瓦赫兰五世击败入侵伊朗的嚈哒人，阻止了嚈哒人向西亚的推进。
⑦ 第十八任萨珊波斯国王（459~484年在位）。在与嚈哒人的交战中被杀。
⑧ 第二十任萨珊波斯国王（488~496年，498/499~531年在位），卑路斯一世之子，曾在嚈哒人那里充作质子。
⑨ 美索不达米亚地区古城，位于底格里斯河右岸，现土耳其迪亚巴克尔。
⑩ 早期拜占庭皇帝（491~518年在位）。在其统治时期完成了对拜占庭货币的改革，确立了以金币索里德（solidus）与铜币弗里斯（follis）为核心的拜占庭货币体系。
⑪ 查士丁一世（518~527年在位）。
⑫ 位于高加索地区、黑海东岸的王国，曾经在拜占庭与萨珊波斯之间摇摆。
⑬ 库斯劳一世（531~579年在位），第二十一任萨珊波斯国王。

载中获得详细的信息,如查士丁尼对付汪达尔人吉利美尔,①迦太基城和整个北非是如何被查士丁尼征服,并且在博尼法斯和盖塞里克以及那个时期的叛乱②多年后再次成为帝国的一部分。25. 普罗柯比也详细记录了在汪达尔王国覆灭以及摩尔人在非洲各地对罗马人起兵反抗的成功与挫败之后,斯托扎斯③和衮塔利斯④这两位原本站在罗马一方的人,如何自立为僭主,成为非洲无数灾难和内部分裂的主要根源。他还描述了,直至这两人被消灭之前,该地区如何始终未能摆脱困境和灾祸。26. 普罗柯比还讲述了拜占庭⑤的混乱导致突然爆发对抗皇帝的事件,⑥该事件达到了引起恐慌的程度,导致了普遍的破坏,以及匈人的入侵,⑦此时他们越过多瑙河,并且对罗马人的土地造成了可怕的破坏,蹂躏了伊利里亚、色萨利以及欧罗巴的大部分地区,以及在越过赫勒斯滂海峡⑧后对亚细亚一部分地区的蹂躏。27.(普罗柯比)也提到了叙利亚苏拉城⑨的陷落,以及威利亚⑩和叙利亚的安条克被库斯劳占领,埃德萨⑪被围,以及他(库斯劳)遭到拒绝后从这里退却,阿比西尼亚人⑫和希木叶尔人⑬之间的战争以及

---

① 在530年篡位夺去了北非汪达尔人王国的王位。
② 427年,参见 Procopius, 1914:*History of the Wars*, Ⅲ, xiv。
③ 罗马人,初为拜占庭将领马丁的侍卫,537年在非洲大区的军事叛乱中被叛军选为领袖,试图在非洲建立独立政权,后在巴格拉达斯河战役中被贝利撒留击败,逃往努米底亚。537年被耶尔曼努斯再次击败,率领残部逃到毛里塔尼亚,随后成为该地的国王。545年在突尼西亚的萨奇斯之战,遭到拜占庭的致命打击,随后去世。PLRE, pp. 1199~1120.
④ 初为拜占庭将领所罗门的侍卫,参与帝国在北非地区的战争。545年,作为努米底亚的督军(dux),他阴谋勾结摩尔人发起叛乱,计划将迦太基独立,随后仅获短暂统治,便被拜占庭亚美尼亚裔将领阿塔卢内斯杀死。PLRE, pp. 574~576.
⑤ 阿加西阿斯在文中多次使用该词指代君士坦丁堡。该城在君士坦丁修建之前的名称就是拜占庭,得名于其早期建城者来自希腊麦扎拉殖民者首领拜扎兹,这种用法体现了阿加西阿斯的拟古写法,利用传统的名称来指代今日的地名。见徐家玲《拜占庭文明》,第14页。
⑥ 此处指532年发生在君士坦丁堡由竞技党所引发的"尼卡暴动"。Procopius, 1914:*History of the Wars*, Ⅰ, xxiv。
⑦ 普罗柯比在《战史》和《秘史》中多次提到匈人的入侵等,这里主要指的是539年的匈人入侵,见 Procopius, 1914:*History of the Wars*, Ⅱ, iv. 4~10。
⑧ 今天的达达尼尔海峡的古典称谓,连接马尔马拉海与地中海。
⑨ 位于北叙利亚幼发拉底河东岸的城市。
⑩ 现叙利亚阿勒颇,位于安条克和耶路撒冷之间。
⑪ 埃德萨,现为土耳其尚勒乌尔法省会,亦名尚勒乌尔法,位于上美索不达米亚地区,由希腊化时期塞琉古一世(约公元前305~前281年在位)所建。在拜占庭时期是拜占庭与波斯之间的边界城市,查士丁尼将其更名为查士丁尼诺波利斯(Justinianopolis)。
⑫ 埃塞俄比亚人的古代名称,其最初的形式出现在古代埃及的圣书体文字中。
⑬ 生活在也门地区的一个族群,最早出现在普林尼的《博物志》(*Naturalis Historia*, 1世纪后半世纪)、《红海周航记》(*Periplus Maris Erythraei*, 1世纪中期左右)中。

这两个邻近的部族成为劲敌的原因。① 28. 大瘟疫②也得到了讨论。在彼时它是如何对人类造成第一次冲击，以及它所采取的各种形式。29. 此外，如果我们想要了解罗马军队在拉齐卡城以及佩特拉③堡垒地区对付赫里安斯④和莫莫罗斯⑤的行动，我们必须回到同一份史料。30. 随后这个舞台转向了西方，东哥特人提奥多里克⑥的去世、提奥达哈德⑦对提奥多里克的女儿阿玛拉松塔⑧的谋杀以及引起哥特战争的所有事件，继承提奥达哈德为哥特统治者的维提吉斯⑨在经过持久的战斗后被贝利撒留俘房，并被送到了拜占庭，以及西西里、罗马和意大利如何摆脱了被外来人控制的枷锁，恢复到了他们古代的生活方式。31. 此外，同一份史料记载了宦官纳尔泽斯的意大利远征，他被皇帝任命为统帅，以及他针对托提拉⑩的杰出的战争，在托提拉去世后，弗里迪根努斯之子提亚斯⑪继承了哥特人的领导权，以及不久后他是如何被杀的史实。32. 前述内容是对直到查士丁尼统治的第26年的事件的总结，⑫我认为，这是普罗柯比的记载所截止的时间。我打算从一开始就提到这些事件的后续，这就是我将要记述的内容。

---

① 这是6世纪20年代左右的一系列发生在埃塞俄比亚、希木叶尔以及拜占庭之间的外交和战争事务。拜占庭打算借助埃塞俄比亚人控制也门地区，打开通往东方的海上商路，但最终失败。见 Procopius, 1914: *History of the Wars*, Ⅰ, xx.
② 542年发生在君士坦丁堡的大瘟疫。Procopius, 1914: *History of the Wars*, Ⅱ, xxii ~ xxiii.
③ 此处的佩特拉是位于拉齐卡地区的城市，另一个以此为名的著名城市是位于阿拉伯地区的佩特拉古城，那里曾是通往西方的丝绸之路上的重要商业中心。
④ 波斯将军，曾率军攻打拉齐卡地区的拜占庭驻军，后于549年被杀。*PLRE*, pp. 301 ~ 302.
⑤ 库斯劳一世麾下大将，围攻拉齐卡地区城市佩特拉的波斯统帅，555年因病去世。*PLRE*, pp. 884 ~ 885.
⑥ 第一任东哥特王国国王（493 ~ 526年在位）。*PLRE*, pp. 1077 ~ 1084.
⑦ 提奥多里克的外甥，东哥特王国国王（534 ~ 536年在位）。正是他对提奥多里克的女儿阿玛拉松塔的谋杀给予了查士丁尼进军意大利的借口。Procopius, 1919: *History of the Wars*, Ⅴ, iv. 26 ~ 28.
⑧ 提奥多里克的女儿，在其父亲去世后，担任自己儿子的摄政，后被提奥达哈德谋害。*PLRE*, p. 65.
⑨ 东哥特王国国王（536 ~ 540年在位）。他的登基是由哥特人推选而实现的，但是最后为了保证哥特人的安全，他主动提出退位，将王位给予贝利撒留。Procopius, 1919: *History of the Wars*, Ⅴ, xi. 5 ~ 9; *PLRE*, pp. 1382 ~ 1386.
⑩ 东哥特王国倒数第二位国王（541 ~ 552年在位）。他的出现使得拜占庭在意大利的战争又持续了很多年，最后在552年的塔基内战役中重伤去世。关于纳尔泽斯的胜利与托提拉的去世，马拉拉斯亦有记载，参见 John of Malalas, 1986; *Chronicle of Malalas*, XVⅢ, 116; *PLRE*, pp. 1328 ~ 1332.
⑪ 东哥特王国最后一任国王，在托提拉去世后继任（552）。在552年年末至553年年初，战败被杀。
⑫ 552年。

第一卷

1. 当提亚斯继阿提拉①成为哥特人的首领后，他召集所有的力量，发动对抗纳尔泽斯和罗马人的战斗，但是遭到了彻底的失败，并在战斗中被杀。② 幸存的哥特人由于罗马人的猛烈进攻和无情的追击，加上他们被围困在缺乏水源的地方，被迫与纳尔泽斯达成协议。③ 按照协议，他们将不受干扰地居住在自己的土地上，但是前提是必须臣服于罗马皇帝。事情如此进行，所有人都认为意大利的战争结束了，但这才是刚刚开始。2 我认为在我们的时代将见不到这样的事情（战争）结束，而且会一直如此，并且达到登峰造极，因为人性即如此，这样的事情在很久之前就发生在我们的生活中。诗歌和历史中充满了战争和战斗的场景，在这两类（作品）中没有其他主题得到更多描写。3 然而，我不认同很多人的说法，即他们认为这些事件的原因是星星的轨迹或者命运和突然的危急。如果命运在所有事物中是至高无上的，那么人们的选择和意志的自由将会丧失，我们会觉得所有的建议、指导以及教育都将是空谈、无用的，幸福生活的希望将会消失，没有任何收获。4 而且我也认为上帝不应该为战争和流血负责。因为我无法将仁爱的、保护人们远离恶魔的上帝描述成残暴的、好战的，我也无法相信别人所说。5 相反，是人们的灵魂自愿落入贪婪和暴力，并且以战争和纷争填满了一切，从这里，各种破坏发生了，将人们带入无尽的恐慌之中。6 因此，在那时，在和平协议达成之后，哥特人走上了各自的道路，那些曾经居住在波河附近的人，前往托斯卡纳④和利古里亚，⑤ 前往那些习俗和意愿的力量引导他们前往的地方，而那些来自波河之外的人则跨过那条河，向着威尼斯以及他们曾经居住的该地区的军营和城镇分散而去。但是一旦回到了自己的土地上，他们不再将协议的义务付诸实践，安享他们的财产，与战争的艰难和危险保持距

---

① 东哥特国王（541~552年在位）。
② 这是指发生于552年年末至553年年初的拉克塔里乌斯战役，拜占庭主将纳尔泽斯率军打败了东哥特人最后的残余力量，提亚斯被杀，帝国完成了对意大利的再征服。
③ 552年年末至553年年初的拉克塔里乌斯战役后的双方协议。
④ 意大利的中西偏西和西北的地区，靠近利古里亚海，这个地区有著名的意大利城市佛罗伦萨、比萨、锡耶纳。
⑤ 托斯卡纳北部一直到意大利边境，这里最著名的城市是热那亚。

离，反而是在短暂的停留后，开始制造新的麻烦，并发动战争。7 在觉得依靠自己的力量无法与罗马人对抗后，他们立即转向了法兰克人。他们认为现在的情况对自己非常有利，这种支持会很持久，他们可以通过和邻族的结盟快速发动战争。

2. 法兰克人（居住地）与意大利相邻并拥有共同的边界。他们就是那些在过去被称为"日耳曼人"的人。因为很明显他们居住在莱茵河岸边及其周边的一块地区，占领了高卢地区的大部分，但是从前他们并不居住在这里，而是后来获得的。还有马萨利亚，① 那里是伊奥尼亚人②的殖民区。③ 2 过去弗凯亚人④就定居在这里，他们在希司塔斯佩斯⑤之子波斯的大流士⑥当政之时便被米底人⑦从亚细亚驱赶出来。曾经的希腊人城市，现在落入蛮族人之手，这里已经放弃了祖先的制度，而采用了其征服者的制度。即使现在看起来它也不缺少其过去居民的声誉。3 法兰克人并不是游牧部族，当然有一些人的确来自蛮族，但是他们采用罗马人的生活方式和法律，而且在其他方面诸如合同、婚姻以及宗教仪式上也遵循相似的传统模式。4 他们都是基督徒，⑧ 遵守最正统的经典。他们拥有城市长官和宗教领袖，采用和我们一样的方式来庆祝节日，对于一个蛮族来说，他们很令我吃惊，因为他们受到良好的教育，并且富有教养，与我们几无两样，当然除了他们笨拙的服饰和古怪的语言。5 我还羡慕他们其他的一些

---

① 这是法国南部城市马赛的旧称，这里最初是由来自小亚细亚弗凯亚地区的希腊殖民者（公元前600年左右）建立的殖民城市。
② 古代希腊人的一支，来自小亚细亚的伊奥尼亚地区。
③ 这里的2.1应该是阿加西阿斯摘录自 Procopius, 1962: *History of the Wars*, Ⅶ, xxxiii. 2~4。
④ 伊奥尼亚人在小亚细亚海岸所建立的殖民城市，那里的人就被称为弗凯亚人。
⑤ 大流士的父亲，阿黑门尼德王朝时期巴克特里亚和佩尔西斯地区的总督，冈比西斯二世的堂兄弟。
⑥ 波斯阿黑门尼德王朝第三位国王（公元前522~前486年在位），出身于阿黑门尼德家族支系。他曾追随冈比西斯二世远征埃及，被任命为万人不死军总指挥，而后借冈比西斯二世暴亡之际掌权，年仅28岁登基继位。在其统治时期，阿黑门尼德王朝的领土范围达到了顶峰，其征服历史被铭刻在著名的《贝希斯敦铭文》之中。
⑦ 指的是波斯人。米底人虽然是早期的印欧人，但是他们与波斯人血缘上相近。公元前585年，米底王国的公主嫁给了冈比西斯一世，生下了著名的居鲁士大帝，此后不久米底王国终结，在此后的历史中，米底人指的就是波斯人。
⑧ 在克洛维当政时（496），法兰克人业已皈依基督教，此时大部分的蛮族信仰的是阿里乌斯派，而法兰克人皈依的是正统的卡尔西顿派："于是，国王承认了三位一体的全能上帝，以圣父、圣子和圣灵的名义受了洗礼，并用圣脂涂上基督的十字架的符号。他的军队有三千多人领了洗"，见〔法兰克〕都尔教会主教格雷戈里：《法兰克人史》，寿纪瑜、戚国淦译，商务印书馆，1998，第90页。

优秀品质，尤其是他们中间公正与和睦的精神。在过去以及我所生活的时代，他们的权力多次在三位甚至更多位统治者之间瓜分，但是他们彼此之间从未发生战争，也未发生用他们的血来玷污其国家的事情。① 6 当那些旗鼓相当的伟大势力出现时，傲慢和不妥协的态度就会不可避免地产生，很明显，对控制权的欲望和其他的追逐就形成了，导致其他混乱和叛乱的情绪出现。在这些人中，无论他们分裂成多少个政权，这样的事情从未发生。7 即使在国王之间发生了一些争论的事件，他们也只是集合部下，形成战斗的队形，以武力解决问题为目标，彼此对峙。但是一旦双方的军队主力彼此直面相对，他们立刻放下所有的仇视，回到彼此理解上面来，然后由他们的统帅通过谈判来解决分歧。如果失败，则会使他们自己的生命处于一对一决斗的危险之中。因为私人而伤害群体是不对的，也不是先辈们的传统。直接的结果是，他们解散队列、放下武器。和平和安定得到恢复，正常交往重新开始，危险结束了。8 由此，群体守法和爱国，统治阶层在需要时温顺和通情达理。以这种方式，他们拥有稳定的统治，使用同样的法律，他们不仅没有丧失反而是极大地扩张了领土。当正义和友善被珍视，国家便获得了繁荣和稳定，并无惧于外敌的入侵。

3. 由此，过着幸福生活的法兰克人统治着他们的臣民和友邻，权力父子相继。当哥特人向法兰克人派遣使者时，法兰克人有三位首领。现在我认为对其王族从早期一直到当时的统治者时期进行少许的讲述并无不妥。2 希尔德贝尔特（一世）②、克洛泰尔（一世），③ 提乌德里克（一世）④和克洛多梅尔⑤是四兄弟。在他们的父亲克洛维⑥去世后，他们将王国按照城镇和部落分成四部分，通过这种方式，我认为，每个人拥有平等的份

---

① 阿加西阿斯这里显然是美化了法兰克人，事实上这一时期法兰克人内部的争斗很多，如克洛维的两个儿子希尔德贝尔特和克洛泰尔合谋，残忍地杀害了克洛维次子克洛多梅尔遗留下的两个孩子，希尔德贝尔特和提乌德贝尔特进攻克洛泰尔等亲人间勾心斗角与相互征伐，见〔法兰克〕都尔教会主教格雷戈里：《法兰克人史》，第130、136页。
② 法兰克人之王（生卒年约为497～558）。克洛维一世的第三个儿子，出生于兰斯。511年克洛维去世后，克洛维的领地被分给了他和三个兄弟。其中长兄提乌德里克一世在梅斯，次兄克洛多梅尔在奥尔良，幼弟克洛泰尔一世在苏瓦松，而希尔德贝尔特一世则在巴黎。*PLRE*, pp. 284～285.
③ 法兰克人之王（去世于561），克洛维第四子。*PLRE*, pp. 291～292.
④ 法兰克人之王（生卒年约为487～534），克洛维长子。*PLRE*, pp. 1076～1077.
⑤ 法兰克人之王（生卒年约为495～524），克洛维第二子。*PLRE*, p. 288.
⑥ 法兰克墨洛温王朝的创立者（488～511年在位），496年受洗成为基督徒。*PLRE*, pp. 288～300.

额。3 但是不久之后，在对勃艮第人①的征战②中［他们是哥特人，善战］，克洛多梅尔在激战中被击中胸部，去世了。③ 当他跌落战马时，看到他背后散落的齐腰长发后勃艮第人意识到，他们已经杀死了敌人的统帅。4 因为不剪发是法兰克国王们的权利。④ 他们的头发自孩童时代就不剪，发束从肩头悬垂，前面的头发在额头前分开，悬垂在两侧。这与突厥人⑤以及阿瓦尔人⑥的发型不同，他们的发型是蓬乱、干枯、脏兮兮的，绑着一个很难看的结。⑦ 与其相反，法兰克人用各种肥皂精心打理头发，很仔细地梳理。作为一种明显的标记和特权，这属于王室。臣民的头发被要求剪去四周，不能有过长的头发。5 此时，勃艮第人砍掉了克洛多梅尔的头，并展示给法兰克军队看，这立刻使他们充满了恐惧和沮丧。紧接着就是他们的士气以耻辱的方式被击垮，士兵们变成了胆小鬼，不想继续作战。战争以对胜利者最好的方式结束了，这是他们认为正确的

---

① 日耳曼人的一支，根据 6 世纪哥特人的历史记载，在 4 世纪时，勃艮第人被哥特人击败，移居到莱茵河西岸，建立一个王国，和西罗马帝国对峙。但 5 世纪时，第二个勃艮第王国的国王冈多巴德和威尼斯主教关系良好，他的儿子西吉斯蒙德皈依了基督教，可能当时许多勃艮第人信奉了基督教。

② 524 年 6 月 25 日的维泽隆斯之战（Vézeronce，现属于法国东南部地区的伊泽尔省的维泽隆斯—库和丹公社）。此战是法兰克的四位继任者对勃艮第人发动的侵袭，结果是克洛多梅尔战死，勃艮第人获胜。

③ 关于克洛多梅尔去世的故事，参见〔法兰克〕都尔教会主教格雷戈里《法兰克人史》，第 115 页。

④ 法兰克人王族以长发为标志，具体问题见陈文海《蓄发与削发——法兰克墨洛温王族象征符号释论》，《华南师范大学学报》（社会科学版）2012 年第 6 期；李隆国《长发王制度与西欧中世纪王权的开启》，《光明日报》2022 年 8 月 8 日第 14 版。

⑤ 突厥是 6 世纪中叶兴起于中国北方阿尔泰山地区的一个游牧部落，6 世纪中期以后成为中国北方、西北方乃至中亚地区的重要游牧势力，后来泛指欧亚草原讲突厥语的族群。

⑥ 6 世纪中期，经黑海北岸—高加索区域从东方进入多瑙河流域，并建立政权的欧亚草原族群，在 6～7 世纪与拜占庭和法兰克人发生了密切的关系，对拜占庭的巴尔干边疆造成了极大的压力。基于史料和考古证据（最新考古研究证实，阿瓦尔人的精英阶层来自中亚东部，参见 "Origins of the Avars elucidated with ancient DNA", https://www.mpg.de/18495750/0330-evan-origins-of-the-avars-elucidated-with-ancient-dna-150495-x, 14 – 08 – 2023），学者们倾向于认为阿瓦尔人是柔然人的后裔，但该结论尚待进一步的证实。此外，还有一说，即余太山先生认为阿瓦尔人可能是悦般人。参见余太山《柔然—阿瓦尔同族论质疑——兼说阿瓦尔即悦般》，收录于余太山《古代地中海和中国关系史研究》，商务印书馆，2012. G. Kardaras, 2019: *Byzantium and the Avars, 6th-9th Century AD Political, Diplomatic and Cultural Relations*, Leiden: Brill; Walter Pohl, 2018: *The Avars: A Steppe Empire in Central Europe, 567～822*, Ithaca: Cornell University Press.

⑦ 关于突厥人和阿瓦尔人的发型，拜占庭其他史家也有记载。Theophanes Confessor, 1883: *Chronographia*, 6050, 232.

方式。得以喘息的法兰克军队残余返回故乡。6 如此，克洛多梅尔去世后，他的统治权便在其兄弟之间分配，因为他没有子嗣。不久之后，提乌德里克也病故了，① 将自己所有的财产和国王名号留给了他的儿子提乌德贝尔特（一世）。②

4. 当提乌德贝尔特从父亲那里获得权力后，他征服了阿勒曼尼人和其他部族。因为他非常喜欢盲目的冒险，尤其钟爱那些不必要的冒险。当罗马人正在与哥特首领托提拉作战时，提乌德贝尔特想趁纳尔泽斯和罗马军队仍陷在意大利的战争中之时，召集强大的军队，前往色雷斯周围的地区，并征服那里的土地，随后转向将战争带到帝国之城拜占庭。2 他开始执行计划，做出精心的准备，同时派使臣到格皮德人③、伦巴德人④以及其他周边部族那里去，召集他们参加此次战争。3 因为他觉得无法忍受查士丁尼皇帝在其敕令中称自己为法兰克人、阿勒曼尼人、格皮德人、伦巴德人及其他部族的皇帝，仿佛这些部族都已经处于他的奴役之下。他难以忍受这一傲慢，并且希望他们也拒绝接受这一傲慢，可以分享他的这种怨气。4 我认为，即使他发动了这次战争，也不能实现他的急促的计划。他可能在色雷斯或者伊利里亚同罗马军队相遇以后，将毫不光彩地被罗马人杀死。确实，他有了这个计划，想要努力去实现它，将其所有的精力放在计划的执行上的这些主要的事实，证实他是狂热、刚愎自用的，而且这也是他将纯粹的精神失常等同于勇敢行为的绝对证据。如果死亡没有打断他的企图，他可能已经开始进军。5 一天外出打猎时，他遇到了一头带有巨型角的大牛，不是那种拉犁的家畜，而是一种林间和大山的牲畜，可以用角把对手置于死地。我认为它被称作"水牛"。它们成群结队地生活在那个地区，居住在杂草丛生的山谷、浓密丛林的大山以及寒冷的地带，这些动物喜欢这些理想的居所。6 提乌德贝尔特看到这头牲畜从宽阔的树林中走来，蹄子刨出土坑，面向他，他站在那里，想要用手中的矛来

---

① 534 年。
② 提乌德里克一世之子，墨洛温王朝的奥斯特拉西亚国王（534～548 年在位）。*PLRE*, pp. 1228～1230.
③ 又称戈比德人、格皮特人、日皮德人，是东日耳曼哥特族部落。在匈人首领阿提拉去世后，他们在 454 年横扫了位于潘诺尼亚的匈人，在文中所提及的时期，他们大概生活在今天塞尔维亚的贝尔格莱德周围。
④ 日耳曼人的一支，起源于斯堪的纳维亚半岛。经过约 4 个世纪的迁徙，伦巴德人最后到达并占据了亚平宁半岛（即意大利）的北部，568～774 年时在意大利建立了一个王国——伦巴德王国。

对付它。但是当它靠近时，由于惯性，它径直撞上了一棵不是特别大的树，这棵树被撞倒，树枝乱飞，突然被暴力崩断的树枝中最大的一个打到了提乌德贝尔特的头上。这一打击很致命，无法治愈；他立刻跌倒，在被运送到家之后，于当天去世。其子提乌德巴尔德①继承了王位。他非常年幼，尚处于家庭教师的指导之下，② 尽管如此，祖先的律法要求他继承（王位）。

5. 此时提亚斯已经去世，③ 哥特人的事务需要外来支持，按照罗马法的规定，此时法兰克人国王是年轻的提乌德巴尔德和他年长的叔祖父希尔德贝尔特与克洛泰尔。2 但是哥特人认为没有必要去联合后两者，因为他们居住得有些远；他们派出了一个公开的使团前往提乌德巴尔德那里，使团不是来自整个哥特人部族，而是生活在波河以外的那些人。其他人高兴于他们对破坏已有秩序的尝试，但是此时，由于对于未来的不确定性，忧虑于命运的变幻莫测，他们迟迟不作出决定，并且对事态保持小心翼翼的观望，因为他们决定站在胜利者一方。3 当来自哥特的使者抵达，他们来到国王和高级官员面前，要求他们不要袖手旁观，听任自己（哥特人）遭到罗马人的压迫，而是加入抗争中，拯救友邻免遭涂炭。4 他们指出，这也是法兰克人最好的选择，不要允许罗马人势力的任何扩张，而要努力去限制它。"如果他们成功地消灭掉整个哥特部族"，使臣宣称，"他们将很快来征伐你们，再次像以往那样开启战争。5 他们肯定会有一些貌似合理的正当理由来掩盖他们的领土企图，并且事实上会展现出对付你们的公正的声明，如同先前马略④、卡米卢斯⑤和大部分的凯撒，理由是他们已经在过去与上日耳曼地区的居民作战，并且征服了跨莱茵河的领土。通过这种方式，他们不会表现出诉诸暴力的形象，而是发动一场正义战争，目标不是侵占外族，而是恢复他们先祖的统治。6 他们对我们采取了同样的

---

① 提乌德贝尔特之子，法兰克人之王（547~555 年在位）。在其父于 547 年去世之后，他继承之。继承之时，他不但年幼且身体欠佳。555 年年初，他因中风离世，王国被克洛泰尔继承，具体内容都尔的格雷戈里有详细记载，参见 Gregory of Tour, 1974：History of the Franks, Ⅳ.9；PLRE, pp. 1227~1228。

② 当时他年仅 13 岁。

③ 552 年或 553 年。

④ 盖乌斯·马略（生卒年为公元前 157~前 86），罗马共和国时期著名将军。在罗马战败于日耳曼人的危难之时当选为罗马执政官，当政时期，进行了一系列军事改革，实行募兵制，最终击败日耳曼人。

⑤ 马尔库斯·弗里乌斯·卡米卢斯（生卒年为公元前 446~前 365），罗马共和国时期的政治家和将军。阿莱克萨基斯认为，阿加西阿斯提及他，是因为他曾经抵抗了入侵意大利的高卢人，而他们是日耳曼人的亲族。Agathias, 2008：Ἀγαθίου Σχολαστικοῦ, Ἱστορίαι, σ. 97。

指控，他们宣称，过去我们王国的创立者提奥多里克没有权利占有意大利。结果是他们劫掠了我们所有的财产，杀害了我们的大部分族民，毫无怜悯地奴役了我们富有居民的妻儿。7 然而，提奥多里克并没有采用暴力占领意大利，他是得到他们的皇帝芝诺①允许之后才合并的。他没有以任何方式从罗马人手中剥夺它［他们已然丧失了该地］。他所做的只是镇压了外来的叛乱者奥多亚克，② 最后通过战争的法则控制了整个王国。8 但是当罗马人觉得可以使用武力时，他们的行动就没有正义可言。首先，就提奥达哈德对待阿玛拉松塔的方式，他们对他表现出一种义愤，并将之作为战争的借口。直到现在他们也没有表现出任何的减弱，而是不断采取着暴力，这些聪明虔敬的人以他们是唯一的正义统治者而骄傲。9 因此，如果你们想避免同样的命运，在事情变得太迟时后悔曾经的自鸣得意，你们应该立即对敌人先发制人，不要让现有机会从手中溜走。你们必须派出一支足够强大的作战部队去对抗他们，委派你们中一位能力卓越的人去组织对抗罗马人的战争，并取得胜利的果实，将他们从这里立即赶出去，并拯救我们的国家。10 如果这样做，你们就给哥特人提供了极大的帮助。通过消除边境上的对抗势力，你们的财产安全将得到保证，更不用说你们从罗马人手中夺得的战利品以及我们自愿支付给你们的大量金钱"。

6. 当使者完成讲话之后，提乌德巴尔德［他是一个没有贵族气质且不善战的年轻人，已经身患重病，身体状况很差］非常不赞同使者们的观点，他觉得不应该因为外邦人的不幸为自己制造麻烦。2 然而，虽然他们的国王并不喜欢，但是柳塔利斯③和布提林努斯④还是接受了联盟。这两个人是

---

① 早期拜占庭皇帝，在 474~475 年与 476~491 年两度在位。是拜占庭早期最卓越的君主之一。
② 又译作奥多亚塞（Odoacer 或 Odovacar）（435~493）是意大利的第一位日耳曼蛮族国王（476~493 年在位）。早年参加罗马军队。475 年他率众反叛篡夺者欧瑞斯特斯。476 年被军队拥为王，他随后攻入罗马城，废黜西罗马最后一个皇帝罗慕路斯·小奥古斯都，这一年传统上被认为是西罗马帝国灭亡的标志（关于 476 年的讨论，参见康凯《"476 年西罗马帝国灭亡"观念的形成》，《世界历史》2014 年第 4 期）。奥多亚克宣称效忠拜占庭皇帝芝诺，但把意大利的统治权握在自己手里。在拜占庭皇帝芝诺的支持下，东哥特王提奥多里克侵入意大利（489），夺取了半岛的大部地区。493 年，奥多亚克被提奥多里克诱杀。
③ 阿勒曼尼人，与布提林努斯是兄弟，为法兰克人而战，是阿勒曼尼人的首领之一。554 年在威尼斯地区附近的切内塔遭到瘟疫的打击后去世。*PLRE*，pp. 789~790.
④ 阿勒曼尼人，为法兰克人而战，是阿勒曼尼人的首领之一。554 年在卡普亚附近的卡苏林努斯河之战中，被罗马人杀死。*PLRE*, pp. 253~254. 都尔的格雷戈里在《法兰克人史》中称，是他将整个意大利置于法兰克人的统治下，并且他记载了其被纳尔泽斯杀死的事实。参见 Gregory of Tour, *History of the Franks*, Ⅳ.9.

兄弟，他们是阿勒曼尼人，但是在法兰克人中很有影响力，以至于他们在提乌德巴尔德之前所做的安排中事实上率领着他们自己的人。3 阿勒曼尼人，如果我们按照准确记载日耳曼事务的意大利人阿斯尼乌斯·夸德拉图斯①的说法，他们是一群混合在一起的人，他们的名字的意思即如此。4 以前哥特国王提奥多里克占领整个意大利时，他命令他们支付贡赋，将其民众作为自己的臣民。他去世时，罗马皇帝查士丁尼和哥特人之间爆发了一场大战，哥特人为了迎合法兰克人，与他们尽可能结交成最好的朋友，达成理解，因此他们从很多地方撤军，放弃了对阿勒曼尼人的管理。5 他们认为必须整合各地力量，放弃臣服领土上不切实际的、在战略上不重要的地区，因为他们将不再是为争夺支配地位和特权，而是为了意大利本身和自己的生存而战。他们展现了必要的尊严，试图努力通过自由抉择而保住将来的利益。6 这样，在被哥特人放弃后，提乌德贝尔特控制了阿勒曼尼人。② 在提乌德贝尔特去世后，如我所述，他们和前者的其他臣属一起归附其子提乌德巴尔德。

7. 阿勒曼尼人也拥有自己的传统法律，但在统治和管理方面按照法兰克的方式，宗教是唯一的例外。他们崇拜特定的树、河流的河水、山川和峡谷，如同做着虔诚的行为，他们敬献上被砍头的马匹、牛和无数的动物。2 但是与法兰克人联系对他们有利，并且以这样的方式来改变他们；这已经影响了他们中更有理性者，并且我认为不久，这会影响所有人。3 因为他们信仰的非理性和愚蠢是非常有名的，我认为，即使是那些持有这些信仰的人——如果他们并不完全是傻瓜——那么这些记忆很容易就会根除。正确的做法是去怜悯而不是迁怒于他们，原谅他们所有持有错误真理的人。毕竟，这不是他们自愿地陷入错误，而是在寻找美德的过程中，形成了错误的判断，并且牢固地抓住得出的结论，无论这些结论如何。4 然而，我不知道，是否可以通过话语来原谅献祭的残忍和不悦，或者他们给树林敬献的，如同野蛮人之间所做的，或者古典多神教在仪式中对于古代神祇的敬献。5 我认为，没有任何神灵会在血污的祭坛和对动物残忍的屠杀中感到愉悦。如果有能接受这种行为的神灵，那这不可能是好的神灵，而是一种邪恶的、疯狂的神灵，如同诗

---

① 3 世纪罗马史家，用希腊文创作了一部从罗马建城至公元 2 世纪与帕提亚战争的历史作品，仅有残篇存世。

② 卷Ⅰ，4.4 中已经提到了提乌德贝尔特对阿勒曼尼人的征服。

人展现的恐怖的、令人害怕的厄倪俄①、阿忒②以及人们所称呼的"不可抗拒者"厄里斯。③ 还可以添加波斯人称为阿里曼④的神灵到名单中，如果有人喜欢，还有所有其他的被认为住在地狱、嗜血的和有坏心肠的幽灵。6 有些读者可能认为，我不用在这种作品中做这样的评价，它们与我要记述的内容没有关系，但是我喜欢通过揭示出所有了解的事实，以此来赞扬好的部分，而并不是公开地批评不好的，并驳斥无用的一面。7 如果历史仅仅是对事件简单的、不加考查的描述，而没有展现作为生活指南的补偿性的特点，那么正如有些人会认为的那样，这很危险，如果这么说不是太重的话，这同在一起做女工针线的妇人谈论的童话没有什么区别。但是每个人对这些问题都可以有自己的观点。现在我必须回到之前的叙述中。8 当柳塔利斯和布提林努斯开始出发抗击罗马人时，他们充满了兴奋的期望，即不用再过以前的那种生活。他们以为纳尔泽斯无法抵抗他们的进攻，他们会将整个意大利纳为自己的土地，并且占领西西里。他们说，他们非常惊讶哥特人如此畏惧一个不起眼的小人物，一个生活在宫闱里的太监，过着奢侈的生活，不像一个男人。9 因此，由于这样认识的膨胀，他们从阿勒曼尼人和法兰克人中征集到75000人的军队，并带着立即入侵意大利的想法准备作战。

8. 罗马将军纳尔泽斯，虽然没有得到这里准确的情报，但是非常有远见，总是渴望可以先发制人对付敌人的进攻，他占领了仍旧处于哥特人控制下的图斯坎城。2 他没有让胜利冲昏头脑，或者如他人所做的那样，在经历苦难之后沉湎于自满和优越的生活中，而是在进攻之后，立刻移师，进军库迈。⑤ 库迈是一个重重防卫的意大利城市，敌人不容易占领这

---

① 厄倪俄（古希腊文：Ἐνυώ）是希腊神话中象征战争的残忍女神，经常陪伴战神阿瑞斯左右，被认为是阿瑞斯的孪生姐妹或者妻子。据说在特洛伊被攻陷之时，她醉饮遍野的鲜血，兴之所至，在城中舞成一股飓风。她的称号是"城镇的终结者"，经常表现为身披鲜血，手拿武器。她在罗马神话中的名字是贝罗娜（Bellona），被当作是战神马尔斯的妻子，是罗马人崇拜的对象。
② 阿忒（古希腊文：Ἄτη）是希腊神话的蛊惑女神，是天神宙斯和不和女神厄里斯的女儿。
③ 厄里斯（古希腊文：Ἔρις）是希腊神话中的不和女神，她在罗马神话中被称为迪斯考迪娅（Discordia）。荷马和赫西俄德对她有不同的描写：在《伊利亚特》中她被记作战神阿瑞斯的姊妹、宙斯和赫拉的女儿（厄倪俄有时会与厄里斯混同），在敌对双方间散布着痛苦和仇恨；在《神谱》和《工作与时日》中她则是倪克斯和厄瑞玻斯的女儿。与她有关的最著名的故事就是"金苹果之争"，而那个金苹果就是她投下去的。
④ 阿里曼（英语：Ahriman），琐罗亚斯德教中恶界的最高神，黑暗与死亡的大君。阿里曼与琐罗亚斯德奉为主神的阿胡拉·玛兹达持续不断地进行斗争。
⑤ 意大利城市，这里曾是来自埃维亚的希腊人的殖民区，斯特拉波在其《地理志》（Strabo, Geography, V, iv. 4.8~9）中曾记载，现在这里是那不勒斯附近的坎帕尼亚地区。

里。3 它修建于难以攀登的陡峭的山上，俯瞰第勒尼安海。该山从海岸上升起，海浪击打着她的基石，变成碎片，而其上部则由一圈坚固的塔楼和城垛环绕。4 之前的哥特国王托提拉和提亚斯曾经将价值连城的财宝存放在这里守卫着，因为他们认为这里是安全的。5 纳尔泽斯刚抵达那里，就决定必须尽快占领这个地方，获得其财宝，以此来剥夺哥特人获得安全的进攻基地，并借此获得最大的胜利。6 哥特人前任国王提亚斯最小的弟弟阿里根努斯①正位于堡垒之中，并在其周围集结了一支大军。他的意图远非和平。他可能已经收到了提亚斯在战场上战死以及哥特人的财富如何被毁掉的准确情报，但是即便如此，他也没有放弃，也没有因为所发生的灾难而灰心。依靠其（优越的）位置和充足的资源，他保持自信和傲慢，如果有人进攻，随时准备反击。

9. 此时，纳尔泽斯立即发出命令，并率领部队前进。经过辛苦跋涉攀登上山，靠近堡垒后，他们立刻将长矛投掷向那些在城垛上可以被看见的敌人，拉开的弓箭一波又一波地发射出去，石头被投石器抛向空中，所有器械投入战斗，一切都已经行动起来。2 在两个塔楼之间城墙里的阿里根努斯和其部下，也快速以长矛、弓箭战斗，大石、木头、斧头以及任何可以利用的工具都被用来进行回应。他们使用所有可得的器械和防卫装备，没有任何东西被忽略。3 罗马人不难辨别出来自阿里根努斯的箭。它们以极快的速度穿空而来，如果碰撞上石头或者其他的坚硬物体，就会因为射击的强力而成为碎片。4 当阿里根努斯看到帕拉迪乌斯②〔他是一个特别受纳尔泽斯器重的人，是纳尔泽斯的官员中最高阶的长官之一，罗马军队的主要领军人物〕，身着铁胸甲，竭尽全力攻打城墙，他向帕拉迪乌斯发射了一支箭，正好射穿了他的盾牌、胸甲，射入身体。他强壮的双臂拉弓射箭的力量如此之大！5 这种没有结果的阵地战进行了数天。事情没有按照任何一方的希望去发展。罗马人认为在没有武力取得这个地方之前便撤退是一种耻辱，很明显，哥特人也没有想向围攻者投降的意图。

10. 将军纳尔泽斯非常忧虑，并且恼怒于罗马人不得不在这样一个并不重要的堡垒上浪费这么多时间。在经过思考和分辨各种可能之后，他得出结论，他应该以下列方式对堡垒做出（进攻）尝试。2 在这座山的东侧

---

① 弗里迪根努斯之子，提亚斯的弟弟，重要的哥特人将领，在552~554年之间参与到了哥特人、法兰克人以及罗马人的战争中。*PLRE*, p. 48.
② 罗马人，拜占庭意大利军务随行总管（*comes rei militaris*），在纳尔泽斯手下任职。552年在库迈之战中，被阿里根努斯射中，不治身亡。*PLRE*, p. 961.

角落那里，有一个在地下贯穿的洞穴，构成了巨大的、拱顶式样的天然圣所的一部分。他们说，过去著名的意大利的西比拉①就曾住在这里。这里属于阿波罗，因此阿波罗启示她可以给那些向她请教的人预示未来的事件。据说，安基塞斯之子埃涅阿斯②来到这里，西比拉告诉他所有关于未来可能发生的事情。3 城堡的一部分建造在洞穴之上，考虑一番后，纳尔泽斯认为这一事实可能对他有利。因此，他派尽可能多的人带着掘石和拆墙的工具进入洞穴的中空部分。通过这种方式，他们慢慢地凿开洞穴的顶部，移走了建筑的基础部分，事实上使得地基的部分空了。4 此时，他们将笔直的木头作为支柱按照一定的间隙摆放，以此来支持建筑结构的重量，防止它倒塌，破坏石头的平衡，以免令哥特人快速了解所发生的事情。如果这样，他们就会立刻来帮忙修复，并且进行严格的预防措施。5 为了阻止哥特人听到凿石头的声音，或者对他们行动有所知情，罗马军队对城墙发动了佯攻，大声喊叫，并敲击他们的武器。喧闹声异常大，包围也显得没有秩序。6 当洞穴上面的城墙悬空时，只有直立的支柱予以支撑，此时他们将树叶和容易燃烧的材料收集起来，放在下面点燃，然后他们出来了。7 不久火焰燃烧起来，木头支柱被烧毁，崩裂成碎片。依靠于其上的那部分城墙因为缺少支撑而突然坍塌，而此时塔楼和城垛与其他部分断开，向前倒下。那部分城墙上的大门已经得到了加固，因为敌人就在周围，钥匙在哨兵手中。大门没有倒，仍然紧紧地连着基座，牢牢地固定在海岸岩石上经受着海浪的拍打，门柱、框架、门楣和枢轴都连在门槛上。8 当这事情发生时，罗马人以为能轻松进入堡垒，快速消灭敌人。但是这一次他们的希望落空了。因为土地上满是缝隙和裂纹，布满了来自小山坡上以及堡垒石制建筑上的碎石。9 纳尔泽斯向堡垒发起了一次更为自信的猛烈的进攻，试图通过第一波进攻便冲进这个地方。但是他被集结在那里的哥特人的反抗打退了，并且无法采取进一步的行动。

11. 由于无法武力夺取这里，纳尔泽斯决定不让自己的所有兵力都陷

---

① 古希腊时期的预言家。在希腊神话中阿波罗爱上了西比拉，给予了她预言的能力，并且只要她的手中有尘土，她就能一直活着。但是西比拉忘记了向阿波罗索要永恒的青春，于是日渐憔悴，最后缩成了空壳，却依然无法离开人世。这里提到的是关于罗马人的最著名的库迈西比拉。

② 特洛伊英雄，是安基塞斯王子与爱神阿弗洛狄特（她在罗马神话中的名字是维纳斯）之子。维吉尔《埃涅阿斯纪》描述了埃涅阿斯背着父亲，率领家人逃离特洛伊，后来抵达意大利，正是他的后人建立了罗马城，因此罗马人借他建立了与希腊的血缘联系，完成了对希腊统治的合法继承。

入艰难的行动中,而是将一部分派往图斯坎的佛罗伦萨、肯图赛莱①和其他城市,并安排该地区的秩序,预测敌人的行动。2 因为他已经得到通知,柳塔利斯和布提林努斯以及法兰克人和阿勒曼尼人的军队已经渡过了波河,因此他率军快速向那个方向前进。3 因为和他一起进军的赫鲁利人的统帅费利姆斯②病倒了,并且在几天前就去世了,因此非常有必要由赫鲁利人中的一人来领导他们自己,他立即安排他们中的一员法尼泰乌斯③的侄子④福卡里斯来管理他们。随后他指示福卡里斯与维塔利安⑤的侄子约翰⑥、瓦莱里安⑦、阿塔巴内斯⑧以及其他的将军和统帅还有他们的大部分军队一起,绕过图斯坎和艾米利亚⑨之间的阿尔卑斯山,⑩直接前往波河,并且驻扎在那附近。而且他们还要控制该地区所有强大的堡垒,以此来预先阻止和切断敌人的进军。4 如果他们(罗马人)成功地将他们(哥特人)都赶走,那么他们(罗马人)肯定会感谢命运,但是如果无数的压力阻止他们实现这样的行动,那么他们(罗马人)将阻碍他们(哥特人)的进军,并且不允许他们在那里横行,而是吓退他们,令他们尽可能保持远的距离,直到他(纳尔泽斯)按照自己的方式处理好目前的状况。于是他们出发去执行他的命令。5 他也在库迈留下了大量的军队。他们扎营在那附近,通过长时间封锁,保证敌人被控制在里面,直到他们投降。这样,他们通过持续的土方工事来环绕这个地方,以拦截任何劫掠粮草之人。他们认为,经过接近一年时间的包围,敌人现在肯定已经粮草

---

① 今天的意大利城市维奇亚,在罗马西北的 70 公里处,该城由罗马皇帝图拉真建立于 107~108 年。
② 赫鲁利人统帅,普罗柯比对其也有记载(Procopius, *History of the Wars*, Ⅵ, xxii. 8),538 年出现在意大利,加入纳尔泽斯的军队参战,553 年去世。
③ 赫鲁利人统帅,538 年去世,其统治由费利姆斯继承。
④ 赫鲁利人统帅,没有出现在其他史料中。
⑤ 阿纳斯塔修斯时期的拜占庭帝国将军,曾在色雷斯地区率领蛮族同盟军多次参战,514~518 年三次率军出征。在 518 年查士丁登基后,被任命为执政官,但是不久后在 520 年就被赐死。
⑥ 维塔利安的侄子,查士丁尼的将军,537 年第一次出现在史料中,参与贝利撒留在意大利的战争。
⑦ 查士丁尼时期的帝国将军,541 年时被任命为驻守在亚美尼亚进攻匈人的将军(*magister militum*)。559 年被敕封贵族称号(*patrikios*)。560 年以后以高龄去世。
⑧ 533~534 年出现在史料中,查士丁尼派遣前往利比亚地区充任亚美尼亚军团的统帅,以此来协助斯托扎斯。他强调自己是出身于帕提亚帝国王室。是他组织了 541 年衮塔利斯的谋杀,后来查士丁尼任命他为西西里军队的长官。
⑨ 大概在今天意大利的艾米利亚—罗马涅大区。
⑩ 位于意大利境内的部分。

告罄。6 在对那些城市的进攻中，纳尔泽斯几乎未经任何抵抗便占领了它们中的绝大部分。佛罗伦萨人出城会见他，在得到保证不会遭到不公正对待的协议后，他们自愿投降，并交出财物。肯图赛莱的居民也采取了这样的做法，还有佛拉泰莱①、卢纳②以及比萨。通过这种方式他取得了如此大的成功，以至于扫平了面前的一切。

12. 只有卢卡③的居民试图拖延，迟迟不作出决定。他们曾与纳尔泽斯达成协议，提供给他人质，并发誓，如果在三十天的时间里没有一支强大的盟军前来协助他们防卫工事，并参与公开阵地上的战斗，他们就将城市交到罗马人手中。2 因为他们认为法兰克人会很快赶来援助，他们信任这些法兰克人，正是因为这一点才与纳尔泽斯签署了协议。但是当约定的时间过去了，法兰克人并没有来，他们决定将协议置之不理，并拒绝接受协议的内容。3 被欺骗后纳尔泽斯非常愤怒，他开始为攻城战做准备，他的一些部下认为，应该杀死人质，以这种方式，让该城的居民害怕，为他们的失信而受到惩罚。4 然而，将军以理智做事，很少被情绪所左右，他不会如此鲁莽地杀死那些没有做错事的人，但是他做出了如下的计策。5 他将人质们一个接一个地手绑在身体两侧带出来，让他们低着头，以这种令人同情的方式将其展示给他们的同胞，并威胁道，除非居民们赶快去做之前答应的事情，否则立即处决他们。现在人质们被用窄木板从腰部到脖子部分固定住，身上覆盖着碎布条，防止敌人有远距离辨认出他们的可能。6 因此，若居民们不愿意遵从他的要求，他便立即命令将人质排成一列，枭首。卫兵们手持大刀，敲打着他们，仿佛急于对他们实行枭首。敲打木板使得人质向前倒下，却丝毫未伤害人质，因为人质已经接到指示这样去做，他们抽搐着，发出声音，假装将要死去。7 该城的居民，由于离得很远，看到这些景象，无法分辨出发生了什么，只是看到似乎发生的事情，由于感到将要降临于自己身上的灾难，他们痛哭起来。因为人质大多不是从普通人家中征集来的，而是来自显贵人家。8 他们以为这些人都被处决了，情难自抑地哀嚎起来。而频繁的痛哭汇聚成喧闹声，很多妇女在城墙上捶胸，扯碎衣服。她们被认为是逝者的母亲或者未婚的女儿，或者在某些方面关心人质的人。9 因此每个人都公开诅咒纳尔泽斯，称他是无赖和恶棍。他们说，在事实面前，他是一个残忍的杀手，他还企图把自己

---

① 现在意大利的沃尔泰拉。
② 现在意大利的卢尼。
③ 位于今天图斯坎西北的城市，是早期埃特鲁里亚人所建立的城市，在公元前180年成为罗马的殖民区。

粉饰成虔诚地尊崇上帝的人。

13. 现在当他们发出这种呐喊后，纳尔泽斯说道，"难道不是你们这些看客，放弃了他们的生命，而要为其死亡负责吗？你们将会看到由于你们破坏了誓言和违背和平协议而做出了错误的决定。2 但是即便是现在，如果你们想要了解真正的利益所在，并且履行协议，你们不会有任何损失：这些人将复活，并且我们不会对你们的城市造成任何的伤害。但是如果拒绝，你们未来的麻烦不会仅限于他们，你们可以思考如何避免同样的命运"。3 听到此话之后，卢卡的居民认为，他试图欺骗他们关于将死去的人复活的事情；事实上，他的话是欺骗性的，但是不是以他们所想的方式。尽管如此，他们还是表示赞同，如果看到人质仍然活着，他们就发誓立刻交出城市，并按照他的想法去做。当然，因为对他们来说死去的人复活似乎不可能，他们觉得自己可以轻松摆脱阴谋的指控，并且使得公正处于他们这一边。4 此刻，纳尔泽斯发出命令，突然人质都站了起来并展示给同胞，他们是安全的，没有受到伤害。当居民看到他们之后，都很自然地被这不可想象的景象吸引住了，即便如此，他们还是无法一致同意履行诺言，他们中的很多人拒绝了。5 因为这些人还活着，他们的痛苦和挫败感就会被乐观的想法所代替，那么这群人就会再回到过去的观点上，阴谋再次甚嚣尘上。即便这些居民如此反复无常，将军纳尔泽斯还是很慷慨，他立刻释放了人质，并且将他们送回家，而没有要求任何的赎金予以保证或者迫使城市做出其他类似的妥协。6 卢卡的居民惊叹于他所做的事情，并问他为什么这样做，他大声说道，"以装腔作势和欺骗而自豪不是我的习惯"，"因为我认为没有这些手段，如果你们不按照你们的想法加入我们，这也会使得你们臣服"；当他说话时，他指向了士兵的剑。7 现在被释放、并和他们的同胞在一起的人质，和其他人在一起时，他们为纳尔泽斯营造了很好的名声。他们回忆在纳尔泽斯手中时所受到的良好待遇，每个地方都在小声谈论着他是一位彬彬有礼、平易近人的人，既慷慨又公正的人。8 不久，这些话证明比武器更有效，赢得他们中的争论和不稳定的意见，说服了大多数人接受了亲罗马人的政策。

14. 纳尔泽斯仍旧忙于卢卡围攻，此时他了解到了派往艾米利亚的军队的遭遇。可以理解这一消息对他是一个重击，对于他的士气也是一个打击。2 当抵达那里之后，他们最初以谨慎、有序的方式采取了所有的行动。当出发去洗劫一些敌方的村庄或城镇时，他们以整齐的队列前进，并且在进攻时保持谨慎。撤退时，他们没有秩序混乱，而是以有序的形式，将军队形成一个中空的长方形队列，让队尾得到守卫，劫掠品在中间，以确保安全。3 他们最初以这种方式进攻敌方的领土，但是在随后的数天里，所有的这些做法陷入混乱，并且彻底翻转。赫鲁利人的统帅福卡里斯是无可否认的勇敢的、无畏的人，但也是一个粗野的、鲁莽性情的人。他并不认为战术性的技能和合理地安排自己的军队是一位真正统帅和领袖的标志，而是以通过亲自率军队抗击敌军并且身先士卒的方式冲入战场而感到骄傲。4 那时，以极大的傲慢，他发动了对帕尔马①城的进攻，而此时该城处于法兰克人控制之下。他本应该先派出侦察兵，以此来获得敌人的准确计划，并且通过这种方式，在情报优势的基础上做好有序的防御；但是他却率领赫鲁利大军以及那些已经准备追随他的罗马军队倾巢而出，依靠于鲁莽的大胆和暴力全速前进。几乎没有考虑有什么事情会发生。5 但是法兰克人的统帅布提林努斯则是先得到了这些行动的消息，他将精心挑选的人隐藏在距离城市不远的剧场中［用来进行兽狩猎表演］，布置了大规模的埋伏，随后前去观察，等待行动时机。6 当福卡里斯和他的赫鲁利人，以凌乱的、参差不齐的队形前进，一直进入敌人的事实包围圈中，信号发出了。法兰克人立刻冲出来，用剑杀死那些落入手中的人，突然他们都落入大网之中。7 然而，当大部分人意识到一场灾难已经降临时，他们立刻追逐无耻的救赎：他们转过身去，径直逃跑，全然不顾他们在战争危险中的长期训练和勇气。

15. 因此，福卡里斯的军队逃离了，唯有他和卫兵留了下来。即便如此，他也没有准备逃走，而是选择光荣战死而不是成为一个不光彩的幸存者。由此，他尽可能坚定地站立着，背靠在一块墓碑上，杀死许多敌人，在一瞬间愤怒地向他们发出攻击，然后慢慢镇定地退回，面对着他们。2 他还有逃跑的机会，因此他的随从劝说他这么做。但是他只回答道："我如何能够忍受纳尔泽斯指责我无计划的毒舌？" 3 很显然，更加担心被虐待而不是刀剑，他坚守自己的地方，狂怒地战斗了很长时间，直到无望地被敌人人数优势所超越，并且胸上有多处矛的刺伤，他的头也被斧头重重地砍伤了，坚持到死亡的一刻，脸朝下，他跌倒在自己的盾牌上。4 在他上面躺满了人，所有的人都是自愿和他在一起或者因为他们被敌人包围。5 由此，虽然福卡里斯被任命为将军，但他没有享受多少荣耀，因为在其短暂的生涯和如梦的发达之后，他的权力和生命以灾难的形式快速结

---

① 埃特鲁里亚人所建，公元前183年成为罗马人的殖民区，是艾米利亚地区最重要的城市之一，作为拜占庭拉文纳总督区管辖的城市，这里被托提拉所攻占。

束。6 然而，作为此次灾难的结果，法兰克人的士气得到了极大的提升和加强。7 居住在艾米利亚、利古里亚和邻近地区的哥特人曾经与罗马人订立了和平协议，并建立了防御同盟，不可否认的是，这并非出于他们自由意愿的伪善，对于他们来说是出于恐惧而不是热情。他们现在公开地壮着胆子违反协议，并且立即加入和他们有很多共同点的蛮族一边。8 如我已经解释的，处于约翰（维塔安的侄子）和阿塔巴内斯领导下的罗马军队，将赫鲁利军团的幸存者转移到了法翁提亚。① 9 原因是，将军们认为，继续驻扎在帕尔马城周围是不明智的，因为敌人已经开始集结，敌人在意想不到的成功之后似乎有了自信。事实上，所有被哥特人占领的城市都向他们打开了城门，并且将坚固的城堡交给他们，各种迹象表明，他们将要共同筹划发动对罗马人的进攻。10 因此，将军们决定，尽量接近拉文纳，以此来躲避敌人，因为他们觉得自己还没有准备好攻打敌人。当这些事件的消息传到纳尔泽斯那里，他非常忧虑，并且恼怒蛮族人的傲慢以及福卡里斯和其部下被彻底打败，福卡里斯是一个很有能力的人，极其勇敢，有着卓越的记录，众多的胜利；实际上，我认为，如果福卡里斯的智慧与他的勇气相匹配，他绝不会死于敌人之手。11 尽管非常伤心和忧虑所发生的事情，但是纳尔泽斯不会像一般人那样做，允许自己变得垂头丧气、失去信心。相反，他在看到军队由于事件不可想象的变化而丧失士气后，决定向他们宣讲一些鼓舞士气和勇气的话，以此来提升他们的精神，驱除他们的恐惧。

16. 纳尔泽斯确实有非凡的眼光和有效处理所有问题的不同凡响的能力。虽然他只接受过很少的正规教育，并且没有接受过雄辩术的训练，是一个在柔软、舒适的宫廷氛围中长大的太监，但是他确实天赋异禀，尤其善于让人接受他的观点。2 他身材很矮小，并且非常瘦；然而，他的勇气和英雄气概绝对是令人难以置信的。对于那些思想上拥有自由和高贵精神的人，没有什么可以阻挡他成为优秀的人。3 那个时候，纳尔泽斯进入军中，做出如下演说："那些习惯于总是战胜他们的敌人、习惯于永久的、纯粹的成功的人，即便是遭遇最微小的和短暂的挫折，他们也会失去快乐和希望。4 但是我认为，有任何理智的人，当取得成功时他们不应该过度感到幸运，而是应该时刻在脑中记住，事情是多么容易改变，总是准备好打算。只有那些以这种方式思考的人才会将每次成功都当作巨大的快乐，并且不会因为所发生的意料之外的事情而悲伤。5 现在，我察觉到你们的

---

① 意大利北部城市法恩莎，位于亚平宁山脉东北麓，博洛尼亚东南，临拉莫内河。

忧虑多过所发生的事情。很明显可以看出，出现这种情况是因为你们通过习惯的胜利的经验已经变得如此过分，以至于你们认为自己永远不会出错。因此，如果你们放弃这种想法，只是从自身来看待所发生的事情，那么你们将会发现发生的事情没有认为的那么糟糕。6 如果福卡里斯，如同蛮族人，习惯于他的轻率，对这样集中的敌人的兵力做出绝望的、无组织的进攻，那么他的结果是可以预知的，但这并不意味着你们现在必须放弃想法，并重新思考你们的计划。7 当这些从其国家的大毁灭中幸存下来的哥特人，不顺从命运，忙于建立联盟并给我们制造更多麻烦时，我们却因为没有取得彻底的胜利而备受打击，并丧失信心，丢掉我们过去成就的荣耀，这确实是可耻的。8 我们应该为所发生的事情而感到高兴，因为这是对我们自负的惩罚，并且使得我们从过度嫉妒的负担中解脱出来。因此，我们可能非常自信地看待战争的前景，我们现在进入了一个征服的新时期。9 如果敌人有人数优势，在保持清醒的头脑的情况下，我们将证明我们在训练和组织上的优势。此外，我们将要对抗外来闯入者，很显然他们缺少给养，而我们则有充足的补给。如果有需要，大量的城市和堡垒将会确保我们的安全，而他们则没有任何保障去依靠。此外，上帝与我们同在，因为我们参与的是保卫属于我们的正义的抗争，而他们则是在抢掠别人的土地。10 每一个理由对于我们而言都是极度的自信，而不是懦弱的借口。我们决定不给卢卡被围困居民任何喘息的机会。让我们所有人都以积极的热情做好战斗的准备。"

17. 以这样的演说鼓励了军队后，纳尔泽斯迅速更为严格地安排好了卢卡的围攻。他对其他将军非常恼怒。因为他们放弃了有利的位置，而身处法翁提亚。由此使得他的计划向相反的方向发展。2 他寄希望于他们的兵力可以在帕尔马城周围形成壁垒，以此确保敌人无法靠近，他可以轻松地将整个图斯坎地区纳入自己控制之下，然后他再出兵来援助他们。但是现在，由于他们离开位置，并且转移到较远的地方，使得纳尔泽斯和他身边的人暴露在敌人面前。3 在发现这种情况无法容忍之后，他派出了身边的重要副手之一，一个来自伊利里亚城镇埃皮达姆努斯①名为斯蒂法努斯②的人到那些将军那里，申斥他们的怯懦，并且谴责他们抛弃了整体的利益，如果他们不回到自己的位置，就等同于叛国罪。4 因此，斯蒂法努

---

① 该城在历史上又被称为迪拉休姆或者杜拉佐，曾经是古希腊科林斯的殖民区，其原址是现阿尔巴尼亚西部沿海城市杜莱斯。

② 普罗柯比身边重要的随从，没有出现在其他史料中。*PLRE*, p. 1186.

斯率领200名精于战斗、装备精良的骑兵全速出发。他们历经艰辛和无眠之夜的前进。因为一支法兰克人的先遣部队在那个地区的平原游荡,寻找粮草并且劫掠乡村。5 因此罗马人的大部分行军是在夜间,保持紧凑的队形前进,并且保护队尾,由此,如果不得不战斗,他们不至于没有准备。农民痛苦的哭声都可以听到,还有牛被赶走的声音以及树倒下的声音。环绕在这些凄凉的声音中,他们终于抵达了法翁提亚和军营。6 甫一出现在将军们面前,斯蒂法努斯就说道:"这是什么?贵族们,你们遭受了什么?你们之前成就的荣耀在哪里,你们那么多次胜利的誓言呢?你们怎么能期望在表现得像和敌人签署了协议,并且允许他们完全行动自由的情况下,纳尔泽斯可以占领卢卡,并且控制阿尔卑斯这一侧的土地?7 我不再指责你们了,但是其他人可能将这整件事情表述为是怯懦的行为,忽略了整体利益。如果你们不以极快的速度回到帕尔马,纳尔泽斯绝不会原谅你们,如果有任何差池,你们将要为结果负责。小心,别将皇帝(查士丁尼一世)的怒火引到你们头上。"

18. 听到这些话后,将军们意识到,这些话来自纳尔泽斯。他们无法辩解对他们谴责的正确性,他们提出了一大堆没有说服力的借口,如他们提到,他们被迫改变位置,是由于无法在帕尔马周围为他们的人提供充足的食物供给。他们还指控当时负责这些事务的意大利行省长官安提奥库斯①没有出现,他们甚至没有收到正常的薪金。2 于是,斯蒂法努斯全速赶往拉文纳,将行省长官带到将军们那里。在尽其可能地解决了问题之后,他劝说他们立刻折回,并且再次在帕尔马附近安营扎寨。3 任务完成后,他回到卢卡,告诉纳尔泽斯无须担心,而只是将他不要分神的注意力集中于手头的事情上,因为敌人不会再给他制造进一步的麻烦了。的确,他们在做出侦察之前无法再发动任何一次行动,因为罗马军队已经再次回到恰当的位置上,并且对他们保持监视。4 纳尔泽斯恼怒地认为卢卡的居民可能还将坚持很长一段时间,他全力进攻城墙。围城机械被搬运了出来,火源被投掷到塔楼上,而弓箭手和投掷手将火焰发射到那些出现在两座塔楼之间的人身上。城墙的一部分被攻破了,城市面临着极大的灾难。5 曾经是人质的那些人为了罗马人更加卖力,如果城市落入他们手中,早就交出去了。但是在城里指挥战斗的法兰克人部队给居民们施加压力,强迫他们战斗,并且以武力驱赶围城者。6 突然城门被打开了,他们发动了对罗马人意想不到的进攻,他们以为以这种方式会取胜。事实上,他们注

---

① 552~554年的拜占庭意大利行政长官。

定对于敌人只有很小的作用，而给予自己无法计算的伤害。城里的大部分卢卡人已经被亲罗马势力说服，他们按照自己的想法怯懦地战斗。7 尽管不断地努力，但是他们并没有获得所期望的结果，相反的是，遭到严重的损失导致了耻辱的、不光彩的撤退，一旦在堡垒里，他们把自己关在其中更加安全，因此更不可能出去。意识到在此刻没有其他拯救自己的方式后，他们得出结论，除了采取调解的态度别无他法，因此他们决定对现在的情况做出安排。8 因此，在得到纳尔泽斯既往不咎的保证之后，他们交出了城市并欣喜地迎接了（罗马）军队。此次围攻费时三个月，但是现在他们再次成为罗马皇帝的臣民。

19. 既然卢卡已经被迫投降，就不再有任何抵抗势力了，纳尔泽斯认为没有任何在那里停留的理由了，甚至无须为之前的努力做片刻休息。因此，他指派多瑙河的默西亚长官博努斯①来掌管这里，后者是一位有着丰富的管理民事和军事事务经验的杰出传奇性人物。纳尔泽斯交托给他一支一定人数的军队，这可以使他游刃有余地镇压该地区蛮族人的任何暴动。在做出这些安排之后，他急速赶往拉文纳，以便将驻扎在那里的军队派往他们的冬季营地。2 事实上秋天已近尾声，这些行动已经拖入了冬季，纳尔泽斯认为这不是组织战争的时间。这样的政策确实本来是对法兰克人有利的，他们最大的敌人就是炎热，因为它可以削弱他们的力量，破坏他们的精神；他们在寒冷的情况下很旺盛，他们的身体能力和忍耐力在冬季到达顶峰。作为寒冷环境下的居民，他们很自然地能适应这样的环境。3 考虑到这些顾虑，因此他（纳尔泽斯）试图拖延，将对抗延迟到下一年。因此他解散了军队，命令他们成伙地在邻近的城镇和堡垒过冬。在春季初，他们在罗马聚集，在那里形成了战斗序列。4 当他们在进行自己的事情时，纳尔泽斯则回到了拉文纳，只带着他的私人随从和警卫以及那些从事文书工作的人员，以此使得规定和制度得到监控，防止任何人随意地接近他。罗马人称这样的官员为"基格里斯"，② 该词是用来指代他们工作的地方后面的窗户。5 他的随从主管詹达拉斯③也陪同他一起，以及太监

---

① 拜占庭色雷斯地区的军务监区长官（*quaestor ioustinianus exercitus*），这是一个特殊的行政官员，负责掌管从色雷斯管区分离出来的下默西亚和斯基泰行省，以及马其顿管区的基克拉泽斯〔群岛行省〕、亚细亚管区的卡里亚行省和东方管区的塞浦路斯行省）。一般认为他于552年参与了纳尔泽斯对意大利的远征，553年在卢卡城投降后，他受命负责这里的事务。*PLRE*, pp. 240~241.

② 拉丁文形式单数是 *cancellus*，复数是 *cancellis*。该官职称为 *cancellarius*，罗马时期的下层法律官员，在帝国时期成为秘书处的人员，在拜占庭时期继续继续承担文书工作。

③ 他是普罗柯比的家庭管家，不见于其他史料。*PLRE*, p. 1415.

和其家仆。因此他带到拉文纳的有 400 人。

20. 此时，阿里根努斯，即夫里提哲之子，提亚斯的弟弟，在之前的库迈围攻中我已经提到了他，① 因为法兰克人已经占领了意大利，并且哥特人的命运在他们的手中，他开始思考关于将来的事情。2 对情况仔细地考量使他意识到，法兰克人虽然前来，但是表面上是联盟，事实上，他们有其他打算。他们也不想将意大利交给哥特人，事实上他们之前宁愿奴役他们（哥特人），虽然他们说是去帮助他们（哥特人），但把他们控制在法兰克人领主之下，以此来剥夺了他们传统的生活方式。3 在对有利和不利的情况进行了思考的同时，他还受到城市围攻的压力，最后他认为最好将城市和财富交给纳尔泽斯，成为罗马的臣民，摆脱危险和蛮族的生活方式。4 他认为，如果哥特人不能占领意大利，那么其古老的居民和原先的主人应该收复它，并且不应该被永远剥夺他们的故土，这才是公平的。他诉诸了这样的策略，为他所有的同胞们做出了表率。5 在给予了围攻者最先的通知后，他希望可以和他们的将军会面，随后收到了可以这样做的许可，他前往拉文纳地区的克拉斯希斯，② 他了解到，那里是纳尔泽斯驻扎的地方。6 在见到纳尔泽斯之后，他将库迈的钥匙交给了纳尔泽斯，并且保证在各方面以优雅的方式来服务他。纳尔泽斯恭喜他加入罗马一边，并且保证给予他很多的奖赏。7 随后他命令驻扎在库迈附近的军队的一个支队转移到堡垒的里面，以此来控制该城和它的财富，并且确保一切安全。其余的部队撤退到其他城镇和堡垒，以此他们可以度过冬天。他所有的指示都得到了执行。8 赫鲁利军队再次群龙无首，大部分人在两个相同杰出的对抗者中被分开了。其中一派支持阿鲁斯，③ 他们感到，他的领导能够满足他们最好的利益。但是，另一派倾心于辛杜阿尔，④ 他的军事经验和强大的个性对于其他人更有吸引力。纳尔泽斯同意后者，他任命其为统帅，并将他们派往更好的冬季营地。9 最后，他将阿里根努斯派去吉萨纳。⑤ 抵达那里之后，他登上城墙，将头伸过墙，以这种方式来使得他得以被认出。纳尔泽斯如此命令，是为了让从那里经过的法兰克人可以看

---

① Agathias, *The Histories*, Ⅰ, 8.6.
② 位于拉文纳地区的城镇和港口，在罗马帝国时期曾发挥重要的作用。在征服意大利之后，查士丁尼意识到其重要性，曾重修这里，使之成为仅次于君士坦丁堡的重要港口。
③ 赫鲁利人统帅，罗马人的倾慕者，他迎娶了拜占庭统帅蒙都斯的孙女。552 年，他率领赫鲁利人参与了纳尔泽斯的意大利远征。*PLRE*, p. 132.
④ 赫鲁利人统帅，553 年在纳尔泽斯麾下任职，在赫鲁利的权力分配中，得到了纳尔泽斯的支持。后来在哥特人支持下，企图自立为王，但是纳尔泽斯在 566 年左右将其杀死。
⑤ 该地现为意大利北部城市切塞纳。

到，阿里根努斯已经改变阵营，这样法兰克人就会放弃进军库迈以及染指该地的财富。考虑到所有的优势已经提前被纳尔泽斯控制了，他们甚至可能会放弃整场战争。10 当阿里根努斯看到法兰克人经过时，他从墙上奚落他们，嘲笑他们做无用功，以及在所有事情上的迟到。所有价值连城的东西都已经处于罗马人的手中，包括哥特人的王室标志。因此，如果有人宣布自己为国王，他没有什么特殊标志以区别，只能身着普通士兵和普通市民的衣服。11 法兰克人羞辱他，并将其作为叛国者进行辱骂。然而他们对当时的情况有所犹豫，并且思考是否继续战斗。但是，坚决地执行追逐他们最初目标的观点成为主流。

21. 此时，纳尔泽斯在拉文纳小住，在此过程中他视察了驻扎在那里的军队，并且在一切安排妥当之后，如同以前，带着随从前往阿里米努姆。① 2 瓦尔尼人②瓦卡鲁斯，③ 一个在战争方面技能和勇气卓著的人，最近刚去世。他的儿子，名叫提乌德巴尔都斯，④ 带着那些瓦尔尼人径直去投奔罗马皇帝。他现在位于阿里米努姆，准备拜见纳尔泽斯。3 因此在他抵达那里后，纳尔泽斯意图通过特殊奖金赏赐的方式来更加确定他们的联盟关系。4 当他忙于这些事情时，一支被他们的首领派出去抢劫、劫掠乡村、混合了骑兵和步兵的2000人左右的法兰克人开始蹂躏该地，拖着散落的动物，毫无阻拦地劫掠。坐镇于掌控整个地方的上面的房间中的纳尔泽斯，看到了发生的事情。5 考虑到如果不做出所有可能的抵抗是耻辱的和不光彩的事情，他立刻骑着一匹顺从的、得到训练的、可以表演各种军事技能的纯种马从城里出来。他命令有作战经验的随从跟随他，大概有300人。6 他们上马，随他而去，径直奔向敌人。当法兰克人看到他们靠近，没有再继续四处闲逛，我认为他们也不再关心劫掠了。他们整理部队，步兵和骑兵组成队列，虽然不长，［我无法给出可能的人数，］但由于坚固的盾牌墙他们变得很强大，两翼相互护卫。7 当（法兰克人）到达弓箭射程范围以内后，罗马人认为因为他们（法兰克人）保持如此完美的阵型，不应该和他们进行近战。因此他们开始射箭，投掷长矛，试图击中前排的人，以此减弱敌人的前锋。8 但是他们在盾牌墙后坚定地站立着，丝毫不移动，每一边都得到保护，因为他们幸运地靠近一片浓密的森林，树木成为他们的防御靶垛。现在他们（法兰克人）开始投掷他们的

---

① 该地现为意大利北部城市里米尼，位于拉文纳南部，靠近亚得里亚海。
② 日耳曼人的一支，起初居住在多瑙河北部直到波罗的海的地区。
③ 瓦尔尼人首领，不见于其他史料，去世553年。
④ 不见于其他史料。

昂贡矛（ἄγγων）① 进行回击，这是他们本地长矛的名称。

22. 对情况进行估计之后，纳尔泽斯意识到敌人没有遭到重创，于是他采取了一项匈人较为常用的计策。他命令自己的随从调转马头，急速撤退，看似是恐慌地逃走，以此引诱法兰克人远离树林，来到宽阔的地方。他说自己将处理其余的（敌人）。2 因此他们按照他的指示去做，逃走了。法兰克人被他们的偷跑欺骗了，以为他们的恐慌是真的，他们立刻分散队列，离开森林，前去追击。3 骑兵首先出发，后面最勇敢和迅速的步兵紧随其后。所有人都继续作战，想要活捉纳尔泽斯，并轻松地将战争带向他们渴望的结局。4 忘记了所有的纪律，他们以肆意的欢悦和不切实际的希望混乱地前进。将缰绳交给他们的马，罗马人就像惊慌失措的逃亡者一样四处逃窜。他们显示出的恐惧如此令人信以为真。5 当蛮族人已经散布在开阔的地方，并且离森林很远，将军便发出信号，罗马人突然调转马头，迎面对着他们的追逐者。利用混乱和意想不到的事件反转造成的惊恐，罗马人从各个方向进攻，冲向敌人。逃跑者和追逐者的角色转变了。6 法兰克人的骑兵感觉到自己处于危险之中，全速向森林撤退，庆幸可以安全回到营地。但是他们的步兵则不光彩地被屠杀了。由于被意想不到的灾难震惊了，他们甚至没有动手自救，躺在各处，如同一群被无情地屠宰的猪羊。7 这些最勇敢的人被屠杀后［有 900 多人］，其他人撤退了，回到了他们的首领那里，确信远离大部队不再是安全的。8 纳尔泽斯回到了拉文纳。在妥善安排了那里的事宜后，他出发前往罗马，在那里度过了冬天。

第二卷

1. 春季初，② 所有的军队都前往罗马集结，他们按照指示在那里聚集。2 纳尔泽斯要求他们接受更加严格的战斗训练，通过每日的操练来强化他们的战斗勇气。他让士兵们按照两排行进，操演骑兵，（步兵）以战舞的形式巧妙地配合，让士兵们的耳朵接受频繁地发出战斗信号的军号声，以免经过一个冬天的沉寂之后，他们可能忘记了战争的技艺，当面对真正的战斗时就丧失了勇气。3 此时，蛮族人以较慢的速度劫掠和破坏位

---

① 这是一种法兰克人和日耳曼人所使用的矛，很少出现在战场遗址，多发现于墓葬中，关于该武器的具体问题，参见 Bernard S. Bachrach, 1970: "Procopius, Agathias and the Frankish Military", *Speculum* 45, No. 3, pp. 435~441。

② 554 年年初。

丁他们道路之上的一切。利用可能的靠近内陆的道路绕过罗马城和其周边，他们沿着靠近其右侧的第勒尼安海和延展到其左侧的伊奥尼亚海岸前进。4 当抵达被称作萨姆尼乌姆①的地区时，他们分成了两部，每部采取不同的路线。布提林努斯率领大部分强大的军队沿着第勒尼安海前进，劫掠坎帕尼亚大部分地区，穿过卢坎尼亚，②然后进攻布鲁提尤姆，③一直进军到分开西西里岛与意大利尖部的海峡。④ 5 劫掠阿普里亚和卡拉布里亚⑤的任务就落到了柳塔利斯的身上，他率领其余的军队，远及新德伦图姆，⑥ 那里位于亚德里亚海岸，是伊奥尼亚海开始的地方。6 那些入侵者中的法兰克人对教堂表现出克制和尊重，如我已经指出的，因为他们对待宗教问题的正统观念与罗马人的信仰几乎一致。7 但是阿勒曼尼人信仰极为不同，他们狂热地劫掠教堂，抢劫珍贵的装饰品。他们（从教堂）移走并挪用大量的洗礼盆、金质香炉、酒杯、篮子以及任何用作神秘活动的其他物品，作为世俗之用。8 更有甚者，他们打破教堂和圣殿的屋顶，拆除祭坛的基座。小教堂和祭坛周围的空间布满血迹，地面被无处不在的未被掩埋的尸体所污染。9 但是他们的报应很快也很恐怖。有些人在战争中被杀死，其他人死于疾病，他们中没有人活着看到早先愿望的实现。因为作恶事和亵渎神灵是需要避免的灾难性的事情，尤其是在战争和战斗行动中。10 保护一个人的国家和民族身份，以及尽最大努力抵御那些试图破坏这些事物的人，既是神圣的职责，也是每个人的义务。但是，那些没有正当理由，主要是出于贪婪和非理性的恶意去入侵他人土地并伤害那些没有对他们造成任何伤害的人，只能被描述为邪恶和恶毒之人。这样的人漠视正义和上帝对他们恶性的惩罚。11 他们可能享受的是短暂的盛名，但惩罚和不可避免的厄运在等待着他们，这就是柳塔利斯、布提林努斯以及他们蛮族同伴的命运。

2. 当他们已经做下这些恶事并获得了大量的劫掠品时，春天已经结束，夏天已经开始。两位首领之一，准确来说是柳塔利斯，此时打算回家，享受生活。由此，他派出信差到其兄弟那里，催促他放弃后面的战争和命运的不确定性，和他一起尽快回去。2 但是，一方面由于已经对哥特

---

① 萨穆尼蒂斯人居住的地方，位于亚平宁半岛的山区，在罗马的东南。
② 现意大利坎帕尼亚南部的巴西利卡塔地区。
③ 现意大利的卡拉布里亚地区。
④ 墨西拿海峡。
⑤ 现意大利南部足尖的萨兰托半岛。
⑥ 现意大利城市奥特兰托。

人承诺,要帮助他们抵抗罗马人,另一方面他们(哥特人)奉承他并宣告准备推选他为(哥特人的)国王,布提林努斯觉得自己有责任待下去,并完成协议的内容,因此他在那里开始准备战争。3 柳塔利斯立即率领军队出发。他已经决定,等到带着战利品安全返回后,他就将派自己的军队增援他的弟弟。但是,最终他既没有实现自己的计划,也没有提供给他弟弟任何援助。4 他从来时的同样路线返回,在没有遭到任何抵抗的情况下抵达了皮西奴姆。① 穿过该地区的行军途中,他驻扎在法奴姆②城附近。在这里,如同平时的习惯,他立即派出一支3000人的军队作为侦察兵和先遣部队,不仅是去探索前路,而且是去击溃所见到的敌人的可能的进攻。5 阿塔巴内斯和匈人乌尔达赫③分别率领着一支罗马和一支匈人军队驻扎在皮扫鲁姆城,④ 他们在监视是否有法兰克人从那条路通过。他们刚见到敌人的先遣部队在伊奥尼亚海岸上行军,便溜出城,对他们发动了突然但有序的进攻,杀死了很多人。一些敌人爬上了连接海岸的陡峭岩石上,头向前跌落下去,死了,被海浪冲走。6 事实上那里的海岸线突然升起,形成了一个从四周都难以接近的山崖,只有一个很陡的斜坡供人登顶,坡上布满了小坑,一直通向波涛翻滚的深渊。7 大部分人以描述的方式失去了生命,其余的人混乱地逃走了,边逃边发出悲伤的声音。随后他们冲入自己的营帐,散播惶恐和混乱,声称罗马人将随时攻打他们。8 柳塔利斯亲率军队,所有军队被调动提起来。他们拿起武器,排成宽阔的阵形。一旦他们抵达位置,所有其他的考虑都因为情况的紧急而遭到了放弃。大部分的俘虏突然发现自己处于没有守卫中,他们没有放弃利用敌人被牵制住的这个事实,他们带上能够带走的战利品尽可能快地跑到附近的堡垒。

3. 因为阿塔巴内斯和乌尔达赫认为自己没有资格参战,于是他们没有任何率军出征的迹象,法兰克人解散了,回到了营地。在环视周围后,他们意识到损失的程度。因此他们决定,最好的策略就是全速离开法奴姆,并且在其他事情发生在他们身上之前继续前进。2 因此,他们立刻动身,离开了伊奥尼亚海和右侧的海岸,朝向亚平宁山脉的山脚前进。由此,径直前往艾米利亚和科提安的阿尔卑斯山,他们艰难地渡过了波河。

---

① 现意大利的马尔凯大区。
② 现意大利中部的城镇法诺。
③ 匈人首领,不见于其他史料。PLRE, p. 1387.
④ 现意大利城市皮萨罗。

3 抵达威尼斯地区后，他们在切内塔①镇扎营，这里此时臣属于他们。尽管这个地方为他们提供了安全的保障，但是他们依旧充满了愤怒，不满的情绪很明显。原因是他们的战利品所剩无几，似乎他们的行动徒劳无功。4 但这并不是他们麻烦的结束。不久之后，他们遭到了一次突发瘟疫的打击。5 有人说该地区的空气已经被污染了，这是此次瘟疫的原因。其他人则责怪他们生活方式的突然改变，因为在长途行军和不断战斗之后，他们陷入了奢侈和懒散的习惯之中。但是他们最终没有察觉到是什么导致灾难的发生并且无法避免，这就是他们的恶行以及轻视上帝和人类法律的后果。6 上帝的惩罚在他们的首领身上体现得尤其明显。他的大脑开始错乱，像一个精神失常的人一样胡言乱语。他被疟疾所控制，并且发出一阵低沉的呻吟声。这一刻他趴下来，脸贴着地；下一刻则向后躺倒口吐白沫，眼睛扭曲。7 在这种周期性发作的狂癫的暴怒下，他开始吃掉自己的肢体，用牙紧紧咬住自己的胳膊，撕咬和吞食自己的血肉，就像是一只野兽在舔舐自己的伤口。因此，在享用了自己的血肉之后，他慢慢衰弱，可怜地去世了。其他人也像苍蝇一样去世了，这场瘟疫继续肆虐，直到整支军队消失。有些人被突然发作的疾病所击垮，有些人突然昏厥，还有些人死于精神狂乱。事实上，这场疾病虽然以不同的形式出现，但是结果都是致命的。这就是柳塔利斯和其部众远征的结果。

4. 当这些事情正在威尼斯地区发生时，另一位首领布提林努斯在洗劫了直到墨西拿海峡的每个城镇和堡垒之后，正在经过坎帕尼亚②和罗马匆忙赶回。2 他已经听说纳尔泽斯和他的帝国军队在罗马聚集，因此他不希望延迟，被别的事情分神。因为他的军队的大部分已经受到了疾病的打击，他决意把所有的力量投入对最高权力的最后殊死一争之中。3 此时所发生的事情是，当夏季即将结束和秋季即将开始之时，葡萄园里挂满了葡萄，而其他田地空空如也，［纳尔泽斯已经聪明地提前征用了每一样东西］他们只能去挤压葡萄，用手取出汁来。以这种临时制作的酒来填饱肚子的结果是，他们的胃会膨胀，并且受到胀气的影响。有些人去世了，其他人活了下来。4 因此无论结果如何，在疾病演化成瘟疫之前，布提林努斯决定开战③。因此，在抵达坎帕尼亚之

---

① 现意大利城市切内达。
② 现意大利坎帕尼亚地区。
③ 这是 554 年在卡普亚附近的卡苏林努斯河之战，此一战布提林努斯率领的阿勒曼尼人被拜占庭军队彻底所打败，自此查士丁尼在意大利的再征服运动终于结束。

后，他在距卡普亚①不远的卡苏林努斯②河岸边扎营，该河自亚平宁流过来，穿过该地区的平原，注入特立尼安海。5 在将其军队驻扎在那里以后，他在其周围修筑了坚固的防线，然而，其效果有赖于自然的地势，因为流到他右侧的河流似乎形成了针对进攻的一个天然的屏障。他带来了大量的马车，将轮子卸掉，把它们轮接轮排成一排，轮缘埋到地下，在轮毂的上面覆盖上土，这样只有一半的轮子露出外面。6 在以这些和无数其他的木质东西为营地设置屏障后，他只留下了一个狭窄且没有防卫的出口，从这里他们可以冲出去打击敌人并且可以按照他们的意愿回来。7 河上的桥，如果不加以防守，就构成了麻烦的一个来源。因此他提前控制了这里，并且在上面修建了一座塔楼，把自己最优秀的士兵安排在那里，这样他们可能从一个有利的安全地点作战，并且驱赶那些决定要过河的罗马人。8 在安排了如同所描述的每一个具体的位置后，他认为自己已经采取了恰当的措施，并且认为已经令自己成为当前情况的一个掌控者。主动权取决于他，并且只有在他乐意的情况下，战争才能发生。9 他还没有收到任何关于他的兄弟在威尼斯所发生的事情的情报，但是他很惊讶，他（柳塔利斯）并没有按照协商好的计划派遣军队。然而，他猜测他们不会延迟这么长时间，除非已经发生了灾难。但是即便没有他们的支持，他认为自己也可以打败敌人，因为在数量上自己优于他们。10 他剩下的军队总计高达30000名士兵。罗马人只有18000人。

5. 布提林努斯的士气高涨，他要求所有人记住，即将要发生的战争是决定性的。他说道，"我们面对或者成为意大利的主人，这是我们未来的目标，或者在这里被消灭。我勇敢的士兵们，如果我们勇敢地作战，那么我们就会通过自己的力量实现夙愿。有任何疑问我们该选哪一个吗？"2 他继续以这样的敦促来激励军队，并且成功地提高了他们的士气。大量斧头在一个地方被磨得锋利，当地的长矛或者被他们称为"昂贡"的矛在另一个地方进行打磨。破损的盾在其他地方得到了修补，并投入使用。3 他们所有的准备都在轻松有序地进行，因为作为一个部族，他们的战斗装备的形式很简单，不需要维持一系列机械的技巧，我相信，即便是损坏了，使用者也会将其修好。他们忽略了对胸甲、护胫套的使用，虽然有一些人戴有头盔，但是大部分人作战时头部都没有保护。后背和胸部以及腰

---

① 古代埃特鲁利亚人所建立的城市，大概位于那布勒斯北部25公里。这里是罗马皇帝管理的重要中心，456年被毁弃。
② 现意大利沃尔图尔诺河。

部没有保护，腿部也只有麻布和皮革制作的裤了。4 他们也很少使用马，更擅长步兵作战，这是他们这个部族战斗的习惯。他们大腿上佩有剑，左侧挂着一个盾，没有弓箭、投石索和其他可以远距离进攻的武器。双头斧和"昂贡"事实上是他们作战时使用最多的武器。5 "昂贡"是一种长短适宜的矛，可以用作标枪，如果有需要也可以作为近战的刺杀武器。它们几乎是用铁包裹着，这样露出很少的木头，在矛尾部的长钉也部分被隐藏起来了。在矛的头部，可能是在矛头的两边，配有倒钩，圆弧状有点像鱼钩。6 在战斗中法兰克人投出这种矛。如果它击中人体的某个部位，它的头部进入身体，当然，无论是伤者还是其他人都很难把矛拔出来。因为倒钩勾住肉，无法被拔出来，并且还会使痛楚更加折磨人，因此即便碰巧敌人没有受到致命伤，但是依然会去世。7 如果它击中盾牌，那么矛杆会在外面，而倒钩则进入里面。被击中盾牌的那个人不能拔出矛来，因为其倒钩嵌入盾牌之中了。不能用剑砍断，因为矛外面包裹着的铁阻止他砍断木头。8 只要察觉到这一点，那么法兰克人就会突然一脚踩上来，踏上矛的尾部，使得盾牌倒地。这样他可以很快解决没有防卫的受害者，或者用斧子攻击他的脸的正面或者用另一根矛扎他的气管。9 这就是法兰克人所使用的武器的类型，以及他们为战斗所做的准备。

6. 在了解到这些准备后，纳尔泽斯率领军队离开了罗马，并扎营在与敌人如此接近的地方，在这里他甚至可以听到他们的声响，并且看到他们防御工事的轮廓。2 在双方军队可以互相看到的情况下，战争的准备更加忙碌。警卫不断巡逻，岗哨被大量安置，将军不断巡视。这是在大战前夕困扰人们的矛盾情感。他们的情绪在希望和恐惧两端之间快速变动。意大利的城市处于极其兴奋和焦虑之中，他们想要知道会落入哪一方之手。3 此时，法兰克人在蹂躏周围的村庄，并补充给养。当纳尔泽斯看到这一点，他认为这是对他个人的羞辱，并且愤怒于这些敌人就在自己的鼻子底下闲逛，似乎没有人看到他们的挑衅。他认为这种状态无法忍受，并且决议不惜一切代价来阻止它。4 在罗马的统帅之中，有一位名为哈纳郎吉斯①的亚美尼亚人，他是一位非常勇敢而且具有洞察力的人，无论何时他都乐于面对危险。哈纳郎吉斯把自己的营帐扎在营地的最外缘，靠近敌人。现在纳尔泽斯指示他去进攻（补给），并且尽可能地伤害他们，以阻止敌人进一步的远征劫掠。5 因此，他带着一些人骑马突然冲过去，拦截了马车，并杀死了车夫。其中一辆马车上运载着干草。他现在把它们运到

---

① 不见于其他史料。*PLRE*，p. 282.

塔楼旁，如我之前提到的，法兰克人修建用来守卫大桥的塔楼，然后在那里点燃了干草。6 大火燃起，塔楼的木质结构很快就被（火焰）吞噬了。里面驻守的蛮族人无法做出任何的抵抗，由于被大火包围，他们决定弃守。他们仅仅设法及时逃了出来，而罗马则控制了这座桥。7 并不令人惊讶的是，法兰克人由于这些事件陷入了混乱，他们冲向武器，疯狂的急躁和怒火使他们激动起来。他们的血液沸腾了，并且无法控制自己。以过度的勇猛和无节制的自信，他们决议不再忍受再一次的不作为，或者延迟，而是在那一天参与了战斗，尽管阿勒曼尼人的占卜师明显提到，这一天他们不宜作战，否则肯定会全军覆没。8 我认为，即便这个遭遇发生在这一天或者其后的另一天，他们都会遭受同样的命运。时间的改变不足以使得他们免除其不虔诚（行为应该受到）的惩罚。9 此外，无论是否偶然或者阿勒曼尼人的预言家可能已经对他们预言的未来的模式有清晰的认识，在很多人看来，预言是真实的，并且发生了。具体发生了什么，我现在将要对此进行详述。

7. 法兰克人手持武器，怒气冲冲，纳尔泽斯也让罗马人全副武装，并且指示他们离开营地，占据适宜阵形中的位置。2 当军队开始进军，将军（纳尔泽斯）已经骑上战马，此时有消息传来，赫鲁利人首领中最主要的一位由于某个微不足道的冒犯残忍地杀死了一个仆人。他（纳尔泽斯）停下马来，命令立即把谋杀者带到他的面前。他认为，不通过某些赎罪的行动来消除败坏的罪行之前进入战场是不虔诚的行为。3 为了回应他的质询，这个蛮族人承认他为所发生的事情负全责，并且还提到，主人们可以按照他们的意愿处置自己的奴隶，如果其他人表现不好，也会受到同样的待遇。因为远没有任何的懊悔，似乎实施谋杀的这个残暴的人事实上是在自夸他的犯罪行为，纳尔泽斯向他的侍卫下令，处死这个人。4 当剑剖开他的肚子后，他死去了。这就是赫鲁利人通常的蛮族的反应。他们争吵起来，非常愤怒，决定不再参与战斗。5 然而，纳尔泽斯在消除罪行的污点之后，并没有继续关注赫鲁利人。他重申，那些愿意分享成功的人必须追随，之后就出发前往战场。他自信将得到上帝的助佑，于是带着必胜的决心前往战场。6 赫鲁利人首领辛杜阿尔认为，如果他和自己的人在这样一场大战之中被证实当了逃兵，将是一种耻辱。此外，人们可能会认为，事实上他们惧怕敌人，并且用他们对逝者的感情作为一个借口和怯懦的幌子。7 因此无法忍受被阻止积极参与（战斗），他向纳尔泽斯发出信号（请他等待他们），因为他们任何时候都追随。然而，纳尔泽斯说，他不会等待他们，即便他们迟到了，也应该在战场上他们应该在的位置上。

于是赫鲁利人武装完毕，并且按照队形前往战场。

8. 抵达战场后，纳尔泽斯立刻做出常规战术安排和军队布置。骑兵被安排在两翼，携带着短矛和盾牌，弓箭和一把剑则挂在他们的两侧。他们中一些人手持长矛。2 他则位于右翼的边上。他的管家詹达拉斯、其他的仆人和营地追随者等所有具备战争经验的人也都在那里。3 在另一边是瓦莱里安、阿塔巴内斯和他们的人，按照指示他们隐藏在浓密树林后面，然后，只要敌人从其隐藏的这个地方进攻，他们就从两边发起攻击。4 步兵位于中间，全身上下披盔挂甲，尤其是身着特别坚硬的盔甲的先锋组成了一堵坚固的盾牌墙。其他人则肩并肩成为接连的行列，按行排列直到后卫。5 所有的轻装部队、投石索兵和弓箭兵在后面等待进攻的信号。方阵中间有一个地方留给赫鲁利人，这个地方依旧是空着的，因为他们还没有抵达。6 此时，在不久前已经投降敌人的两个赫鲁利人，由于没有注意辛杜阿尔后来的决定，他们劝告蛮族人尽快进攻罗马人。他们说道："你们会发现他们处于完全的混乱之中，而赫鲁利人军队闷闷不乐，拒绝参与任何的行动，其他军队也完全因为他们的背叛而灰心。" 7 无疑因为这是布提林努斯希望他们这样去做的，因此他几乎没有丝毫质疑就把这当作是真的。他立刻率领其部队出发。他们的热情无止境。激动于收到的消息，他们径直向罗马人进军。然而，他们的进军并不是一个深思熟虑和有秩序的行为，而是一个鲁莽的冲动，似乎他们认为，第一波进攻就会打败对手。8 他们的队列安排是一个楔形的阵形。就像是一个Δ的三角形，前头的尖部作为一个集中的紧凑的盾牌阵，这是代表了野猪头的外观。9 由向后延伸的行和排构成了两个侧边的三角形的两翼，慢慢延伸直到达到最大的宽度，这样它们之间的空间就是空的，将人们的后背暴露，形成继续的没有保护的线。这种配置是不断铺开来使得他们可以应对迎面的敌人的结果，通过盾牌来掩护作战，并且利用他们的合并的阵形来守卫他们的尾翼。

9. 但是对于纳尔泽斯而言，所有一切都进展顺利，因为命运帮助了其优秀的将领。蛮族人全速冲击，引起了非常恐怖的喧闹声，因为他们以极大的冲击力打击罗马的阵列。他们立刻打乱了先锋的中部，并且挤入由于赫鲁利人的缺席而造成的空地。敌人兵力的先锋切断了阵形，虽然没有导致很大伤亡，但是扫过尾翼警卫。其中一些甚至前进得更远，企图控制罗马人的营地。2 此刻，纳尔泽斯静静地转身，并指挥三角形的两翼转身〔战术家们就是这样称呼的〕，并且让他们延伸开。骑兵将要从两侧向敌人的后部射箭。3 他们轻松地遵照这些指令。在马上的他们凌驾在蛮族步兵之上，对于他们来说非常简单地打击有一些距离之外的目标，铺开并清除障碍。我认为，位于两翼的骑兵也很轻松地把箭射过离他们最近的那部分人，而去击伤远处进入视线的敌人。4 的确，法兰克人的后部从各个方面被打散，而位于右翼的罗马人则拔去了左侧的敌人，那些位于左翼的人则拔去了右侧的敌人。由此箭都看不见，因为它们以彼此相反的方向在空中飞过打击位于它们道路上的人。蛮族人也非常无望，无力防卫自己，并且并不清楚他们从哪里受到攻击。5 因为他们与罗马人面对面，他们的注意力只集中于他们近边的周围，他们与面前的重装部队进行徒手战斗，甚至没有时间去看一下后面的弓骑兵。此外，他们不仅遭受了迎面的攻击，还受到后面的进攻，因此他们不确定自己的困境情况。6 他们中许多人未来得及搞清楚发生了什么事情之前就立刻被杀死了。而那些位于外侧的人持续倒下，内侧的人则持续暴露出来，因为这重复地发生，他们的数量立刻锐减，直到影响力无足轻重。7 此时，辛杜阿尔和他的赫鲁利人在接近战场之时，遭遇了那些冲破罗马队列，并且在前面冲击的敌人。8 他们短兵相接。敌人没有注意到，陷入混乱之中。以为落入了埋伏，敌人立刻逃走，指责赫鲁利人中的背叛者，并且指控他们欺骗了自己。辛杜阿尔和其部下穷追不舍，直到他们杀死了一些并把其他人赶进了湍急的河水才停止追击。9 一旦赫鲁利人补充到他们空缺的位置上，罗马的队列就完整了，结果是，法兰克人，事实上被网住了，他们遭到来自各个方面的屠杀。他们的队列完全被破坏了，并彻底被击溃。10 罗马人没有用箭追击他们，而只是派遣了重装和轻装军队对他们施以屠杀，投射标枪和长矛以刺杀他们，用剑把他们砍成碎片，而骑兵则迂回，切断并包围他们。那些逃脱被剑屠杀的人被追击者驱赶到河里，长眠水底。随着蛮族人悲惨地消失，悲痛的哭喊声充满了天空。11 他们的主帅布提林努斯和整支部队都被彻底摧毁了，而在战斗之前逃跑的赫鲁利人则也位于被屠杀之列。的确所有的阿勒曼尼人中只有 5 人逃脱了，回到了他们的祖籍。12 有什么更加清晰的证据可以说明他们是由于邪恶而受到惩罚，并且被上帝正义的无情操作所压倒的呢？法兰克人和阿勒曼尼人与那些聚集在他们旗帜下的人都遭到了彻底的毁灭，而只有 80 位罗马人丧命，并且他们都抵挡住了敌人的第一波进攻。13 在这场战斗中，罗马队列中的每一个人都表现得极其勇敢。在蛮族辅助部队中，哥特人阿里根努斯［他也参与了战斗］和赫鲁利人的首领辛杜阿尔像其他人一样勇敢而表现突出。他们都极为赞赏并且非常敬仰纳尔泽斯，认为得感谢他，是他的远见才使得他们表现杰出。

10. 我认为，过去的历史中很少有这样显著的极大胜利的战例。并且在过去，其他人已经遭到了与法兰克人一样的命运，更加详细的考察显示出，他们也因为其邪恶而被摧毁。2 例如，以大流士（一世）的总督达提斯^①为例，他与波斯军队一起抵达了马拉松，他认为自己注定不仅要征服阿提卡，还有整个希腊。这场进攻是不道德和非正义的，是由于波斯君主大流士对疆土的野心所驱使的。很明显，亚细亚大陆对于他而言已经不够庞大了，他非常憎恨自己不是欧罗巴主人这样的想法。3 这是为什么波斯人在米太亚德^②的手中遭到了失败的原因。这个故事讲到，雅典人向狩猎女神阿耳忒弥斯^③承诺，每杀死一个敌人便献祭一个孩子，于是她慷慨地降福于他们，由此他们获得了非常丰盛的猎物，以至于在他们去献祭时，所有的孩子都无法满足这个数量。在那场战争中敌人的损失是如此惨重！4 或者以杰出的薛西斯^④和他的奇迹^⑤为例，除了因为放纵的邪恶，依靠于数量和装备的优势而不是审慎，他设法奴役那些对他无害的人，并将强权置于正义之前，但希腊人是为了他们自由的正义事业而战，并且不忽略任何他们可以做到的事情，除了他们采取所有恰当的决定并且对他实施行动，从而导致他的失败，他在希腊人手中还遭受什么其他的失败？5 例如，除了愚蠢和邪恶，人们如何看待斯巴达人吉利普斯^⑥的胜利，尼西亚斯和德摩斯梯尼^⑦的失败以及所有锡拉库萨^⑧的灾难？是什么原因让雅典人忽略了对他们家门口的战争，而航行去蹂躏遥远的西西里呢？6 人们可以很容易地引用很多其他由于愚蠢和邪恶而导致的事例，还有由这些造成他们受伤害的后果的事例，但是我认为，所述内容已经足以证实这个情况。7 那么，罗马人［回到我之前的叙述］在按照他们的仪式和习俗埋葬了逝者

---

① 波斯阿黑门尼德王朝最重要的将军之一，活跃于公元前 6 世纪的第一个 15 年时期。他参与了希波战争，并领导了马拉松之战，但殒命于此役。
② 小米太亚德（生卒年为公元前 550~前 489）是雅典的十将军之一，马拉松战争胜利的主要人物。
③ 阿耳忒弥斯（希腊文：Ἄρτεμις）是古希腊神话中的狩猎女神，被称为"野兽的女主人与荒野的领主"，是奥林匹斯山的十二位主神之一。
④ 薛西斯一世（公元前 485~前 465 年在位），大流士一世之子，在萨拉米湾海战中败给了希腊人。
⑤ 阿加西阿斯这里指的是薛西斯在赫勒斯滂海峡之上所修建的浮桥，以及在阿索斯山附近挖掘的运河。这在希腊修辞传统中，都是人类挑战自然秩序的傲慢。
⑥ 进行西西里远征的斯巴达将军，他取得了远征的最后胜利。
⑦ 雅典的将军，他们在公元前 413 年与叙拉古人的战争中失败，被羞辱地俘虏并遭到处决。
⑧ 西西里岛上的希腊殖民城市。位于西西里岛东南岸的阿纳普（Anapus）河口附近。公元前 8 世纪由希腊城邦科林斯的殖民者所建。僭主狄奥尼修一世时国势强盛，为西西里岛东部霸主，与西地中海大国迦太基抗争。第二次布匿战争（公元前 218~前 201）中抵抗罗马侵略。前 212 年城陷，并入罗马版图。

后，攻打敌人，并且得到了大批的武器。他们还击毁了敌人的防御工事，劫掠了他们的营地。满载着战利品，戴着胜利的花环，吟唱着胜利之歌，他们引导着将军（纳尔泽斯）正式回到了罗马。8 所有邻近卡普亚直到边远的地区都在讲述满是尸体以及血流成河的战场景象。我这是参照了当地人士的权威记载，这是一首铭刻在该河岸边①的一块石柱上的优雅的匿名诗，内容如下：

    卡苏林努斯把尸体运到这里
    它的流水经过特立尼安海
    ——法兰克人遭遇了奥索尼安②之矛
    追随着布提林努斯和他的事业
    快乐的流水，噢，大屠杀多过昂贵的战利品
    长久被他们的血染成红色的河水流淌着。

9 无论这首诗确实铭刻在一块石头上还是通过口耳相传直到我这里，我认为都没有理由不在这里转述。这可能是对于这场战争非常生动的证词了。

    11. 此时，罗马人收到了柳塔利斯和其部众在威尼斯命运的消息。于是市民和士兵们都陷入频繁和持续的欢乐和庆祝之中。他们天真地认为不用再面对任何的对抗，会在和平中度过余下的日子。既然入侵意大利的敌人已经遭到了这样彻底的毁灭，他们认为不会再有任何的入侵了。2 的确，大部分人都这样认为，这就是他们这些普通人，他们无法猜测事物的本质，还有懒散的偏好和按照自己喜欢的标准以及想法来判断一切的习惯。3 然而，纳尔泽斯对情况进行了细致而深入的评估，并得出结论，如果认为不需要进一步的奋斗就可以安顿下来进行幸福而又不断的自我放纵是绝对疯狂的。我认为，他们脑中仅存的念想是愚蠢地去出售他们的盾牌和头盔，来换得一壶酒或者一把竖琴，他们认为对于将来而言，自己的武器如此奢侈和毫无用处。4 然而，他们的将军（纳尔泽斯）清楚地看到，很可能与法兰克人还有更多的战争，并且他担心，罗马人可能会因为舒适的生活而消磨士气，当行动来临的时刻，他们可能会屈服于怯懦，并且拒

---

① 卡苏林努斯河。
② 最初是古希腊作家指称生活在意大利中部和南部的不同部族，后来泛指所有生活在意大利的人。

绝面对危险。5 的确，如果他没有把这看作一个机会，去召集其部众一起，使他们恢复理智和勇气，减少他们的虚荣心，并剥夺他们的自负，那么他的担心不久会成为现实。因此当他们都聚集到一起时，他站在中间，做出如下演说：

12. "我认为，那些突然获得前所未有的成功的人变得很粗鲁并且不习惯，这很正常，尤其成功是意料之外，并且他们与之并不相称。2 如果有人为此指责你们，你们有什么理由来辩护呢？你们现在尝到了前所未有的胜利了吗？你们摆脱了托提拉和提亚斯世界以及整个哥特部族的人了吗？是你们正在经历与你们不相称的成功吗？多大的成就能与罗马人的荣光相匹配？彻底战胜我们的敌人是我们与生俱来的权利和祖先的特权。3 因此，你们胜利了，值得如此，正如你们的行动成就所展示的。这些东西无法确保你们拥有舒适和快乐的生活，但是却是多种忍耐和努力以及在战争的冒险中长期训练的结果。4 因此你们必须坚持你们以往的决心，不仅是止步于对你们现在成就的享受上，而且确保它继续向未来发展。任何没有通盘考虑这些的人，不会获得持久的成功，并且发现命运的潮流已经转而针对他了。5 为你们增添了正义的骄傲的法兰克人的命运应该是一个实际教训。他们的事业已经繁荣了一段时间，直到在傲慢和放肆中他们发动针对我们的战争，这是因为他们没有拥有足够的预见性去意识到他们的愿望是愚蠢的。正如你们所知，结果是彻底的毁灭，这是我们的武力所完成的，但是却是由于他们的愚蠢造成的。6 罗马同伴们，如果你们遭受和蛮族人一样的命运，但是却不如同利用你们的身体优势一样使用你们的超级智慧去使他们相形见绌，这的确是可耻的。你们不要认为所有的敌人已经被打败了，没有更多的敌人会参加战斗。即便这是事实，你们也不应该改变你们的方式，远离正确的方式。7 但是任何人也无法想象真实情况与你们的幻想一致。法兰克人是一支伟大且人口众多的部族，并且他们极其精于战争技艺。他们中的一小部分已经被打败了，这小到不足以激起他们的恐惧，但是却大到可以引起他们的愤怒。他们不可能保持安静，吞下羞辱。的确很有可能他们会很快率领一支大军回来再次发动针对我们的战争。8 因此，现在下决心放弃慵懒吧，重新提升你们的军事品质，提高到比之前更加完美的高度，因为你们必须面对未来比过去所遭遇到的更加强大的对手。9 如果你们坚持这样的决心，那么即便他们不久后出现，在进攻的那一刻他们也会发现，你们已经处于完全准备好的状态中。反之，如果他们完全放弃这个想法，因为我们必须考虑到两种可能，你们的安全就会得到保证，并且你们发现自己采取了最好的策略。"10 这些来自纳尔泽斯的劝告使得军队中充满了他们因为自己不负责任的行为而产生的羞耻和懊悔。因此，在约束了暴乱和无秩序的行为后，他们回到了传统的习惯中。

13. 一支在不同地方帮助了法兰克人的 7000 人的哥特分队得出结论，罗马人不会疏于防御，并且不久也会进攻他们，于是他们立刻撤退至卡穆普萨①堡垒。2 这个地方特别安全并且防卫森严，因为这里位于一座陡峭的山上，有一系列巨石向各个方向延伸开，升到了顶峰的高度，这使得这里免于敌人的进攻。哥特人集结在这里后，他们感到非常安全，根本没有向罗马人投降的打算。的确他们决定以其所有的能力去抵抗任何进攻他们的人。3 催促和鼓励他们去采取这个计划的人是一位名为拉格纳里斯②的蛮族人，他虽然既不是他们同族人也不是同胞，但却是他们的首领。事实上，他属于一个名为比特古尔③的匈人部落。他通过技能、狡猾以及能力获得了杰出的地位，通过所有的手段，包括公平和下流的，获得了个人影响力。现在他计划继续采取敌对策略，以此提高他的个人威望。4 纳尔泽斯立刻率领所有军队攻打他们。但是因为通过突袭不可能靠近堡垒，并且由于地势的不利也不可能与之战斗，他计划实施常规的围攻，控制住每一个可能的供给点，以此来确保没有什么物品可以被运给里面的人，并且制止里面的人任何肆意的冒险。5 然而，蛮族人并没有由于他这个策略而受到真正的伤害，事实上，他们拥有丰富的供给，因为他们所有的储备和贵重的物品之前就已经运到了堡垒，这是他们坚守牢不可破的原因。6 无论如何，被罗马人围攻的事实是令他们烦恼的一个问题，他们认为如果遭到限制并且无限期被关闭在一个封闭的空间里是极大的耻辱，因此他们发动多次针对敌人的突围，希望可以成功地赶走敌人，但是战斗没有取得成效。

14. 在冬季上演了这么多行动后，拉格纳里斯决定要与纳尔泽斯进行一次会谈。在得到许可后，他在一些人的护卫下出现了，这两位在无主的土地上会见，并且进行了很长时间的讨论。2 但是拉格纳里斯自高自大，肆无忌惮地吹嘘，提出粗暴的要求并且采取了一种很高傲的姿态，这使得纳尔泽斯突然决定停止会面，并立刻送他回去。3 但是，当到达山顶、距离堡垒城墙不远时，愤怒于计划的失败，拉格纳里斯暗地里不声不响地拉

---

① 极有可能是现意大利孔察，位于那布勒斯东部 85 公里处。
② 552 年作为哥特塔兰塔堡垒驻军长官的哥特人，根据阿加西阿斯记载，他去世于 555 年。*PLRE*, p. 1076.
③ 不见于任何史料。

起弓，转身向纳尔泽斯发射了一支箭。他失手了。箭飞离了目标，落在地上没有伤害任何人。4 但是蛮族人很快因为他的阴谋而受到了惩罚。愤怒于他的傲慢，纳尔泽斯的侍卫向他射击。这个卑鄙的家伙受到了致命伤，他不可避免地因为这个愚蠢的阴谋而落荒而逃。侍卫艰难地把他运回了堡垒。5 在那里苟延残喘了两天后，他就可耻地去世了，这非常符合其疯狂的背信弃义的结局。6 在他去世后，考虑到他们不再有资格抵抗围攻，哥特人请求纳尔泽斯为其提供一个保证，即他不会杀死他们。只要他们收到一个发过誓的保证，就会立即投降并交出堡垒。7 纳尔泽斯没有杀死他们中任何一个，因为除了他已经做出保证的事实，以冷血杀死战败的敌人也是过分的行为。但是为了阻止他们制造更多的麻烦，他把他们都送到拜占庭去见皇帝。8 当这些事情正在进行时，统治着与意大利相邻领土的法兰克人年轻的提乌德巴尔德［我在前面已经提到过］由于先天性的疾病可怜地去世了。① 习俗要求希尔德贝尔特和克洛泰尔，作为他的近亲，应该继承他的王位。但是一个强烈到足以威胁到整个部族的暴力的争执在他们之间爆发了。9 希尔德贝尔特已经年老，并且身体虚弱，他的整个身体都憔悴不堪，由于体弱变得日渐消瘦。此外，他还没有男性继承人，只有女儿继承他。10 另一方面，克洛泰尔依旧年富力强，并且很年轻，他的第一道皱纹才刚刚出现。此外他还有四个充满了能量和胆量的身材魁梧的儿子。因此克洛泰尔坚持，他的兄长应该放弃对提乌德巴尔德的财产的继承，这是基于这样的事实，即希尔德贝尔特的王国不久就会交给他和他的儿子们。11 他的愿望成真。事实上，这位老人自愿交出他的继承权的共享权，无疑是由于对另一位继承者权力的担心，因为他希望避免引发敌意。不久后他去世了，② 留下克洛泰尔成为法兰克人唯一的统治者。这就是意大利的情况以及法兰克人中间事务的情形。

15. 在夏季，大概是同一时期，③ 拜占庭和帝国的很多地方发生了剧烈的地震，结果是很多位于岛上和陆地上的城市被夷为平地，其居民也都消失了。2 贝鲁特④作为一座美丽的城市，腓尼基的宝石，也遭到了彻底的损毁，其世界文明的建筑宝藏变成了一堆碎石，只有建筑物的地基部分得以幸存。3 很多当地居民都被房屋的残骸压死，还有那些来自杰出家

---

① 554~555 年。
② 希尔德贝尔特去世于 558 年或 559 年。
③ 即 551 年。
④ 黎巴嫩地区的沿海城市，现代黎巴嫩共和国的首都贝鲁特就建筑在这个旧址之上，这里的法律学校自 1 世纪就闻名遐迩。

庭、前来学习法律、受到教育的年轻人。事实上，这座城市拥有悠久的法律学习的传统，① 法律学校为这个地方增添了特权和与众不同的氛围。4 此时，法律教师们都搬到了附近的西顿城，② 学校也被搬迁到这里，直到贝鲁特得以重建。恢复后的城市与之前有很大不同，虽然它还没有变得认不出来，因为这里依旧保存着之前的一些痕迹。但是该城的重建以及学校接下来的回归在很久之后才发生。5 那时，尼罗河上的大都市亚历山大里亚都感受到了轻微的震感，这对这些地方来说是一些十分不同寻常的事情。6 所有的居民，尤其是那些老人都惊叹于这明显的史无前例的现象。没有人待在家里。他们都聚集到大街上，对于该事件的突然和新奇而感到毫无来由的恐慌。7 我自己当时也在亚历山大里亚，完成通向法律课程所需的规定的学习，我必须承认，考虑到震感的微弱，我克服了恐惧。虽然事实是人们的房子并不太坚固，并且无法抵抗哪怕很小的震动，但是真正让我担心的是，只由一层厚的石头构成的脆弱的结构。8 一些有教养的人还在惊魂未定，我认为这不是因为已经发生的事情，而是担心同样的事情会再次发生。9 事实上，有人声称，这一现象的原因在于干燥和炙热的蒸发物，它们被封锁在地下的洞穴中，没有合适的出口，造成了极大的压力，终于暴力地晃动一切阻止它们的通道的东西，通过地表一些比较弱的地方终于强力冲了出来。③ 现在那些推动这些科学解释的人说，埃及天然不能经历这样的大地震动，这是因为这里是平的、低洼的，没有地下的洞穴，其结果就是它无法控制这样的即便是在多孔和弹性的地面喷涌而出的蒸气的冲击。10 彼时，当这个理论得到真正的驳斥，并且向其他人显示出没有坚定的基础后，那些好心人们担心那首著名的铭体诗④的意思是相反的，他们可能会危险地认识到海神波塞冬不仅是"大地的支持者"还是"大地的撼动者"⑤。11 虽然地震已经在埃及的一些地区发生了，但是专家们还是会发现支持蒸气理论的新论点。12 然而，对我来说，虽然他们的结论并不缺乏一定的合理性，以至于他们可以对超出他们知识范围之外的东西做出推论，但是他们还是远离了真正的事实。的确，怎么能希望

---

① 自 533 年起，查士丁尼规定只能在罗马、君士坦丁堡和贝鲁特三座城市进行法律教学。
② 黎巴嫩地区的沿海城市，位于贝鲁特南部 50 公里处。
③ 这是对亚里士多德理论的简化。
④ 该铭体诗没有保存下来。
⑤ 波塞冬（希腊文：Ποσειδῶν）是希腊神话中的海神，奥林匹斯山的十二位主神之一，同时他也是掌管马匹的神。他的绰号包括地震之神、风暴之神、马匹之神等，本书中提到的"大地的支持者""大地的撼动者"的说法（希腊文：Ἐνοσίχθων）来自荷马。

一个人可以获得既看不到也感受不到的东西的准确形象。13 这足以让我们了解，所有的事物都是由一位神灵的操作所控制的。观察和考查物质世界的原则和运行以及地球特殊现象的原因，这样的思索已经得到承认并不是没有价值或者没有任何吸引力的，但是最应该受到谴责的推测是认为，通过这样的流程可以抵达最终的现实。但是这样的事情够多了。让我们转到我们中断记述的地方吧。

16. 彼时，位于爱琴海南端的科斯岛①几乎被毁掉了。的确，该岛除了一小部分，都已经没有了，灾难的规模和复杂史无前例。2 大海提升到难以想象的高度，并且吞没了海岸边所有的建筑，将其全部破坏，包括所有的东西和居民。升起的海浪如此之大，以至于冲走了所有的东西。3 几乎所有的居民都无差别地消失了，无论他们是否在宗教场所避难或者待在家中，抑或聚集在其他某些地方。4 当我从亚历山大里亚返回拜占庭的途中［该岛当然在路线之上］，碰巧在灾难之后在那里登陆。当上岸后，我面对着一片破败不堪的景象。5 事实上，整个城市成了一堆碎片，散落着石块、破碎柱子的碎片和横梁，空气中弥漫着厚厚的尘土烟雾，以至于人们只能依靠眼前一些模糊的视线看到大街上的东西。只有很少的房子依旧保持完整，它们不是那些用石头和灰泥或者其他更坚固和耐用的材料修建的，而只是那些用土坯或者泥土建成的农民式样的房子得以幸存。6 到处可以看到一些人，他们的脸上是无望的冷漠。在他们所有不幸中排在第一位的是，整个当地的供水已经被海水污染，无法饮用。一切都被毁弃了。唯一留下的城市的痕迹就是其知名的名称，阿斯科利皮亚蒂，② 这里自豪地宣称是希波克拉底③的出生地。7 被这样的悲剧感动到去惋惜的似乎只有人类，但是宣称自己被迷惑和震惊则会使人无意中泄露自己的无知，包括过去的历史以及我们这个世界其本质是面对各种灾难和不幸。的确过去很多次所有的城市都被地震毁坏了，失去了其最初的人口，并且最终又住满了人口，因为新的城市在它们的废墟上出现。

---

① 希腊岛屿，位于爱琴海东南，是多德卡尼索斯群岛中的第二大岛（次于罗得岛）。面积288平方公里。主要城市科斯市位于北岸。
② 阿斯科利皮乌斯是太阳神阿波罗之子，掌握有医术，后来阿斯科利皮亚蒂被作为医生行会的名称，希波克拉底本人就从属于该行会。
③ 希波克拉底（生卒年为公元前460～前370）是古希腊伯里克利时代的医师，被西方尊为"医学之父"，是西方医学的奠基人。

17. 梅安德河①上的特拉雷斯②就是这样的城市。这座佩拉斯吉安人的定居地位于现在被称为亚细亚行省的地方，这里在凯撒奥古斯都之时彻底被地震损毁了。③ 2 故事继续叙说，当该城在一堆废墟中时，这块土地上的一位名为海雷蒙④的乡野村夫被这灾难所触动，他无法再继续忍受，并着手完成一项难以置信、杰出的功绩。3 既不畏惧距离的遥远和年龄的衰老，⑤ 也没有被即将面对的危险和运气的不确定性所阻止，更没有被他会离开家庭或者是其他任何会令人们改变想法的考虑而阻止，他不仅去了罗马还去了位于海洋尽头的坎塔布里人⑥的土地。因为凯撒⑦此时在那里指挥了一场针对当地部落的战争。⑧ 4 当海雷蒙告诉凯撒所发生的事情后，皇帝被触动了，他直接指派罗马最尊贵和最杰出的前执政官中的七位带着他们的随从前去该地。他们全速赶到那里，勤奋地监督城市的再建，他们在这个工程上花费巨大，并且将其建成保存至今的这个样子。5 如果称其现在的居民为佩拉斯吉安人有点用词不当，有人会认为他们是罗马人，甚至讲希腊文，这是可以理解的，因为他们的领土与伊奥尼亚相邻。6 这些事情可以由该城的官方史所证实，并且由我在那里读到的一首铭体诗所证明。⑨ 7 在该城周边有一个地方为西德鲁斯，很明显海雷蒙自那里来，那里有一尊雕像。这是非常古老的，在上面肯定曾经是海雷蒙的雕像，虽然现在已经无迹可寻。8 在其基座上铭刻的诗节中的敬献依旧清晰可见，如下：

   曾经，当一场地震把他的城市夷为平地，

---

① 土耳其西南部河流，源出安纳托利亚高原。向西流经一狭窄河谷和一峡谷，至萨拉科伊（Sarakoy）流入宽阔的平坦谷地。该河在艾登（Aydin）镇附近折向西南，注入爱琴海。全长584公里。
② 小亚细亚西部城市，位于现在土耳其城市艾登。
③ 该地震发生的时间是公元前27年。
④ 阿莱克萨基斯和弗莱多认为阿加西阿斯对海雷蒙的记载有误，他是来自当地一个非常富有且重要的家族的人，参见 T. R. S. Broughton, 1935: "Some Non-Colonial Coloni of Augustus", *Transactions and Proceedings of the American Philological Association*, Vol. 66, pp. 18~24。
⑤ 英译本翻译为"请愿的重要"，现代希腊文译本翻译为"任务的重要"。在与现代希腊文译者阿莱克萨基斯沟通中，后者表示，存在本译文所提供的翻译理解的可能性。
⑥ 这是位于伊比利亚半岛地区的居民，可能位于今天西班牙的阿斯图里亚。
⑦ 此时的凯撒为屋大维·奥古斯都（公元前37~公元14年在位）。
⑧ 公元前26~前25年屋大维·奥古斯都在西班牙与坎塔布里人和阿斯图里人的战争，这是奥古斯都在公元前27年获得统治权后的第一次亲征。参见 David Magie, 1920: "Augustus' War in Spain (26~25 B. C.)", *Classical Philology*, Vol. 15, No. 4, pp. 323~339。
⑨ 该铭体诗所在的大理石基座依旧保存至今，参见 C. P. Jones, 2011: "An Inscription Seen by Agathias", *Zeitschrift für Papyrologie und Epigraphik*, Vol. 179, pp. 107~115。

　　　　勇敢的海雷蒙立刻想要
　　　　去拯救它，并且一直行进直到他抵达
　　　　在遥远的坎塔布里亚的凯撒和他的宫廷。
　　　　现在位于祭坛之上是他的雕像
　　　　这是市民们以感激的热情欢迎
　　　　如同是他们土地上第二位创立者一样
　　　　这位从死亡中拯救了特拉雷斯的人。

9 我们可以相信，前述内容就是发生在特拉雷斯的可靠记载的事情。亚细亚的很多其他城市，事实上，那些伊奥尼亚人和所居住的地方，在那时都遭受了同样的命运。

　　18. 我认为我已经很好地完成了灾害的主题，如果我将要对这个时期给予一个真实的记述的话，场景必须转移到拉齐卡以及与波斯的战争。2 罗马人和波斯人已经交战了很长时间，持续蹂躏彼此的领土。有时候他们诉诸一种零星的战斗以及不宣而战的敌对制造了频繁的入侵，在其他时候他们进行公开的全面的战争。3 在我们这个时期之前不久，①双方都同意一次涵盖东部领土和亚美尼亚前线的有限的停战，但是不包括科尔奇。② 4 拉齐卡的居民在古代被称为科尔奇人，因此拉齐人和科尔奇人是同一个部族。这可以很容易地通过法西斯河③和高加索山这样的地标以及他们已经居住在这些地区很长时间的事实推断出来。5 据说科尔奇人最初是从埃及来的定居者。这个故事可以追溯到阿尔戈英雄④之一的伊阿宋到科尔奇的航行，无论如何这是在亚述帝国之前，尼努斯和赛米拉米司⑤的时代，埃及的塞索斯特里斯⑥引起了当地埃及人的愤怒，他发动了针对其

---

① 551年。
② 古代科尔奇，也就是后来的拉齐卡，位于现在的西格鲁吉亚地区，这里自公元前6世纪至公元7世纪存在着一个古代王国。
③ 现里奥尼河，发源于高加索山，是西格鲁吉亚地区最重要的河流，赫西俄德第一次提及它（Hesiod, *Theogony*, 339）。
④ 这里指的是古希腊神话中同伊阿宋一道乘快船"阿尔戈号"去科尔奇的阿瑞斯圣林取金羊毛的50位英雄。他们得到了雅典娜的佑护和造船能手阿尔戈斯的指导，在抵达科尔基斯之前，经历了许多冒险故事，最后被美狄亚的父亲埃厄忒斯（Aeetes）所逼迫而逃走。"阿尔戈号"后来终于回到伊阿宋的国家伊奥尔科斯（Iolcus），被放置在一处圣林里，献祭给波塞冬。
⑤ 亚述传说中的国王和王后，据说尼努斯建立了亚述帝国的首都尼尼微。
⑥ 埃及国王，在位时间为公元前1971～前1928年。据希罗多德记载，在其统治时间，他占领了整个已知世界。

所征服的整个亚细亚的入侵。据信他也抵达了科尔奇，并且留下了他的一部分人在这里，科尔奇人就是来自他们。这个事情得到了西西里人狄奥多鲁斯①以及大量其他古代权威的记载。② 6 现在这些拉齐人、科尔奇人、埃及人移民，已经成为我们这个时代争论的主要内容，并且无数的战争为了他们的土地而发动。波斯国王库斯劳（一世）已经侵占了他们的大部分领土，包括一些具有战略性的重要位置。③ 在没有任何放松对该地区控制的想法的情况下，他打算占领其余部。另一方面，罗马皇帝查士丁尼认为放弃此时的拉齐卡国王古巴泽斯④以及他的整个部族是无法忍受和极其不道德的事情，因为他们是帝国的臣民，并且通过友谊和共同的信仰而相连。相反，他竭尽其能地迅速驱逐敌人。7 他（查士丁尼）意识到，如果波斯人发动战争并占领该国，就没有什么可以阻止波斯人无所顾忌地进入黑海，深入罗马帝国的心脏。8 因此，他把手下最杰出将军统领下的军队安排在这里。贝萨斯⑤、马丁⑥和布泽斯⑦都在指挥行动，他们都是拥有最优秀的能力和深厚军事经验的人。耶尔曼努斯⑧之子查士丁，⑨ 尽管还很年轻，但是精于战争技艺，也被派往该地。

---

① （*Diodorus Siculus*），公元前 1 世纪西西里的古希腊历史学家，著有世界史《历史丛书》（*Bibliotheca historica*）四十卷。其记载来自 Diodorus of Sicily, *Library of History*, I, 55.4。
② 参见 Herodotus, *Histories*, II, 104。
③ 库斯劳的入侵始于 541 年。
④ 拉齐卡国王（541~555 年在位），拥有罗马血统。起初他不满于拜占庭帝国的统治，而接受了波斯人，但是在得知波斯人准备谋杀他之后，转而与波斯对抗（547/548）。*PLRE*, pp. 559~560.
⑤ 哥特人，拜占庭驻亚美尼亚军事指挥官（550~554），来自色雷斯地区。驻扎在拉齐卡之时，他已年逾 70 岁。之前他在意大利拥有丰富的作战经验（在贝利撒留的指挥下）。*PLRE*, pp. 226~228.
⑥ 拜占庭驻亚美尼亚地区军事指挥官（555~556）出生于色雷斯地区，在 531 年参加针对波斯的战争，后来参与在意大利和东方的战场。*PLRE*, pp. 839~848.
⑦ 来自色雷斯，拜占庭驻拉齐卡地区军事指挥官（554~556），出生于色雷斯地区，第一次在史料中出现于 528 年，时任拜占庭驻黎巴嫩—腓尼基长官，在本书中，他主要参与了拉齐卡地区的军事活动。*PLRE*, pp. 254~257.
⑧ 耶尔曼努斯（Germanus,? 505~550），查士丁一世的外甥，查士丁尼的表兄弟，查士丁尼麾下主将之一。在突然逝世之前，他甚至被认为有可能是查士丁尼的继承人。*PLRE*, pp. 505~507.
⑨ 耶尔曼努斯之子（? 525~566），查士丁尼之侄，拜占庭驻拉齐卡地区军事指挥官（557~566），在战争和行政管理中非常突出。在查士丁尼逝世之时，他被认为是可能的继承人，但最终查士丁二世即位，在查士丁二世的授意下，他在埃及于睡梦中被杀死。*PLRE*, pp. 750~754.

19. 波斯将军莫莫罗斯两次①进攻阿海奥波利斯,② 都受到了阻击。在得到普罗柯比详细记载,而我所忽略的一系列其他开拓之后,③ 在我必须捡起我的叙述线索之时,他已经抵达了穆海利西斯④和科泰伊斯堡垒,⑤ 并决定要克服特雷菲斯⑥周围地势的困难,深入法西斯河。通过这种方式他将突袭罗马人,并且依靠造成的混乱,企图对该地区的一些堡垒进行强制占领。2 然而,如果他公开地进军并进攻就不会获得这样的结果。马丁和他的军队驻守在特雷菲斯,对通往该地区的所有路线进行严密监控。3 此外,该地的地势完全难以接近或通过。两边深深的峡谷和陡峭的岩石使得下面的道路极其狭窄。4 也不可能通过其他道路抵达这里。毗邻的平原是大片的沼泽地。密集的灌木和杂树林高高耸起,对于轻装者来说是极大的阻碍,更别说是全副武装的士兵了。即便如此,罗马人也不遗余力,如果他们发现有任何地点不够坚固,立即用木桩和石块围起来,如此他们不断忙于这些工作。5 在经过一些困惑和大量努力地思考如何处理发生的事情后,莫莫罗斯想到是否可以通过一些方式使罗马人放松他们的警惕,并且可以慢慢转移注意力,这样他就可以率军通过。但是只要敌人还监控该区域,他就不可能同时处理并克服其进程中的障碍。6 利用手中大量的人力,他希望可以借助突破和移除在他前进途中的巨石来轻松地通过。7 为了确保这一目标,他设计了以下的计谋:他假装突然成为一种危险且无法治愈的疾病的受害者,卧床不起,展示出极大的苦恼和狼狈,大喊着哀悼他的命运。8 不久这个消息传遍了整个军营,将军病倒了,并且是在死亡的边缘。那些为了金钱背叛自己人而转向敌人并传递秘密的人也把发生的事情传过去了,因为他的计划是保持细心保守的秘密,并且甚至不能透露给他的密友。通过广泛传播流言的形式而被欺骗的叛徒,把这个信息告诉了罗马人。我觉得并不是这个消息让罗马人相信,而是他们的一厢情愿令自己相信了。

20. 罗马人立刻放松了警惕,并且不再麻烦去采取严格的预防措施。数天之后,消息到来,莫莫罗斯去世了。他事实上把自己藏在一个屋子

---

① 551 年和 552 年。
② 拉齐卡地区最重要的城市,位于黑海东岸的最东端,靠近现格鲁吉亚城市范尼西北的诺卡拉凯维(Nokalakevi),位于法西斯河边。
③ 参见 Procopius, *History of the Wars*, Ⅷ, xvi~xvii。
④ 位于阿海奥波利斯东南,法西斯河岸边。
⑤ 位于阿海奥波利斯以东,现格鲁吉亚的第二大城市库塔伊西,法西斯河的支流岸边,距黑海 90 公里。
⑥ 法西斯河流域重要的堡垒,现位于格鲁吉亚的托勒比(Tolebi)。

里，结果他的亲信也相信了这个消息。2 于是罗马人认为，他们可以慢慢忽略无眠之夜，不用那么尽心尽力了。因此，他们暂停了（修建）栅栏和围墙的工作，并且开始过上轻松的生活，整晚睡觉，并且在乡村的别墅那里消遣。他们甚至没有派出密探或者作出其他基本的安排。他们认为，在明显群龙无首的情况下，波斯人绝对不会进攻他们，而是避免与他们相遇。3 得知这些后，莫莫罗斯立刻放弃了他的虚伪，向波斯人显示他之前的样子。以不倦的热情把自己投入这项工作，他通过一直计划的方式移除了途中的障碍，抵达堡垒。罗马人因他出其不意的到来而震惊，并且无法再做出防御。4 因此，马丁决定在莫莫罗斯强攻进来并且造成罗马人陷入混乱之前放弃位于这里的堡垒。的确很难想象仅仅依靠如此少量的人，如何在不被屠杀的情况下可以抵抗这么多的敌人。因此，在被蛮族人远远超越的情况下，他们进行了耻辱的撤退并且快速加入其余的部队之中。5 贝萨斯和查士丁以及他们的人安营在距离特雷菲斯仅数施塔德①之遥的平原上。这里除了有一个陶器市场，一无所有，这也是这个地方名称的来源。这个地方史上被称为奥拉里亚，② 这是一个拉丁词语，它的意思是和希腊文"西德罗波利亚"一样的。③ 6 一旦马丁和其部众获得安全，将军们一致同意坚定立场，在那里等待敌人，以阻止他们的进一步前进。7 在这些统帅中最杰出的是一位名为提奥多鲁斯④的人，他是一个扎尼人，⑤ 但是在罗马人中长大，并且已经摒弃了其家乡的蛮族的生活方式，成为一个文明之人。8 提奥多鲁斯和其部众待在特雷菲斯附近［追随他的部众不少于500人］，他从马丁那里收到指示，直到敌人靠得足够近，看到他们，并且估计其数量、耐力和意图，在此之前不准离开。

21. 他以惯常的精力和勇敢去继续执行这些命令。因此，当他看到波斯人越过堡垒，并且意识到他们不会在那里暂停后，他不急于作战，而是立刻离开了。2 在回程中，他发现很多罗马人没有已经如他所被通知的那样都跑去西德罗波利亚，而是冲入拉齐人的家中，抢走了小米、

---

① 古希腊的距离单位，1 施塔德 = 192.8 米，这里的距离大概是 1350 米。
② 拉丁语"陶器"的意思。
③ 古希腊文"陶器市场"的意思。
④ 拜占庭拉齐卡地区军务随行总管（*Comes rei militaris*，554~558），未出现于其他史料中。在拜占庭拉齐卡地区的经营中扮演着重要的角色。*PLRE*, pp. 1251~1252.
⑤ 扎尼人是生活在东北安纳托利亚以及黑海东南岸区域的一支古老部族，按照普罗柯比的记载，他们一直保持独立，直到查士丁尼时期臣服于拜占庭帝国，成为帝国东部边疆地区的重要族群，协助帝国与波斯人作战。Procopius, *Buidlings*, Ⅲ, 6.1~13.

麦子和其他粮食。他试图赶走他们，谴责他们不负责任的行为和没有意识到自己所陷入的麻烦。3 那些能够控制他们贪婪的人认识到了他们行为的愚蠢，并且追随他前往安全的地方。4 但是提奥多鲁斯没有时间在既定的过程中去报告给将军关于莫莫罗斯的接近。事实上所发生的事情是，波斯人突然抓住了一些实施劫掠的士兵，并且杀死了其中的一些人。其他人逃走了，并且马不停蹄地拼命高喊着冲入大营。这突然的闯入引起恐慌，所有人都被这没有任何预警的骚动而吓住，并且跑出他们的营地。5 将军们［他们的力量还没有得到恰当的安排］也受到同样恐慌的影响，担心蛮族人会在这种没有准备的情况下进攻他们。他们准备放弃之前的计划，但是没有其他备用计划可用。的确情况的紧急以及他们大脑的混乱状态甚至妨碍了思考。6 因此，他们立刻破坏了营地，离开了平原。他们率领所有的军队以不光彩的、无纪律的溃败的样子撤退，一直不停地跑到内索斯。① 7 现在内索斯距离特雷菲斯大概 5 帕拉桑。② 这些勇敢的武士们在一天之内奔跑了如此遥远的行军距离！按照希罗多德和色诺芬的说法，1 帕拉桑等于 30 施塔德，而现在伊比利亚人和波斯人说，它等于 21 施塔德。8 拉齐人也使用同样的计量单位，但是以不同的名称称呼，我认为它的意思是"暂停"。这个原因是，当他们的搬运工每旅行 1 帕拉桑的距离后就休息一小会儿，并且放下他们的重担，接替的人担起来，继续下一站的行程。他们按照次数来划分和测量距离。9 但是无论我们选择什么方式来计算帕拉桑，事实依旧是内索斯距离特雷菲斯 150 施塔德远。这个堡垒位于一个坚固且难以接近的位置，周围被两条大河包围。10 法西斯河和多孔努斯河③分别来自高加索山，并且发源地距离很远，但是这块土地发挥了影响，导致它们慢慢交汇了。通过挖掘一条运河，罗马人设法把法西斯河的水引入多孔努斯河中，这样两条河就把水流连接起来了，向内索斯东部流淌，把这个地方围了起来。11 在此之后，它们形成了大量的弯曲，沉积成了一片平原。它

---

① 位于法西斯河与多孔努斯河交汇处的重要堡垒城市，在穆海利西斯以东的位置，可能是格鲁吉亚的因苏拉（Insula）。
② 古波斯的距离单位，一般认为起源于步兵在既定时间内的行军距离。据希罗多德记载，5 世纪时期，军队一日行军距离为 5 帕拉桑。该单位在古代中近东地区非常盛行。具体距离换算，希罗多德认为，1 帕拉桑＝30 罗马施塔德＝0.5 雪尼（始于古代埃及的距离单位）≈5.78 公里。
③ 可能是格鲁吉亚的塔克胡里—阿巴夏河系。Alexander Sarantis, 2013: "Fortifications in the East: A Bibliographic Essay", in Alexander Sarantis and Neil Christie eds., *War and Warfare in Late Antiquity*, Leiden: Brill, p. 343.

们继续流淌，直到彼此相汇向西流淌，彻底汇成一条河，因此所有受到影响的土地成为一个小岛。罗马人在这个地方汇集了。

22. 当抵达西德罗波利亚后，莫莫罗斯蔑视了怯懦的他们（罗马人）并斥责了那些未在那里听到他讲话的罗马人之后，决定不再继续前进或者试图进攻内索斯。在敌人的领土上，他已经没有为这么大一支军队运输供给的方式了，或者他也无法为围攻做准备。2 鉴于他不喜欢向特雷菲斯进军的想法，以及该地区的险峻的地势，他（在法西斯河上）修建了一座木桥和临时码头，以便把他所有的军队在避免遭遇任何抵抗的情况下运输过去。3 然后，他巩固了在奥诺古里斯①的波斯驻军［这是他在阿海奥波利斯地区所建立来对抗罗马人的基地］，给予其部众新的信心，并且使得这个地方尽量安全后，回到了科泰伊斯和穆海利西斯。4 在受到一些疾病的影响，并达到重病的地步后，他把主要部队留在该地区来保卫他们的所有，自己出发前往伊比利亚。5 在历经前往迈斯西萨的痛苦的旅程后，莫莫罗斯终于病逝。他是波斯历史上最杰出的人物之一，首先他拥有无畏的精神，还是一位杰出的组织者和优秀的战术家，当他年事已高，因长期严重跛足而无法骑马时，他显示出如同风华正茂的年轻人般的毅力和耐力。他参加了实际的战斗，虽然是在担架上，但在战场的队列中左右移动。劝告和鼓励其部众，通过发出及时、准确的指令，他恐怖地攻击敌人的核心地带，收获了胜利的果实。的确这是最好的事例来证明，一位优秀的将军依靠的是大脑而不是肌肉。6 莫莫罗斯的仆人抬起他的尸身，运送出城，按照他们祖先的习俗，留在那里没有覆盖，也没有看管，而任由野狗啃食和可恶的鸟儿啄食腐肉。②

23. 波斯人的葬俗通常采取这样的形式。由此血肉被剥离，只留下骨头腐烂并散落在大地上。严格限制他们把尸体埋入坟墓或者灌木，甚至是以土来覆盖。2 如果鸟儿没有迅速扑向人的身体或者野狗没有直接前来撕咬，那么他们认为这个人肯定是绝对的邪恶的和卑鄙之人，他的灵魂已经成为邪恶的污水坑，作为愚蠢的魔鬼的栖所，因为他们认为他是彻底死亡

---

① 拜占庭时期称为斯戴法诺波利斯（Stephanopolis），位于现格鲁吉亚村庄昆西（Khuntsi）。奥诺古里斯的名称来自匈人的一支奥诺古尔人，他们在该地被科尔奇人击败。该城附近有一座敬献给圣斯戴法诺斯的教堂，因此该地在拜占庭时期得其新名。以上内容皆来自Agathias, The Histories, Ⅲ, 5.6~7。

② 波斯琐罗亚斯德教（中文史料中为祆教）采取的是天葬的方式，即弃尸荒野，让鸟兽啄食，这种方式最早在希罗多德的《历史》中有记载，关于是否有狗参与，参见张小贵《康国别院"令狗食人肉"辨》，《西域研究》2007年第3期。

了,并没有一个更好的来世。3 但是如果这个人立刻被吞食,那么人们为了他的好运而祝福他,并且他们认为他的灵魂是充满了敬畏和惊奇,并且认为是有道德、神一般的,注定要荣登至极乐的地方。① 4 如果队列中任何人碰巧感染某些严重的疾病,而不能参与行动,那么他们在还活着并且有意识时被抬出去,并被单独置于这种暴露之下,只给他留下一块面包、一些水和一根棍子。只要他能进食,还有些力气,他可以用棍子反击动物,并驱赶那些可能的欢宴者。5 但是如果疾病没有实际摧毁他,而是使得他无力移动手臂,那么动物就会在他还没有完全去世并且只是在呼吸最后的一口气时便吞食了这个可怜的恶人,由此提前剥夺了他痊愈的希望。6 事实上还有很多关于痊愈并且回家的人的例子,他们就像悲剧舞台上,从"黑暗之门"回来的演员,他们呈现出一种死人一般的苍白和憔悴,这足以惊吓那些与他们相遇的人。7 如果任何人在这种情况下回来了,那么每个人都避开他,并且像贱民一样对待他,因为他受到了污染,并且依旧属于阴间。他也不被允许继续拥有其在社会中的地位,直到遭遇死亡而被污染的败坏者得到穆护②的净化,以此他可能重新拥抱生活。③ 8 当然,很明显的是,人类社会的每一个部族都认为,任何一个在他们的社会中被普遍接受并且深深植根于习俗的作法是最完美的和神圣的,然而任何与之相反的都是凄惨的,卑劣的、不值得严肃考虑的。无论如何,当传统牵涉其中,人们总是设法找到并支持那些来自各个地方的合理论点。这样的论点的确可能是真的,但是他们也可能是徒有其表的编造。9 因此当波斯人也解释自己的习俗并试图证明,其习俗优于其

---

① 关于琐罗亚斯德教葬俗的具体形式,张小贵在其研究中指出了具体的要求:"在古伊朗三大帝国琐罗亚斯德教流行的时代,王族在不违背教义的情况下,为了维持其尊贵的地位,可以不曝弃尸体。而祭司和下层百姓则实行曝尸天葬。无论是国王与贵族使用石制坟墓安葬,抑或下层百姓曝尸天葬,都恪遵本教教义,即不让尸体直接与大地接触。根据该教律法,把死尸直接埋于地下,就会使土地不洁,乃是一种弥天大罪。《辟邪经》第三章第3~4节,规定如果有人把狗或人的尸体埋于地里,半年不挖出者,罚抽一千鞭;一年不挖出者,抽二千鞭;二年不挖出者,其罪过无可补偿。"参见张小贵《达克玛与纳骨瓮:中古琐罗亚斯德教葬俗的传播与演变》,见罗丰主编《丝绸之路考古》第4辑,科学出版社,2020,第85~98页。
② 穆护,琐罗亚斯德教,即祆教的教士。
③ 关于军队中生病之人恢复健康,回归社会的问题,荷兰学者德荣(Albert De Jong)指出,传统观点视之为波斯周边文明群体的习俗对波斯的影响,他认为不仅如此。他指出,这些军人得了严重的病,而波斯也有针对病人予以隔离与净化回归的传统,尤其是他们的回归需要慎重,因为他们可能会对军队造成损害,参见 Albert De Jong, 1997: *Traditions of the Magi: Zoroastrianism in Greek and Latin Literature*, Leiden: Brill, pp. 240~242。

他部族的习俗时，这并不令我特别惊讶。我认为非凡的是，他们土地上最早的居民，就是亚述人①、迦勒底人②和米底人，他们的习俗（与波斯人）完全不同。10 现在依旧可以在尼尼微和巴比伦以及米底亚地区见到那些去世很久的人的坟墓，以前埋葬的形式与我们没有不同，无论尸体是被包裹起来或者只是骨灰，如同按照古代希腊习俗被火化的那样的人一样，但是这与这里现在的（波斯人）不一样。

24. 那些早期的居民关于埋葬没有这样的想法，亵渎婚床上的圣洁也不是他们的做法，这是现在的方式。不仅现在的波斯人把与他们的姐妹或者外甥女一起发生性关系视为平常，而且父亲与他们的女儿同寝也是如此，极其恐怖啊，噢！违背自然规律的是，儿子与他们的母亲发生关系。这个特别的罪恶是最近的创新，下面的故事很好地说明了这一点。③ 2 据说亚述著名的王后赛米拉米司曾经落入堕落的深渊，事实上她渴望与她的儿子尼亚斯④发生性关系，甚至向他表达爱意。3 他愤怒地拒绝了她，并且最终当看到她决意强迫自己与她一起后，他杀死了自己的母亲，选择去犯下违反自然规律的弑亲而不是乱伦的罪。然而，如果这种行为在社会中可以被接受，那么我认为尼亚斯就不会采取如此极端的残忍手段来避免它。4 然而，没有必要把我们的例子局限在遥远的过去。就在马其顿征服

---

① 亚述人是主要生活在古代两河流域北部的一支闪族人，他们在西亚拥有近 4000 年的悠久历史。上古时代的亚述人军国主义盛行，战争频繁，地跨亚非的亚述帝国盛极一时。后来亚述人在外族的入侵下逐渐失去独立。

② 迦勒底人也是古代两河流域重要的一支闪族人，他们继亚述人之后，在公元前 7 世纪左右建立了迦勒底王国，随后在灭亡亚述帝国后，建立了辉煌的新巴比伦王国，直到公元前 538 年被居鲁士大帝推翻，迦勒底人走向了衰亡。

③ 关于波斯人与自己的母亲、女儿或者外甥女发生性关系或者成婚的行为的记载，德荣提到，阿加西阿斯受到了泰西阿斯（Ctesias）《波斯志》的部分影响，参见 Albert De Jong, 1997: *Traditions of the Magi: Zoroastrianism in Greek and Latin Literature*, p. 244。而使用《波斯志》的普鲁塔克，在其《平行传》中也批评了波斯的父女婚姻的行为（"The Life of Artaxerxes", 23. 3, in Plutarch, 1954: *Plutarch's Lives*, *Aratus*, *Artaxerxes*, *Galba and Otho*, Cambridge, Mass.: Harvard University Press, pp. 182~183）。中国于 1955 年在西安土门村附近发掘的唐苏谅妻马氏墓志中的记载证实，波斯人苏谅的妻子就是他的女儿，据考证这一行为可能是来自波斯的琐罗亚斯德教习俗 Xvetōdas，参见刘迎胜《唐苏谅妻马氏汉、巴列维文墓志再研究》，《考古学报》1990 年第 3 期。在德荣的著作中，该词拼写为 Xwēdōdāh，见 Albert De Jong, 1997: *Traditions of the Magi: Zoroastrianism in Greek and Latin Literature*, pp. 243~244。另外，比较有意思的是，希拉克略王朝的创立者希拉克略本人在皇后去世后，迎娶了他的外甥女，这可能也是受到东方习俗的影响。

④ 亚述的第四位国王，尼努斯与赛米拉米司之子，统治了 38 年。

和波斯帝国崩溃不久之前，大流士（二世）之子阿塔薛西斯①的母亲帕里萨迪斯②据说屈从于如同赛米拉米司同样的情感，爱上了她的儿子。然而，他没有杀死她，但是愤怒地拒绝了她的接近，把她推到一边，并指出，这是不虔诚和违反自然规律的行为，与他们部族的历史乃至当时的生活方式是相异的。5 但是今天波斯人几乎完全放弃了旧有的方式，追随奇怪的、道德败坏的阿胡拉·玛兹达③之子琐罗亚斯德④的经典。6 现在，就琐罗亚斯德或者扎拉迪斯［他拥有这两个名字］而言，无法确定其全盛时期以及其改革活动的精确日期。波斯人说，他生活在希司塔斯佩斯统治时期，但是没有明确是否他们说的是大流士的父亲或者同一个名字的另一位君主。7 无论他的全盛时期是何时，他都是这个琐罗亚斯德教的创立者和阐释者。正是他改变了早期宗教仪式的特征，并且引入了信念的混合。8 在古代，波斯人崇拜宙斯和克洛诺斯⑤以及所有其他希腊万神殿的众神，唯一区别是他们以不同的名字称呼这些神祇。根据记载亚述和米底人古代历史的古巴比伦的贝洛苏斯、⑥ 阿森诺克勒斯和

---

① 波斯阿黑门尼德王朝的国王（公元前 405/4 ~ 前 358 年在位），大流士二世（公元前 423 ~ 前 405/404 年在位）之子。
② 大流士二世的王后，阿塔薛西斯的母亲，在其子统治时期具有极大的影响力。
③ 阿胡拉·玛兹达是波斯神话中的善本原，善界神主，尘世创造者，是琐罗亚斯德教所信奉的主神。公元前 600 年前后，琐罗亚斯德（Zoroaster）发起宗教改革，将阿胡拉·玛兹达奉为"唯一真正的造物主"。琐罗亚斯德宣扬，是阿胡拉·玛兹达使人们看到了光明，所以他常常被塑造成太阳的形象，并且太阳和月亮有时会被形容成他的双眼。
④ 琐罗亚斯德（生卒年为公元前 628 ~ 前 551）是琐罗亚斯德教创始人。琐罗亚斯德教在中文史料中又被称为拜火教或祆教。"琐罗亚斯德"是希腊文的音译，古阿维斯陀文作"查拉图士特拉"，意为"像老骆驼那样的男子"或"骆驼的驾驭者"，中古伊朗文作"查尔杜什特"。琐罗亚斯德是波斯帝国建立前的一个波斯游牧部落贵族家庭的雅利安人，20 岁时弃家隐居，30 岁时改革传统的多神教创立琐罗亚斯德教，但受到传统教会祭司的迫害。直到 42 岁时，伊朗东北地区一国家的宰相娶他女儿为妻，将他引见给国王，琐罗亚斯德教才在古波斯迅速传播，最后在一次战争中，他在神庙中被杀身亡，时年 77 岁。
⑤ 克洛诺斯（古希腊文：Κρόνος），是古希腊神话中的第二代神王，是第一代神王神后乌拉诺斯和盖亚的儿子，泰坦十二神中最年轻的一个。他容易跟古希腊俄耳甫斯教的时间之神赫罗诺斯（古希腊文：Χρόνος）相混淆。虽然同属古希腊神话体系，但赫罗诺斯与赫西俄德的《神谱》中的泰坦（Titans）神族的神王克洛诺斯（古希腊文：Κρόνος，宙斯之父）并不是一个人物，只是名字写法相似。两者虽同属于古希腊文神话人物，但出自不同教派，彼此之间原本没有什么对应和关联。克洛诺斯推翻了父亲乌拉诺斯的残暴统治后，领导了希腊神话中的黄金时代，直到他被自己的儿子宙斯推翻。他和其他的泰坦神大多被关在地狱的塔尔塔罗斯之中。
⑥ 希腊化时代的一位巴比伦史家（著作为《巴比伦历史》）以及使用通用希腊文写作的巴比伦天文学家，他活跃于公元前 3 世纪初期。他出生于亚历山大大帝统治巴比伦期间或更早。晚年搬迁到托勒密一世统治的地区。去世时期不详。

西马库斯①的证词,他们称宙斯为"贝尔",赫拉克勒斯为"桑蒂斯",阿弗洛狄特为"阿纳希塔"等。9 但是现在他们的观点符合所谓的摩尼教②的(信仰)大部分,他们认为,有两种本源,其一是善,它支持现实中所有好的一面,其二是在内容和功能上彻底的反面。他们从自己的语言中为他们挑选野蛮的名字。他们称善良之神或者创造者为阿胡拉·玛兹达,而魔鬼和最邪恶者的名字是阿里曼。10 在所有的节日中,他们庆祝的最重要的一个被称为"屠魔节",其时,他们杀死大量的爬行动物,其他野兽以及在沙漠中的居住者,将它们交给琐罗亚斯德教穆护,以此作为他们奉献的证据。他们认为,通过这种方式,他们与善良之神达成了一项令人愉快的服务,同时他们挫败并伤害了阿里曼。11 他们对水的崇敬如此之高,以至于他们都不用其洗脸,或者以其他方式来使用水,只是将其作为饮品和用来灌溉农作物。③

25. 他们命名了很多其他的神,并崇敬这些神,向其献祭,实施纯净和神圣化的仪式。火被认为是一种特别圣洁和受崇敬之物,因此,被从不允许其熄灭的琐罗亚斯德教穆护保存在遥远且神圣的房间中。通过盯着火,他们表演秘密仪式并且仔细观察来预测未来。2 我认为,他们从迦勒底人或者其他人那里获得了这种习俗,因为这是一种与众不同的活动。当然,这样的仪式是来自大量不同部族的观念的融合。这是我本可以想象得到的。3 的确,我不知道还有哪个社会经历了如此令人困惑的多样化变革,或者在经过如此众多不同部族的控制下依旧可以保持一致。因此很自然的是,它会保留多种形式和习俗的印迹。4 亚述人是我们传统中所描述的第一批征服直至恒河的整个亚细亚的部族。尼努斯④似乎是该王朝的创立者,在他之后是赛米拉米司,然后依次是他们的所有后代,甚至直到德尔凯塔德斯之子贝流斯。5 赛米拉米司这一系列至这位贝流斯而止,此时

---

① 后面两位史家只见于阿加西阿斯的记载。Averil Cameron, 1969 ~ 1970: "Agathias on the Sassanians", *Dumbarton Oaks Papers*, Vol. 23 ~ 24, p. 97.

② 摩尼教(Manichaeism)源自古代波斯琐罗亚斯德教,在中文史料中又被称为明教、明尊教、二尊教、末尼教、牟尼教等,由3世纪中叶波斯人摩尼(Mani)所创立、在巴比伦兴起的世界性宗教。由于希腊文《科隆摩尼古卷》(*Cologne Mani Codex*)的发现,学术界掌握了关于摩尼早期思想的第一手资料。一般认为,摩尼教主要吸收犹太教—基督教等教义而形成自己的信仰,同时也采纳了不少琐罗亚斯德教的成分,传播到东方来以后,又染上了一些佛教色彩。它的主要教义是二宗三际论,有自己的戒律和寺院体制。

③ 波斯崇水最早在希罗多德的笔下被记载,在萨珊王朝时期,由于萨珊王朝与水神的关系,使得波斯崇水有了更为复杂的仪式和意义,具体可参见李晓嘉《他者叙事中的"波斯崇水":基于拜占庭早期史家相关记述的思考》,《全球史评论》2023年第1期(总第二十四辑)。

④ 亚述人的第二位国王,统治了52年。

一位名为贝勒塔拉斯①的宫廷花园守卫和主管在特殊的情况下得到了王国，并将其植根于自己的家族，这是维永②和博学者亚历山大③所记载下来的。正如他们所告诉我们的，该王朝结束于萨尔达纳帕鲁斯，④ 此时米底人阿尔巴基斯⑤和巴比伦人贝雷苏斯⑥在杀死国王后，夺得了王国，将其转到了米底人手中，这已经是自尼努斯掌权以来的1306年或者更多。这是基于柯尼迪安的泰西阿斯的编年史，⑦ 西西里人狄奥多鲁斯也同意他的观点。6 由此米底人接替他们统治，一切都是按照他们的法律和习俗行事。在米底人统治了近300年后，冈比西斯⑧之子居鲁士⑨与阿斯提阿格斯人⑩发生了战争，⑪ 将统治权转移到了波斯人手中。非常自然，因为他是波斯人，他非常恼怒米底人，因为他们与阿斯提阿格斯人站在一边作战。7 波斯国王们统治了228年，然而他们的统治最终崩溃了，被一位外国国王的军队打败了。8 腓力⑫之子亚历山大⑬杀死了国王阿萨梅斯⑭之子大流士，⑮ 控制了整个波斯，并将其按照马其顿的疆土进行了重新的安

---

① 德尔凯塔德斯、贝流斯以及贝勒塔拉斯只见于泰西阿斯、博学者亚历山大和阿加西阿斯的作品。
② 公元前3世纪的史家。他的作品主要保存在老普林尼的著述之中。
③ 公元前1世纪来自小亚细亚的史家，常年生活在罗马。他的作品涵盖了当时代的世界各国的历史，但唯有残篇存世。
④ 最后一位亚述国王（公元前685～前627年在位）。
⑤ 米底人，萨尔达纳帕鲁斯统治时期的军事统帅，推翻其统治。
⑥ 巴比伦人，巴比伦的统帅，同时也是巴比伦神庙中的神职人员。正是他鼓动阿尔巴基斯发动叛乱，并预言后者将成为统治者。
⑦ 公元前5世纪来自小亚细亚地区卡利亚的希腊史家，其著《波斯志》记载了自亚述直到公元前398年的所有波斯地区的历史，现仅有残篇存世。详见吕厚量《古希腊史学中帝国形象的演变研究》，中国社会科学出版社，2021，第42～72页。
⑧ 冈比西斯一世（约公元前580～前559年在位），是波斯阿黑门尼德王朝的早期成员，居鲁士一世的儿子，居鲁士大帝的父亲。
⑨ 居鲁士大帝（二世），波斯阿黑门尼德王朝首位国王（公元前550～前530年在位）。他所创建的国家疆域辽阔，从爱琴海到印度河，从印度河到地中海，从尼罗河到高加索。在自传铭文中他骄傲地称："我，居鲁士，乃世界之王，伟大的王。"
⑩ 古代西亚米底王国的最后一任国王（公元前585～前550年在位）。一向臣服于米底王国的居鲁士起兵反叛米底，于前550年征服米底王国，建立阿黑门尼德王朝。
⑪ 战争时间为公元前553～前550年。
⑫ 腓力二世，马其顿国王（公元前359～前336年在位），阿敏塔斯三世和欧律狄刻最小的儿子，出生于佩拉。他是亚历山大大帝和腓力三世的父亲。
⑬ 亚历山大大帝，又称亚历山大三世，马其顿王国（亚历山大帝国）国王（公元前356～前323年在位）。马其顿国王腓力二世之子。
⑭ 大流士三世的父亲，未留史册。大流士三世的曾祖父为大流士二世。
⑮ 大流士三世，阿黑门尼德王朝末代国王（约公元前380～前330年在位），前336～前331年在位。被亚历山大大帝打败后，阿黑门尼德王朝灭亡。

排。他非常伟大和不可战胜，以至于去世后，他的马其顿继承者们控制了一大片的域外地区和外邦的领土，变得异常强大。我认为，如果他们之间不相互争吵、彼此相斗并且为贪婪地获得谷物与罗马战争，挥霍他们的力量并且破坏了不可战胜的态势，那么，依靠其创立者的实力和声誉，他们本可以统治那里直到今天。9 马其顿人统治的时间只比米底人少 7 年，如果我们可以接受博学者①对这个问题的观点。尽管他们延续了很长的时间，但是马其顿人最终被帕提亚人②所代替。10 这样一个此前并无多少声望的臣服部族的成员统治了整个帝国，除了埃及。阿萨息斯③开始发动叛乱，由此他的后人又被称为阿萨息斯人，不久之后，米特里达特④将帕提亚人的声名送上了辉煌的时代。

26. 从阿萨息斯（一世）到最后一任国王阿塔巴努斯⑤一共经过了 270 年，此时罗马处于马梅娅⑥之子亚历山大⑦的统治之下；彼时，我们这个时代的库斯劳（一世）所属的王朝出现，在波斯人中盛行至于今天的政权开始了。2 一位开始籍籍无名、但是颇有能力并且一直精力充沛，善于制造混乱的波斯人阿尔达希尔，⑧召集了一群阴谋者发起进攻，杀死了国王阿塔巴努斯。他取得了波斯王冠，⑨结束了帕提亚人的统治，恢复了波斯人的王国。3 这个人与琐罗亚斯德教的仪式有关，是一位秘仪的执礼人。因此该教派因他其执礼人身份得到了发展。在此之前这一教派确实存在，它的名称很古老，但是它从未像此时这样受到尊重，并且享受这么

---

① 可能是前文提及的博学者亚历山大。
② 帕提亚人发源于伊朗高原东北部，在希腊化时代（塞琉古帝国）结束时迅速占领了从两河流域至青藏高原西部边境的地区，建立帕提亚帝国（中文史料称为安息），成为接替阿黑门尼德王朝的西南亚霸主。"帕提亚"所对应的英文是"Parthia"，源于古波斯语，后经拉丁语进入英语。它原是伊朗人的自称，可能是"Persia"（波斯的）的一个变音，代表着帕提亚帝国的创建者对古波斯帝国的认同，以及对自身政治合法性的一种表达。帕提亚帝国创建后，"帕提亚人"成为罗马人对帕提亚帝国人民的一种称呼，而帕提亚帝国是罗马帝国长期的竞争对手，二者围绕地中海东部的控制权发生了长期的冲突和多次战争。
③ 帕提亚帝国的创立者（公元前 247~前 217 年在位）。
④ 米特里达特二世（公元前 123~前 88 年在位）。在其统治之前帕提亚帝国处于衰落之时，他统治之后，开始开疆拓土，并且开始与罗马进行谈判。
⑤ 帕提亚帝国最后一位统治者（216~224 年在位）。在位期间，他击退了罗马帝国皇帝卡拉卡拉（217）的进攻，并且取得了对其后继者马克林努斯的胜利（217~218）。
⑥ 尤利娅·阿维塔·马梅娅（生卒年为 181~235），来自叙利亚，与她的儿子一同统治帝国，直到后者在 235 年被罗马将军所杀。
⑦ 塞维鲁·亚历山大，罗马皇帝（222~235 年在位），来自叙利亚，在艾拉加巴鲁斯被杀后继任皇位。但是在其统治时期，统治权在很长时间掌握在其母亲尤利娅·马梅娅手中。
⑧ 阿尔达希尔一世，波斯帝国萨珊王朝创立者（224~242 年在位）。
⑨ 这里使用的波斯王冠一词（κίδαρις）来自《圣经·旧约》。

多的自由。它有时被当权者藐视。4 另外，很明显，在古代之时，斯梅尔迪斯①在居鲁士之子冈比西斯②之后坐上了王位，大流士③身边的人并没有觉得不舒服，也没有杀死斯梅尔迪斯本人和他的那些党徒，这是因为琐罗亚斯德教的穆护们不能合法地去发表自己的看法，或者自己登上王座。但是正如事实如此，对他们而言，谋杀者似乎并不邪恶——相反，事实上他们认为，他们值得更多的纪念，因为他们发动的起事成为一个被称为"穆护的杀戮"这样的节日，这里还包括感恩献祭的表演。5 然而，现在琐罗亚斯德教穆护是极其受到仰慕和敬重的人，所有公共事务以他们所愿和由他们所发起而进行。在私人事务上，他们也监管签订协议或者执行法律程序的进行，只要没有得到这些穆护的认可，没有什么在波斯人中是合法的或者正当的。

27. 阿尔达希尔的母亲被认为嫁给了一位名为帕维克斯［波斯文称为帕帕克］④ 的人，他是个补鞋匠，是一个没有社会影响的人。然而他非常精通星相学，并且可以轻松预测未来。2 现在碰巧有一个名为撒桑⑤的士兵，在卡杜西亚人⑥的地区旅行，受到了帕维克斯的热情款待，他把他（撒桑）带到了简陋的家中。3 通过预言的力量，帕维克斯莫名其妙地发现他的客人的子嗣注定会伟大，并且拥有极好的命运。考虑到既没有女儿也没有姐妹或者任何女性的亲友，他很矛盾和不知所措。最终他决定要自己的妻子和这位客人共眠，并且对这一侮辱视而不见，把未来的幸运作为此刻的羞辱和不光彩的补偿。4 这就是阿尔达希尔出生的情况。他被帕维克斯抚养，但是不久他长大了，控制了王位，而撒桑和帕维克斯之间发生了公开的争吵，他们都宣称这个孩子以自己的名字命名。5 然而，他们最终同意，他应该被提到是以撒桑的精子怀孕但是生来是帕维克斯之子。这就是波斯人所保存下的真实的阿尔达希尔的世系，这一声明与王室档案是一致的。6 我现在要按照时间快速提供一份获得统治权力的阿尔达

---

① 波斯穆护，从大流士手中接过波斯王位，一般认为他是居鲁士大帝之子。登基七个月后，他被大流士杀死。
② 冈比西斯二世（公元前 529~前 521 年在位）。
③ 这里指的是大流士一世。
④ 波斯王子，现伊朗法尔斯省古城伊什塔克尔（Istakhr）的统治者（205/206~207/210 年在位），同时也是该地火神庙中的神职人员。在波斯以及拜占庭和亚美尼亚等史料中关于其记载各异。
⑤ 武士和狩猎者，法尔斯地区的高级神职人员。同样，关于他、阿尔达希尔一世以及帕帕克血缘等关系在不同史料中有不同的记载。
⑥ 生活在里海和黑海之间的族群。

希尔的子孙的名字，并且包括他们每任统治的时间。史家们目前没有编著这样的名单；的确这个主题没有受到应有的重视。7 然而，他们提供了可以追溯到罗慕路斯①或者甚至远至安基塞斯②之子埃涅阿斯时代的罗马国王和皇帝的名单，并扩展到阿纳斯塔修斯和查士丁统治时期。然而，对于波斯的国王［即那些自帕提亚帝国崩溃之后的那些统治者］，他们还没有形成一份按照他们统治时间的名单，虽然这样的一个名单是必要的。8 因此我已经从官方的波斯文献中收集关于这一问题的准确信息，并且我感到我的发现适于这样一部作品。因此我将要继续对我认为有必要的内容进行全面的论述，虽然这需要列举冗长的枯燥的蛮族人姓名的名单，即便有时候这是一些没有什么成就但是值得记录的人的名字。9 此刻，为了读者的便利，我将要补充下列的澄清：390 年的时间把我们带到了库斯劳统治的第 25 年，此时，③ 拉齐卡的战争正处于活跃期，并且莫莫罗斯在此期间去世了。皇帝查士丁尼已经在皇位上 28 年了。

28. 在提到库斯劳后，我现在要直接进入之前的记述。库斯劳已经受到了不仅是波斯还有罗马人的赞美和敬仰，这已经超过了他应得的赞誉。因为人们相信他是文学的爱好者和一位哲学的好学生，可能有人为他把希腊文学作品翻译成波斯文。2 此外还有流言说，他已经吸收了古马其顿斯塔利亚人④的一切，较之裴阿尼亚演说家⑤吸收奥罗鲁斯之子⑥的作品还要彻底，他的大脑中充满了阿里斯通之子柏拉图的经典，其至像《蒂迈欧篇》这样充满线性理论并探讨自然运动的著作，也无法逃脱他的研究，更别提《斐多篇》、《高尔吉亚篇》或者其他任何优美而复杂的对话，例如《巴门尼德篇》。⑦ 3 我无法相信他受到了如此良好的教育，并且非常有智慧。这些因古老而受到敬仰的作品的纯洁和高贵与它们准确而幸福的表述怎么会被如此粗野不文明之人保存下来？4 此外，人们可能要问，一

---

① 罗马城的建立者。
② 特洛伊国王普利阿莫斯的堂兄弟，他的儿子是埃涅阿斯。
③ 555 年。
④ 指亚里士多德。
⑤ 德摩斯梯尼（生卒年为公元前 384～前 322），古雅典雄辩家、民主派政治家，来自阿提卡地区的裴阿尼亚。
⑥ 修昔底德（生卒年约为公元前 460～前 400/前 396），雅典人，古希腊历史学家、文学家和雅典十将军之一，以其著《伯罗奔尼撒战争史》而在西方史学史上占有重要地位，其父为奥罗鲁斯。参见〔古希腊〕修昔底德《伯罗奔尼撒战争史》（详注修订本上册），徐松岩译注，上海人民出版社，2017。
⑦ 都是柏拉图作品的标题。

个人若能在宫廷的迷人的氛围中被从孩童时代抚养大,在浮华和奉承的包围之中,并且随后继承彻底的以战争和运筹帷幄为正常特色的蛮族人的生活方式,怎么会希望获得这方面学识的能力? 5 然而如果人们赞美他,尽管作为一位波斯人他看重于对帝国的关心和统治这么多部族的责任,并且他依旧显示出获得文学知识的兴趣,喜欢被认为是业余爱好者,在这个方面,我应该提到我对众人意见的看法,并且毫不犹豫地认为他比其余的蛮族人更加优秀。6 但是那些认为他极其聪慧并且称他是在世哲学家的对手的人宣称,以逍遥学派①对优秀文化的定义,他已经掌握了科学的所有分支,这实则暴露了他们观点的虚妄,也向众人表明,他们不过是在附和大众未经深思熟虑的看法。

29. 有一位名为乌拉尼乌斯②的叙利亚人,曾经在拜占庭游荡。他是一位医生,虽然他并没有对亚里士多德的经典的准确理解,但是他曾经吹嘘自己有百科全书般的学识,他把这种自负归于与别人同行时他是好辩的这样的事实。2 他经常被发现在皇家斯托亚③这里,坐在书摊前参与那些聚集在一起就关于上帝的老生常谈的问题进行夸夸其谈的人的辩论——如何定义其本质和实质,受难、二性不可混淆以及类似的问题。3 我敢说,他们中大部分都是那些还没有接受初等教育甚至没有体面生活的人,因此这的确是一个"愚蠢的人冲入天使们害怕踩入的地方"。因为他们认为谈论神学是在世界上最容易的事情,事实上这个主题很严肃且难以企及,超越了人类的理解,并且由其绝对的不可知性而引起人们的敬畏和惊叹。4 因此,他们经常聚集到晚上,很可能是在醉酒狂欢之后,无忧无虑地对高尚的和无形的话题进行即兴的讨论。这样的讨论不变地堕落成一种没有结论的吹毛求疵,其结果既没有劝诫也没有启蒙的意义。5 每个人都坚持自己的看法,直到最后,由于不妥协而导致愤怒,他们将采取公开的辱骂,使用愚蠢的语言,就像是那些在骰子游戏中互相争吵的人。最终争论会更换地方,争论者很难被分开,所有无果的努力都仅仅是令朋友变成敌人。6 现在这个群组中的最佳表现者是乌拉尼乌斯。就像荷马的忒耳西特斯④一样,他充满了吵闹的辱骂和

---

① 指的是亚里士多德的学生和继承者。
② 不见于其他史料。
③ 位于君士坦丁堡,城市的法官以及律师在这里居住以及审理案件。位于圣索菲亚教堂西侧不远的地方。
④ 荷马史诗《伊利亚特》中的人物,一位来自希腊、参与特洛伊战争的士兵。貌丑、易怒,喜欢骂人。

无休止的喋喋不休。然而他对上帝并没有坚定的看法，并且不知道如何对这个主题进行合理的辩论。这一刻他进攻问题所基于的命题，下一刻他坚持在回答之前要知道该问题（提出）的原因。以这种方式他不允许讨论发展成一个有序的模式，而是混淆问题，阻止任何有意义的问题的出现。7 他追捧以怀疑的经验主义而著称的方式，并把他的发言建立在皮浪①和塞克斯图斯②的形式上，目的在于通过拒绝精神活动的可能性来逃脱精神的焦虑。但是他甚至没有掌握这些知识，仅仅是捡起一些需要的孤立的信息片段来使得他可以欺骗和误导那些无知者。8 但是如果他的文化标准留下很多值得仰慕的东西，那么他的行为留下更多。他经常去富人家里，贪婪地品尝美味，并不断地端着酒杯，喝成了傻子，并吐出一番污言秽语。他使自己成为笑料，他时常用下巴堵住嘴，并且可以看到他的脸上沾着来自别人酒杯的残渣。事实上他是餐桌上的笑柄，不亚于小丑或者雇来的取乐者。9 虽然他是这种我所描述的人，但是乌拉尼乌斯曾设法接近大使阿莱奥宾杜斯，③让他把自己带到波斯。作为一个变色龙式的冒名欺骗者，如同一种适应能力，他毫不费力就制造出一种礼貌得体的气氛。身着一种在我们这个世界中由修辞学大师和教师所穿着的印象深刻的长袍，带着相应的严肃和冷静的样子在脸上，他把自己展现给库斯劳。10 被这种景象的新奇所震慑，库斯劳对他印象深刻，并且认为他的确是一位哲学家，事实上这是他的自称。11 在给予他最热情的接待后，库斯劳召集琐罗亚斯德教穆护来与他一起讨论诸如物质世界本源、是否宇宙永久存在以及是否应当设想一个万物的起源。

30. 乌拉尼乌斯没有任何一个想法可以有助于该讨论，但是在这方面所缺乏的他通过花言巧语和自信来弥补，如同苏格拉底在《高尔吉亚篇》④中所言，这是"无知的人中的无知的胜利"⑤。2 事实上这位疯狂的小丑如此抓住了国王的想象力，库斯劳给予他一大笔钱，与他在自己的桌子上共进晚餐，并且通过把自己心爱的杯子递给他，给予他史无前例的荣耀。

---

① （生卒年为公元前365或前360~前275或前270），希腊古典时期的哲学家，被认为是怀疑论的鼻祖，埃奈西德穆的怀疑论学派—皮浪主义，受此启发并因此得名。
② 医生和怀疑论者哲学家，活跃于150年左右。他有三部作品流传下来，保存了怀疑论的重要思想。
③ 查士丁尼的使臣，532年之后抵达波斯（在七位前往波斯的拜占庭哲学家之后）。*PLRE*，p. 110.
④ 这是柏拉图的一部作品，柏拉图借助苏格拉底和学生对话的形式，讨论关于政治家的权力和正义的代价等问题。
⑤ Plato, *Gorgias*, 459. b. 3~4.

3 尽管以前曾看到从这些地方①来到他的宫廷的其他杰出的真正的哲学家，但库斯劳在很多场合发誓，他从未见到可以与乌拉尼乌斯相媲美的人。不久之前，②叙利亚的大马士齐乌斯、③ 西里西亚的辛普利齐乌斯④、弗里吉亚的尤拉米乌斯⑤、吕底亚的普利西安⑥、腓尼基的赫尔墨斯⑦和迪奥吉尼斯⑧以及加沙的伊西多尔，⑨ 所有这些人，如诗歌所言，是我们这个时代哲学家的精英，他们得出结论，他们不喜欢罗马帝国的官方宗教，波斯国家更加优越。因此，他们听到了广为流传的故事，即波斯是"柏拉图的哲学家王"的土地，在这里正义拥有最高统治权。很明显，这些臣民是得体和优良行为的模范，没有盗贼、强盗或者任何其他类型的犯罪。即便一些有价值的东西被留在无论多么遥远的地方，没有任何偶然发现它的人会把它盗走，无须任何人守卫，它依旧会为安放它的人安全地在那里，直到他在某一个时间去取回。4 鉴于被他们视为真实的这些报告，他们不遵守已确立的宗教的事实，以及以免受惩罚的身份被法律禁止参与公共生活的原因，他们立刻离开（帝国），出发前往一个生活方式完全与自己相异的陌生之地，并决定把那里（波斯）作为自己的家园。5 但是首先他们发现，那些（波斯）权贵只是飞扬跋扈、自命不凡而已，除了让自己恶心和耻辱之外，他们一无所获。其次，他们意识到，这里有大量的强盗和窃贼，其中一些人被逮捕，而其他人则逃脱了，这里各种形式的犯罪都很严重。6 强势者事实上残暴地虐待弱者，并且在处理与其他人的关系中显示出极大的残暴和不人道。但是所有之中最特殊的是，即便一个人可以并且的确拥有无数的妻子，但是人们依然厚颜无耻地去犯通奸罪。7 哲学家们

---

① 指拜占庭帝国的统治区。
② 529 年或 530 年。
③ 新柏拉图主义哲学家，5 世纪末出生于叙利亚的大马士革，在亚历山大里亚跟随阿蒙尼乌斯学习修辞学、星相学和柏拉图哲学。后来前往雅典继续学习，在那里成为新柏拉图主义的雅典学园的管理者。538 年居住在艾麦萨。写下了《伊西奥多鲁斯传》和《柏拉图对话评注》。*PLRE*，pp. 342~343.
④ 古典多神教哲学家，6 世纪初出生于西里西亚，是阿蒙尼乌斯和大马士齐乌斯的学生，写下了很多对亚里士多德以及其他哲学家作品的评注。*PLRE*，pp. 1153~1154.
⑤ 古典多神教哲学家，不见于其他史料。《苏达辞书》中记作尤拉里乌斯。*PLRE*，p. 460.
⑥ 古典多神教哲学家，有两部作品存世：一部是塞奥菲拉斯图斯的作品 *On Sense-Perception* 的摘录版，另一部是拉丁文译文 *Answers to Chosroes*（*Solutiones ad Chosroen*）。*PLRE*，p. 1051.
⑦ 古典多神教哲学家，不见于其他史料。*PLRE*，p. 588.
⑧ 古典多神教哲学家，不见于其他史料。*PLRE*，p. 562.
⑨ 古典多神教哲学家，不见于其他史料。*PLRE*，p. 723.

恶心于这些事情，并自责做出的迁居行为。

  31. 与国王交谈证实是进一步的令人失望。这位君主骄傲地吹嘘他是哲学这一领域的学生，但是他关于该主题的知识都是绝对肤浅的。在宗教问题上也不存在共同的基础，因为他遵守我已经描述的宗教习俗。最终标志波斯社会特征的邪恶的乱交是哲学家们无法忍受的。所有这些因素结合一起，使他们决定赶紧回家。2 因此，尽管国王喜爱他们，邀请他们待在那里，但他们感到，站在罗马的领土上，即便这意味着即刻的死亡，也好过在波斯荣耀的生活。因此，他们决定去看看蛮族人的好客，然后返回家园。3 无论如何，他们从自己在国外的逗留得到的利益并不是很少或者可以忽略不计，这足以让他们过上平静的生活以及满意的余生。4 在那时罗马和波斯人缔结的协议中事实上插入了一句话，大意是，这些哲学家应该被允许回到他们的家园，并且在不被强迫改变他们传统宗教信仰或者接受与罗马人一样的任何观点的情况下生活下去。库斯劳坚持加入这一点，并使之得到批准，继续关注这真实地执行。① 5 这个故事继续下去，在回程中，他们有一个印象深刻的经历。6 在波斯的一个地方停下来休息时，他们发现一个刚去世不久之人，随便地被扔弃在那里，没有埋葬的意思。被这种野蛮的蛮族行为的景象所触动，他们认为对怪异的罪行的被动观看者而言，这是有罪的，他们让自己的仆人把这具尸体安排好，以土覆盖并将之埋葬。7 那一晚，当处于睡眠中时，他们中的一位梦到，我无法做到更具体的记述，因为我不知道他的名字，他看到一位老人，虽然他的脸不清楚，并且身份也无法猜测到，但是他有一种高贵和端正的气质，就像是一位身着与自己同样的衣服样式的哲学家，他还有长长飘动的胡须。显然，以劝诫和建议的方式，他大声向他（做梦者）吟诵了下面的诗节：

    不要埋葬你们现在看到的这个人

---

① 此处的协议指的是拜占庭与波斯签署的532年的"无限期和平"停战协议（540年被打破）。具体协议内容没有保存下来，唯有部分内容在普罗柯比的记载中保留（译文可参见张爽《公元4至6世纪欧亚丝路贸易中的拜占庭—波斯战争》，《学海》2022年第4期），但没有任何记载可以印证阿加西阿斯的记述。尼查叶娃在其近期研究中根据一份来自东方的殉道传的记载，确认阿加西阿斯协议中存在关于保护七位出走哲学家的条款具有合理性和真实性。Procopius, 1914: *History of the Wars*，I，xxii. 1 ~ 19, trans. by H. B. Dewing, New York: Macmillan, pp. 200 ~ 220; Ekaterina Nechaeva, 2017: "Seven Hellenes and One Christian in the Endless Peace Treaty of 532", *Studies in Late Antiquity*, Vol. 1, No. 4, pp. 359 ~ 380.

被埋葬的人不是你们发现的
大地母亲不会接受
作为母亲的强暴者，直到他
被野狗吞食在大地上。

8 突然惊醒后，他把这个梦告诉了其他人。在彼时彼刻他们不知该干什么，但是到了早晨，当他们起来继续上路时，由于地形的原因他们又经过了那个临时埋葬的地方，并且再一次发现那个去世的人毫无覆盖地躺在地上。似乎是土地把他暴露出来，拒绝保护他避免被吞食。9 惊叹于这特殊的景象，他们继续旅程，在那以后没有对这位逝者做任何的习俗的仪式。对这个梦的仔细思考导致他们得出同样的结论——即波斯人保持去世之人的身体不被埋葬，由野狗撕成碎片，这是对于那些对自己的母亲有愚蠢的肉欲的人的惩罚。①

32. 但是尽管事实上库斯劳已经与这些人有了私人的关系，但是他更尊重和喜爱乌拉尼乌斯。我认为，这一态度的原因是人的本质是一致的。我们天生认为与我们相似的人更好和更可爱，但是远离超越我们的人。2 当乌拉尼乌斯回到家园，库斯劳送给他一封最令人愉快的信件，在信中，他向他（乌拉尼乌斯）显示出一位徒弟对师傅的尊重。在那之后，乌拉尼乌斯变得忍不住吹嘘他与波斯国王的个人友谊，无论什么时候他与别人相伴或者出现在宴会上，他都会喋喋不休地去谈论关于库斯劳给予他的荣誉以及他们俩的谈话等，以至于引起大家的愤怒。3 的确这个人回到家园是他做过最愚蠢的事情，似乎他的整个旅程就是为了这个目的。然而，即便这个人是个无赖和傻子，但他设法通过对蛮族国王的赞美，来让公众信服他所描述的（库斯劳）是博学之人。4 事实上，那些既极易受骗又对奇异和奇妙的故事有弱点的人，很容易被他自夸和浮夸的断言所愚弄，因为他们从来没有停下来问是谁在赞美，谁受到赞美，他受到赞美所为何事。5 人们的确羡慕库斯劳的将才、在战争压力下绝对不会崩溃的不屈不挠的精神、绝不屈从于恐惧、疾病和年老。但是当谈及文学和哲学，他符合人们合理地把他排列为臭名昭著的乌拉尼乌斯的同伴或者徒弟的位置。

---

① 关于波斯琐罗亚斯德教的天葬以及不能埋葬的葬俗在本卷 22～23 的注释中有详细谈论。

第三卷

1. 虽然我关于波斯人的习俗、生活方式的各种变化以及我认为有必要一起提及的库斯劳和他的家族谱系等内容已经占去了大量空间,且与前述内容并无紧密的联系,但是我相信,这些内容既不多余也并非毫无助益,而是被视作维护了娱乐和启迪的双重目标。2 如果我可以做到如此,那么如谚语所云,"我最殷切的渴望是将美惠三女神与缪斯女神交织在一起"①。3 但是世俗的事务迫使我走向了不同的方向,虽然并不情愿,但是我还是走向了生活所需的日常工作。我的历史写作虽然是大量且令人印象深刻的工作,借用维奥蒂亚抒情诗人的话,是"在所有职业之上的",②但是却被降低至偶尔的追求,并且我也无法全身心地投入这种热爱的志业之中。4 我本应该闲暇更多地阅读我所要模仿的古人的著述,以批判的洞察力来审视所有的历史景象,并且全身心地投入这些事情,但事实是我不得不在皇家斯托亚③的桌前,从清晨直到深夜,忙于不断地阅读无数的法律文件。虽然我憎恨过度工作,但如果不这么做,我就会处于贫困之中,因为不付出辛劳,我就无法维持自己的生活。5 虽然如此,但只要创造的动力还在,我就决不松懈,即便一些读者批评我过度延伸并且有雄心,如他们所说,在会行走之前就想要奔跑。6 即便有人认为我的著作劣质、肤浅,是一个未经训练的思想的典型作品,但是我还是成功愉悦了自己,就像不懂音乐的人享受自己的歌唱一样。7 但是在通过沉溺于进一步的离题,使自己陷入乏味的印象之前,我最好继续之前关于拉齐卡之战的叙述。

2. 得知莫莫罗斯去世的消息后,库斯劳的确非常悲伤。但是为了防止拉齐卡的军队长期群龙无首,他立即任命纳赫拉汗④为将军,后者是一

---

① 该短语模仿自欧里庇得斯的《赫拉克勒斯》(Euripides, *Heracles*, 673~675)。
② 品达(生卒年为公元前518~前438年),该短语来自其作品《伊斯米亚》(Pinda, *Ismia*, 2)。
③ 皇家斯托亚是君士坦丁堡的法律中心和文化中心,从事法律事务的人员聚集在这里。476年这里被焚毁,后不久即得到了重建。6世纪以后这里失去了其文化中心的地位,仅仅成为一个收藏旧雕像的地方。10世纪之后不再出现在文献中,参见 Alexander P. Kazhdan, 1991: *Oxford Dictionary of Byzantium* (later abbreviated as *ODB*), Vol. 1, New York: Oxford University Press, p. 266。
④ 波斯驻拉齐卡地区的统帅(555~556),才能仅在莫莫罗斯之下,拜占庭人认为后者更杰出。阿加西阿斯记述了他的傲慢和过度自信。*PLRE*, pp. 909~910。

位非常杰出、著名的人物。2 此时,纳赫拉汀正在为此行做必要的准备,并且开始了行程,此时一些不正常的行动在拉齐卡发生了。3 当罗马人不光彩地逃离并以我已经描述过的方式放弃他们的位置,拉齐人的国王古巴泽斯想到比他遭受的屈辱还要严重的可能会发生的进一步的屠杀就非常愤怒。因此他立刻向查士丁尼送去一份细致的报告,他认为将军们要负全面的责任,他指责所有的事情是由于他们的无能,并且指出贝萨斯是罪魁祸首。他还提到了马丁和鲁斯梯库斯。① 4 此时加拉太人鲁斯梯库斯并不是该地的将军、统帅或者任何的军事要员,而只是皇帝在那里的钱款管理人。他并不管理来自贡赋的收入〔这是另一位不同官员的职责〕,而是管理皇帝从自己的私人腰包为前线突出的士兵提供的赏金。因此,他的影响力很大,他可以接触秘密报告的事实意味着只要能够得到他的支持,官方的指示就会更有分量。6 然而,贝萨斯已经在查士丁尼的黑名单之上,这是他在之前事件中的行为造成的结果。在莫莫罗斯抵达之前他如果已经占领佩特拉堡垒,那么他就事实上已经安全地控制了从伊比利亚进入该国②的所有入口〔这一任务得到了该地势天然状况的帮助〕,由此使得蛮族人无法进入拉齐卡。但是他却有意没有这么做,并且相反,他前去服从其管理的城市的周边征集钱财。7 由此,当皇帝得知这些进一步的品行不端之后,他记起了之前的罪行,并且立刻相信了该报告。因此他解除了贝萨斯的指挥权,没收了他的财产,把他下放到阿瓦斯基王国,③ 直到他获得皇帝的垂青。8 尽管非常恼怒于马丁,但是查士丁尼把指挥权交给了他。因此马丁是将军中的首席,查士丁次之,再后面是布泽斯,其他人职位依次降低。9 即便在此前,马丁和鲁斯梯库斯与古巴泽斯的关系就一直紧张,并且还有更加危险的和从未公开说出的知名的私下敌对。源自嫉妒的敌意由于持续的非理性的猜疑而变得尤为严重。10 由于他们的憎恨,对于古巴泽斯的每一个行动,他们都将其不满和憎恨加重至愤怒。11 感到他们强烈敌意的古巴泽斯开始在不同场合予以回应并指责他们,把他们描述为没有责任意识的怯懦的吹嘘者。在官方接待和会议中,他从未停止向他们发泄自己的怒火,甚至在邻邦大使在场的情况下也是如此。发现这种情况无法忍受之后,愤怒于古巴泽斯向皇帝犯下的指控以及清楚地意识到,如果他们犯下进一步的错误他会驱逐他们之后,为了惩罚古巴泽斯使他们过

---

① 皇家私库官员,只出现于阿加西阿斯本作品中。*PLRE*, pp. 1103~1104.
② 这里指拉齐卡王国。
③ 南高加索阿布哈兹西部地区的古代居民,靠近拉齐卡的斯基泰族群之一。

去所受到的伤害并且确保他们的未来，他们决定除掉他。

3. 在经过一致的考虑之后，他们派遣鲁斯梯库斯的兄弟约翰①前往拜占庭，报告古巴泽斯已经被米底化了，②因为他们已经得出结论，在他们试探皇帝对此事的意向之前杀掉他（古巴泽斯）是不明智的。2 在与皇帝的一次秘密会面中，约翰指控古巴泽斯已经背叛，并且试图把波斯人引进来。如果他不被迅速阻止，那么不久他就会使其国家成为波斯人的属国。3 皇帝被这样的揭露所震惊，但是他没有完全相信。因此依旧在犹豫不决，他说道，"安排把他召到这里见我"。4 担心如果古巴泽斯抵达那里，阴谋会被揭露，约翰说，"如您所言，陛下。但是如果他选择不主动前来，我们该怎么做呢？""你们必须迫使他"，皇帝回答道，"因为他是一个臣民，设法送他来"。5 由此约翰立即接上："如果他坚持抵抗，那怎么做？""那么"，皇帝说道，"几乎就可以肯定他要遭受叛乱者的命运，并且要悲惨地消失了"。6 "陛下，如果那样的话"，约翰说道，"杀死他的那个人不用担心吗？""不用"，皇帝回复道，"如果他不遵守命令，并且抵抗，那么就把他作为敌人一样杀死"。7 一旦皇帝做出这个回复并且在一封写给将军们的信中表达了同样的观点，约翰认为他已经实现了目的。因此他没有问更多问题而是带着这封信回到了拉齐卡。马丁和鲁斯梯库斯读了信，他们发现这个阴谋已经得到了精心设计，并且立刻将之付诸实践。8 召集查士丁和布泽斯，并且向他们隐瞒了计划，他们（马丁和鲁斯梯库斯）说，他们（马丁、鲁斯梯库斯、查士丁、布泽斯）必须尽快去找古巴泽斯，这是为了与他讨论对奥诺古里斯的波斯人发动一次联合的进攻计划。相信了这一点，在一支小分队的陪同下，查士丁、布泽斯和他们一同出发了。9 此时，古巴泽斯收到信息，将军们正在前来与他会面的路上，随时会抵达。几乎没有怀疑敌对的意图，他出现在了赫布斯河③岸边附近。这个不幸的人自信而放松，他仅仅率领没有携带武器的少量随从与他们会面。10 的确，如果他不这样做会很奇怪。他要去见的人不是敌人，他们都是对他很友好且与他相熟的人。不正是他们被派去保卫他的领土并驱赶外来入侵者的吗？

---

① 不见于其他史料。从阿加西阿斯下面的记载中可知，是他杀死了古巴泽斯。
② 这里阿加西阿斯使用了"亲米底人"一词，这是拟古的用法，意思是古巴泽斯服从波斯人的统治，并且将王国交给了他们。
③ 法西斯河的一个支流，在其北侧，《巴林顿希腊和罗马世界地图集》认为是现在的因古里河（Enguri）。Richard J. A. Talbert ed., 2000: *Barrington Atlas of the Greek and Roman World*, Princeton: Princeton University Press, p. 1231.

4. 他们在马上对如何处理现在的问题进行了联合的讨论，"古巴泽斯"，鲁斯梯库斯说道，"对于你为我们向奥诺古里斯的波斯驻军发动进攻提供协助的建议，你有什么想法？如果他们依旧在我们的领土中间安营扎寨，这是一个耻辱，尤其是他们人数很少，无力与我们对抗"。2 "但是，我亲爱的伙伴"，古巴泽斯回答道，"这取决于你们，并且这是你们单独承担起现在战斗的主要冲击力，因为你们是唯一要为所发生的事情负责的人。3 如果你们没有对职责犯了极其粗心和疏忽的罪行的话，不会有任何的敌对的基地来对抗你们，你们既不会逃跑和承担不光彩的逃脱的污名，也不会导致任何其他不希望的结果。4 因此，我亲爱的伙伴，如果你们自称着迷于荣耀，如果你们乐于（享有）将军这一高尚的名号，你们现在必须弥补你们的缺漏。因为你们可以确信，在你们所有的错误得到改正之前我不会把我的命运押在你们身上"。5 此话一出，那个在搬弄是非中起到重要作用的约翰，仿佛认为持不同意见的表达就足以证明他同情波斯人并企图颠覆，于是偷偷地抽出刀，砍向古巴泽斯的胸部。这一击没有立刻把他杀死。6 因为他突然摔倒时正骑在马上，恰好他的脚跨在马的颈部，他并没有像这一击所期望的那样完全失去平衡。当他从地上爬起来时，试图抓住就在旁边的鲁斯梯库斯的侍卫，后者接到指示，用剑对他的头部发动攻击，并结束他的生命。据可靠的资料得知，古巴泽斯因为上述原因被谋杀了。7 查士丁和布泽斯非常痛苦，并且认为发生的事情是一个完全的灾难。但是他们对此保持平静，因为他们认为，皇帝查士丁尼已经在信中对此作了明确的授权。8 拉齐人陷入了混乱和意气消沉，他们拒绝在民事或者军事上与罗马人共事。相反，他们按照自己的仪式埋葬了逝者，之后，他们拒绝参加战斗，以此来抗议他们所受到的残暴的对待和对其部族声誉的打击。

5. 拉齐人是最伟大而自豪的部族，他们统治着大量的其他部族。他们以自己与科尔奇人的古代名字相关而感到自豪，对自己评价非常高，不过这可能是合理的。2 我的确不知道处于帝国统治下的其他部族有如此众多的人力资源或者这样巨大的财富，有这样理想的地理位置，丰富的生活必需品、高度的文明和克制。3 这个地方的古代居民的确是没有意识到航海的益处，并且在著名的阿尔戈①到来之前没有听说过船。现在他们在适宜时出海，并且从中获得丰厚的商业利润。4 在其他方面他们也不是蛮族人，因为与罗马人的长期关系使得他们采取了文明、守法的生活方式。因

---

① 这里应该指的是阿尔戈英雄乘坐的阿尔戈号船。

此，如果有人忘记了诗歌中对有铜脚的牛、播种者以及所有其他的被精心地安排在埃厄忒斯①周围的事物想象，那么他会发现拉齐人现在比过去好多了。5 作为有这样的过去和现在的部族，拉齐人有理由感到，他们遭到了在任意杀死他们国王的事件中的无法忍受的伤害。6 在马丁的提议下，罗马人立即开始快速准备针对奥诺古里斯的波斯人的全面进攻。奥诺古里斯是这个地方的古代名称，它的出现是由于过去匈人的分支奥诺古尔人和科尔奇人之间的一次遭遇，当时，后者是胜利者，当地的居民为了纪念这次胜利而以之命名它。7 但是现在大部分人不再使用这个名称了。这里伫立着一个纪念斯戴法诺斯的圣所，这位上帝的人被他们视为是古代第一位自愿献出自己的生命来保卫基督教原则的人，事实上他是被敌人用石头打死的。因此，人们习惯将他的名字和这里联系起来。无论如何，我认为没有什么理由反对用这个古老的名字来代指这里，这样的实践更多的是为了保持历史写作的风格。8 罗马军队准备进攻奥诺古里斯。那些参与谋杀的人迫切地要做好准备，他们希望可以轻松地打击这些驻军，由此即便是皇帝得知了他们的口是心非，也不会特别愤怒，而是考虑到他们最近的胜利而解除对其指控。9 因此安营在阿海奥波利斯平原上的所有的将军和他们的人，开始准备他们所称的"柳条屋顶"、投石机以及类似的战争器械，希望可以暴风雨般拿下这里。10 "柳条屋顶"是一种将柳条编织在一起，以至于形成一个屋顶，便于搬运，把人们包围在下面的结构。兽皮被放在上面一层，这个装置上面覆盖着兽皮是为了加强防护，来抵御发射物。11 在里面，人们可以安全地隐藏在下面，提起它时也不会被看到，可以随意移动它。当这个装置被带到了塔上或者墙上，那么下面的人就可以挖掘毗邻的土地并且挖到地基。然后他们用锤子和撬棍击打，直到倒塌。这些是罗马人为围攻所做的准备。

6. 此时，一位在前往堡垒的路上的波斯人被查士丁的侍卫抓住了。他被带到了营地，遭到鞭打，直到他将波斯人的计划全盘托出。2 他提到，纳赫拉汗已经抵达了伊比利亚，并且派他去鼓励位于奥诺古里斯的军队，向他们保证，将军不久就会抵达那里。3 "驻守在穆海利西斯和科泰伊斯的波斯军队很快就会抵达"，他说道，"这是为了加强他们在奥诺古里斯的同伴的力量，因为他们知道，你们要进攻他们"。4 得到这个信息后，罗马将军们立即在一起讨论目前的情况。布泽斯说，他们应该对还在路上的援军施以联合的打击。援军的数量会被超过并被击败，合理的结果

---

① 科尔奇人的传奇国王，米底人的祖先，伊阿宋就是在其统治时期取得了金羊毛。

就是，波斯驻军发现自己被孤立进而投降。如果他们做出抵抗，无须任何努力我们就可以击垮他们。5 这个建议得到赫鲁利军队的首领乌里伽格斯①的支持。因此，他继续重复一句谚语，尽管其内容粗俗和简单，但是十分有效。他说，"你必须首先赶走蜜蜂，之后才可以有时间采集蜂蜜"。6 然而，鲁斯梯库斯［由于他与马丁共谋使得他胆量很大，他已经变得非常无礼并目空一切］公开地嘲弄布泽斯，指控他经常不称职。7 他说，最好的策略是不让军队耗费没必要的体力，而是将敌人的人引入堡垒，毫无困难地减弱其兵力，并且预先阻止解围的力量。他们可以不断派出一些人来吸引敌人的注意力，并且阻碍他们的进程。8 布泽斯的计划当然更好。该计划比较现实，在战略上可靠、有效并且安全。但是似乎共同犯有谋杀罪行的整个军队接受了更坏的策略，这是为了可能更快地受到惩罚。9 大概最多有 600 名骑兵被派去对抗来自穆海利西斯的援军。他们处于达乌拉叶扎斯②和乌西贾杜斯③的率领下，这两位是罗马军队中的蛮族人。10 其余的人与将军一起行动，从正面进攻。然后他们用军队的主力围住了城墙并且让他们的武器从各个方向飞进城里。11 对波斯人来说，他们利用各种方式来防卫，在城墙上勇猛奔跑，向下发射投射物，并且通过悬挂帆布、移动掩护物来减缓和吸收打击的方式来对抗来犯者。12 双方巨大的愤怒使得战争持续，这看起来更像是阵地战而不是围攻。双方都陷入极其激动的状态中，虽然他们是为了不同的原因，但是通过同等的决绝都展示他们的勇气。在一方面，是面对着严重威胁下的幸存抗争，在另一方面，一旦进攻发起，如果没有完成削弱堡垒并且清除阿海奥波利斯周围的敌人的目标将代表着耻辱。

7. 此时，由 3000 兵马组成的波斯援军已经离开了科泰伊斯和穆海利西斯，前往奥诺古里斯。2 在路上，他们遭到了达乌拉叶扎斯和乌西贾杜斯以及他们的人的突然进攻。波斯人没有料想到会遭遇进攻，被打了一个措手不及，结果是他们非常恐慌，落荒而逃。3 围攻的罗马人听到这个消息，他们更加愤怒地打击，拉倒移动的遮蔽物，并且从不同地方爬上城墙，自信他们将会扫除他们面前的一切，现在敌人不得不逃跑，并且不再有人引起他们的注意。4 但是波斯人不久意识到，并不是如他们起初所想

---

① 拜占庭驻拉齐卡地区行政长官（550~555）。他的任职是在贝萨斯、布泽斯和查士丁到来之前。*PLRE*, pp. 1389~1390.

② 不见于其他史料。安特人，在 555~556 年时，其级别是拜占庭拉齐卡地区的联队长官（taxiarchos）。*PLRE*, pp. 378~379.

③ 不见于其他史料，蛮族人，与乌西贾杜斯官职相同。*PLRE*, p. 1396.

的，罗马军队全军出击进攻他们，而只是一小股势力，甚至可以被看作一支进攻小分队。因此他们转过身，朝向罗马人发出大吼。5 罗马人无法应对新的情况，快速由追击者变为逃难者。波斯人紧随其后，结果，追击者匆匆追赶他们的受害者，而受害者则逃避他们的追击者，双方都抵达了罗马的阵地，双方立刻陷入了混乱。6 不出意料，接着发生的混乱令人惊骇。没有再考虑围攻和即将要攻陷堡垒，甚至也没有停下来搞明白发生了什么，或者清点军力以及他们判断追击者的力量，整个罗马军队和他们的统帅都被恐慌所占据，在恐惧中逃走了。7 变得更加大胆的波斯人继续追击。此时，那些在堡垒中的人看到所发生的事情，也冲出来加入追击中，这使得逃跑的罗马人给他们增加了更多的光彩。8 罗马骑兵快速逃走，并且很容易地逃出了敌人的射程。但是很多步兵在溃败中被杀死了，这是他们越过名为卡萨鲁斯河①的大桥时所发生的事情。9 彼时由于大桥的狭窄，无法同时使大量士兵通过，他们彼此拥挤。一些人落入水中，而其他人则落入了敌人的手中。10 这个景象是无法释然的恐怖之一，如果不是布泽斯在他们的哭喊声和警告中意识到这个危险是如此严重，那么他们可能会被完全消灭。布泽斯与他的军队一起转身，他面对着敌人，慢慢地抵抗追击，由此有足够的时间得以越过大桥，如同其他人那样从同样的路线安全地撤回。11 事实上没有人回到阿海奥波利斯大营。留下了大量的食物、补给和有价值的东西，他们恐惧地从它边上逃离，逃到了安全的内地。因此他们为敌人提供了大批战利品和一次极大的胜利。

  8. 当波斯人发现平原被放弃了之后，他们拆除了防御，抢劫了大营。在此之后，他们高兴地回到了各自的营地，再一次占领了他们之前所控制的领土。2 然而谁还看不明白这是上帝之手带来了罗马军队的失败，以此作为对他们所犯下的愚蠢的谋杀的惩罚？这就是为什么他们选择了最差的策略，并且为什么，虽然他们的数量高达 50000 人，但是他们对阵 3000 名波斯人却耻辱地逃走并且伤亡惨重。3 但是那些直接为这一可憎的罪行负责的人不久就会受到彻底的惩罚，因为我会在接下来的叙述中提到。此时，冬天来临了，整个军队分散在各自的城镇和堡垒中的冬季营地里。4 科尔奇人的事务处于混乱和搁置的状态中。他们的首领已经失去了所有的方向感。5 因此他们在高加索山的峡谷中召集了一次全部族的秘密会议，由此罗马人不会知道他们所讨论的内容。他们计划讨论是否应该转到波斯一边或者依旧保持与罗马人联系。6 一个激烈的讨论立刻在支持前者

---

① 该词的希腊文本意为清澈、干净的，具体位置不详。

和支持后者的人之间爆发了。不久这就演变成一座声音的巴别塔，① 无法知道谁在说什么。此刻那些最高权威者要求寂静，并坚持，那些想要表达的人可以按照次序上前，提出应该采取的策略。7 最杰出者中的一位是埃厄特斯，② 他对所发生的事情的愤怒比任何人都要大，因为他一直憎恨罗马人，并且对波斯人抱有同情。此刻他似乎有一个非常有优势的论点，并试图借此夸大事实，他宣称，考虑到现在的情况，没有必要讨论，而是立刻投向波斯人。8 当其他人说，不建议在此刻立即去继续改变他们所有的生活方式，而是应该对所涉及的问题进行细致地讨论时，他立刻愤怒地跳了起来，冲进他们中间，开始像一位在众人中的演说家一样滔滔不绝。作为一位蛮族人，他是一位非常有天赋并且熟稔修辞术的演说家。现在他向他的听众发表如下内容的演说。

9. "如果罗马人把他们的伤害仅限于话语与思想，那么我们将会以同样的方式来回敬他们。但是在当下的事情中，他们已经犯下了暴行，而我们还在争论这个问题，并且让反击在我们的指尖溜走？2 我们不再可能说，鉴于他们没有显示出公开参与了针对我们的敌对行动，我们就用一个可能的例子来指控他们的敌对意图，或者的确，我们也没有必要制造争论，以此来坐实一个秘密阴谋的存在。3 但是这不再可能如此了，只是因为古巴泽斯，我们伟大的高贵的国王已经像他的最底层的臣民那样被随便地处置了。科尔奇人的古代尊严都消失了。因此，现在没有任何可以统治他人的希望了。如果我们被允许像那些直到最近还是我们的依附者那样低下，我们就感到幸运吧。4 如果我们坐下来考查为当下情景负责的人是我们最坏的敌人还是朋友，这不是太奇怪了吗？5 我们必须意识到，他们的傲慢不会被限制在这个行动上。即便我们放弃对他们的指控，他们也不会放过我们。相反，如果我们什么也不做，他们会以更大的惩罚来折磨我们。"当他们发现人们顺从他们的暴行，而没有边界，那么他们就会鄙视那些尊敬他们的人。6 他们的皇帝就会完全肆无忌惮，乐于继续制造紧张和不稳定。因此，这可恶的罪行突然发生了，这是在他的命令下和他们情

---

① 巴别塔，也称巴比伦塔，是《圣经·旧约·创世纪》第 11 章故事中人们建造的塔。根据《圣经·旧约·创世纪》篇章记载，当时人类联合起来兴建希望能通往天堂的高塔；为了阻止人类的计划，上帝让人类说不同的语言，使人类相互之间不能沟通，计划因此失败，人类自此各散东西。此事件，为世上出现不同语言和种族提供解释。

② 拉齐贵族，与科尔奇王国的传奇国王同名（为了区别，译名略有差异）。卡尔德里斯在文章中对其特征进行了讨论。*PLRE*, p. 32；Athony Kaldellis, 2003：" Things are not what they are：Agathias Mythistoricus and the last laugh of Classical ", *Classical Quarterly*, Vol. 53, p. 298.

愿的合作下犯下的。7 虽然之前我们没有入侵也没有敌对，但我们的国家却遭到了他们的强暴。似乎他们被突然的疯狂的残暴以及憎恨和其他黑暗、残暴的热情所控制。8 波斯人的方式是多么不同！对于那些自一开始与他们拥有友谊的人，他们以持续的友好来对待他们，对他们的敌人则表示愤怒，只要他们依旧是敌人。9 我本希望科尔奇人的王国可以依旧拥有其古代的实力，无须来自外部力量的帮助，完全可以置身于任何的战争与和平事件之外。10 但是，无论是通过时间的流逝还是命运的无常抑或两者都有，我们都已经低下到臣民的这种身份，我认为我们需要加入态度更加理性且对待他们的盟友的好意不会轻易变动的一方。11 通过这种方式，我们会战胜敌人，因为他们以往错误的行为会受到惩罚，并且我们会采取必要的手段确保未来的安全。12 以那种狡猾而谄媚的态度，他们通过把自我隐藏在愉快和迷人的背后去伤害毫无戒备者的方式在我们身上将会是浪费，因为我们对他们采取的是公开的、毫不妥协的敌对。13 即便他们试图对我们发动战争，也是在敌人的领土上战斗，并且无法抵挡拉齐人和波斯人的联军，或者甚至去抵挡住我们的第一波打击。14 不久，他们以全部的军队去与波斯的一支分队作战，并且立刻耻辱地逃走了。他们逃跑得如此之快，以至于即便是现在也没有恢复过来，虽然他们遭到全面的打击，但是他们的确在一个方面超过了追击者——逃跑的速度！

10. 作为这个溃败明显的和直接的原因，人们可能会提到怯懦和错误的判断二者缺一不可，并且的确这种耻辱的失误似乎只是他们所有的谎言的一部分。但是自然堕落基础上增添的深思熟虑的邪恶使得天平严重倾斜，以至于他们的困境变成了双倍的灾难，并且通过他们愚蠢的错误行为，他们失去了上帝的保护。2 胜利与其说是由大量的军队保证的，不如说是由对上帝的敬畏所保证的，而且我觉得无法相信上帝会站在道德败坏的一边。因此，如果我们有理性的话，我们将不与他们交往，因为他们缺少可靠的判断，并且此外他们已经招致了那些将一切的安全作为自己职责的人的怒火。3 事实胜于雄辩，我们加入波斯一边会是更容易和有利去实现的方向，并且会赢得上帝的支持。4 从人类的角度来看，这样的方向也不会把对于我们的背叛或者非正义的侵犯牵涉其中。尽管罗马人的羞辱行为，的确在过去很多场合中我们遵守联盟的协议，我们认为，因为虽然严重但是并不是完全无法忍受的挑衅而改变效忠是一件极其低劣的事情。5 但是在遭受暴行的和无法治愈的伤害下而不做出抗议或者在面对兽行的残暴也不展现出愤怒，我认为这不是一个有情感的人的反应，而是那些设法利用政治成熟的貌似有理的借口来掩饰对他们国家命运漠视的懦夫。

6 很难想象其他部族会成为一次极其愚蠢的犯罪的受害者，或者，如果他们的确成了受害者，他们怎么可能置之不理。同样，我们也不能对所发生的事情睁一只眼闭一只眼，而必须要抛弃漠视我们国王记忆和背叛去奉承谋杀者的想法。7 如果他（国王）在现场，他会猛烈抨击我们对职责的忽视，使得这些罪恶的人继续住在他的土地上而没有在很久之前就驱逐他们。8 但是既然他不再会出现向你们演说，你们设想一下，想象一下他就在集会人群中间的情景，他指着颈部、胸部的伤，恳请同胞在这迟来之时向他的敌人复仇。你们中有谁会对古巴泽斯要求科尔奇人的同情的公正性有一刻的质疑或者讨论？9 是的，我们必须警惕，以免担心我们会被视作抛弃者，使得自己成为犯罪的共谋，并且丢掉了为逝者复仇的机会。如果我们对他的感情随着他的生命的结束而不再，如果我们一旦失去这个人，我们也会失去对他的记忆，对于我们而言，这将会是更大的背叛。10 当所有都如其应该的那样，愚蠢的高度改变了一个人的生活方式，但是反面也是如此，我认为，这需要大家快速适应改变。理性是解决问题的标准，顽强地追随现状不总是受到表扬，除了在有积极意义的情况下。但是当把注意力放在那些不值得的考虑或者坚持错误的观点时，那么这个保持其之前立场的人也比改变立场的人更加应受到谴责。11 当波斯人从我们这里了解到这个决定，并且意识到其暗示时，他们拥有好意的心会同情我们，并且会为我们而战，因为他们是慷慨和宽宏大量的，尤其是善于预测其邻邦的意图。除此以外，在没有任何索取的情况下，他们将会获得具有关键战略重要性和大量军事力量的国家的联盟，而这是需要他们花费大力气和费用来拥有的。12 因此做出你们的决定，公开你们的计划。通过这样做，可以极大地提高我们的威望，而同时追寻公正、荣耀和有优势的行动。

11. 埃厄特斯完成演说后，就受到了来自人群中那些想要改变的人的激动的欢呼，即便波斯人还没有支持这个想法，并且他们也无法在悄无声息的情况下去影响变局，或者如果罗马人采用武力阻止他们，他们也会无法实现自我防卫。缺乏组织和计划，对于未来或者他们行动的后果欠考虑，尽管如此他们没有耐心等待，开始了行动。一群暴民革命般的热情以及一个野蛮部族的狂热不是唯一起作用的因素。他们对自己事业的正义感以及他的话语的振奋的效果也起到了增加他们的激动和点燃他们热情的作用。2 当他们还处在这种麻烦的动荡的状态时，一位名为法塔泽斯、① 具有杰出影响力的科尔奇人出现了，他既审慎又颇得人心。他恳请众人在听

---

① 亲罗马的拉齐人，不见于其他史料。*PLRE*, p. 1016.

他把话说完之前,不要贸然采取行动,从而遏制住了他们的冲动情绪。3 出于对他的尊重,他们勉为其难地同意在原地等待他的演说。因此,他走到他们中间,发表了如下的演讲:4 你们所听到的演说对于你们的大脑有引起恐慌的效果这并不令人惊讶。你们事实上不得不屈服于这一杰出的演说。修辞的力量的确很难与之对抗。没有人能够抵挡住目标明确的欺骗,更别说那些从来没有经验的人。但是这不意味着,这不能够通过理性的实践以及引入对现实情况的批判性的识别来予以反对。5 因此,不要接受那些通过仔细审查证实其信誉不是基于任何诚实或者实用而是基于突然性和诉求新鲜性的人的陈述。你们必须意识到,无论他们的诉求如何吸引人,事实上有更好的选择。此外,如果这是一个施于你们的欺骗的清晰证据,你们就会被轻易地说服。6 提倡欺骗性立场的这个人非常需要印象深刻的论点和花言巧语;因此,通过糖衣炮弹的加持,他很快争取到了更加头脑简单的人的支持。7 这就是当埃厄特斯设法对于他的有偏见的阐述提供一种有吸引力的新奇的氛围时,所发生在你们身上的事情。你们完全不知道为什么你们会彻底地被蒙蔽了。然而,撇开其他不谈,你们很难不注意到他通过在讨论中插入一个不相关的问题来开始他的演讲。8 尽管你们都认为发生的事情并不严重,拒绝谴责那个残暴的谋杀案,并把注意力集中于是否古巴泽斯的谋杀者的确错了,他却站出来针对谋杀者做出了一个长篇的控诉,其中,他把大部分的讨论用来证明已经确定的事情。9 我认为那些我很愿意看到被处以极刑的人是最可恶的、被抛弃的恶棍,这些人不仅包括施暴并且亲手实施杀害的人,还有那些有机会阻止但袖手旁观的人。并且还包括那些对犯罪感到开心以及并不感到心痛的人。10 即便我有此看法,但我也不认为投向波斯人是一个明智的策略。他们放弃原则意味着我们也要放弃原则的逻辑在哪里?如果我们因为同样的行为而遭到了指责,我们很难不对他们的背叛产生愤怒。11 因此我们现在不应该停留在不可改变的过去,以免意气用事,使得我们的判断被遮蔽,丧失寻找更好解决方式的机会。不,我们必须保持我们的头脑清醒,并且提前想出确保我们事务成功的方法。只有傻子才会花时间在永远的憎恨中沉思过去的不幸。聪明人习惯于命运的无常,而不会被因偶然或者改变气馁。他们不会通过破坏未来成功的所有希望来应对过去的损失。

12. 埃厄特斯长期以来都抱有波斯情结,因此他期望我们可以与波斯联盟。他所倡导的这个策略,通过像恐吓很多小孩一样来恐吓我们,使我们相信,罗马人不会停止他们的行为,并且他们的厚颜无耻会导致更大的令人担忧的伤害。他们的皇帝信任一个麻烦的制造者,并且被认为给谋杀者下了命令，这个安排本身在执行之前已经被精心计划了很久。在做出这些辩解时，他过分地赞美波斯人，并认为这样就可以劝说我们自愿成为逃亡者，并成为天生就是我们死敌的那些人的祈求者。2 他的每一个评论都是针对这个目标。从一开始他就煞费苦心确保他的计谋得以实现。并且，他不置可否的长篇大论的确起到了混淆是非和阻挠思考全过程的作用。3 审慎是第一步，将所有依旧不清的事情进行精心地检查。当需要进行的步骤已经决定后，那么只有对决定的渴望才能成为必要的和相关的因素。4 但是埃厄特斯已经把马车放在了马的前面，在试图澄清这个问题之前，他已经做了决定。然而如果这件事情已经有了预先的判断，那么审慎还有什么用呢？5 我的科尔奇伙伴们，带着一颗没有偏见的大脑去思考这件事情，不要让你们的看法被预设的看法和将来的动机所遮蔽。我们不可以强迫事情按照我们所选择的模式来进行。这是很可笑的。不，这使得我们理所当然地追着一步一步来，把它们置于清楚的、独立的大脑中来进行理性的分析。这样的程序使我们可以对所发生的事情有一个清晰的印象，并且可以发现我们真正的利益所在。6 现在如果你们以这种方式考虑，那么不久就会非常明显，谋杀古巴泽斯的不是罗马人，甚至不是将军们，更不是他们的皇帝。在罗马人中这已经是共识，即鲁斯梯库斯和约翰出于对把古巴泽斯的好运的嫉妒而着手他们自己的私人的邪恶，不仅没有与其他领袖们合作，甚至是不顾及他们明显的不悦。7 我认为，因为一个或者两个人的犯罪行为，去违犯我们所要珍视的共同的法律既是不公正也是无益的。并且，以这样的托词来抛弃对我们有重要意义的且我们所熟悉的整个生活的模式也是无益的。我们也会被视作是那些保卫我们的土地、令自己的生命处于危险之中以至于我们可以生活得舒适的人的背叛者，最可恶的是，在内外我们会显示出对真正的信仰的尊严的藐视。8 如果我们加入对抗上帝的残暴的敌人那里，那么这就是我们似乎要做的事情。如果他们阻止我们的宗教信仰，并且迫使我们接受他们的信仰，还有什么比这更可怕的命运是我们在这个世界和下个世界要承受的吗？我们会获得什么［让我们以这样方式来看它］，如果我们赢得了波斯人却失去了我们的灵魂？9 即便他们能够容忍，我们的确不能依靠于他们持续的好意。相反，这会是一个虚假的、不安全的安排，一个仅仅临时的权宜之计。10 在不同的宗教的信徒之间不可能有真正的伙伴关系和持续的结合，更别说在担心的刺激下或者之前的一些好心的行动的刺激。一个统一的宗教是对于这种关系的可靠的前提。在其缺失的情况下，甚至亲属关系也仅仅是名义上的，而事实上没有任何的共同基础。11 如果我们转向波斯人，我们又能从中获得什么好处呢？即便如此，他们仍将是我们的敌人，我们只会成功地使自己更加脆弱，因为从内部对抗敌人比从外部对抗敌人更加困难。12 但是让我们就论点来假设，关于这样的行动没有什么是邪恶和肮脏的，波斯人是100%值得信任和可靠的，他们不会羞辱未来协议的条款。然而即便这是事实，假设没有其他的反对适用，我们没有足够的能力去采取行动。13 在罗马人依旧掌控，并且在我们的土地上有处于非常有能力的将军们的统领下的精良军队的大量深入的情况下，我们怎么能投靠一个异邦势力？当这些可能来援助我们的人在伊比利亚地区徘徊并且以蜗牛的速度前进，而那些复仇者已经占领了我们的国家、他们的军队居住在我们城市里，我们怎么可能避免遭受最残暴的报复？

13. 然而，根据他（埃厄特斯）对最近事件的看法，这个好伙伴告诉我们，他们无法抵抗住我们军队的第一波打击。虽然非常明显的是，战争的变化不能符合一定的模式，并且此刻的失败并不会注定每一方和每一刻的不成功。相反，胜利经常紧随失败之后，并且治愈失败所造成的不幸。2 因此我们必须不能因为每一次交战的习惯性的失败总是伴随着他们而过于自信。因为他们失败的唯一原因是他们没能做出正确的决定，因此，我们应该让这作为对我们的一个警告，注意突如其来的行动的危险。的确唯一合理的做法是，假设那些在过去犯过大错的人已经从经验中学到，通过避免什么可以形成对未来的警觉从而弥补他们之前的过失。4 并且如果上帝由于他们针对去世的这个人所犯下的可恶的罪行而迁怒于他们，这就是他们现在困境的原因，有什么需要我们去施以援手，就像是他没有获得公正，而要求我们的帮忙？如果我们通过背叛使得善行的上帝蒙羞，甚至没有进行对我们有利的正义的战斗，那么我们肯定已经到了不虔诚的顶峰了。5 因此，任何人不要把去世的人物引入他的演说，发出最怯懦的抱怨，并且恳求他的同胞去可怜他，而表明他的伤害。这样的行为可能与一些懦弱和柔弱的邪恶的描绘相应，但是这不应该被归于一位国王，在这方面就是拉齐卡国王，尤其是古巴泽斯。6 如果他在这里，像虔诚和正直的人一样，他会指责我们乐于这样的计划，并且会要求我们不要这样沮丧、胆怯，不要像一帮奴隶一样逃走。他会要求我们恢复科尔奇人和自由人的尊严和自力更生，并且勇敢地站起来面对不幸，不允许我们自己被引诱去做那些不光彩，或者配不上我们王国历史的事情，忠实于其现在的义务，确保明白上帝不会抛弃我们的部族。7 现在，如果这些情感可能会得到这个被残暴地杀害的人支持，那么是不是由于对他的情感而受到触动的我们坚持对抗的观点是正常的呢？8 的确，我担心我们会因为不认真对待该过程的想法而受到严厉惩罚。如果计划的背叛还没有明确,并且这个事情的成败可以说是悬而未决,只依靠运气而做出如此重大的决定依旧是危险的,虽然这个策略的鼓吹者很可能并不担心他们的不谨慎。9 但是如果从各个可以想到的观点来看,这是坏的策略,那么我们怎么能不去憎恨提出这样建议的人呢?我想已经足以说明,我们应该引导好这个过程。10 总之,我认为我们应该向罗马人的皇帝送去一份关于所发生事情的报告,这样可以使他以应得的惩罚去考察那些为这个暴行负责的人。我还认为,如果他愿意这么做,那么我们应该结束对罗马人的争论,并且在民事与军事方面继续与罗马人的正常合作。11 但是如果他拒绝我们的请愿,那么我们就要考虑是否适合我们去寻找其他的出路。这样我们就不会给人留下对逝者不在乎也不会留下我们是在感情驱使下而不是在判断力指导下行事的印象。

14. 当这个演说同样结束之时,科尔奇人改变了想法。他们的转变主要是担心改变效忠会使他们失去宗教信仰的自由。2 当法塔泽斯的观点流行开来后,由国家的贵族精英组成的代表团向皇帝查士丁尼报告了古巴泽斯被谋杀的情况。他们提供了该卑劣欺诈性事件的细节,透露古巴泽斯既没有犯任何与波斯人交涉的罪也没有卷入任何针对罗马人的阴险的阴谋。他们提到,所发生的事情是,古巴泽斯以合理的严肃指责他们犯有一系列的疏忽的错误,马丁、鲁斯梯库斯和他们的追随者就通过捏造的指控杀死了这位无辜的人。3 为了这位逝者,他们请求他表现出如下善举:不要让罪行得不到惩罚,并且不要任命外邦人或者外来者做他们的国王,而是要选择古巴泽斯的弟弟扎塞斯,① 此时他就在拜占庭。以这样的方式,他们祖先的制度可以再一次得到支持,王室血统连续的继承和完整可以得以继续。4 被他们要求的正义性所说服,皇帝立即着手这一工作。因此,他派出了阿塔纳修斯,② 他是主要的元老之一,由他来对这一事务主持一个全面的司法质询,并且按照罗马法来审理这一案件。5 在抵达之后,他立刻把鲁斯梯库斯派往阿菩萨鲁斯城,③ 并把他关押在那里,处于严密的监控之下。同时欺骗皇帝的约翰已经通过他的双手犯有暴行,他已经逃匿去保命了。但是巧合的是他被迈斯特里安努斯④拦下了,后者是帝国侍卫中的

---

① 拉齐卡国王(556),古巴泽斯的弟弟。阿加西阿斯的《历史》是有关他的唯一史料。*PLRE*, p.1347.
② 不见于其他史料。*PLRE*, pp.144~145.
③ 拉齐卡地区古城,位于黑海东部。
④ 不见于其他史料。*PLRE*, p.887.

一位长官，他被委派陪同阿塔纳修斯前来，并且执行所宣布的审判。由此，迈斯特里安努斯逮捕了约翰，把他送到阿塔纳修斯那里等待审判。6 阿塔纳修斯也把他送到了阿菩萨鲁斯，指示犯人应该被关闭起来直到审讯的初步程序得以完成。

15. 春季初，① 纳赫拉汗正在穆海利西斯。他立刻召集军队，积极备战。罗马人则把兵力集中在内索斯，并且也开始准备，结果是审讯的进程被延期，因为军事的考虑优于一切。2 此时，扎塞斯在将军索迪利库斯②的陪同下，已经从拜占庭抵达。按照自古以来的传统，他从皇帝的手中接过王室的标志和其祖先的头衔。这个标志包括镶嵌有宝石的一顶金王冠、一件延伸至脚的金衣、猩红色的鞋以及同样镶嵌宝石和黄金的一条头巾。然而，对于科尔奇的国王来说身着紫色斗篷是不合法的，只有白色的才被允许。无论如何，这并不是一整套服装，因为这是通过把闪耀的金线织到中间的方式来显得与众不同。王室标志的另一个特色是搭扣，上面有镶嵌珠宝的垂饰和其他各种装饰品显得很光辉，斗篷就是以此系起来的。3 扎塞斯身着王室的服饰出现在王国的土地上，将军们和所有的罗马军队都以应得的荣耀和尊重去欢迎他，他们组成了在他面前的队列，他们的军装和武器为此次活动特意擦拭，并且大部分人都骑在马上。4 此刻拉齐人设法忘记悲痛，代之以欢乐，排成行，以号角声和旌旗飘扬来欢迎他。这种壮丽豪华的盛况通常是与拉齐人的国王相连的。5 一旦登上王位，扎塞斯就取得了对政府的统治，并且以祖先习俗的规定，按照他认为合适的方式统治其臣民。6 因此，索迪利库斯立刻去完成所被指派的任务。事实上他携带着来自皇帝的一大笔财物，应按照他们联盟的协议要分发给这些周边蛮族人。这一按年的支付是长久的习俗。7 他带着年长的儿子菲拉格里乌斯和罗穆卢斯，③ 这样，在离开家后，他们就可以在身体忍耐力上进行适时的训练，因为他们两人都已经成年，而且身体健壮。第三个儿子尤斯特拉提乌斯④被留在了拜占庭，因为他尚且年幼，并且无论如何还不够强壮。8 最终索迪利库斯抵达了米西米安人⑤的国土，如同阿普希里安人一样，

---

① 556 年。
② 拜占庭东方军事指挥官 (556)，不见于其他史料。所有关于他以及他的儿子的信息都来自阿加西阿斯。*PLRE*, pp. 1180 ~ 1181.
③ 索迪利库斯的长子和次子，不见于其他史料。*PLRE*, pp. 1018, 1095.
④ 索迪利库斯的第三子。*PLRE*, p. 473.
⑤ 古代格鲁吉亚山区的部落民，被认为是现代格鲁吉亚的斯万人的祖先，是现代格鲁吉亚民族的一部分。

他们是科尔奇国王的臣民,虽然他们在语言和习俗上有差异。他们的确位于远较阿普希里安人更靠北的地方,并且有些偏东。9 当他抵达那里后,突然进入米西米安人脑海中的是,他想要把靠近拉齐卡边界的一座他们的堡垒出卖给阿兰人,① 这个地方被他们称为布赫鲁斯。② 在这个想法的后面,他们认为是,来自更远地方部族的使者可以聚集在这里,并且领取他们的报酬,这携带钱财的人就不必再在高加索山脉的山麓周围奔波,亲自去见他们。

16. 米西米安人可能收到了关于此事的情报或者对此怀疑。无论如何他们派出了由哈杜斯和西亚尼斯③组成的两人代表团,这两人都是有身份的人物。2 当发现将军扎营在这座堡垒附近,他们的怀疑得到了证实,他们大声叫嚷,"将军阁下,您这样对待我们太不公平了!您没有权利让任何人偷走属于我们的东西,您更不应该怀有这样的计划。但是如果这不是您的意图,那么确保您尽快离开这里,并且搬到其他地方。您不应该索要补给。我们会给您所有必需品。但是这需要您离开这里,因为无论如何,我们都不允许您在这里徘徊。" 3 这个鲁莽的行为对于索迪利库斯来说太过分了,他认为无法忍受依附于罗马人的科尔奇人的臣属对罗马人采取一种傲慢的口吻,他命令侍卫用棍棒殴打他们。由此他们(侍卫)狠狠地殴打了他们(哈杜斯和西亚尼斯),并且把半死的他们送回去了。4 在此之后,索迪利库斯认为他不会遭遇任何敌对了,因此他待在原地,似乎他只是处理了一些自己仆人的行为不端,因此没有什么可担心的。当夜幕降临,他没有劳烦去增加侍卫或者做出任何谨慎的安排便上床入睡,同样,在敌人的领土之内,他的儿子们和侍卫以及其他仆人、奴隶都与他一起没有过多注意入睡的安排。5 此时,米西米安人拒绝忍受他们所遭到的羞辱。因此,他们对这个地方发动了武装进攻,进入了将军的营地,最先杀死了仆人中的管家。6 在接下来的非常大的喧闹声和混乱中,索迪利库斯和其他离他最近的人意识到了灾难。他们从床上跳了起来,但是无法防卫自己。7 他们中一些人的脚被毯子缠住,无法行走。其他人则猛冲向他们的剑,试图站起来战斗,可惜这是没有任何效果的,因为他们处于黑暗之中,完全没有希望。他们的头撞到墙,但是无法想起他们的武器放在哪

---

① 古代占据黑海东北部和西伯利亚西南部的寒温带草原游牧族群。在1世纪罗马的文献中首见记载。他们专门饲养马匹,经常袭击安息帝国和罗马帝国的高加索各行省。在查士丁尼时代依附于拜占庭。
② 位于拉齐卡地区的西北部。
③ 不见于其他史料。*PLRE*, pp. 280, 1323.

里。其他人则感到已经被包围，放弃了希望，什么也不做，只是喊叫和大声地悲叹。8 充分利用他们的惊慌失措，蛮族人扑向他们，杀死了索迪利库斯和他的儿子们以及其他人，除了那些设法通过逃生门逃离获得安全或者通过其他方法欺骗逃脱检查的人。9 在完成这些之后，这些罪恶之人抢掠了逝者的物品，拿走了那个地方的一切，甚至侵吞了皇帝的财物。他们的行动似乎表明被他们杀死的人都是敌人，而不是友人和统帅。

17. 直到大屠杀结束，他们对血的渴望才得到满足，并且他们的狂暴似乎有些减弱，开始反思行动的后果，并且了解了所采取的行动的可能的影响。他们意识到，不久罗马人就会前来复仇，并且他们无法阻止。2 因此，他们做出了一次公开的背叛，派代表去波斯人那里，要求他们接受自己的联盟请求，并且为他们提供作为臣民的保护。3 当了解到发生的全部事情后，罗马将军们非常愤怒和悲痛，但是他们无法直接与米西米安人交涉，因为他们忙于更加严重和紧迫的事务。4 作为一支60000人大军领袖的纳赫拉汗正在向内索斯进军，而马丁和耶尔曼努斯之子查士丁以及他们的军队正在这里集结。5 现在有一支雇佣军分队，被称为萨比尔人［一个匈人部族］，① 他们在罗马的军队中充当重装步兵。他们的数量高达2000人，并且处于其最杰出的首领巴尔马赫、库提奇斯和伊利格尔②的领导之下。这些萨比尔人，在马丁的指示下，扎营在阿海奥波利斯平原附近，这个想法是，他们可以尽可能地打击可能会通过那条路线的敌人，以此使得他们的行程更加困难和危险。6 当纳赫拉汗了解到萨比尔人已经在战略上被安排在这个位置上，考虑到这个结果，他从迪里米特人军团③中挑选出3000人来，派他们去对付萨比尔人，要求他们像吹嘘者一样，提到他将会横扫萨比尔人，由此就不会有人在他进入战斗时，伏击他的尾翼。7 迪里米特人是位于底格里斯河远处那一边的部族中最大的一个，他们的领土与波斯接壤。他们非常好战，不像大部分的波斯人，他们基本不用弓和投石器作战。他们拿着长矛，肩上配有剑。他们左手上系着一把小匕首，并且拿着盾牌和小圆盾来防卫自己。人们很难把他们描述为轻装军队，也不能

---

① 突厥族群，来自匈人，他们居住于黑海和里海之间的地区，高加索的南部。他们在461年渡过伏尔加河，并在515年进入阿塞拜疆后受到波斯人的保护。后被西突厥统治，在700年时被可萨人与保加尔人同化。
② 萨比尔人的首领，不见于其他史料。*PLRE*, pp. 170, 365, 618.
③ 居住在波斯北部、里海西南岸的一支山区部族，在萨珊王朝和阿拉伯人统治时期是其军队中的一部分，善于近战。

说他们是只参与近战的重装步兵。8 因为他们既从远距离发射投射物，又参与徒手战斗，并且是进攻敌人方阵的行家，可以以他们的进攻的力量打破其紧密连在一起的队列。他们可以轻松重新组织队列，使得自己适应各种变化。甚至是陡峭的山区他们也可以毫不费力地上去，并且提前控制所有优势地点，逃跑时，他们快速逃离，但是当进攻时，他们可以快速和一致地追击。他们精通各种战术，并且可以对敌人造成大规模的伤害。9 他们大多习惯于和波斯人一起作战，但不总是作为一个被征召的臣属部族的军团，因为他们事实上是自由和独立的，并且天性是不向任何的强权投降。

18. 这支迪里米特人分队在傍晚被派去对抗萨比尔人，因为他们认为这有利于对萨比尔人发出奇袭，并且可以以最小的麻烦来消灭他们，因为他们依旧在睡梦中。并且，我认为，如果不是一个偶然的遭遇导致失败，他们的计划会获得成功。2 但是巧合的是当他们在夜色掩护下前去完成任务的路上时，一个科尔奇人偶遇了他们。他们立即抓住他，迫使其给他们引路前往萨比尔人那里。他非常急切地按照吩咐去做，然后就先行出发了。当抵达一个浓密树林的峡谷时，他静静地蹲下，然后溜走了。已经成功甩掉追击者后，他努力奔跑，设法在他们抵达之前赶到匈人大营。① 3 当到了那里后，他发现萨比尔人都在酣睡。"可怜的人"，他尖叫道，"再过一会儿你们都要死了"。在叫醒他们之后，他告诉他们，敌人随时会抵达那里。4 他们开始发出警报，武装自己，围起他们的营地，分成两部分控制。此外，他们没有在入口安排警卫，并且木质和帆布的小屋保留在原来的位置。5 由于忽略了地形，迪里米特人通过迂回的道路路过了这里，他们在拂晓之前终于抵达了匈人大营。以致命的自信，他们冲了进去，不一会儿全部在里面了。6 他们悄无声息地爬上来，防止敌人被他们惊醒，把长矛头扎到床上和小屋上，似乎是在睡梦中把他们杀死了。7 但是就在他们以为任务圆满完成时，萨比尔人突然从隐藏的地方冲了出来，从不同方向涌向他们。迪里米特人被这突如其来的反转彻底吓倒了，他们发现自己掉入陷阱，不知道往哪里逃走。逃跑不是简单的事情，他们被关闭在狭窄的、受到限制的空间之中。由于夜色和恐慌他们也无法区分出敌人。8 结果这是一次他们甚至都没有来得及防卫的大屠杀。800 人被杀，其他人则仅设法摆脱，心烦意乱地徘徊，不知道该去哪里。常常是他们以为自己已经逃到了安全的距离了，但是却依旧在原地打转，并且跌入敌人中

---

① 萨比尔人大营。

间。9 这种事情整晚持续着。拂晓之时,当第一缕曙光来临,幸存者立刻认出了路,径直逃往波斯边境,随之萨比尔人也追上了他们。这时已经驻守在拉齐卡很长时间的罗马将军巴巴斯①恰巧此时就在阿海奥波利斯过夜,在那里,他的耳朵受到来自各个方向的震耳欲聋的喧闹声和喊叫声的影响。11 因为天空还是漆黑一片,不知道发生了什么事情,他保持安静,并没有冒险向前。但是当太阳爬上山脊,他对所发生的事情有准确的看法,并且清楚地意识到,迪里米特人在萨比尔人前面逃窜。于是他率领着随从冲出了城,并且派出了另一支相当于敌人数量的军队。其结果是这样一支迪里米特人大军,抵达纳赫拉汗那里的不到 1000 人。

19. 在这次计划失败后,纳赫拉汗抵达内索斯,并且驻扎在罗马人附近,他邀请马丁来谈判。2 在马丁抵达后,他说道,"你是智慧过人、能力超群的将军,在罗马人中具有极大影响力,但是你并没有想要阻止两位君主参与这样一次彼此精疲力竭的冲突,反而允许他们陷入彼此国家的持续的毁灭之中。3 因此,如果你同意谈判签署协议,为何你不与军队一起转移到黑海的特拉比松城,②而我们波斯人依旧在这里?如此,我们可以通过彼此信任的信使传递看法来从容地商谈休战的协议。4 如果你不主动从这里撤军,那么可以确信你会被以武力驱赶走,因为胜利在我手中。听着,我接受这里就像我所戴着这个一样。"在说完这些话后,他向马丁展示自己所戴的戒指。5 马丁对此回答道:"的确我认为和平是我们祷告的目标,和最珍惜的拥有,我会帮助你努力去恢复它。但是,我认为你最好全速赶往伊比利亚,而我去穆海利西斯。这会使得我们可以检查当前的情况。6 对于胜利,如果你愿意,你可以尽情夸夸其谈,可以放肆地想象,她是待售的,可以随意取用。但是我认为,胜利的天平是按照上帝的洞察力来衡量的,并且他们并不倾心于自夸和傲慢的人,而是那些世界上建筑师点头同意的人。" 7 在马丁做出了这个虔诚的勇敢的回复,并对蛮族人亵渎神灵的无礼行为表示出义愤后,在没有达成和平协议的情况下他们便离开了。8 纳赫拉汗回到了营地,马丁回到了内索斯。纳赫拉汗认为没有必要待在原地,因此决定前去法西斯镇,③ 引诱在那里的罗马人。他这个决定的原因是他得到情报,那里的堡垒尤其脆弱,并且整个是木头修建

---

① 拜占庭驻拉齐卡地区将军(550～556),来自色雷斯地区。他在贝萨斯抵达之前是拉齐卡的行政长官,在551年围攻阿海奥波利斯时,是对波斯事务的主要负责人。*PLRE*,pp. 161～162.

② 黑海东南岸重要城市、港口,在拜占庭时期是前往东方的重要中转站。

③ 位于法西斯河入海口,在黑海的东南岸,现在是格鲁吉亚的庞蒂。

的，其周围的平原可以接近，并且适于安营。9 我认为，人所共知的是，法西斯镇的名字是来自流经其附近的河流，该河从这里流入黑海。该镇实际上位于靠近法西斯河入海口附近的海岸上，向正西与内索斯的距离仅6帕拉桑。①

20. 因此在深夜纳赫拉汗立刻进入河里，把其马车所携带的轻木筏系在一起，做成一座浮桥，然后把全部军队在罗马人没有注意的情况下转移到了河对岸。他的计划是，抵达该镇的南侧，河水不会阻止他进入堡垒，因为它的流动方向是北向的。3 在接近拂晓时，他从河岸出发，在为了以尽量安全的距离去绕开内索斯而进行了迂回之后，他继续前进。4 直至清晨晚些时候罗马人才意识到，波斯人已经过来了。因此他们急于在敌人之前赶回城镇，控制他们停泊在附近的三层桨战舰和三十桨大船。他们驾驶这些船只以非常快的速度顺流而下。4 但纳赫拉汗已经有一个非常好的开端，并且事实上已经处于内索斯和该镇之间。此刻他用木头和小船跨到河对岸做成一道屏障，驱赶着他成群的大象在后面一字排开，尽可能地延伸。6 从远处看到这些后，罗马人舰队立刻开始向后退。他们向相反的方向需要耗费极大的力量，但是他们全力划桨，设法后退。7 即便如此，波斯人还是捕获了两艘被放弃的空船。面对即将被俘的危险，罗马人勇敢地选择把自己交给波浪的怜悯。事实上，这是在确定和不太确定的危险之间的抉择，他们宁愿碰一下运气。因此他们跳下船，在水下游了一段距离后，安全抵达同伴的船上。8 此刻他们把内索斯的一切交由布泽斯和他的军队来管理，并且让他们在必要之时提供援助。所有其他人都被运送过河，在此之后，他们沿着不同路线行军，以此避免遭遇敌军。当他们抵达法西斯镇的时候，他们进入大门，将军们之间分派防御的任务，因为他们并未感到强大到可以与敌人进行激战。9 耶尔曼努斯之子查士丁和其部下驻守在正面的最高点，这里面向大海，马丁和其军队控制着邻近的一个区域。中间部分交由昂吉拉斯②和一支持盾牌、长矛的马乌鲁希奥斯人（北非摩尔人）③ 军队、提奥多鲁斯和其扎尼重装步兵，以及菲洛马修斯④和

---

① 35公里。
② 拜占庭驻拉齐卡地区军事指挥官（556），不见于其他史料。*PLRE*, pp. 81~82.
③ 据拜占庭的斯戴法诺斯记载，这是生活在大利比亚地区的一个部族，μαυρο 即希腊文黑色的，所以该词指的是黑肤色的人。在查士丁尼时代这里生活着的是摩尔人（由阿拉伯人和柏柏人构成）。Stephanus von Byzanz, 2014: *Stephani Byzantii Ethnica, Volumen III: Kappa—Omikron*, Recensuit Germanice vertit adnotationibus indicibusque instruxit von Margarethe Billerbeck, Berlin: Walter de Gruyter, pp. 278~279.
④ 拜占庭驻拉齐卡地区军事指挥官（556），不见于其他史料。*PLRE*, p. 1087.

他的伊苏里亚投石兵、抛射兵①来控制。10 与此相距一段距离的是一支伦巴德和赫鲁利的骑兵队，他们是在吉布鲁斯②的统帅之下。其余以该镇东部为终点的城墙是由瓦莱里安统帅的东方军团来控制。这就是防卫城墙的罗马军队布置的所有情况。

21. 他们在城墙的前面修筑了大量的防御土墙，以此来抵御敌人的第一波进攻，并且将其作为垛堰。可以理解他们担心城墙，因为它们是木制的，并且很多地方已经长时间破损和塌陷。2 于是他们挖了一条壕沟，里面注入水，这样大量打下的木桩就被隐藏起来了。这个行动的后半部分通过改变了流入黑海的一个湖的水发挥了作用，这个湖被称为"小海"。3 大型的商船停靠在海岸边和法西斯河口，这里非常靠近城镇，他们的船安全地升起了桅杆，并上升到如此的高度，以至于他们超过了矮塔和防御工事的防卫墙。4 在船上，士兵与更加大胆和好战的海员们驻守在那里。他们配备弓箭、投石器，并且安置好了石弩，准备好行动。5 其他的船只也已经几乎以同样的形式就位，并沿着河来到防御工事的对岸，瓦莱里安是这里的统帅。他们出现在这里意味着，敌人一方任何的企图去近距离的包围都会被击退，因为他们会遭到从两侧高处的袭击。6 为了确保这些河中的船只不受到伤害，两位统帅安特人达乌拉叶扎斯和匈人艾尔敏内猝尔，③ 按照将军的指示，装备大约十艘带有舵的船只，并在船的两端配备他们的士兵。然后尽可能远地沿河航行。他们保持着对不同交叉点的监视，有时候在河的中间航行，有时候朝向一边或者另一边调转船尾。7 在这个行动的过程中，发生了战争中最快乐的意料之外的事。在他们的上游，我已经提到的被波斯人捕获、没有船员的两艘三十桨罗马船，现在就停靠在河岸边，由波斯人控制。8 夜幕降临时，他们的船员都入睡了。水流很强劲，缆绳被船拉伸开，结果是其中一艘停泊的船的缆绳突然断开了。断开后在没有桨的推动和船舵控制下的船漂走了，最终送到了达乌拉叶扎斯和其部众手中，他们非常高兴于自己的运气，愉快地接受了他们的幸运。他们所遗弃的空船满载而归。

22. 此时，纳赫拉汗离开营地，率领所有的军队前往该镇。他打算利用小规模的冲突以及从一定距离发射投射物的方式来检验罗马人的勇气，并且看看他们是否会出来进行公开的战斗。通过这种方式，他希望可以谋

---

① 位于小亚细亚东南的陶鲁斯山区一带的山区居民，他们以善战而出名。在拜占庭时期有多位伊苏里亚人成为皇帝（芝诺和利奥三世）。
② 日耳曼人姓名，可能是伦巴德人或者赫鲁利人，不见于其他史料。*PLRE*，p. 536.
③ 不见于其他史料。*PLRE*，p. 440.

划次日采取何种应对战术。2 进入射程范围后,波斯人按照惯常的实践,一起向罗马人发射箭镞。大量的罗马人受伤了,虽然其中有些人继续防卫城墙,但是其他人则一起撤退了。3 在抛弃马丁要求整个军队待在各自的位置安全地进行战斗的指示后,昂吉拉斯和菲洛马修斯以及他们的200人的军队在他们守卫的城墙的地方打开了城门,向敌人出击。4 扎尼人军团的统帅提奥多鲁斯率先试图阻止他们,谴责他们的轻率。但是当他们不听劝阻后,他也不得不选择从众,立刻和他们一起出发,以免被怀疑是懦夫,以及被怀疑通过对自己审慎的和判断力强的印象的展示来掩盖他不光彩的结束。因此,虽然他不喜欢这个行动,但是他决意去见到其苦涩的结尾。5 事实上他们差点在这里被全部消灭了,但是一个来自天堂的误算拯救了他们。此刻以战斗形式排列的迪里米特人察觉到在他们阵地上的一小部分进攻者,他们冷静地等待他们(进攻者)的接近。6 当他们靠近后,迪里米特人收起了双翼把他们包围其中,罗马人没有了对敌人进一步打击的想法了。的确,逃跑仅有的可能似乎都是奢望。7 因此他们形成战斗队形,面对敌人,并用长矛来瞄准位于城镇附近的敌人。当迪里米特人看到他们以绝望的愤怒向前冲去,他们立刻打开了自己的队列,为罗马人让出一条路,因为他们无法面对那些既不在乎生命也不考虑行动后果的人。8 通过这种方式,罗马人得以没有受到阻挠安全地冲出包围。终于高兴地回到了堡垒,他们重重地关上身后的大门。冒了如此的危险,万幸他们最后得以全身而退。

23. 此时,一支波斯的运输军队被安排用了很长时间去填平这条壕沟。他们的工作现在彻底完成了。所有的缺口都被堵上了,所有的坑都被填上了。事实上,他们已经彻底地完成了工作,以至于一支围攻军队可以轻松通过这里,围城器械也可以顺利运来。2 考虑到他们手中拥有大量人力资源的情况下,这个行动已经花费了太多时间。虽然他们投入了大量的石块和土,但是这不足以填平壕沟,只能用树木,但事实上树木很缺乏,他们只能去森林砍伐树木,经过很远的路程得到树木,再以难以置信的数量的苦工运来。3 事实上罗马人已经在周围的村庄纵火,烧尽了邻近的小屋和其他建筑物,以确保敌人无法从这些地区获得建筑材料。4 这一天没有其他事情值得记载,夜幕降临之时,纳赫拉汗率领军队回到了营地。5 次日,希望提起士气并插入敌人心脏的马丁,带着讨论目前情况的目的召集起所有的罗马军队。就像马丁对整件事的预演一样,这时突然一个满身尘土的陌生人冲入他们中间,从外表判断,他应该是经过了一段很长的旅程。他声称带着皇帝的一封信刚从拜占庭而来。6 马丁高兴地接过了信,打开,读了出来,他没有偷偷地或者只是自己眼睛在看,而是以很大、清晰的声音在读,这样每个人都可以听到。7 这封信的内容有些非常不同,但是他读出来的话如下:"我们已经向你派出了第二支数量上不小于第一支的军队。然而即便敌人碰巧数量大大多于你们,但他们的数量优势也无法与你们极大的勇气相媲美,如此二者是旗鼓相当的。8 但是为了防止他们叫嚣自己的优势,请你接受派去的这支军队,并且注意,这不是为了应对任何真实的或者压力的需要,而只是要给他们眼花缭乱和印象深刻的展示。振奋起来,以精力充沛和热情饱满的样貌展现自己,记住,我们要做到最好。"9 马丁立刻询问信使军队在哪里。他说道,"他们已经距离这里不到拉齐人所计算的 4 帕拉桑①了。"随后又补充到,当他离开时,他们在尼奥克努斯河附近安营。10 于是,假装生气的马丁嚷道,"让他们调转方向,尽快回去。我这里任何时候都不需要他们。我无法忍受的是,这里的人这么长时间以来和我一起承受了打败敌人的战斗和获得胜利的艰难,而其他人则在紧要关头结束时才赶来,而此时他们的到来已经不需要了,他们没有冒任何危险,却要得到相等的荣誉,并将他们的名字与战争的胜利联系在一起。最不公正的是,他们会获得如同那些在这里的人一样的物质奖赏。11 请他们待在原地,直到收拾好行装,并踏上归程。这里的人足以完成战争的最后工作,并取得成功。"12 说完这些后,他转身向军队宣布,他说:"我可否认为这也是你们的意见?"于是他们以很大的欢呼声表示赞同,并且大声喊道,他们的将军的观点是绝对正确的。13 他们变得更加自信,并且能够依靠自己而无须来自其他地方的帮助。即将到手的战利品点燃了他们的野心,使得他们渴望超越自己。他们的自信进一步激励了自己,盼望立刻去进行肆意的抢劫,似乎已经打败了敌人,他们唯一的担心是如何瓜分战利品。

24. 同样,马丁的另一个目标也实现了。援军的事情很快就泄露出去了,并且得到迅速、广泛的传播,不久,第二支罗马军队抵达了尼奥克努斯河的对岸并随时会加入第一支罗马军队之中的消息传到了波斯人的耳朵里。2 波斯人都目瞪口呆并且极为担心与敌人新赶来的援军作战,此时他们由于已经遭受战斗的艰辛而精疲力竭。无论如何,纳赫拉汗抓紧时间派出一队波斯骑兵去监视他错误接受的流言中所认为他们会通过的路线。3 抵达那里后,波斯人投入大量的精力和警戒力来完成对有利地势的防御,并且隐藏在那里,等待绝不会出现的一支敌军。他们想趁罗马人没有意

---

① 16 公里。

识，并且进军阵线没有防卫时涌向他们，他们还想延缓罗马人的行军进程，直到遭围困的驻军投降。4 按照该计划，一支来自主力部队的波斯大军被派遣出去，这是基于一个错误的使命。即便如此，纳赫拉汗，急于对不存在的援军的到来先发制人，他立即率领军队出发，勇敢地对抗罗马人，公开吹嘘，并发誓，他会在同一天使整座城市和所有的市民处于火海之中。5 很明显，自负已经掩盖了他的判断，以至于他忘记了自己在参与战争，而不确定性是居于首位的，胜利和失败的天平左右摇摆，最重要事情的结果是由上帝的意志决定的。他似乎同样没有意识到，在战争中，没有什么是微不足道的，其影响极其巨大，有时会致使无数民族和众多城市陷入混乱，甚至将撼动人类社会的根基。6 但是他叫嚣的傲慢如此的大声，以至于他事实上向散落在树林中砍树来做燃料或者可能在修复围城器械的劳工和仆人发出指示，只要看到有烟升起，他们就会明白，这意味着罗马人的防御工事已经被放火了，他们必须立刻放下工具，跑来加入他的队伍，增加火势。这样一场大火才会很容易吞没一切。在为这样的打算而感到高兴后，他发动了进攻。7 此时，我认为，耶尔曼努斯之子查士丁突然得到了一个神圣的启示，我认为这是来自上帝，［他不知道纳赫拉汗在那个时候要发动进攻］要他前去一个圣所，这个地方在基督徒中间享有特殊的声望，距离城镇不远。8 在已经集合了马丁和自己的5000名骑兵，并已经武装好他们后，查士丁和他们一起离去了。军旗在其身后，并且所有的行动都按照常规的训练有序地进行。9 现在恰恰波斯人没有注意到查士丁和其部众的行动，而他们也没有看到波斯人前去进攻。事实上后者选择的是一条不同的路线，并且对城墙发出突然的袭击。他们射出了比之前更多的箭，希望以这种方式增加罗马人的恐惧，并且迅速占领这里。

25. 发射物既快速又密集，天空都被遮蔽成了黑色。这就像是暴风雪或者是严重的冰雹时的场景。2 此时，其他人则运上来围城器械，用力向城墙投掷燃烧的木柴或者在他们所称的"柳条屋顶"下面用斧子砍城墙。木头建成的城墙当然经不起这种进攻。其他人则试图破坏地基，并且把城墙挖倒。3 但是控制了塔楼和城垛的罗马人，在焦虑中做出了英勇的、积极的抵抗，他们的行动证实了他们无需援军。4 因此，马丁所做的欺骗在这一事件中证实是非常成功和有效的。的确每个人都发挥出自己最大的能力，并且他们采取了各种想得到的防御措施。5 他们将长矛投射向敌人，使得很多人受伤，因为他们的投射物落到了没有保护的人群之中，几乎无法防御。巨大的石头滚到了柳条屋顶上，然后将其击碎，而小块的石头则用抛石器直接抛下去，击碎波斯人的盾牌和头盔，并且阻止他们接近城墙。6 船上军队中的一些人按照我之前描述过的方式，从很高处向下射箭，他们的箭发挥出很大的作用，导致了极大的伤亡。其他人则以技巧控制抛石机。为了这个目的而设计的带羽毛的飞镖，被以极大的力量射出，由于其拥有很大的射程范围，因此距离很远的蛮族人和马都被射中，倒下。7 此时，两边的喊声和号角声震天，听起来使人精神紧张。波斯人敲响了大鼓，大声地喊叫，以此来制造紧张和恐慌，马的嘶叫声和盾牌的沉重声音与胸甲的噪声一起发出刺耳的声响。8 此刻耶尔曼努斯之子查士丁正从教堂返回，通过传入耳朵的混乱的声音他意识到所发生的事情。他立刻召集骑兵，把他们按照正规的队形组织起来，命令军旗升起来，号召每个人尽到自己的本分，并且记住，通过上帝的助佑，他们已经冒险出了城，这是为了他们可以通过突然袭击来实施包围的方式威吓敌人。9 他们前进了很短的距离后就发现了波斯人在冲击城墙。于是他们发出突然的吼声，并且向那些面向大海的敌军猛冲，因为这是他们来的方向。罗马人以长矛和剑击倒了阻挡他们前进的人，并且向敌人的队列发出数次冲击，用他们的盾牌把他们向后驱赶，直到把波斯人驱散并且破坏了他们的阵形。

26. 波斯人以为这是他们所听说的即将来临的（罗马）军队，并且得出结论他们已经躲过了自己的埋伏而抵达目的地，波斯人在恐慌和混乱中收紧队列，开始缓慢地撤退。2 此时，在城墙周边作战的迪里米特人注意到了远处的混乱。留下很少的人后，其余的迪里米特人都出发去为那些受到很大压力的人解围。3 于是前面我已经提及的罗马统帅昂吉拉斯和提奥多鲁斯，察觉到了留下的迪里米特人的不足，他们从城镇里率领大部队突围。罗马人杀死了他们中的第一批人，并且对其他已经开始逃走的人发动了无情的追击。4 当前去拯救波斯人脱离困境的迪里米特人看到这一点后，他们立刻转身，决定要应对罗马人，并且确信他们全速前进可以缓解亲友的压力。但是他们以如此疯狂和鲁莽的速度前去，以至于看起来是一群难民而不是一支进攻的军队。正如他们所感受到的，他们冲去协助他们的伙伴，但是空气里弥漫的是恐慌而不是战斗的激情。5 当那支靠近他们的波斯军队见到迪里米特人明显的混乱的状态，他们以为后者肯定要逃走，因为除了在面对极大的危险和众寡悬殊下，他们还没有低下到这个不光彩的程度，于是波斯人也拔腿就跑，向各个方向逃走。他们有时候想象的偷偷摸摸地逃走现在变成了赤裸裸的现实。6 此刻，迪里米特人也得出关于波斯人同样的结论，他们也加入后者的逃脱中，他们自己是这个双重误解的原因和受害者。7 这些事情发生时，大量的罗马军队正从背后的城墙那里出来，他们把敌人的撤退变成了溃败，对他们穷追不舍，杀死那些落在后面的人。他们也从不同的方向发动进攻,并且猛烈打击那些仍在坚守和保持阵型的敌人。8 因为,虽然蛮族人的左翼已经溃败,但是他们的右翼依旧完整,并且在积极地殿后。此外,除了作为防御墙,他们的大象还对罗马步兵发动冲击,使得他们刚刚集结的队列陷入混乱。骑在大象身上的弓箭兵给他们的攻击者制造了极大的破坏,居高临下地选择准确的目标。对于骑兵来说保持冲击是简单的工作,并且可以折磨那些被身上武器所累的步兵,结果是那一侧的罗马人被迫退却、后撤。

27. 此时,他们中一位名叫欧格纳里斯①的人是马丁的侍卫之一,他发现自己落入一个受限的空间中,在此情况下即使抓住最后的机会也不能逃脱——大象正在激烈地冲击他,他用长矛对它的眉毛下面做出重力一击,矛头完全插入,其余的部分悬挂在外。2 这头野兽被这一击激怒了,受到在眼睛前面摇晃的长矛的影响,它突然向后退,跳起来转圈。这一刻它用鼻子横扫大量的敌人,把他们抛入空中,另一刻它伸开鼻子,大吼。3 突然它甩掉骑在其背上的士兵,并把他踩死了。大象继续在波斯军队中制造恐慌和混乱,当它接近时,很多马匹畏缩起来,并且大象的牙齿撕裂任何接触到的东西。4 空气中充满了恐慌和悲痛的哭泣声。受到这个野兽残忍的惊吓的马匹不再听从约束,而是扬起马蹄,把骑手摔下来,并且嘶吼着冲到军队中间。5 于是所有的人开始转身互相推挤,争相逃离。很多人被他们自己人误杀,因为他们不小心撞上了自己人和同胞的剑。6 随着混乱变得越来越严重,依旧在城墙后面的罗马人加入了那些之前从堡垒中冲出去的人之中,他们一起构成了一个方阵,通过组成一堵盾牌墙,他们尽可能地巩固锋线。随后他们冲向完全陷入混乱的敌人。7 已经被他们之前的努力折磨得筋疲力尽的波斯人无法阻挡攻势,鲁莽地逃窜。他们的逃跑很混乱,并且没有试图去形成阵形,或者挡住进攻者,而只是向不同方向四散逃走,每个人都尽可能地保护自己。8 纳赫拉汗也因这事件的突然反转而变得像其他人一样不知所措,用鞭子向所有人发出信号,命令他们必须尽可能地逃走,事实上他们已经在这么做了。因此,所发生的事情证明他所吹嘘的预言是完全错误的。9 罗马人继续追击,杀死蛮族人,直到感到已经收获颇丰,马丁发出退兵信号并控制他们嗜血的欲望。10 波斯人艰难地设法回到营地,在这场战争中他们至少失去了10000人。

28. 在追击返回的路途中,罗马人点燃了柳条屋顶以及所有被留在城

---

① 马丁的侍卫,不见于其他史料。*PLRE*, p. 952.

墙附近的波斯人的围城器械。由此大火熊熊燃烧，在树林中砍伐树木的波斯人的仆人和运输工从远处刚看到有烟雾升起，并且升到高空中，这些不幸的可怜人立刻出发前往城镇，他们以为纳赫拉汗之前告诉他们的事情已经成真，那个堡垒已经被点着了。2 因此他们一路奔跑，我认为他们是担心会错过行动的机会，并且在抵达之前一切都会烧成灰烬。因此，他们彼此争前恐后，但是却没有想到最先抵达者将会是最先死去的。事实上他们都被捕获了，并且被罗马人一个接一个地杀死了，似乎他们是为这个目的而来的。几乎 2000 人都以这种方式死去了。3 于是纳赫拉汗由于对该事情的愚蠢的指示而负全责，这么多的人，那些从没有参与战斗、没有军事经验的人已经毫不迟疑地冲向死亡。整个事件的确是骄傲之罪有害的结果的最突出的例证，这不仅是因为其执行者，而且也在于他们不幸的部下。4 作为这些事件的结果，罗马人的士气极其高涨，一个普遍的信念就是，蛮族人任何恢复敌对的行为都将会导致罗马人的再一次胜利。那些在行动中被杀死的人〔不超过 200 人〕被给予了荣耀的葬礼，并且因为表现的勇猛而赢得了普遍的敬仰。5 然而，罗马人劫掠了死亡的敌人，获得了大量的武器和其他物品。一些死者身上不仅有盾牌和胸甲，以及满是箭的箭袋，还有金项圈、项链、耳坠以及其他华丽的装饰品，这是波斯贵族用来装饰自己的，以此来炫耀，显示出他们与普通人的差别。6 因为补给即将耗尽，并且冬季已经临近，因此纳赫拉汗深思熟虑地制造出一种印象，即他急于准备发动再一次的入侵。然而，在该计划发挥作用之前，他在次日派出了迪里米特军团，要他们控制附近的一个位置，这样他可以确保他们吸引罗马人的注意力，这是为了看起来好像他将要发动进攻，而他却立刻静悄悄地率领其余的军队前往科泰伊斯和穆海利西斯。7 当他已经行进了大部分路程时，迪里米特人打破了队列，撤退了，这样他们可以不费力地轻装，并且非常勇敢地健步如飞。8 其他之前被派往尼奥克努斯河的波斯分队，通过我之前描述的马丁的策略，也抵达了那里。9 了解到事实上波斯人已经遭到了打击，并且罗马人已经控制了整个地区后，他们立刻通过一条远离主干道的隔绝道路出发，并抵达了穆海利西斯，而没有参与这场战斗，但是却分享了逃跑的羞辱和耻辱。10 当所有军队集结后，纳赫拉汗留下骑兵在那里，由处于很高位置的波斯人瓦赫利兹①来统帅，而他则率领一小队随从回到了伊比利亚，他打算在那里过冬。

---

① 波斯军事统帅（548~549，556），在普罗柯比的著作中以法布里佐斯之名出现在《战史》中（Procopius, *History of the Wars*, Ⅱ, xxviii. 16）。*PLRE*, pp. 1014~1015。

第四卷

1. 标志着这一阶段战争结束的罗马的胜利带来了休战和敌对的平静期,并且使得继续针对古巴泽斯的犯罪进行司法调查成为可能。2 于是,身着最高民事法官官袍的阿塔纳修斯坐在高高的威严的法庭之上。训练有素的速记员伴他左右,还有大量其他有身份、精于法律程序的人在场。传令官以及配备鞭子的卫士也在场。所有这些人都是从拜占庭的各个机构中被挑选出来的。3 那些担任特殊职责的人携带着铁项圈、拉肢刑架以及其他各种拷打的工具。4 在我看来,皇帝查士丁尼命令,审讯必须以法律形式的彻底和一丝不苟的审查来进行,这不是意外或者任性,而是对当时情况进行明智、及时的评估。他的目的是通过对罗马司法的伟大进行一些夸耀似的展示来给这些蛮族人留下深刻的印象。这不仅是为了令他们更好地熟悉罗马的统治,而且也是为了驱散科尔奇人可能依旧怀有的怨恨,以及倘若现有的证据证实古巴泽斯先向波斯人变节而有罪,并且针对他的谋杀被证实是正当,从而带来的悲伤。5 如果谋杀古巴泽斯的人被判定捏造莫须有的罪名,那么他们犯有恶毒的重罪,并且将被判刑,由传令官引领在公共场所进行游行,最后被枭首,在众目睽睽之下交给复仇者之剑。通过这种方式的惩罚似乎能带来双倍的恐怖和残酷。6 因为皇帝非常清楚,如果他命令以蛮族人习惯的方式将鲁斯梯库斯和约翰秘密处死,那么科尔奇人不会感到对他们的冒犯被除去,或者因为所被犯下的罪行而获得适宜的补偿。7 他同样意识到,法庭的设立,是基于法律的威严和辩论修辞术的高调,其中两边都陈述自己的辩词,而法庭官员则忙于确认每一方所代表的立场并且以适宜的方式来回答问题,所有这一切都是服务于提出更加使人敬畏的即将到来的死亡的前景——所有这些事情会给予诉讼一种不同的、更加高尚的品质,并且使得惩罚与犯罪大概相匹配。8 事实上这样的诉讼程序尽管频繁地出现在那里,但是它们将敬畏和惊叹深深植入拜占庭居民的心中,由此,不难猜测,其效果对于蛮族人而言,将是一个完全的新鲜事物。我认为,正是出于这些考虑,才在高加索山脚下设立一个既符合罗马帝国传统又具有雅典民主精神的法庭。

2. 鲁斯梯库斯和约翰被带出监狱,作为被告,站在左侧。另一方是原告,他们由科尔奇人中知识渊博且熟知希腊文的人组成。2 首先他们要求,约翰之前带给将军们并且结果直接关系这一事件的皇帝书信在当众被读出来。法官认为这一要求是合理的，一位专门被任命来从事这一工作的官员清楚地把信大声读出来。3 它的内容大概如下："你们传来的消息着实令人震惊，非同寻常。事实上，这相当于宣称古巴泽斯打算摒弃本国所有传统，抛弃一个在所有事务上观念与本民族极为相近且长期以来受其领导的民族，当然，我们指的是罗马人，转而投靠一个与之格格不入且充满敌意的外族，而且这个外族甚至与他们没有共同的宗教信仰，而这一切发生时，我们并未对他有过丝毫伤害。4 但是，我们深知人类生存状况的不确定性和不稳定性，人性本就容易受到各种难以捉摸的偶然因素影响。因此，我们认为既不可以全然放弃警惕，也不应该忽视其——无论出于偶然或者必然——阴谋，更不要陷入无谓的忧虑与踌躇不定之中，毕竟结果并不明确。但令人苦恼的是，谁都没法完全不怀疑任何事，而且总是满心疑虑和恐惧，特别是对自己最亲近的朋友。无论如何（这一点占了上风），我打算顺应天性，保持怀疑的态度。5 不过，我们想到了一个明智的折衷办法，既不会让我们对古巴泽斯采取严厉且仓促的行动，也不会因这项指控看似不太可能而让我们表现得不够坚定：那就是让古巴泽斯前来拜占庭。所以，无论他是自愿还是被迫，都要尽快把他送来。6 如果知道这是我们的意愿后，他还抵抗和拒绝前来，那么就抓住他，将他带走，并且在这些情况下你们完全有权这么做。此外，如果他企图逃脱并反击，采取任何形式的暴力反抗，那么无论怎样我们就掌握了他犯罪倾向的清晰的证据，他将被定为公敌，由此一旦他有这样的厚颜无耻的行为，任何人都应该杀死他，在我看来行动是不会受到处罚的。因为他不会被视作一个谋杀者而受到惩罚，反而是因为杀死了一个叛乱者而受到表扬。"这就是皇帝书信中所透露的内容。

  3. 立刻轮到科尔奇人陈述辩词。法官要求他们继续陈述案件，授权进行起诉的科尔奇人急于开始他们的演说。他们所说的话如下："2 法官大人，犯罪的暴行本身足以对行凶者处以最严酷的惩罚，而无须一词。但是鉴于这是你们的法律的规定，即便是在臭名昭著和不近人情的案件中，审判在所有事实得到陈述之前不能通过，我们前来只是陈述事实。通过这种方式，我们也完成了法律的要求，虽然我们的语言非常简单、朴实，无以阐述犯罪之大。3 他们会为这场冷血的谋杀找到什么样的借口呢，他（被谋杀者）是一个高品阶的、与你们通过友谊、联盟、友善以及同一个宗教建立关系的人，总之是一个拥有最亲密的同伴和朋友的所有特质的人。一旦证实他们通过实质上推动敌人的利益的方式来与你们为敌，他们还有什么样的借口呢？被谋杀者是一位国王，是一位籍籍无名的部族的国王，对于道德极大热爱，一个远超过他的谋杀者所做的，总是将罗马人的利益放在心中。4 科尔奇王国处于废墟之中，的确更准确点说，'帝国处于废墟之中'，因为我们是其臣民的一个重要的部分。你们的政权的稳定性与完整性已经受到了破坏，作为结果，你们的力量已经被削弱。对于一个没有得到其全部结构坚定地支持的国家而言，它不再拥有任何的头衔可以被认为是一个团结的政治实体了。的确，一旦它的一致性遭到了破坏，称其为一个国家，在措辞上是矛盾的。5 现在造成这一局面的这些人说，你们不应该考虑他们行动的可怕的后果，而是考虑他们行动的心境，他们通过模糊和似是而非的辩论使你们想起有利的受益的景象，而不是让你们相信已经发生的伤害。6 甚至在审讯之前，事实上他们还想通过重复这些诡辩去误导大众。因此，如果他们将要在法庭上提出这种辩论，那么他们最好明白，为了模糊的辩解和伪造而受到欺骗的指控，对这样显著的、不能容忍的冒犯的事情视而不见，并不是罗马司法的原则。无法忍受的是，他们公开承认杀死了古巴泽斯，却坚持做出胡乱的断言说，他们的行动让公共利益获利颇丰。7 这样明显的矛盾怎么能得到调解呢？通过什么逻辑我们把这个行动描述为暴行，而同时称赞其行凶者的公德心的意图呢？自古以来共同利益和非法的暴力都是完全对立的。就像残酷的行为与正义是不同的两极。他们之间没有共同点也不可能有联系。"

4. 但是即便我们只是集中于结果的调查上，考虑到其程度，他们也犯有预谋的恶意，因为他们所采取的策略是对波斯人有利的。因此，这些凶手不配被称为罗马人，也不能作为同族人去审判，而是视作最坏的敌人，因为他们已经通过人类的共同之法被区分开了，即便你们的成文法中并未提及。2 行动而不是距离，是决定异邦以及敌对的唯一标准。无论谁中了敌人的计，即便是出于好意，也注定是敌人，即便就在眼前，在同一军队中服役，流着同样的血液。3 但是他们声称，他们没有杀死一位朋友或者一位国王，而是（杀死了）一个敌人和叛乱者以及波斯的积极的同情者。是的，在他们犯罪的愚蠢中，他们甚至指控一位去世之人阴谋为了波斯人而背叛他的国家。所有的一切都来到这个节点，即使是死亡，不开心的人也不能安息，而必须接受叛国罪的审讯，而在这个所谓的叛国行为中逝者是一无所获的。4 你们或者蛮族人的哪一条法律是先执行判决，然后再起诉的？把自己作为法官、敌人以及原告，并合而为一，他们使得一位无辜之人在没有得到审讯的情况下获得了如同一位真正的犯有叛乱罪行的人的量刑。5 现在当他们认为在为自己辩护时，他们已经把指控施加到不公正对待的受害者身上。但是如果他们相信自己所做的指控，那么他们应该首先公开地提出针对他的犯罪程序，并且在杀害他之前公开案情，而不是直到他们自己受到指控，然后做出反指控。6 如果人人都有权利做这种事，那么我们为什么不把法律掌握在我们手中，并且杀死这些残暴之人？因为当我们被带到正义面前时，我们本可以利用他们之前的罪行在他们去世后控告他们的方式来反对那些针对我们的控告。以此试图去做到积非成是。考虑到引起我们愤怒的之前事件的证据的无可争议性，我们本应该依靠伟大的司法惩罚他们，而且辩护也应该按照应有的规范进行。7 但是如果按照你们传统的法律标准，无论是我们还是其他人都无法容忍这可恶的行径。因为如果任何人同意以这样简单、随便的方式杀死私敌，并且这种行为经常发生，以至于大胆的犯罪没有受到限制，那么您认为司法权威会保持多长时间的完整？8 在相互屠杀以及一系列的无休止的阴谋和反阴谋中你们将无法及时地惩罚或者处置罪犯，并且当你们的同胞陷入盲目的破坏，那么所有公正调查的可能都会被一波个人的仇杀所阻碍。

　　5. 然而受指控者争论到，一个碰巧是卖国贼的人的去世没有什么令人感到可怕的，尤其是考虑到这对你们这些盟友所产生的有益的、清醒的效果。2 我完全同意。如果这是一个消灭真正的卖国贼的问题，那么越多越让人快乐。即便从杀手的行为那里得不到其他利益，但是摆脱这样一个人的世界的唯一的事实就是这个事情本身就是有益的。但是如果没有证据证明一位有身份的人突然被杀死，并且像在行动中被抓住正在作案的卖国贼那样遭到惩罚，那么人们就有权去问清楚，这怎么会意味着对你们的盟友产生有益的、清醒的效果呢？3 如果他们认为你们是这个犯罪的共犯，他们更可能会拒绝承担联盟的责任。的确，如果你们在与朋友和伙伴的关系中显示出对正义以及人性很少的关心，并且无法证实比在你们与那些迫切需要的情况下才得到承认的陌生人的关系中更可靠，那么他们很难避免得出这样的结论。4 但是你们对他们的计划不知情或者所有罗马人没有作为个人参与这一与他们有关的犯罪中，对于这一事件，你们长期的诚实、可靠和正义的名望也没有黯然失色，或者被他们的邪恶的行为所掩盖。5 相反，我们的看法是，这个法庭的设立是为了保护国家的好名声，并且向每个人清楚地表明，你们想把自己与所有那些已经对科尔奇人造成的残酷的、毫无人性的侮辱的人完全分开。6 也许在这一点上，大部分的想法都是模糊不清的，也许他们发现你们的动机受到公开的质疑。我的大法官，但是一旦宣布您裁定判处他们死刑的执行令，那么毫无疑问，您的行为不是背叛你们的朋友而是惩处那些做错事情的人。7 他们提出的辩护，事实上就是等同于公开认罪。皇帝的信件事实上是指示将军们把古巴泽斯送到拜占庭，首先是劝解,如果他拒绝合作,甚至可以采取强制,倘若他拒绝强制,除非诉诸事实上的反抗和武力敌对,否则绝对不能杀死他。8 然而,这些人甚至不是将军,也没有被授权对他行使权力,却在眨眼间杀死了这个不幸的受害者。他们没有催促他前往拜占庭。他们没有发现古巴泽斯不合作,也没有寻求一定程度上合理的强制。他们甚至没有去找出是否他有任何不尊重皇帝命令的意图!9 但是,他们却骄傲地宣称是执行了皇帝的命令,而事实上他们显示出公然无视皇帝的意愿,而胆敢首先对古巴泽斯进行邪恶的诽谤,继而去做与明智地要求他们做的相反的事情。最可恶的是,他们通过控制书信的内容的方式排除了所有选择的可能。

6. 的确很难想象一种足够残酷的惩罚来匹配他们罪行的严重性。伤害他人总是不道德和不合法的,尤其是如果受伤的一方恰好是朋友,为了他的伙伴而冒着生命危险。2 宁愿看重你们的友谊而不接受波斯人的财富,以及波斯人为之所做的所有吸引人的提议的这个人是谁?使得库斯劳的友谊成为泡影的是谁,以及虽然通向极大富足和地位的道路是敞开的,但是却乐于依旧保持道德高尚,依旧保持与你们联系的人是谁?我要问,当他的土地长期受到波斯人的压迫,当来自你们的援助姗姗来迟,他突然离开,去了山区,居住在高加索山的悬崖峭壁之上,忍受着非人的环境而不接受敌人给他的友好的提议,从山上下来,舒适地居住在他的家里的那个人是谁?那个人到底是谁?3 正是古巴泽斯,为了你们他不惧危险[哦,这真的不公正],正是他,卖国贼,叛乱者,他背叛了帝国而转向波斯人!作为一位国王,他已经死在了这样邪恶和令人憎恶的约翰和鲁斯梯库斯的手上。然而即便他已经犯有所受到指控的这种罪行,但是他们依旧不应该以这样不得体的匆忙来处理他。在接受他的既定的惩罚之前,他本应该先由皇帝来审判,因为后者是罗马人和科尔奇人共有的、对其臣民拥有最高权威的皇帝。4 然而他们的残忍行动不是出于任何正当理由,而是一种非理性的敌意,这种敌意在嫉妒刺激下爆发成了这种恶魔般的恶行,他们心中没有为理智或对实际后果的考虑留下任何空间。一有机会,他们便宣泄心中积压的仇恨,将蓄谋已久的计划付诸行动,全然不顾当时危急的局势,也不考虑后果。5 在如此大规模的冲突中,当明智的做法本应是安慰和赢得那些没有与之建立关系的人时,他们却尽力引起那些直到最近依旧是罗马人最好的朋友之间的冲突。的确,如果只是相信他们,我们已经投向了敌人,我们就会阴谋对抗我们最忠诚的朋友,我们的国家就会在波斯人的手中,暴力的剧变和国内的斗争将会敲响我们祖先传统的丧钟。6 因此,如果可以找到处罚的方式,必须对他们做出恰当的惩罚,就像所有这些事情真的已经发生了，你们面临帝国崩溃的危险。即便我们事实上依旧对于罗马人的事业忠心耿耿，也不应该让他们从我们善良的行为中获益，或接受比他们的罪行所须的更轻的惩罚。"

7. 当公诉人如此提出控告，聚集起来的科尔奇人无法理解控告所表达的术语也无法理解所采取的修辞技巧。尽管如此，由于每个人都熟悉并了解事实，他们热情高涨地通过模仿声调和动作来支持诉讼。以一个相似的动作，他们的情绪保持变化，从同情转向坚决和自信的断言，这是按照他们认为自己所判断的指控者的声调的变化。2 随后，当原告的演讲接近尾声时，法官暂停了一下，要求他们保持安静，因为还没有被宣判。当法官示意辩护者陈述时，集聚的民众已经准备发起抗议和牢骚，他们的声音已经变得越来越清楚，越来越大。但是此时，法官要求他们保持平静，以便于事情在掌控之中。3 由此，当寂静得以实现，鲁斯梯库斯和他的兄弟约翰一起来到他们中间，以如下的内容来表达自己的观点：4 命运发生了突然的转变，背向我们所期望的方向。结果是当我们应该受到最大的奖赏时，却发现自己受到了生死攸关的审讯。但是我们以快乐的心情以及确信这有助于我们的信誉的态度看待这一严酷的考验，5 因为无论结果如何，这都会使之变得更加清楚，即通过努力，我们已经使得一位卖国贼、叛乱者垮台，并且捍卫了皇帝的利益。因此，即便万一失去生命，我们也将欣然接受并乐于承受痛苦，就像这就是我们所期望的目标。并且我们将要离开这种舒适的生活，通过意识到的确定性来进入将来的旅途，而这确定性是我们留给罗马人依旧控制他们的科尔奇统治区，并没有将其交给外来力量。6 如果我们在波斯法庭中面对波斯法官的审讯，我们就会坚决拒绝承认我们事实上做的事情。我们非常担心和紧张万一我们的主张遭到拒绝，那么极有可能，我们就会困惑，在恼怒于因为我们的行动导致他们的希望破灭、非常有敌意的法官面前，如何为我们的事业进行辩护。7 但是既然罗马人管理法庭，那么有什么可能我们所做的事情会遭到拒绝呢？当我们已经发出了杀死叛乱者古巴泽斯的信号后，我们需要做什么来向你们表明我们行动的正义性呢？我说叛乱者，是因为他不值得"国王"这样的威严的头衔。虽然我们的指控者对他们所描述的一位国王的残暴的谋杀提出了愤愤不平的强烈抗议，但是他的行为显示出他是所有这个头衔所代表的反面。8 然而这个名字不应该被用于忠诚的外表的陷阱——镶有宝石的搭扣和昂贵的长袍，但是对于正义的、积极的化身的这个人，他的渴望并没有使得他放弃对职责的要求，以及他的渴望依旧保持在他们适宜的范围之内。如果那就是我们所杀死的那种人，那么我们已经犯下了可憎的罪行。

起诉的案件是正义的,并且科尔奇人已经用各种理由来把我们描述作残暴的邪恶凶手。9 但是如果真正的古巴泽斯是这个完全的相反的一面,如果他不遗余力地通过秘密向波斯人投降并背叛他的国家的方式来伤害我们,那么我们不应该通过及时的干涉制止威胁的萌芽,却使得我们顺从皇帝并落入敌人的计谋之中吗?10 然而,如果有人事先得知某个特定地区正在考虑某种威胁性行动,并且有能力立即挫败这个计划,并且在避免危机后继续采取深思熟虑和协调一致的行动来应对任何可能的紧急情况,那么在这种情况下,他提前采取惩罚性措施而不是通过确保在任何敌对企图发生时能够挫败它的可能性,将是他最残忍的作为。11 但是当人们面对所有补救都是无效的既成事实,国家受到极大破坏的威胁,并且情况似乎排除了极小的希望时,快速的决绝的行动是唯一的理智的策略,并且每一个努力都必须是为了避免遭受一些无法修复的伤害。

8. 现在我们的指控者可能谴责暴行和谋杀,直到他们爆发。他们牢牢抓住这些咒骂,就是为了将整个事件可怕夸张地揭露出来,并试图强迫您只考虑行动本身。但是你们利用公正的能力去考虑导致这一点的情况,权衡迫使我们采取行动的原因,并且从事业的正义性去查实我们意图的诚实。2 事实上我们经常看到各个城镇和城市的流浪者、窃贼,以及其他类型的罪犯被枭首或者砍掉肢体,虽然这有些不人道,但是我们并不责难这个场面,我们也不把愤怒宣泄在通过称这些惩罚为野蛮的行径和残酷的魔鬼而与执行惩罚有关的权威身上。不,作为未减少的犯罪活动的见证人,当我们考虑到已经认罪的受到质疑的重刑犯的罪行,并且记住这就是为什么他们被惩罚之时,我们却高兴于惩罚的严苛,因为这是经过合乎情理的设计。3 因此古巴泽斯被我们杀死了。我们可能会问,杀死一个卖国贼和敌人有什么可怕的?并且,我们的指控者已经定义了敌人这个术语。他们说,这不适用于那些与我们相距遥远的人,而是适用于那些即便是一个村民,但是却寻找与敌人取向一致的人。我们也认为这是关于这一问题最好的,最准确和最现实的看法。4 既然双方达成意见一致,让我们来开始通过这种双方都接受的标准来证明,古巴泽斯的确是一个敌人,因为一旦这一点得到证实,那么立刻就会明了,他的被杀是完全正当的。5 现在所有的蛮族人都是如此构成的,即便是罗马人的臣民,他们在精神上也远离罗马人,并且愤怒于强加给他们的法律统治,他们的本性倾向于混乱的具有煽动性的行为。没有什么比自己继续当家作主、拒绝任何外部司法和法律的约束更好。如果无法实现这样的愿望,他们将会努力去依附于那些与他们有最多共同点的部族。6 但是古巴泽斯,除了由于他生来是蛮族人并且受到其部族固有的阴谋的不良影响而成为一丘之貉，他还在邪恶方面远胜于我们。他认为没有必要再隐藏他的情感，而是快速将其敌对心理的秘密渴望付诸实践。7 当我们不辞劳苦并且面对各种危险，通过我们自己的努力挫败敌人的计划时，他则审时度势命令国人按兵不动，免于陷入争斗。但是同时他还对战斗进行的方式保持观望。8 如果罗马人针对敌人获得了一些成功，他通过嘲笑破坏我们的战果所带来的印象的方式，立刻表现出他的敌意和怨恨。他会将整个行动视为微不足道的小插曲，其结果无关紧要，并且不是我们所能控制的，而是归因于命运的变幻无常。9 但是如果我们偶然遭遇了一些挫折［以人力不可能逃避这样的沉浮］，他就把自己当作是事件的挑剔的阐释者，并且不认为命运要对此负责，或者牵涉其中。他已经事先认定，我们经历的任何挫折的唯一原因是士气不足、身体素质不强以及愚蠢的计划。10 他绝不会像他辱骂我们那样，以命运的不确定性、不可预见性、反复无常来解释敌人取得的对我们的胜利。

9. 他公开表达这些观点，并且使之不仅被他所阴谋策划的获得利益的波斯军队知道，而且信使立刻被他派往伊比利亚人、阿兰人、苏亚尼亚人以及高加索山外的蛮族人那里，甚至更远的人们那里。的确如果他们（信使）可以为他旅行至地球的尽头，那么他不会拒绝派出他们。他送出的信息如下："罗马人在战争中是懦夫，并且受到蛮族人的打击。" 2 现在他急于要实施这一策略的意图不仅是要将罗马人名誉扫地，虽然这堪称对他敌对态度的诅咒的证据。他的努力事实上转向了一个不同的、更加邪恶的目标。他的意图是尽可能地破坏皇帝胜利的和不可战胜的威力在异邦人中广泛传播的信念，以这种方式去煽动一些目前被威吓和悲惨地屈从的人们的行动。4 平心而论，我们如何描述这位采取这些行动的作恶者呢？肯定是敌人这个指控适用于这位叛乱者古巴泽斯，而不是朋友或者支持者，盟友、国王或者其他想象得出的头衔。指控和辩护已经确认唯一可以将朋友和敌人区分开的方式就是他（古巴泽斯）对事件的应对方式。5 因此，既然现在已经显示出古巴泽斯对于我们的成功感到紧张，对于我们的失败则感到兴奋，如果发生叛乱和颠覆性活动，蛮族人又有什么可能的理由来抨击我们所依照来对那些从事暴乱或者破坏活动的人执行惩罚或者死刑的罗马法呢？6 但是如果你们喜欢，那么让我们搁置所有的证据、推断，集中我们的精力于这一案情的事实，看一下这样的考虑能让我们得出什么结论。奥诺古里斯的堡垒已经被从阿尔海奥波利斯的领土上被强行夺走，并且处于波斯人的手中。一支敌人的军队牢固地驻守在我们边境以内的事实是无法忍受的冒犯。有利于将军们的战略是发动对敌人的大规模进攻，并且破坏或者至少拔出长期插入肉里的一根刺和一个永久的威胁。7 我们急切需要科尔奇人力量的支持，因为我们对当地地形的了解非常少，这不仅是为了让我们对那里的地势有第一手的信息，而且也是为了我们可以谋取他们的积极支持和合作来对抗堡垒后面集结的重装部队，并且尽可能地抗击从穆海利西斯来的解围部队。8 在这种环境下将军们会做什么呢？肯定对于他们而言简单的事情是向科尔奇人首领寻求援助，并且引起他（古巴泽斯）对他们的请求的公正的注意。这就是他们所做的。9 然而表现出真正的高傲的专制君主一般的古巴泽斯甚至不出面去倾听，更别说积极参与到对堡垒的进攻中。他甚至没有用一些看似的借口来掩饰他的拒绝。的确他立即在一种傲慢自大的氛围中拒绝了我们的请求，这是他的邪恶为之付出代价的一个表现。此外，他还愤怒地坚持在将军们的头上增加羞辱，似乎他认为这样的行为是勇气可嘉的，并且是为了维持国王的身份。很明显他打算不再推迟对他之前计划公开、无耻的支持。10 还有什么必要提供进一步的证据，并且展示皇帝的书信来说明这样一位不愿意在自己的国家内旅行一小段距离的人会愿意前往拜占庭？如果我们计划送他去那里，而这时他已经开始激烈对抗我们，我们怎么可能避免全面的纠纷以及流血、公开的背叛和波斯人可能的入侵，因为我们已经与公开的敌人的顽固和无情的反对派抗争，而所有的人，就像他们是蛮族人那样，已经准备接受为了放纵于革命性的暴力的这次机会？波斯人的支持很快就会到来的事实为我们的行动提供了又一个动机。11 那么，当灾难已经盯上我们时，我们把元凶杀死，通过这样轻易与迅捷的方式去做出对阴谋的镇压，现在难以置信还有任何威胁存在。

  10. 因此，不要让指控者再提书信的问题，并且指责我们没有按照其指示去做。书信中所写的关于他去拜占庭，仅仅是测试他的意图和寻找出他是否愿意合作并且按照要求去做，这不是很明显的吗？2 现在，从他对于一个小小要求的拒绝中已经很容易看出他任性的、侵犯性的想法，在把我们置于无数的冒险之后，那么我们怎么能期望他可以遵守一个本质上更加严肃的要求而不是依赖于最终无论如何会采取更加直接的行动？当行动的时机已经成熟了，那些没有对这一情况做出恰当而决绝的回应的人后来也无法恢复丧失的机会。3 但是很明显，从我们的指控者所说的内容去判断，在最后的措施中我们本可以在口水战中选择有利于安全事实的准确辩词去针对古巴泽斯采取行动。但是波斯人的出现阻止了这样的程序，因为他们已经接近并且准备在这个狡诈的卖国贼的帮助下占领拉齐卡。4 此外，既然古巴泽斯的敌对、阴谋以及叛乱的渴望已经暴露无遗,那么对于科尔奇人而言,他是被我们还是其他人杀死,这还有什么不同？5 提供忠诚服务的渴望不是将军们以及其他相似高贵的人的独占的特权。每个感到有如此想法的人都有权利和责任去显示对他作为臣民的国家的关心,并且尽力去促进共同利益。6 同样,即便对于他们而言,我们是世界上的糟粕,然而我们依然是皇帝忠贞不二的臣民,我们把罗马人的利益放在心中,并且我们不会默许任何的阴谋企图。总而言之,如果我们对于我们的行动再增加一点证据的话,那就是：你们可以确信,我们的干预行动是荣耀的、正义的、及时的,并且这是得到了马丁全力支持的。

11. 至此这个演说也结束了。阿塔纳修斯起初也同样关注了鲁斯梯库斯的发言。但是当双方都表达完了意见后,他继续对这一切进行深入细致的调查。他发现,没有证据证明古巴泽斯的叛国和煽动性活动,并且对他的谋杀是非正义的,而且是完全不合法的。拒绝参与对奥诺古里斯的远征不是出于亲波斯人的情感,而是对将军们由于懒散、自满和疏忽而丢掉对堡垒控制的行为的愤怒。在得出这一结论后,他决定向皇帝报告马丁的所谓共谋的问题。2 对于那些公开承认谋杀的人,他做出书面的裁定,直接执行死刑：枭首。3 被判处死刑的人骑在骡子上,在街上游行,借此为科尔奇人提供令人警醒、惊叹的景象。这些科尔奇人更对传令官大声宣布要求尊重法律和克制谋杀的训词留下深刻印象。4 但是当那些人的头被砍下来,每个人都动情到惋惜,并且忘记了憎恨。这就是这次审讯的结果。科尔奇人重新恢复了他们对罗马人的情感,并回到了旧日的方式上。

12. 在这些事件之后,罗马军团在分配给他们的城镇和堡垒中过冬。①2 此时,米西米安人中最有影响的一些人来到了伊比利亚的纳赫拉汗这里,并且对他讲述了他们敢于与索迪利库斯交涉的方式。但是他们掩饰了真实的动机,并且向波斯将军提供了他们的事实的版本,按照这个事实,他们早已钦慕波斯人的事业,其结果是受到了科尔奇人和罗马人的虐待和咒骂。最终,索迪利库斯来到他们那里。表面上他的到来是给盟友分发黄金,但是他的真实意图是破坏整个部族。3"因此",米西米安的代表解释道,"在面对被毁灭还是先发制人的抉择前,虽然也许招致了一些人对我们行动匆忙、对我们活下去以及设法使得我们的行动符合我们的利益的责难,我们选择了更好的,更加自然的可选项。我们把生存放在第一位,并且并不担心会成为被虐待和指责的对象。4 我们杀死了索迪利库斯和他的伙伴,以此

---

① 556~557年冬天。

来惩罚他们的邪恶，并且通过提供给波斯人忠诚和良好愿望的坚定的誓言来改善我们叛逃的处境。5 基于这一点，尤其是考虑到我们的亲波斯政策，罗马人会急于宣泄怒火。不久他们就会来到这里，如果有可能，他们将会消灭我们。唯一正确的是，您应该以友谊的态度来接待我们，并且予以保护。此外，把我们的土地也视作您自己的土地，视我们的人民为您的臣民，这样您就理应不会放弃一个处于毁灭边缘的部族，一个既不小也不籍籍无名的部族，一个可以对波斯帝国作出持续贡献的部族。6 您还会发现，我们有大量的战争经验，并且在战场上我们是强大的盟友。处于比拉齐卡更高位置的我们的土地将会为您提供针对敌人行动的安全的基地"。7 当听到这些后，纳赫拉汗非常友善地接受了他们，称赞其改变阵营，并且告诉他们可以带着确信的期望离开，因为他们可以从波斯获得所需的任何援助。由此，米西米安代表带着所发生事情的细节报告回去了。听到这个消息后，一股乐观主义的气氛在整个部族中传播开来。

13. 春季初，罗马将军召开了一次会议，他们决定进攻米西米安人。2 然而，布泽斯和查士丁接到指示待在内索斯，以此来保护该地，并且监视事态发展。远征是由大概4000名骑兵和步兵的混合力量构成。其中最杰出的成员是马克森提乌斯①和扎尼人军团的统帅提奥多鲁斯，我已经在多个地方提到他们，他们俩都是积极好战的统帅。3 因此，他们出征了。安排是，马丁不久会抵达来领导他们。但是为了防止他们在短时间内群龙无首，在经过所属领土时，一位亚美尼亚人巴拉泽斯②和一位名为法尔桑德斯③的科尔奇人接受了最高统治权。他们在作战中勇猛的程度以及品阶上都不高于其他士兵，可能还要低于一些士兵。4 巴拉泽斯是唯一一位没有得到委任状的官员，而另一位则是拉齐卡国王宫廷侍卫队队长，因此他们缺少必要的自信和个人的能力来对罗马军队自由地发号施令。5 现在夏季已近，此时这支军队抵达了阿普希里安人控制的地区。集结在那里的波斯大军阻挡了他们的继续前进。事实上波斯人已经意识到，罗马人准备进攻米西米安人，离开伊比利亚和穆海利西斯附近的堡垒，他们也前往米西米安人的王国，先于罗马人占领那里，并且尽可能有效地保护那里。6 因此，罗马人待在阿普希里安人的堡垒里，并且试图消磨时间，将该问题拖延到夏季末，因为似乎同时与波斯人和米西米安人作战是一个徒然的、极其冒险

---

① 556年拜占庭拉齐卡军事随行总管，不见于其他史料。此处阿加西阿斯是为了强调其出身。*PLRE*, p.864.
② 556年拜占庭驻拉齐卡地区军队的百夫长，不见于其他史料。*PLRE*, p.1363.
③ 拉齐卡国王古巴泽斯的宫廷侍卫队队长，在548年发现了波斯意欲杀死古巴泽斯的阴谋，报告给后者，使他及时远离波斯，并与拜占庭建立密切关系。*PLRE*, p.1016.

的行动。因此，两支军队依旧保持不动，双方都没有冒险前进，每一方都在等待另一方先行动。7 一支萨比尔匈人雇佣军正在波斯人中服役。萨比尔人是一个巨大的人口众多的部族。他们也非常好战并且贪婪。他们总是急于入侵陌生的土地，并且金钱的诱惑以及劫掠的希望是充足的奖励，可以使得他们这一刻为一个部族而战，下一刻为另一个部族而战，就这样以令人感到困惑的速度不断变化。8 他们经常帮助罗马人对付波斯人，反之亦然，在很短的时间里改变阵营和金主。事实上他们在上一次与波斯人的战争中是站在我们这边的，并且在那时杀死了［在我已经进行了细节记述的夜战的过程中］很多前来进攻他们的迪里米特人。9 在那场战役结束时，收到了承诺的金钱后他们被罗马人解散了。于是他们给最近刚刚与之战斗的部族提供了服务。这么做的人可能是来自不同的萨比尔人群体，但是萨比尔人都是一样的，他们是由他们的部族派去在波斯军队中战斗的。

14. 现在大概有 500 名萨比尔人在远离其余部队的围起来的地方露营。当马克森提乌斯和提奥多鲁斯确定这一点，并且还发现他们以一种不规律和完全混乱的方式生活，甚至没有将武器带在身边防范后，他们立刻骑上 300 匹战马前去进攻。2 环绕着围墙［该墙如此之低，以至于如果一个人骑着马他的头可以超过其顶部］他们把长矛、石头、箭和任何手头上的东西掷射向蛮族人。3 以为进攻者的数量远比实际的要多，并且完全是突袭，萨比尔人不知道如何防卫自己，也没有逃跑的机会，因为他们被包围在围墙之内。除了 40 人在没有被注意到的情况下不知如何设法爬出了墙，溜走并隐藏在附近树林中的灌木里之外，其他人都被杀死了。但是罗马甚至试图追踪这些人。4 波斯人收到所发生事情的消息后，立刻派出了一支 2000 人的骑兵去对付罗马人。然而，后者满意于自己获得的成就，屈服于敌人的优势兵力而快速撤退了。不久他们安全地回到营地，欢呼他们的胜利，但是这场胜利付出了一些代价，马克森提乌斯被逃到灌木丛中的一个蛮族人打成了重伤。他被一副担架抬着，几乎奇迹般地被运送到安全的地方。受伤后，他的警卫立刻抬起他，并且在敌军大部队赶上之前，迅速撤退。随后当波斯人赶上并打败他们后，其余的罗马人则逃向了不同的方向，作为诱饵吸引追击。这为他们提供了喘息的机会，使得马克森提乌斯可以从容地被运回了堡垒。

15. 此时，耶尔曼努斯之子查士丁派出了他的统帅，一位名为艾尔敏内猝尔的匈人，① 率领着 2000 兵马从内索斯赶到了罗德波利斯。② 罗德波

---

① 上文已经提及，安特人。
② 拉齐卡的城镇，现位于中格鲁吉亚城市巴格达迪附近的瓦齐克。

利斯是拉齐卡的一座城市，但是此时处于波斯人的手上。事实上莫莫罗斯在很久之前就占领了这里，并且在这里安排了波斯驻军。但是我不想对发生的细节进行讲述，因为普罗柯比已经记述得非常清楚。① 2 无论如何，当艾尔敏猝尔赶到那里，他得到了一次幸运的助佑。当时波斯驻军在城外，并且其居民也散落在不同的地方。3 结果是艾尔敏猝尔进入城里，在没有遭到任何抵抗的情况下便占领了这里。他还突袭了周边地区，剿灭了发现的波斯军小队。意识到当地人由于害怕外来敌人而不是阴谋支持波斯人后，他允许他们待在家中，并且从他们家中获得质子后确保他们的效忠，在做好各种维持稳定的必要安排后，他保证他们的正常生活。由此罗德波利斯回到了从前的状态，保持着其神圣的传统，依旧臣服于罗马人的皇帝。4 这个夏季没有其他记忆深刻的事情发生。冬季初，波斯人带着在当地过冬的想法撤退到了科泰伊斯和伊比利亚，而把米西米安人留下来自食其力。事实上在冬季参与境外艰苦的战斗不是波斯人的传统。5 现在没有敌人监视的罗马人再一次开始前往之前的目的地。当他们抵达称为提比莱奥斯、这个标志着米西米安人和阿普希里安人土地之间的边界的堡垒时，马丁抵达那里并打算掌握整个军队的统治权。但是他突患重病，这使得他无法掌握军队统治权，虽然他急于这样做。由此，他待在那里，希望不久之后可以回到拉齐卡的城镇和堡垒。但是军队施压，要求再次回到他们之前统帅的领导下。6 首先，他们决定测试一下米西米安人的脾气，来看一下他们是否会改善方式，来承认他们合法的主人。罗马人希望，米西米安人可能后悔彼时所犯下的罪行，而向罗马人投降，并上交他们从索迪利库斯那里得到的金钱。7 由此，罗马人从阿普希里安人中选出重要的人物，派他们作为使者去宣布这些条款。但是对于那些被遗弃的可怜的米西米安人来说，没有过于严厉的贬义词来形容他们。他们不仅没有减轻野蛮行径，也没有通过他们现在的幸运行为来弥补过去的恶行，反而蔑视并践踏了最基本的普通人类行为准则。他们进攻使者并杀死他们，即便他们是阿普希里安人，是与其领土相邻、拥有相似生活方式的部族，尽管他们没有参与米西米安人指控的索迪利库斯和罗马人的行动，只是给予他们一些友好的有帮助的建议，并且以最高的敬意如此去做。

16. 于是以愚蠢的犯罪行动开始的米西米安人坚持罪恶的方式，并在伤害的基础上增添了羞辱。的确，当他们发现波斯人已经拔营，并且没有按照承诺去保护他们时，他们还有足够的自信，依靠于自认为罗马人不可

---

① Procopius, *History of the Wars*, Ⅷ, xiii. 21.

逾越的、无法接近的地形，去犯下更加可憎的罪行。2 他们的领土事实上是被一块虽然不是特别高但在各个方向都十分陡峭的岩石所屏蔽。隐约可见有一条穿山的、人迹罕至的小道。这条小道如此狭窄，以至于单个行人都无法以相对安全的方式轻易地通过。由此，如果有人站在山顶之上阻止人们通过，无论多少敌人都无法通过，更别说如同伊苏里亚人这样只配备轻便武器。因为占据了这样的天险，他们变得粗心大意。3 当罗马人收到关于暴行的消息后，他们对发生的事情充满了愤怒。由于没有在山上安排警卫的蛮族人的迟缓，罗马人得以提前占领了山顶，在没有任何阻挡的情况下穿过，来到骑兵可以轻易控制的平原。4 当米西米安人发现失算后，他们烧毁了大部分堡垒，因为他们不可能全部控制，所有人都集中在他们认为是防卫最好的堡垒之中。这个堡垒自古代以来就被称作察赫尔，但是因其宏伟和不可攻取的特点也被称为希德仑。5 一支小型罗马部队，人数不超过40名骑兵［他们不是一般的士兵，而是高品阶的军官］远离主力部队，遭到米西米安人骑兵、步兵600人的混成部队围攻，米西米安人的想法是把罗马人包围，在人数上超过他们，并迅速消灭他们。6 但是罗马人利用丰富的战斗经验取得了显著的效果，他们迅速占领了一个高地，从那里进行了充分的武装展示。这是一项艰难的、历时很长、激烈争夺的战斗，而米西米安人则试图完成对罗马人的包围。罗马人在一瞬间突然猛然扑向敌人，把他们的队列打乱，接着迅速安全地回到小丘上。7 此时，蛮族人发现罗马军队的剩余部分前进到小丘后面的斜坡处，他们认为已经被引诱中了埋伏，立刻逃走。但是此时拥有联合势力的罗马人不断地追击，直到他们杀了这些人。在这么多人中，只有80名安全地回到了希德仑的堡垒。8 如果罗马人进攻那里的堡垒，我认为，蛮族人还在震惊于发生的事情时，他们就已经横扫了在面前的一切，而战争也会在这同一天结束。9 但是在没有任何将军注意到，并且没有任何杰出的权威人士在场的情况下，每个人都是平等的。结果是相互的指责和劝告，而每个人只能听进去对他的建议，没有什么有价值的事情完成。10 因为意见分歧，一个观点受到一部分人的支持，而另一种观点则吸引了对立派别的支持，结果两种方案都没有被付诸实施。每个人都因自己的观点未能获得普遍接受感到不满，于是心不在焉、敷衍了事地进行工作，反而乐于见到任何可能出现的挫折，以便日后有机会对他人夸耀，并毫不掩饰地指出，这些不幸事件的唯一原因就是他们没有采纳自己的建议。

  17. 在这些情况下，他们在距离敌人很远的地方安营扎寨而不是像通常那样实施包围。此外，他们没有像往常那样在拂晓发动进攻，而是屈从于胆怯和懒惰,并始关注那些不太重要的事情,如进攻太迟,或回营太早。2 当马丁意识到正在发生的事情时,他委派一位虽然是卡帕多西亚人但却位居将军职位的人全速接管最高统治权。他的名字是约翰,① 但是他以达科纳斯之名而闻名。3 最近皇帝将他派往拉齐卡,他的职责与鲁斯梯库斯的一样,是让皇帝准确了解所有正在发生的事情,并且向那些在战场上的杰出的战士分发帝国的馈赠。4 在抵达米西米安人的领土并接管了罗马军队后,约翰立即动员在堡垒周围的所有力量,试图包围这里。他还努力反复袭击和进攻那些住在堡垒周边的人。这些居民的大部分都不在防护的围墙之内,而是居住在附近的一块岩石上,这里的两侧是峡谷和大片陡峭的巨石,这使得对该地区不熟悉的陌生人很难接近。5 当地那些有经验的人在需要时,可以艰难缓慢地通过非常隐蔽的一条狭窄的小道爬上去。在平原上的这些巨石的脚下是可以饮用的泉水,山上的居民从这里取水。但是彼时罗马人在这个区域巡逻,因此蛮族人晚上下来取水。但是当一位名为伊鲁斯②的伊苏里亚人在放哨执勤时看到一大批米西米安人在深夜下来取水,他躲起来,安静地等待着,没有试图阻止他们。当他们装满了大水罐离开,他秘密地跟着他们,和他们一起上到了岩石顶,他尽可能在黑暗中仔细观察了这个地方,他注意到有 8 名警卫监视上坡的路。7 发现这点之后,他立刻下去并把所有细节报告给将军,听到这个消息后,将军非常高兴,在第二天晚上,精心挑选了 100 名士兵组成奇袭部队前去侦察,如果可能,发动进攻。他们都得到了指示,一旦在上面站稳脚跟,将用冲锋号发出信号,其余的军队将会进攻堡垒,这样两个地方的敌人就会陷入混乱。

18. 由于已经对上坡的路有了一些经验,伊鲁斯走在前面带路。在他之后就是马塞林努斯③的私人警卫齐伯尔,④ 他的后面是达乌拉叶扎斯之子莱昂提乌斯,⑤ 再往后跟着的是扎尼人的统帅提奥多鲁斯,这样一个接

---

① 拜占庭军事指挥官(556),不见于其他史料。*PLRE*,pp. 667~668.
② 不见于其他史料,《晚期罗马帝国人物志》中也未收录。
③ 不见于其他史料。*PLRE*,p. 812。
④ 不见于其他史料。关于此处的希腊文问题,弗莱多和阿莱克萨基斯都认为存在模糊的地方。阿莱克萨基斯认为存在两种可能性:一,齐伯尔和莱昂提乌斯分别是马塞林努斯和达乌拉叶扎斯的警卫;二,齐伯尔和莱昂提乌斯分别是马塞林努斯和达乌拉叶扎斯之子,同时,齐伯尔是前者的警卫。但最后,阿莱克萨基斯认同并遵从了弗莱多的翻译(他认为,就安特人达乌拉叶扎斯而言,蛮族人可能会给自己的儿子起希腊文的名字,但是不会用希腊人做自己的警卫),即"马塞林努斯的私人警卫齐伯尔,他的后面是达乌拉叶扎斯之子莱昂提乌斯"。Agathias,*Agathias*:*The Histories*,p. 119,note 4;Agathias,*Ἀγαθίου Σχολαστικοῦ Ἱστορίαι*,σ. 551,553。
⑤ 达乌拉叶扎斯之子,安特人。*PLRE*,p. 776。

一个排成连续的一队。2 当他们几乎抵达半道时，那些前面的人清楚地看到营火，守卫躺在旁边。他们中的 7 人已经入睡，并且平静地打着鼾。只有一个强撑着他的眉，似乎设法保持清醒，即便如此，他也昏昏欲睡，被睡眠所战胜，他睡着然后又清醒了，不知道坚持了多长时间。3 此时，达乌拉叶扎斯之子莱昂提乌斯由于地上一些泥土湿滑，失去了立足点，摔倒并打碎了他的盾牌，这巨响惊醒警卫并发出警报，警卫们从床上跳起来，拿起他们的剑，伸长脖子四处张望。但是因为火光炫目，他们没有发现暗处的人。此外，把他们从睡觉中惊醒的嘈杂声既不清楚也不特别，更没有显示出掉落武器的声音。而对面的罗马人一切都看得很清晰和准确。4 结果是，他们停了下来，保持不动，似乎是栽在地上，没有发出如同低声或者移动脚步的声音，无论他们是否会碰巧站在一块高耸的岩石或者灌木上。5 如果不这么做，警卫会得知正在进行的事情，并且无疑会滚下大圆石，压死袭击者，这就是他们屏住呼吸保持安静不动的原因。6 我必须得说，我非常惊叹于他们的训练有素，如何在一刹那似乎通过某种预先计划好的信号一样，他们都意识到如何做到最好，并且保持姿势不动，都分别得知关键时刻不允许大声说话。由于没有发现任何危险的征兆，蛮族人感到欣喜，愉快地入睡了。

19. 而罗马人则在他们依旧酣睡之时突袭并屠杀了他们，包括那个被认为似乎"半睡半醒"的人。在此之后，他们大胆地前进，遍布房子之间的小巷。此时，冲锋号响起了作战的信号。2 米西米安人受到了惊吓，并且被这个嘈杂的声音弄得不知所措，虽然他们不知道这意味着什么，但是他们都起来了，并且从不同的方向冲了出来，寻找彼此的同伴。3 罗马人在门口截住他们，用剑"热情"地接待他们，很多人被杀。事实上不久，与第二批相比，第一批冲出家门的人都被杀死了，并且第三批已经在路上，往刀尖上撞。在普遍冲击的破坏中没有任何的喘息。不久成群的妇女们起来了，一起哭喊着涌出了家门并且啜泣着。但是愤怒的罗马人并没有饶恕这些人，因此她们也收获了丈夫们阴谋的奖赏。4 她们中之一，一位有些文雅的妇女手持火把惹人注目地走着，当被一支矛刺穿腹部后，她悲惨地死去了。此刻，罗马人中的一名士兵捡起了火把，开始点燃房子，这是由茅草和木头所建，房子瞬间燃起大火。大火像灯塔一样，将正在发生的事情传给了阿普希里安人，以及更远地方的人们。5 接下来发生的屠杀更加可怕，蛮族人像苍蝇一样死去。那些待在家中的人或者被烧死或者被活埋。那些冲到外面的人被罗马人的剑所杀死。很多孩子被抓住了，他们哭泣着寻找妈妈。有些被他们丢下了，而有些则被残忍地摔到岩石上。

孩子们被士兵们投掷到空中，像游戏一样，用长矛的尖端扎住他们。6 现在可以知道的是，罗马人已经被米西米安人激怒了，这是考虑到索迪利库斯的事情和针对使者的愤怒。无论如何他们的愤怒是不相称的，并且他们本不应该对不了解父母罪行的新生婴儿作出魔鬼般的残暴的放纵行为。因此，他们的这个罪行一定会受到惩罚。

20. 整个晚上都是在完成这些任务和相似的暴行，这里已经完全被毁坏，第一缕曙光出现时，500 名重装的米西米安人从堡垒出发前去攻打罗马人。后者没有发现，因为他们认为已经大获全胜。在米西米安人的压力下，罗马人被迫逃离，他们中的大部分或者被杀或者受伤。2 一次混乱和凌厉的袭击后，幸存者回到了营地，但是身受重伤。他们已经被敌人的长矛打击了，并且他们的腿与岩石摩擦，都受伤了。3 由此，因为他们不想再次攀上岩石，所以他们决定进攻堡垒最弱的地方，同时进入护城河。他们准备了大量的小屋和遮篷，把它们拉过来，从一个安全的地方去进攻城墙。他们使用了围城器械、弓箭以及其他增加防卫者困难的可用的东西。4 蛮族人陷入悲惨的困境中，但是仍然做出激烈的抵抗。他们中一些人拉来柳条编成的屋顶，并且带着消灭他们的想法来对付罗马围城器械。但是在他们靠近并得到其保护之前，一位名为苏阿鲁纳斯①的斯拉夫人把他的矛投向了几乎可以看到的一个人，对他进行了致命的一击。随之这个人倒下了，露出了柳条屋顶下面隐藏的未受到保护的人。5 罗马人轻松地把他们都击倒了，只有一位设法逃走了，并且已经几乎抵达了堡垒，当到达堡垒的侧门时，他被一支箭射死了。他躺卧在门槛上，身子的一部分还在外面，但是大部分已经在里面了。6 当米西米安人看到这件事，我认为他们把这阐释为一个坏的预兆。除了这些，他们开始在战斗的紧张下分化了，并且急于与罗马人和谈，首先他们受到下列事实的影响，即波斯人所答应的解围力量还没有抵达。7 考虑到所有这些因素，在估量了他们自己的能力后，他们勉为其难地形成迟来的认知，即他们无法与罗马人匹敌，不再能承受战斗。因此，他们向约翰派出使者，恳求他不要清除一个长期以来臣属于罗马人、有同样的信仰，并且在他们被不公正地对待之前没有做出报复、表现出蛮族人的典型的鲁莽的一个部族。他们需要一些原谅和克制，毕竟他们已经遭受惨痛代价，并且受到了残酷的惩罚。堡垒周围的一切都被夷为平地，5000 多名年轻人消失了，更多的妇女以及孩子丧失生命，由此整个部族近于灭绝。8 约翰欣然接受了他们的请愿，避免把他和

---

① 不见于其他史料。《晚期罗马帝国人物志》中也未收录。

其部众置于孤立、寒冷地区长期滞留的冒险中,并且因为米西米安人事实上已经为他们的罪行遭到了足够的惩罚。9 因此,他携带人质,以及所有的金钱和那些索迪利库斯带来的包括多达 28800 枚的皇帝的金币在内的东西。除此以外,他还带着大量的战利品启程,他告诉米西米安人去管理自己的事务,并且在没有干扰的情况下恢复正常的生活。10 于是他率领着一支荣耀的、并且只损失了 30 名士兵的军队回到了拉齐卡。

21. 在这些事件之后,皇帝查士丁尼解除了马丁的领导权,派遣耶尔曼努斯之子查士丁来代替他担任拉齐卡和亚美尼亚军队的统帅。① 甚至在此之前,考虑到在暗杀古巴泽斯中所扮演的主要角色,皇帝并不喜欢马丁担任最高指挥官的想法。2 然而,他把自己的看法在一段时间里视作秘密,因为他觉得在事务还处于混乱状态时,改变或者损害军队的领导权不是一件好事,尤其是考虑到其军事经验和突出的指挥能力,马丁在军队中受到的欢迎。3 我认为,正是这一点救了他的性命,否则他也会与约翰和鲁斯梯库斯一起被处决。与此相反,出于对他胜利和在战场上能力的尊重,皇帝篡改了法律的规定,放弃了对他的指控。但是他没有允许马丁保持其领导权,而是把他降成一个普通人,并断定,即便他犯有这么大的罪,他去职的不光彩也是足够的惩罚了。4 因此,在波斯前线的战火平静后,他罢黜了马丁,并将查士丁召集到拜占庭,他除了与皇帝有密切的关系,还在那个时候享有极高的声望。因此查士丁尼授予其全权,派他去拉齐卡处理那里可能出现的问题。5 现在查士丁的随从中有一位名为约翰的利比亚人,② 他出身籍籍无名〔因此为了生活,他不得不作为另一个人雇佣的仆人,并且为查士丁贴身警卫中的某一位分担携带和搬运的繁重工作〕,但是他在很短的时间里便上升到财富和傲慢的高峰。6 在很多阴谋诡计以及低级的狡猾的帮助下,他很快成功地使自己为查士丁所知。作为一个完全的卑鄙之人和无耻之徒,他为了获得金钱,可以屈服于邪恶和不诚实的任何的想得到的形式,他向将军索要定期支付的金钱。作为对这些的回报,他保证会用无限期长的时间来服务将军,并且他选择承担供给他所有的奴隶、仆人、警卫以及事实上所有随从的工作。7 他甚至更进一步:他保证不仅维护所有他所收到的金钱的安全,而且将其完好无损地返回,好像这是借给他,并且还为之提供一笔红利。很多人认为他信口开河。但是查士丁虽然对利比亚人所说的非常愤怒,清楚他在不诉诸暴力、

---

① 该事情发生于 557 年春。
② 不见于其他史料。*PLRE*, p. 668.

勒索以及对与他接触的每个人进行非法交易的情况下是不可能遵守诺言的,但是他还是委托给他一笔自己承诺的钱,并且给予他完全的自由,让他随心所欲地去做。

22. 由此,约翰前去位于进军路线上的帝国的不同的村庄。他召集起例如缺少牛供应的村庄的村民,并向他们宣布,军队需要他们。由此,他一边展示着20塔兰特,一边说:"你们必须按这个价格卖给我牛,不能便宜。但是最重要的是,拿着钱,然后尽快把牛带给我。" 2 当他们要求他赦免时,发誓并宣称他们没有足够的牛来耕地,这个恶棍以极其傲慢的态度拒绝了,并且制造出一种将军不可以购买给养的感觉的愤怒态度。他勃然大怒,并且继续坚持直到他们售出自己最值钱的财物,然后把钱交给这个恶棍,以此免除他的勒索。3 离开这个地方后,他来到另一个地方,在这里没有人听说过骆驼或者骡子,他开始大喊,并坚持,他是为了这些牲畜而来。老故事再次上演了。他开始向他们展示带来的钱,然后取得村民的金钱之后离开了。4 在他所去的地方,他都按照同样的方式要求没有的东西。按照这样的方式,他持续积累钱财,这是他从不欠他任何东西的人那里勒索而来的,没有通过购买、出卖或者其他的聪明的交易,不久他就已经按照他的方式获得了双倍的金钱。5 当他们抵达拉齐卡后,他做了同样的事情,此外,还获得了一些商船,并且去了那些他以特别便宜的价格购买到的大量的农产品的地方,把它们运到海外销售。并不令人惊讶的是,这个结果导致了军队的食物如此缺乏,以至于一棵草都要花钱来买,并且欺诈性叫卖的利益非常大。6 通过这些方式,他完成了与查士丁的协议,给他提供了食物以及增加了最初数量的金钱。虽然查士丁意识到正在发生的事情,因为被约翰踩在脚下的遭到掠夺的对象直接来到查士丁面前,哭泣着和哀叹着祈求从他们悲惨的遭遇中得到喘息,但是无论如何他没有担心和后悔便收下了不公正和压迫的收益,高兴于享受奢侈的食物以及并没有为此支付钱财,便获得了廉价的商品。7 但是他最终注定要付出沉重的代价。① 即便他接下来通过击败了位于多瑙河岸边的蛮族人的进攻而赢得了胜利并展示了极大的功绩,但是神圣的正义不会平息,即便它们被掩盖了,但是记录不会磨灭,直到恰当之时。8 并不是在犯罪时我们即获得了惩罚,而是在若干时间以后,也许是当我们忘记了过去的行为时。并且我们即刻的反应是沮丧于事物针对我们实施的不公正和不合理的方式。我们由于对人类的嫉妒和暴行的指责而感到很糟糕。但是组织和规范

---

① 这个代价指的是在查士丁二世的授命下,他在亚历山大里亚被杀死。

我们的神明知道什么是一个人应得的,并且以他选择的方式追踪并探究我们早期的过错。9 但是查士丁接下来的生涯及其成功的生活细节如何突然地没有任何预见地结束将会被准确地报告出来,这是当我叙述的线索按照通过事件过程的严格的时间顺序来展开到达这个事件之时。然而,对于目前来说,我将回到之前的时期,继续我对这个事情的记述。

23. 拉齐卡的情况已经得到了述及,查士丁已经被任命为全权统帅。波斯人没有重启事端,罗马人也没有采取攻势。事实上双方都随时准备着努力去预测对方的意图。双方都没有发起进攻,而是保持按兵不动,仿佛是达成了一致,彼此敬而远之。2 在得知法西斯河岸边发生的事情,以及纳赫拉汗从战场上逃走后,库斯劳立刻从伊比利亚召唤他,按照由来已久的波斯人习俗以野蛮的方式惩罚了他。3 他认为,简单地对这个人处以死刑不足以惩罚他的怯懦。相应地,把皮肤从颈部撕下来,一直剥到脚,然后彻底与血肉分离,从里面翻出来,这样他身体的各部分就都可以清晰地被看到。在这之后,它像葡萄酒囊一样被充满了气,在杆子上悬挂着,我认为,这一幕可怜的、令人恶心的场面,库斯劳之前很久的波斯人国王无耻的沙普尔①是首创者。4 有一个关于弗里吉亚人马尔西亚斯②非常有名的故事,按照这个故事所讲,他与阿波罗之间有一场笛子演奏比赛,其中马尔西亚斯遭到了严厉的打击,因为他鲁莽地［如果这种方式看起来不那么荒谬］与他的主神成为竞争对手③。因此,取得胜利的对手计划用剥掉他的皮并悬挂在树上的方式来惩罚他的鲁莽。当然,整个故事是诗人极其荒谬的编造,是没有任何真实性的异想天开或者相似的东西,这一牵强附会的论断称,阿波罗作为笛子演奏者,参与了音乐比赛,并且在取得胜利后对他的失败的挑战者如此暴怒。阿波罗怎么可能开心地把他的不人道的证据挂在空中展示呢? 5 无论如何,这个主题,是老一代诗人所传下来的,已经被现代诗人所继承并进行了创作,其中之一是埃及的潘诺波利斯的诺努斯,④ 在提及阿波罗之后［我不能说有什么明确的联系,因为我没有回忆之前的诗篇］,在一首他称为《迪奥尼修斯史诗》的诗中,继续如此讲述:

---

① 沙普尔一世,萨珊波斯国王（240~270 年在位）。
② 半人半羊的森林之神。
③ 阿波罗是古希腊神话中的太阳神,同时也被认为是音乐的保护神。
④ 5 世纪初来自埃及潘诺波利斯的希腊诗人,最著名的作品就是此处提到的《迪奥尼修斯史诗》（Διονυσιακά）。

> 自从马尔西亚斯与天神比赛吹笛后
> 他的皮就充满了气,被悬挂在树上。

6 此时他还不知道这个令人憎恶的事,这对任何对于遥远的过去有相当超然的人是明显的,并且他并不允许自己被世人所谈论的神的故事所误导。7 但是,虽然沙普尔是一位非常不公正且嗜血的人,通常残暴不堪,并且很少表达出同情和克制,即便这样,我也不能明确地排除这种可能,即这种愚蠢的行为已经在很早之时伤害了其他的一些受害者。但是当他在战场上打败了罗马皇帝瓦勒良,① 并生擒了他时,沙普尔对他进行了残酷的复仇,这是数位史家的阐述所证实的。8 在所有这些记载中,在帕提亚帝国崩溃后获得波斯人王位的最初是阿尔达希尔和沙普尔,他们两人都是邪恶和不公正的魔鬼,他们中一位谋杀了自己的宗主,通过暴力的方式夺取了王位,而另一位则开创了复仇的残酷以及可憎野蛮的先例。

24. 因为我已经再一次有机会在记述过程中提到阿尔达希尔,所以在这里完成我之前的承诺,记述按照时间顺序继承王位的君主也没有什么不恰当的。阿尔达希尔的出身以及他获得波斯国王王冠的方式我已经提到了一些细节。除了我在之前描述过的他获得波斯王位的方式,我也没有什么可以补充的,这是在塞维鲁·亚历山大统治的第 4 年,在亚历山大大帝之后的第 538 年,他统治了 14 年零 10 个月。2 他的继承者是无耻的沙普尔(一世)。他在继位之后活了 31 年,在此期间他对罗马人造成了罄竹难书的伤害。3 可以确信的是他虐杀了他们的皇帝②后,就没有什么可以阻止他前去蹂躏美索不达米亚以及其毗邻地区了,然后是西里西亚和叙利亚,最后是遥远的卡帕多西亚。大屠杀如此恐怖,以至于他事实上以尸体填满了山间的峡谷和沟壑,填平了倾斜的山峰,从上面骑行过去,穿过山脊,如同经过平原一样。4 在回程中,由于他的不虔诚的成功令他如此得意扬扬,以至于他的傲慢没有受到丝毫的约束,但是不久这受到了帕尔米拉的奥德纳托斯③的制止,他是一个背景不太清晰的人物,但是因他对沙普尔的荣誉之战而得到了补偿,在历史的篇章中他(奥德纳托斯)最后击败了沙普尔。5 沙普尔去世后,他的儿子霍尔米兹德(一世)④继承了王位。他的统治时间很短,持续了 1 年零 10 天,在这过程中他没有做过什

---

① 罗马皇帝 (253~260 年在位),被沙普尔一世杀死。
② 即上文的罗马皇帝瓦勒良。
③ 帕尔米拉国王 (261~267 年在位)。
④ 萨珊波斯国王 (270~271 年在位)。

么值得记录的事情,继承他并统治了3年的瓦赫兰(一世)① 也是如此。6 但是瓦赫兰之子(瓦赫兰二世),② 和他的父亲同名,统治了17年。第三位瓦赫兰(三世)③ 统治的时间仅有4个月。我认为他被给予沙汗沙赫的头衔是没有任何正当理由的,而只是按照古代祖先的习俗。7 事实上,波斯国王与人口众多且非常重要的邻国作战并将其降服时,他们不杀死被征服的居民而只是要求其提供贡赋并且允许他们居住在领土之内从事耕种。但是,这些王国的国王则会被处以残酷的死刑,并且把统治者的头衔给予波斯国王自己的孩子,希望借此来保存他们胜利的骄傲记忆。8 现在既然赛格斯坦尼被他的父亲瓦赫兰(二世)所征服,那么很自然,他的儿子就会被给予沙汗沙赫的头衔,这是波斯语"赛格斯坦尼之王"的意思。

25. 在瓦赫兰(三世)快速死亡后,纳尔沙赫④立即取得王冠,并且统治了7年零5个月。他被儿子霍尔米兹德(二世)⑤ 继承,后者不仅是他父亲王位的继承人,而且也统治了同样的时间。虽然似乎很奇怪,事实是他们两位统治了同样多的年数和月数。2 他们被沙普尔(二世)⑥ 所继承,后者统治了很长时间,而这与他的生命时间一样。的确,当他尚在母亲的子宫里时,就已经被要求继承王位。3 因为不确定王后将诞下男孩还是女孩,贵族们计划给予穆护一笔特别的奖赏,如果他们可以预测未来。因此他们带来一匹孕晚期的母马,让穆护给出预测。以便在几天后检验预测结果,并进而评估穆护对人类生产的预测。我不能准确地说出对母马的预测原理,因为我没有得到关于这件事情的信息,但是无论如何,穆护的预测被证实是正确的。4 当贵族们了解穆护娴熟于他们的技艺时,他们催促穆护们阐释对于未来事件的认识,当然也包括这位妇女。当穆护们说一位男性继承人将要诞生时,他们没有丝毫延迟,把王冠放在母亲的子宫之上,宣布这个胎儿为国王,并且给予其名字和头衔的荣誉,我认为,这是在他能够在子宫里刚做出一些跳动和颤动之时。5 由此,虽然穆护们没有使得贵族们的期望很离谱,并且结果是超出了他们的希望,但是他们想当然地认可了物质的自然秩序是不确定的和模糊的东西。事实上不久沙普尔就降生了。自一出生就拥有王室头衔,他

---

① 萨珊波斯国王(271~274年在位)。
② 萨珊波斯国王(274~293年在位)。
③ 萨珊波斯国王(293年在位)。
④ 萨珊波斯国王(293~302年在位)。
⑤ 萨珊波斯国王(302~309年在位)。
⑥ 萨珊波斯国王(309~379年在位)。

在王位上长大并且衰老,直到老迈的 70 岁。6 在统治的第 24 年时,尼西比斯城①落入波斯人之手。② 这里长期臣属于罗马,但罗马皇帝约维安投降并放弃了它。上一任皇帝朱利安曾深入波斯的心脏,当他突然去世后,约维安被将军们和军队拥戴为皇帝。7 因为刚刚登基,由于使他获得权力的紧急的国家状态所造成的普遍的混乱以及发现自己在敌人的领土之中,他无法轻松、有秩序地安排事务。因此,急于结束在异邦以及敌对势力的领土的停留并且全速回到自己的国家,他开始参与一个不光彩的协议,在此时这是帝国的一个污点。借此他把帝国的范围控制在新的边疆之内,削减了其较远的角落。8 然而,该时期的活动已经被更早的一位史家所记录下来,③ 我无暇在此赘述,而是必须坚持我们之前的主题。

26. 沙普尔被他的兄弟阿尔达希尔(二世)④ 继承,后者统治了 4 年后去世了。他(沙普尔二世)的儿子也被称为沙普尔(三世),⑤ 他统治了共 5 年。他的儿子瓦赫兰(四世)⑥ 统治了 11 年。他被给予了科曼沙赫的头衔。2 我已经解释了这种头衔的缘由了。科曼也许是一个部族或者一个地方的名称,毫无疑问,瓦赫兰获得这个称号是因为他的父亲征服了这个民族或地方,类似于早期罗马的做法,即某个人会根据他征服的其他民族的名字来获得一个特殊的称号,例如"阿非利加努斯"和"日耳曼尼库斯"。3 下一个时期的统治是以沙普尔(三世)之子伊嗣俟(一世)⑦登基为标志的,他在罗马记忆中是一个传奇人物。人们一致认为,当皇帝阿卡狄乌斯⑧去世时,他的遗嘱是将伊嗣俟作为他的儿子提奥多西(二世)⑨ 的监护人以及整个罗马国家的监管者。4 这个故事一代一代传下来,口耳相传,直到现在上层社会和普通人中还在重复着。但是我还没有

---

① 位于上底格里斯河左侧附近,在罗马帝国和拜占庭帝国初期是帝国与波斯边境争夺的重要城市,同时也是两河流域商路的重要节点,现土耳其马尔丁省的奴塞宾市。
② 此处阿加西阿斯记载有误,尼西比斯不是在 332 年落入沙普尔二世之手,而是在 363 年朱利安皇帝去世后,由约维安皇帝割让给萨珊波斯。
③ 此处的史家指的是阿米安努斯·马塞林努斯。作为亲历者,他在其作品《历史》中记载了约维安割让尼西比斯的经过。Ammianus Marcellinus, 1940; *Ammianus Marcellinus*, xxv, 9.1, trans. by John C. Rolfe, Cambridge, Mass.: Harvard University Press (reprinted 2000), pp. 546~549.
④ 萨珊波斯国王(379~383 年在位)。
⑤ 萨珊波斯国王(383~388 年在位)。
⑥ 萨珊波斯国王(388~399 年在位)。
⑦ 萨珊波斯国王(399~421 年在位)。
⑧ 弗拉维乌斯·阿卡狄乌斯·奥古斯都,拜占庭皇帝(395~408 年在位)。
⑨ 提奥多西二世·奥古斯都,拜占庭皇帝(408~450 年在位)。

在任何文献或者史家的作品中见到，甚至在关于阿卡狄乌斯去世的记载中也没有，唯一的例外是普罗柯比①。我丝毫不惊讶，阅读了各种历史文献的拥有百科全书般知识的普罗柯比在一些早期的史家作品中找到这个故事，而近乎无知的我则没有见到，如果我的确了解一切。5 我非常惊讶的是，普罗柯比并没有把自己限制于对这一事件的平铺直叙，而是赞赏阿卡狄乌斯的决定极其英明。他说，事实上，阿卡狄乌斯虽然在其他事情上考虑周到，但是在这件事情上尤其精明和有远见。6 但是在我看来，根据后来的事件判断，他对这个决定表达仰慕不是原初情况的逻辑，因为把自己最近的最爱的人委托给异邦人、一个蛮族人，一个极其敌对国家的统治者，一个在荣誉和正义方面不太了解的人，而且是错误宗教的坚守者，这很难被认为是正确的决定。如果这个婴儿平安无事，他的皇位没有处于危险之中，这得益于监护人的保护和照料，虽然此时他还没有断奶，那么人们应该赞扬伊嗣俟的诚实多于阿卡狄乌斯的行为。但是这些是读者必须按照自己的标准判断的问题。8 无论如何伊嗣俟统治了 21 年，在此期间他从来没有对罗马开战或者以任何其他方式伤害他们，他的态度是友好和平的，这可能是巧合或者是出于对男孩的真诚的同情以及对其作为监护人的职责的尊重。

  27. 伊嗣俟去世后，他的儿子瓦赫兰（五世）继承了王位，后者侵入了罗马人的领土，但是在受到了驻守在边疆的将军的友好、谦恭的接待后，他快速撤回自己的王国境内，既没有对他的邻邦开战也没有以任何其他的方式破坏他们的土地。② 2 在统治了 20 年之后，他把王位交给了他的儿子伊嗣俟（二世），③ 后者统治了 17 年零 4 个月。3 下一位统治者是卑路斯（一世），他是一位极其胆大且好战的人。他的大脑充满了极大的野心，但是他的判断不太可靠，他的勇猛远多于审慎。4 结果是他在一次针对嚈哒人④的远征中丧命，我认为，这是由于他的对手的力量以及他的疏

---

① Procopius, *History of the Wars*, Ⅰ, ii. 6~8.
② 事实上，瓦赫兰发动了针对拜占庭的短暂的战争（421~422）。这场战争是以对波斯境内基督徒的迫害开始的，但是很快便以失败而告终。
③ 萨珊波斯国王（438~457 年在位）。
④ 5~8 世纪生活在中亚地区的一支族群，他们建立了一个强大的政权。他们又被称为白匈奴，在中文史料中被称为滑国、悒怛等。560 年左右在萨珊波斯和西突厥联合进攻下，嚈哒走向瓦解，其领土遂被前二者瓜分，参见余太山《嚈哒史研究》，商务印书馆，2012，第 10~11 页。本书将其被萨珊波斯和西突厥联军击败和瓜分的时间考证为 562 年，详见李强《公元 6~7 世纪西突厥与拜占庭帝国交往中的地缘政治》，《西域研究》2022 年第 1 期，第 29~31 页。

忽。虽然他本应采取所有必要的预防和侦查措施确保安全进入敌人境内对付埋伏，但他直接跌入了陷阱，一系列精心伪装的陷阱和在平原上延伸很长的沟壑。他和他的军队在其统治的第 24 年一起消失了，被匈人以智取胜——这是一种结束其生命的可耻的方式。5 继承其王位的是他的兄弟瓦拉什，① 后者没有什么显著的军事成就，这不仅是因为他温和的处事以及对暴力的天然厌恶，还因为他的统治非常短暂。事实上只有 4 年。6 他被卑路斯（一世）之子卡瓦德（一世）继承，后者针对罗马人发动了很多次战争，并且赢得了很多周边的蛮族。他的统治的确是一个不断动荡和冲突的时期。7 在统治期间，他非常冷酷和严苛，不尊重社会秩序，他将革命性的创新引入王国，并且推翻了由来已久的习俗。他甚至被普遍认为制定了一条法律，规定妻子必须共有，我认为，这不符合功利主义的结局，这是苏格拉底在柏拉图对话篇中的话隐含的意思所揭示的，但这仅仅是为了提供情妇，允许任何愿意的男人与自己所选择的任何女人睡觉，即便她碰巧是别人的妻子。

28. 因此，随着这种遭到法律制裁的暴行变得流行，贵族们无法再忍受耻辱，并且开始公开表达愤怒。事实上，这则法律是针对他的这个阴谋和他下台的主要原因。在其统治的第 11 年，贵族们群起而攻之，并且推翻了他，把他投入了"遗忘之狱"②。2 扎玛斯普③被给予王权。他也是卑路斯（一世）的一个儿子，除此以外，他还享有性格温和与公正的伟大美誉。以这种方式，他们认为已经按照自己满意的方式安排了一切，并且由此他们得以生活在和平和安静之中。3 但是不久卡瓦德在他的妻子的帮助或者教唆下逃走了，如普罗柯比所言，④ 他的妻子因他而死或者以其他的方式去世了。无论如何事实是他从监狱逃到了嚈哒人的土地上，在那里他得到国王的保护。4 考虑到命运的变化无常，该国王以极其友好的方式接待了他，并且一直安慰他，减轻他的悲痛，向他显示出关心，对他予以鼓励使他打起精神，宴请他并经常让他从自己的杯子中饮酒，为他提供名贵的衣服，招待他时非常注重细节。此后不久，他把自己的女儿嫁给了这位客人，并且派出一大批军队以确保他的回程，请他回去打败所有的对手，并重新获得昔日的繁荣。5 事情发展的趋势很自然与人们所想的不

---

① 萨珊波斯国王（484~488 年在位）。
② 普罗柯比提到该监狱之所以获得此名，是因为他们规定，只要人还在这里，就不得提及其姓名，参见 Procopius, *History of the Wars*, I, v.8.
③ 萨珊波斯国王（496~498 年在位）。
④ Procopius, *History of the Wars*, I, vi., 1~9.

同，经常是令人苦恼或者与人们的计划不符，在这件事情上所发生的就是如此。在很短的时间内，卡瓦德的命运开始摇摆。6 从一端到了另一端，再次回来：他从一个国王变成了一个罪犯，从监狱逃走后成为一块陌生土地上的避难者和恳求者，随后作为客人与国王建立了密切的关系。随后未经努力和任何的危险他回到祖国并且再次获得王位，他发现等待他的是空位，似乎就是在等待他，好像他从没有被剥夺过一切。7 事实上扎玛斯普主动退位，明智地做出最好的选择，在享受了 4 年的统治权后，宣布放弃王位的骄傲和权力的浮华以此换得安然身退。8 比之前更加谨慎的卡瓦德，在之前 11 年的基础上，又统治了 30 年，由此他的统治一共是 41 年。

29. 过去的数代史家们都对卡瓦德统治的两个时期和事件进行了详细的记述。但是，我认为有一点值得谈及，2 这是他们没有涉及的，即罗马帝国和波斯帝国同时发生的事情令人震惊的巧合。似乎由于一些奇怪的命运的借口，灾难几乎同时降临在两位君王身上。事实上不久之前，罗马皇帝伊苏里亚人芝诺，本名是塔拉西科蒂萨，是得到维利娜①协助的伊鲁斯、瓦西里库斯②以及科农③的阴谋的受害者，遭到罢黜和驱逐，他设法及时逃到了伊苏里亚。但是他后来又回去了，镇压了仅统治两年的叛乱者瓦西里库斯，再次获得了对帝国事务的完全统治权，并且在皇位上直至去世，但这是不久之后的事情。3 同一时间帝国西部皇帝内波斯遭到了同样的更大的不幸。作为奥莱斯蒂斯④阴谋的结果，他被迫逃离意大利，⑤ 失去了他再也没有获得的皇位。他以一个普通公民的身份去世了。⑥ 4 于是，此时在伟大的力量中发生了一些向更坏方向发展的意想不到的变化，就让那些习惯于探究难以解释的事物的原因的人去解释这些吧，他们可能会为我所关注的这些事情提供解释。但是，我必须回到之前的话题上。5 卡瓦德（一世）去世于罗马皇帝查士丁尼统治的第 5 年，之后把我们带入这个时代的著名的库斯劳（一世）继承了其父亲的王位。他的开拓是众多而且多样的。之前普罗柯比记载过其中一些，没有被记载的则被我记录下来，但是其他的在既定过程中都会得到适当的提及。6 为

---

① 利奥的皇后，以及芝诺的亲家，曾参与两次针对芝诺的阴谋。484 年去世。
② 维利娜的兄弟，475 年 1 月至 476 年 8 月为拜占庭帝国皇帝。
③ 芝诺统治时期的一位伊苏里亚军团长官，其本人来自卡帕多西亚。
④ 罗马将军和政客，来自潘诺尼亚。曾在匈人阿提拉王庭任高官。他推翻了内波斯的统治。
⑤ 事件发生的时间是 475 年 8 月 28 日。
⑥ 发生在 480 年。

了保持严格的时间顺序,我暂时只能提到,他的统治持续了48年,在此过程中,他赢得了无数的杰出的胜利。他的统治事实上标志着之前波斯君主没有达到的胜利和杰出成就的高峰,无论如何,如果人们没有对个人的统治进行比较,的确很难称冈比西斯之子居鲁士或者希司塔斯佩斯之子大流士或者将大海对骑兵敞开、将大山对船只敞开的薛西斯可以与他相比。7 然而他并不幸福或者不光彩的结束可以与他过去的生活形成完全的对比。8 此时他在卡尔都西安山区①的萨姆诺村停留,[他搬到那里是为了度过夏季,因为这个地区拥有适宜的气候,]此时被罗马皇帝提比略·君士坦丁②任命为东方军事统帅的保罗之子莫里斯③突然侵入了阿尔扎内纳④附近地区。并且,似乎这还不够,莫里斯随后前去蹂躏并洗劫了整个地区。不久他越过乞儿马河,继续前进,烧毁并洗劫了位于其道路上的一切。9 当莫里斯从事这项大规模的破坏工作时,由于位置足够近,库斯劳已经能够清晰地看到升起的烟雾,他目睹了敌人的火焰,这是他从未见过的,对他而言太大,他如此震惊和惊愕,以至于没有采取任何进攻或者防御的行动。相反他伤心于所发生的事情,并且立刻陷入绝望之中。10 相应地,他在担架上被快速送到了位于塞琉西亚和泰西封的王宫。这是逃跑而不是撤退。不久他就结束了生命⑤。

30. 但是我似乎没有意识到已经离题了,我认为这是因为这些事情如此令我着迷,以至于我略过中间的时期,而叙述后面发生的事情了。但是现在我已经完全意识到离题的问题了,我只好放下对该问题的讨论。它们将在我对这个事情进行述及之时出现。我将要继续前面的记述线索。2 我已经遵守承诺,并提供了波斯国王统治的时间线索,我认为这是真实和准确的,因为这是基于波斯的史料。3 事实上译者塞尔吉乌斯⑥在波斯停留时设法说服王室档案管理者授权他查阅相关文献。他这么做了,以此来回应我不断的询问。幸运的是,当他宣称,他唯一的目的是在我们的部族中保存波斯人所知和所珍惜的东西,他们立刻乐意效劳,如果罗马人也了解他们是什么人,有多少数量,继承的顺序和方式如何,他们认为这可以提

---

① 上底格里斯河亚美尼亚地区的山区。
② 拜占庭皇帝,在位时间为578~582年。来自色雷斯地区。PLRE, pp. 1323~1326。
③ 弗拉维乌斯·莫里斯·提比略,拜占庭皇帝,在位时间为582~602年。他的家族来自罗马,但是他出生于卡帕多西亚。PLRE, pp. 855~860。
④ 亚美尼亚富庶的省区,位于凡湖的西南。
⑤ 库斯劳的去世(579年2月)是本书中阿加西阿斯所记载的最晚的事件。
⑥ 可能是来自叙利亚,不见于其他史料。PLRE, p. 1129。

高他们国王的威望。4 塞尔吉乌斯所做的就是把名字、日期以及主要时间写成希腊文,这一工作非常符合他作为所在时代最好的译者的身份,以至于他的天赋为他赢得了库斯劳的仰慕,并且使他成为两个国家他所从事的行业认可的大师。在对需要做的内容进行了精准的翻译后,他把书写的内容的所有材料拿到了我这里,敦促我去完成本来委托给他的工作。这就是我所做的事情。5 结果是,即便在我对卡瓦德统治的记述和普罗柯比的版本之间有一些矛盾之处,我们也必须追随波斯文献的权威,并且信任内容的精确性。现在我已经完成了自己的工作,我继续对拉齐卡的事件进行记述。我已经按照以下的要点进行了解释:6 由于他的怯懦、在马丁以及罗马军队手中的失败,以及前往伊比利亚的不光彩的撤退,纳赫拉汗被处以极刑,其形式前面已经做过描述。7 意识到他没有资格继续在拉齐卡与罗马人作战,因为他们已经控制了大海,可以轻松获得所需,而他则不得不越过浩瀚的沙漠,依靠搬运工和驮畜极其艰难地给自己的部队提供稀缺的给养,库斯劳决定结束各条前线的战争以此在一些薄弱的和未签署停战协定的地区实现全面的和平。8 结果是他派出了一位高品阶的波斯贵族作为外交使团前去拜占庭,这个人名叫契赫①。9 抵达之后,他见到了皇帝查士丁尼,他们经过了漫长的意见的交换。最终他们同意,罗马人和波斯人双方都应该保持他们在拉齐卡通过征服的权力所得,无论是城镇还是堡垒,在两个国家政权间的更进一步的权威的协议之前,双方都应该停战,停止各种形式的相互侵扰。由此,契赫完成了他的任务,② 回国了。10 当这些协议宣布给将军们之后,军队在很长一段时间内避免了敌对状态,这是已经得到协议确认的。

第五卷

1. 于是,这些伟大的对手按照协议放下了武器,并且保持了一段很长时间的和平,双方都没有采取任何敌对行动。2 此时,居住在黑海南岸、靠近特拉比松的扎尼人,尽管很久以来就是罗马的盟友或者臣民,但当时他们已经分为两部分:其中一部分人依旧保持以前的习俗,并无逾

---

① 波斯外交家。该名字出现在这个时期的不同文献中,尤其是普罗柯比的著作中。他曾五次作为库斯劳使团的代表,这里提到的是第三次。*PLRE*,pp. 722~723。

② 该协议达成于557年秋。

矩，但是大部分人已经放弃了定居生活方式，转向打家劫舍的生活，并且持续入侵黑海地区及其周边，破坏良田并袭扰路人。他们甚至越过任何可以通过的边界进入亚美尼亚地区，并在这里劫掠，与所有的公开的敌人敌对。3 因此，提奥多鲁斯被委派去对付他们，他是他们的同族人，并且是罗马将领中最杰出者。我想，我在前面已经多次提及他。很显然他应该是皇帝所选出来的那一位，因为他比任何人都要熟悉自己的母邦，非常了解从哪里可以成功地入侵，并且哪里是安营的最佳位置，以及如何更精准地去追捕敌人。4 因此，他率领着一支足够强大的军队从科尔奇人的土地出发，越过法西斯河对岸正西面的边界，立刻深入此时敌人疆土的心脏地区。在提奥多利亚镇①附近名为利载尤姆的地方安营，在营地周围修筑防御之后，他召集了那些意志坚定的扎尼人中热爱和平与友好的那部分人，给予他们礼物，并且夸赞他们的节制和极强的判断力。但是对于那些违反联盟协议以及毫不后悔地反抗的人，他准备立刻通过武力实施惩戒。5 但是敌人立刻就对堡垒发起了第一次进攻。在占据附近一座山的制高点后，他们将矛和箭像雨点一样射向罗马人，后者由于这突如其来的大胆行为而陷入巨大的混乱。6 即便如此，很多人也急切地冲出去，对付敌人。但是他们既没有按照序列前进也没有等待直到把敌人吸引到低地。他们把盾牌护在头顶上，轻装弯着腰前行，带着愤怒爬上山。7 但是扎尼人从高处投掷出矛并滚下石头，轻松地就把罗马人赶走了，然后他们突击进攻罗马人，屠杀了40人，其余的罗马人则不光彩地溃败了。8 由于突如其来的胜利而变得得意扬扬的蛮族人靠近了战场。随后开始了激战，扎尼人试图全力投入并夺取一切，而罗马人则认为，没有赶走敌人甚至没有彻底消灭他们对于罗马人的荣誉来说都是污点。这是面对面的暴力与不顾一切的战斗场景，其中，双方都竭尽全力抗争。战争进行了很长一段时间，并且一直处于胶着状态，战场上各种各样以及无孔不入的喧闹混乱地扩散开来。

2. 在看到敌人群龙无首并且没有采取安全的战术或者在各个点进攻外围，而只是挤成一团后，罗马统帅提奥多鲁斯命令他的一部分军队坚守阵地面对敌人，而他则秘密地派遣一支他可以召集到的力量去进攻敌人的后方。2 稳步地进军后，他们出现在了敌人的后面，突然发出大声的、穿透苍穹的作战时的呐喊声。扎尼人完全陷入了混乱，在他们的头脑中只有一个想法——像懦夫一样逃之夭夭。于是他们几乎带着恐惧逃走了，而罗马人则快速地解决了他们，杀死了2000人，并且将其余的人打散了。

---

① 该名作为小城名称非常多，此处指的是位于拉齐卡地区边境上的小城。

3 由此通过武力征服了这个部族后，提奥多鲁斯向皇帝送去一份有关该事件的报告，并且询问皇帝希望他下一步怎么做。而查士丁尼则命令他强加给扎尼人需要永久支付的固定的年贡。他认为通过这种方式，扎尼人应该意识到他们的依附地位，并且明白，他们是朝贡者，是附属部族中的一员。相应地，他们的名字都被登记在册，并被要求支付贡金，直到今天他们还在支付。4 皇帝查士丁尼尤其高兴于这一胜利，并且我认为，他是将其视作自己的主要成就之一；在以"新律"而闻名的补充的法令之一中，他罗列了自己的其他胜利，其中特别提到了这个部族。5 扎尼人的叛乱就以这种方式结束了。提奥多鲁斯回到了拉齐卡的将军那里。

3. 在这些事件不久之前，拜占庭再次差一点被一次可怕的地震夷为平地。① 我觉得这一次如此之大，史无前例，其恐怖因为爆发的时期以及其初期的致命和悲惨的事件进一步加剧。2 事实上，这正值秋季接近尾声以及传统的罗马姓名节②在庆祝之时。寒冷的天气已经来临，这也是可以预料的，因为太阳正向冬至点进发，并接近摩羯座。特别是在第八区，或如我所理解的，该领域的学者所称的"黑海气候区"，天气格外严寒。③ 3 当时正是午夜，所有的市民们都在床上平静地睡觉，灾难突然降临了，甚至每一座建筑都从地基开始摇晃。暴力以之开始的颤动集中增加，仿佛要达到灾难的顶点。4 每个人都醒了，尖叫声和恸哭声四起，伴随着在危急时刻突然从嘴中发出来的对上帝④的通常的虔诚求救。每一次成功的震颤都伴随着来自大地深处的深沉的、轰隆隆作响的雷鸣一般的声音，这加剧了警报所带来的恐怖。周围的空气变得昏暗，伴随着不知来自哪里的一股烟雾的扩散，突然闪出光芒。5 惊慌失措的人们从家中冲了出来，填满

---

① 此次地震的时间是 557 年 12 月 14～23 日。
② 罗马的布鲁马里亚节，这是罗马皇帝提供给人群中特殊群体的一个来自异教的节日。该节日可以追溯到罗马第一位统治者罗慕路斯时期。它的时间是从每年的 11 月 24 日到 12 月 17 日，共持续 24 天，每一天对应希腊文的一个字母，每一位客人按照名字的首字母的这一天被邀请来参加节日活动。该节日在拜占庭时期，持续一个月，同样是从 11 月 24 日开始。据说该节日在 11 世纪时期还存在于拜占庭首都君士坦丁堡，参见 Agathias, Agathias: The Histories, V, 3.2; Floris Bernard, 2018: The Poems of Christopher of Mytilene and John Mauropous, New York: Harvard University Press, p. 253。
③ 自希腊化时期，地中海地区就已经开始记载地球气候带，主要是根据天长来划分，而且是在北半球。斯特拉波和托勒密的划分不太一致，其中托勒密将北半球划分为 19 个气候带，其中第 8 气候带位于黑海中部。参见 Agathias, Ἀγαθίου Σχολαστικοῦ, Ἱστορίαι, σ. 639。
④ 原文是"τὸ θεῖον"，英译者弗莱多翻译为"虔诚的"，参见 Agathias, Agathias: The Histories, p. 137；希腊文译者阿莱克萨基斯译为"上帝"，参见 Agathias, Ἀγαθίου Σχολαστικοῦ, Ἱστορίαι, σ. 639。本书赞同希腊文译者，因为这里原文使用希腊文单数，而如果呼叫的不是上帝的话，古希腊宗教是多神教，应该是复数。这是阿加西阿斯文本中基督教元素的一个重要例证。

了大街和小巷，仿佛破坏力不会像在屋里那样在门外轻易地吞没他们。6 事实是，城市每个地方都建设得很拥挤，很少有空旷的空间。无论如何，他们的恐慌和担忧在望向天空试图寻求上帝慰藉时似乎得到慢慢平息。他们被一阵雨夹雪打湿，遭受寒冷的侵袭，但是即便如此，也没有寻找避难之处，只有在教堂中避难的那些人跪倒在祭坛之前。7 大量的女人，不仅是下层人也包括有教养和特殊身份之人与男人们混在一起；以端庄得体来区分的等级和对特权与等级显赫的尊重都陷入了极度混乱，并且在脚下践踏。8 奴隶们蔑视他们的主人，不服从其指示，聚集在教堂中一起祈祷。由于共同的危险以及临近死亡的可能，有权之人以及普通人此刻都变得平等了。9 在这一夜大量的房屋遭到了破坏，尤其是雷吉翁①地区，这里是拜占庭的港口。在这一夜还有很多令人惊讶、不可置信的事件也发生了。在一个地方，无论是石质还是木质结构，建筑的屋顶都裂开了，在张着大嘴的地方露出了天空和星星，然后突然一切回归原位。在另一个地方，位于上一层的柱子因为震动的力量突然弹射出去，经过临近的房子射向空中，在它们最终所落下的地方朝下猛撞，变成碎片之前飞行了很长一段距离。在其他地方，还有更可怕的事情发生，虽然只要我们这个不完美的世界依旧存在，这些事情在时间上就会反复出现，但是它们的影响更为令人震动，这是因为它们都是同时发生的。10 大量的普通人在灾难中逝去。在高贵的人以及那些元老院的成员之中，唯一丧命的是阿纳托利乌斯，② 他已经荣升至执政官的地位，并且负有皇家日常以及地产的财政管理和监督的职责。罗马人称这些官员为"管理员"。11 当时阿纳托利乌斯正在他的卧室中睡觉。这座寓所的墙上装饰着各种大理石的饰板，一些极其热爱这些奢侈的、没有必要的小古董的人所乐于展示的奢华的东西。被固定在靠床的墙上的这些饰板中的一块，被晃到松动并在震颤的力量下掉了下来打到了他的头上，打碎了他的头骨。他只来得及发出沉闷的哀号，然后就跌回到床上。死神夺走了他的生命。

4. 凌晨到来，人们彼此相见，开心地望着他们最亲近的人，亲吻着、拥抱着，带着开心和惊讶哭泣着。2 但是当阿纳托利乌斯的尸体被运送去安葬时，人群中的一些人开始散播流言，说他的去世是正义的惩罚，因为他是一个魔鬼，一个寡廉鲜耻的人，他曾经夺取了很多人的财产。他们说，这是他臭名昭著的行为的终结，是他用来巩固财富之家的奢华的饰板

---

① 位于君士坦丁堡向西 14 千米处，现伊斯坦布尔库切克梅斯，靠近机场。
② 担任皇室私产管理员（*curator domus divinae*），不见于其他史料。*PLRE*, p.72.

和紫色服饰所带给他的。他假托对皇帝的忠诚服务，通过无情勒索的方式侵占了一切，他违背父母的遗愿，完全漠视规定儿童应该继承他们父母遗产的法律。3 这些无论如何都是普通百姓中流传的低语谣言，似乎为所发生的事情提供了一个简单的解释。就个人而言，对于此类问题我也感到困惑，并且无法做出解释。无疑，如果地震能够区分出恶人与善人，将恶人摧毁得痛苦不堪，而宽恕善人，那将是一个真正的天赐良机。然而，即便承认阿纳托利乌斯确实是个邪恶之人，城中还有无数人不比他更好，甚至比他更坏。可是他却突然被击倒，而其他人却安然无恙。4 因此，我认为，弄清楚为什么所有人中，阿纳托利乌斯是唯一一个丧命的人，并非一件简单或容易的事。如果我们接受柏拉图的观点，即那些过着邪恶生活的人会遭遇更为悲惨和不幸的命运，他们没有在这个世界上为自己的罪行付出代价，既没有死于暴力，也没有受到其他形式的惩罚，而是设法逃避了惩罚，像逃跑的奴隶一样带着罪行的烙印离开这个世界，那么似乎可以说，那些为自己的恶行受苦的人，比那些侥幸逃脱的人更为幸运。5 然而，有很多理由不干预，甚至鼓励大众普遍持有的这种观点，因为对于一些人来说，害怕死于非命，可能会对他们产生震慑或安抚。6 然而，很显然，一生无忧的长寿无法证明一个人公正不阿，正如暴亡也无法说明一个人恶贯满盈。但我们只有在进入来生时，才能更好地确认我们此生的行为性质以及应得的惩罚或奖励。无论如何，人们在这个问题上有权利拥有自己的意见，无论他们的意见如何不同。对于我而言，我必须继续前面叙述的线索。

5. 余震持续了几天，虽然它们已经失去了最初的大部分狂暴，并且持续时间更短，但是依旧足够破坏所有幸存的建筑。2 奇异的故事和与众不同的预言开始在人们中间传播，仿佛世界末日即将降临。江湖骗子和那些自封的预言家漫步在大街上，预言进入他们头脑中的东西，吓唬更多敏感的人，因为他们已经变得六神无主了。更为不祥的是那些假装陷入预言狂热、声称被某种超自然力量附身的人，他们宣称自己从与灵魂的接触中学到了未来的事情，并炫耀自己被恶魔附身。3 正如可以预想到的，其他人考虑着星星的运动轨迹和各方面信息，暗示更大的灾难，大到几乎是宇宙灾难。事实上，在不幸之时，社会上总是会出现这样的人。幸运的是，这两者的预言被证实都是错误的。依我看，这些打算破坏人们对上帝的信仰、涉猎超自然事物的人应该因为他们的不虔诚而受到惩罚。4 但是此时所有人都处于害怕与恐怖之中。结果是，在每个角落都可以听到祷告，因为所有人都因这个目的而聚集在一起。人们付以不断的口头上赞扬而很少实际行动的理想受到热切的追求。突然每个人变得对他的邻里非常公正，以至于法官都放弃了牟取私利的想法，开始按照法律来主持正义，那些在某些方面受到影响的人安静和平地生活，克制恶语，过着有德行的生活。5 有些人甚至彻底改变了自己的生活模式，在山上过着独居的生活，谴责财产、特权以及所有令人类愉悦的东西。很多捐献品被送到了教堂，有身份的市民夜晚走到街上向无助之人和那些躺在地上的很多残疾人分发大量的免费毛毯和食物等，而这些人则带着身体和灵魂一起祈求他们的面包。6 然而，所有这些善举都是在有限的时间内进行的，和恐惧在人们心中的时间一致。事实上，正如一旦有迹象表明危险已过去，大多数人很快就会恢复到他们原来的生活方式。这样的反应不能称之为正义，也不能称为那种通过坚定的信念和热忱的行动深入人心的坚韧和积极的虔诚；不，倒不如说它更接近一种应急手段，一种高度危险的做法，旨在逃避和避免眼前的危机。事实上，只有在突如其来的恐惧的刺激下，并且在紧急情况持续的期间，我们才会勉强作出一些敷衍的、临时的善举。

6. 在这个时期，关于蒸气主题的争论再次开启。斯塔吉利特①的名字频繁遭人非议。据称这一分钟，他已经对于地震以及它们的原因做出了精确的解释，下一分钟则确认他完全错得离谱。② 为了支持他的理论，即地下洞穴里被关闭的浓稠的、烟雾状的蒸气为这样的爆发负责，有人提到了安西米乌斯③之前发明的装置。3 特拉雷斯的安西米乌斯是一位工程师或者建筑师，他是那些将几何学原理应用于物质对象，并且做出模型或者模拟自然世界的人之一。4 安西米乌斯在他的领域里绝对是一位出类拔萃之人，是一流的数学家，如同他的兄弟米特洛多鲁斯④在语法领域一样。5 我想，他们的母亲尤其幸运地孕育了这样两位天才的孩子。此外，除了他们两位，她还是杰出律师奥林皮乌斯⑤以及在医学领域杰出的狄奥斯科鲁斯⑥和亚历山大⑦的母亲。在后面这两兄弟之中，狄奥斯科鲁斯在他的

---

① 来自亚里士多德的出生地马其顿地区的斯塔基拉，因此他又被称为斯塔吉利特。
② 这一理论主要来自亚里士多德的《天象论》。Aristotle, *Meteorologica*, Ⅱ, 7, 365β.
③ 建筑师，因为修建了圣索菲亚教堂而知名，去世于 558 年之前。*PLRE*, pp. 88~89.
④ 不见于其他史料，安西米乌斯的兄弟。*PLRE*, p. 887.
⑤ 不见于其他史料，安西米乌斯的兄弟。*PLRE*, p. 954.
⑥ 医生，生活并去世于特拉雷斯，是安西米乌斯的兄弟。*PLRE*, p. 404.
⑦ 知名医生，著有重要的医学著作。曾经生活在罗马，并在意大利、高卢等地游历，于 605 年以高龄去世。*PLRE*, pp. 44~45; John Scarborough, 1984: "Early Byzantine Pharmacology", *Dumbarton Oaks Papers*, Vol. 38, Symposium on Byzantine Medicine, pp. 226~228.

家乡度过了一生,在那里他从事自己的职业,获得了极大的成功,而亚历山大则居住在罗马,在那里他也占据了伟大的位置。安西米乌斯和米特洛多鲁斯声名远播,直到皇帝那里。6 因此,他们被召集到拜占庭,在那里度过了余生,他们都展示了自己的优秀,一位教育了很多贵族年轻的孩子们以及传授那些令人崇敬、美好的学科,通过这种方式点燃他们对修辞学之爱的想象力,另一位则设计了首都以及很多其他地方最精美、艺术化的建筑,如此精美,以至于无须一个词语来赞美它们,只要它们立在那里就足以使得他的记忆荣光永存。7 但是令我想起这个人的整个事件现在需要立刻被提到:在拜占庭有一个人名为芝诺,① 他是一位职业修辞学家,除了其他杰出特点,他还是皇帝的密友。他是安西米乌斯的邻居,他们两家的房子靠在一起,修建在同一块土地上。8 但他们邻里关系不睦,可能发生了之前从未出现的窥视或者是因为一些不太正常的很高的附加建筑挡住了光,抑或其他邻里冲突。

7. 现在安西米乌斯的对手在法律上的技能略胜一筹,在发现自己在口头争执中无法与之抗衡后,他以自己的职业技能进行了下列方式的报复:芝诺有一间宽敞并且精心装饰的楼阁,他喜欢在那里打发时光,与他的好朋友一起娱乐。而它底层的房间属于安西米乌斯房子的一部分,因此,这间房子的屋顶就是另一间的地板。3 安西米乌斯在这里放置了一些盛满水的大蒸锅,把它们按照一定间隔安排在房间的不同地方。在上面他固定住以羽毛包裹着的尖端细细的、喇叭状的管子,管子的底部足够宽,这样可以使它们紧紧地与大锅的边缘固定在一起。然后他将它们的上端安全地、仔细地与横梁和托梁连在一起,这样里面的空气就会自由地沿着管子上升,直到释放出对屋顶的压力,而此时羽毛控制着它,阻止空气流走。4 秘密地设置好这个装置后,他在每个大锅的下面燃起大火。随着水逐渐变热,烧开后蒸汽升起。无法流失,蒸汽进入管子,产生了压力,导致屋顶受到一系列震动,直到它以足够的力量来晃动整个建筑,发出吱吱的声音,并轻微晃动。5 芝诺和他的朋友受到了惊吓、恐惧、惊慌地哭喊着逃到了街上。当芝诺出现在宫殿里时,他开始询问那些知名人士对地震的看法,地震是否给他们造成了伤害。他们大声叫起来,"真令人惊讶!这样的事情是不会发生的!打消这个念头!"因为他缺少炮制这样恐怖故事的能力,在争执后他彻底陷入窘境。虽然他不怀疑对刚刚发生的事情的感觉的证据,但是在权威和这么多著名人物的反对面前,他也无法继续坚持。

---

① 不见于其他史料。*PLRE*, p. 1418.

8. 那些以散发物和烟雾状的蒸汽解释地震的人编造了这个故事。"安西米乌斯",他们会说,"他了解导致地震发生的原因,并通过人工再造自然神力的方式来达到相似的效果"。在他们所说的之中有一些东西并不完全是他们的想象。2 这些说法貌似可信或者复杂,在我看来,这些无法成为有用的证据。例如,人们不会不知道,马耳他狗在屋顶上行走,尽管踩踏如此之轻,也会导致晃动,或者将之作为其假设的恰当的示例。3 的确,这样的东西应该被认为是影响深刻且令人愉悦的机械的恶作剧,但是我们必须为自然的灾难寻找一种不同的解释 [如果有必要做出任何解释],因为这并不是安西米乌斯对芝诺所做的唯一的恶作剧。他还在房间里制造出雷声和闪电的效果,他利用一个稍微有些凹面的盘子反射太阳光线,然后转动盘子,并将一束强光照进房间,光线如此之强,事实上这使得与之接触的每个人都眩晕。4 同时他还试图通过利用有共鸣的物体的震动来制造轰隆隆的声响,以此来获得雷声巨大、吓人的效果。当芝诺逐渐明白这一切的来源之后,他公开地匍匐在皇帝的脚下,指控他的邻居的犯罪行为。由于愤怒,他杜撰了一个相对优雅的说法。5 他在元老院里以嘲讽诗形式慷慨陈词,他说到,作为一个凡人,他不可能一方面与"闪电者宙斯"和"巨雷者宙斯"争夺,另一方面又与"令大地震动者的波塞冬"抗争。6 无论如何,这个特殊的技能无疑带来了一些乐趣,但是这并不意味着事实也如此。每个人都有资格对这些问题表达自己的看法,我必须回到之前的话题上。

9. 在那个冬天,该城遭到了这些灾难的袭击。虽然震动停止了,并且已经稳定,不再继续,但是在数天里每个人都感觉到大地在摇晃。人们还没有从最近经历的震惊中恢复过来,他们的大脑被使人不得安宁的疑虑以及持续的恐惧所占据。2 皇帝试图恢复受到灾难影响的大部分的公共建筑。它们中的一些已经不安全而且不坚固了,其他的那些也已经遭到了破坏。他尤其关心大教堂①。这里之前被民众们烧毁了,② 他从地基开始进行了重建,建造了一座精美的教堂,由于其空间的增加、大理石装饰的增加而更加宏伟。它由烧制的砖和石灰及铁质的大梁修建而成,没有使用木头,以免它再次被轻易地点燃。建筑师是知名的特拉雷斯的安西米乌斯,我已经提到了他。3 然而,这一次,出于地震的原因,教堂失去了其圆屋

---

① 在拜占庭的文献中圣索菲亚被称为大教堂。
② 圣索菲亚教堂在 532 年的"尼卡暴动"中被烧毁。

顶的顶部。① 因此皇帝对其进行了维修，要求增加其高度。4 然而，安西米乌斯那时已经去世了。由此，小伊西多尔②和其他的建筑师，在研究了其结构模式并通过将受损部分的完整的样子与该结构的缺陷之处的比较的观察后，把拱形留在东、西两边，但是延伸了北边和南边拱形的内表面的弯曲结构，由此他们画出了一个宽阔的拱形。结果是它们与其他的拱形更密切地结合在一起，由此形成了一个规则的形状。通过这种方式，建筑师们得以增加了空间，并且避免了由于下面椭圆形的人物雕像而留下的小区域。它们代替了圆屋顶。5 但是尽管它更直，其平衡的弯曲和规则的轮廓使它变得更细长了，它的线条更坚硬，失去了在旁观者那里的引起惊叹的魅力。无论如何，它变得更加坚固和安全。6 那么，就教堂而言，我想我已经谈到了在一部历史作品中所有需要提及的事情，并且它与我的叙述非常契合。对其所有杰出特点进行详细的赞美对于本书的意图而言是没有必要而且是无关的。7 如果有远离首都的人想要如同他亲身见到教堂一样去想象教堂的景象，那么他最好读一下居鲁士之子、弗劳鲁斯的孙子保罗③的六音步诗。保罗是那些在皇帝身边、被委任以维持安静、被称为"静默官"④或者接待员的官员中最杰出的一位。虽然他来自贵族阶层，是大家族财富的继承者，但是他主要投身于文学和修辞的学习，对于这些文化的追求是令他最自豪的事情。事实上，他是很多优秀诗歌的作者，其中关于大教堂主题的诗作达到了比其他诗歌更优雅和博学的高度，的确与其高尚的主题非常契合。8 在该诗作中可以发现这一建筑的细节性的有秩序的设计，而各种类型的大理石都得到鉴赏家一般精细的审视和考察。门廊完美的结构与视觉要求的平衡、整个建筑的结构的规模和高度、直线形与环状的交错、拱形和穹隅的交错、神龛上的金银装饰的奢华的使用，所有这些特色等都值得注意，无论大与小，都在诗歌中得到了描述，清楚、生动地保留给读者，因为他们将成为访客中最善于、最勤于观察的。9 然而，

---

① 地震日期是 558 年 5 月 7 日。
② 出生于米利都的建筑师，还是一位教师和数学家。*PLRE*，p. 724.
③ "静默官"保罗是阿加西阿斯的密友，拜占庭贵族，也是一位知名的诗人。他和阿加西阿斯生活的时期基本一致，去世于 580 年之前。在他的众多诗作中，有一首是专门为圣索菲亚教堂而写的，参见 *Three Political Vocies from the Age of Justinian*: *Agapetus*, *Adviceto the Emperor Dialogue on Political Science*, *Paul the Silentiary*, *Description of Hagia Sophia*, trans. with an introduction and notes by Peter N. Bell, Liverpool: Liverpool University Press, 2009.
④ 在拜占庭宫廷中维持秩序和静默的侍从官员，在整个拜占庭帝国时期其职能和权力范围发生多次转变，最后仅维持仪式性职能。*ODB*，Vol. 3，p. 1896.

对教堂的第二次修复发生在更晚的一个日期。①

10. 这一年初春，②瘟疫第二次席卷了首都，一大批人因此去世。从皇帝查士丁尼统治的第15年起，③当瘟疫第一次席卷我们的世界时，它就没有真正停止过，2 只是从一个地方转移到另一个地方，通过这样的方式给予那些从其暴怒中幸存下来的人一些喘息的机会。现在它回到了拜占庭，就像它第一次被欺骗而没有必要急忙离开。3 人们大量地死亡，就像是被中风的暴力突然的打击所控制。病人最长也坚持不了5天。瘟疫的症状不像早期所暴发的那一次。腹股沟腺体的肿胀伴随着连续的高烧，日夜折磨，丝毫没有减弱，直到死亡。4 有一些没有经历疼痛和高烧或者任何最初症状的人在家里正常生活、在街上或者做着什么事情，突然倒毙。所有年龄段的人都遭到了无差别的打击，但是最重要的是那些年轻、富有活力的人，尤其是男人，女人受影响要小得多。5 按照埃及古代预言以及现在波斯首屈一指的星象家的看法，在无休止时间中，一次幸运与不幸的循环正在发生。这些知识渊博的人将会令我们相信，我们此刻正在经历这个循环中最灾难性以及不祥的那部分：由此，普遍流行的战争和内部的纠纷，以及持续不断的瘟疫流行。6 其他人认为，神怒要为这次破坏负责，要求从所有人中抽取一部分来为人类的罪行接受惩罚。我不需要在这些事情上作为法官来审判或者承担揭示一个或者另一个理论的真实性。这样的工作也许是超出我能力范围的，即便不是，这也与现在的叙述无关。事实上即便是一个事件的总结，历史书写要求我做的也只是记述。

11. 刚刚描述的悲剧并没有标志着这个暴风雨般的时期的结束，而是同样恐怖、警示人的其他自然灾难紧随其后。在对早期历史做出简短的回顾之后，下面就是我要做的阐释。2 在古代，匈人居住在塔纳伊河④以北和美奥迪斯湖⑤以东的地区，而其他的蛮族人则居住在靠近伊迈乌斯山⑥边上的亚细亚。所有这些人都被统称为斯基泰人或者匈人，但是每个部族拥有自己具体的名称，这是根植于它们祖先的传统，如科特利古尔人⑦、

---

① 这个日期是562年。
② 558年。
③ 541~542年。
④ 今天的顿河，现俄罗斯重要的河流。
⑤ 位于黑海的东北部，今天的亚速海区域。
⑥ 古希腊人在地理上指的这段山脉，今天被称为喜马拉雅山。
⑦ 保加尔或者匈人的一支，在古代一直居住在顿河西部。

乌提古尔人①、勃鲁艮第人等。3 几代人之后，作为流行的传统，在一位首领的领导下或者由于一些其他偶然事情发生的结果，他们越过美奥迪斯湖汇入黑海的地方，②进入欧罗巴，这在目前来说被认为是不可能的。然而，他们越过了那里，在陌生的土地上继续漫游。通过突然的没有预期的入侵，他们确实给当地人造成了不可估量的损失，甚至屠杀了当地的居民，占领了他们的土地。4 但是他们的停留注定是短暂的，最后他们毫无痕迹地消失了。关于这一事实，乌提古尔人和勃鲁艮第人是最好的例子，他们直到皇帝利奥③统治时，还被认为是一支不能小觑的势力，但是在我们这个时代已经不知道他们了，我认为，这是因为他们消失了，或者是迁移到了遥远的地方。5 无论如何，在瘟疫抵达了首都的这一年里，所有其他的匈人部落依旧存在，虽然由于一些他们熟知的原因，他们已经选择此时向南迁移，扎营在多瑙河边不远的地方，但他们依旧处于名望的顶峰。6 如同往常一样，随着冬季的来临，河流冰冻很深，冰上足以通过马匹。而科特利古尔人的首领扎博汗④率领一支骑兵部队穿过冰封的河水，轻松地进入了罗马人的领土⑤。在发现这里是一片荒废的土地，且没有受到前进的阻力后，他越过了默西亚和斯基泰地区，入侵色雷斯。7 此时，他把军队分开，派遣一部分前去希腊入侵并劫掠那里没有得到保护的地区，第二支军队则派往了色雷斯的克尔松尼索斯。⑥

12. 从北向南，直到南端的中心，克尔松尼索斯的东部海岸线受到赫勒斯滂海峡的冲刷。只有狭窄的一块近 40 施塔德⑦宽的土地阻止了赫勒斯滂海峡使之成为一个岛屿。2 横跨这个地峡的是一堵贯穿东西的坚固城墙。在墙的后面排列着阿芙罗蒂西亚、塞斯克斯和奇波利斯等城镇，在和它们有一段距离靠近海峡的地方，这里形成了一个尖锐的角，塞斯托斯镇位于这里，它在诗歌中非常著名，无疑这是因为它与希洛灯的故事以及她

---

① 保加尔或者匈人的一支，在古代居住在顿河西部，靠近科特利古尔人。他们是拜占庭的同盟军，后来对抗科特利古尔人，不久之后从历史中消失。
② 今天的克赤海峡。
③ 利奥一世，拜占庭皇帝（457~474 年在位）。
④ 科特利古尔人的首领。559 年以后，率领科特利古尔人与乌提古尔人发生冲突，不久消失在历史中。*PLRE*, p. 1410.
⑤ 559 年 3 月。
⑥ 色雷斯的克尔松尼索斯是土耳其加里波利半岛的古代名称，这里最早居住的是色雷斯人，在公元前 7 世纪左右这里开始兴建城镇。后来该地在雅典人、波斯人以及罗马人之间接续管理，直到拜占庭时期。14 世纪该地落入奥斯曼土耳其人之手。
⑦ 大概 8 千米。事实上今天这段距离大概是 5 千米。

的情人莱安德罗斯去世的故事相关联。① 3 距离塞斯托斯不远处是另一个小镇，尽管它规模很小，缺少美丽的地方，外表也不讨人喜欢，但是它的名称叫卡里波利斯②。周围的乡村分布着土地和道路，点缀着各种树木、伴着甘甜的饮用水以及富饶的土地，如此制造了生活所需的各种必需品。城墙包围着这么多城镇，如此集中的区域对于敌人的进攻来说不是易事。4 沉醉于幻想中的扎博汗开始形成一个想法，如果他击倒城墙，深入其后的地区，不久就会控制这一海域。他天真地想象，一旦拥有足够的船只供应，那么在轻松越过这狭窄海峡的平静水域后，他就可以进入亚细亚，从那里可以洗劫阿维杜斯，并劫掠那里的海关。5 在这些狂热计划的刺激下，他向克尔松尼索斯派出了一支他认为足以完成这一任务的军队。他则率领着7000兵马径直前往君士坦丁之城（君士坦丁堡），一路上攻城略地，在他所抵达的地方制造了破坏，并带来了混乱。6 虽然他的真实动机是体现蛮族人行为固有的暴力和贪婪，但是他利用与乌提古尔人的冲突作为进攻的借口。乌提古尔人是由桑迪尔霍斯③率领的部族，后者与罗马人建立了友好和联盟的关系。他赢得了皇帝的尊敬与喜爱，并且经常接受皇帝国库的馈赠。7 另一方面，没有分享这样偏爱的科特利古尔人是遭受蔑视的对象。结果是，他们感到自己应该进行此次远征，以此来显示，他们是一支需要被加以考虑和担心的势力，他们不会忍受任何的不尊重。

13. 发现没有抵抗后，科特利古尔人毫无怜悯地洗劫了这里。他们获得了大量的战利品，并且抓获了很多俘虏。2 在被捕获的人中，有很多追求贞洁生活的贵族妇女被残忍地拖出来，遭受了所有不幸中最坏的事情，即被迫作为性工具。这些妇女中的一些人自年轻之时就拒绝婚姻、物质之爱以及对世俗社会的关注，她们把自己隐藏在修道院的独居之中，视独身、未婚的状态为自己的荣耀，从世俗的生活中完全隐退。甚至这些人从隐修所中被绑出来，遭到了野蛮的强暴。3 此时一些怀孕的妇女也被拖了出来。随后，当她们的孩子即将出生时，她们在行军中分娩，无法拥有正常的隐私，哪怕是抱起并包裹孩子。4 尽管她们被一起携带着，但是几乎

---

① 这是非常著名的古希腊爱情故事。居住在西斯托斯一座塔里的爱神阿弗洛狄特的女祭司希洛，爱上了海峡对岸阿维杜斯的青年莱安德罗斯。每晚希洛会燃起油灯，帮助她的爱人渡海相聚，但暴风雨浇灭了油灯，莱安德罗斯溺水而亡，为此希洛也从塔上跳下殉情。
② 意为美丽的城市，现在的土耳其城市格力博路。
③ 乌提古尔匈人的国王（551~559年在位）。他在551年为查士丁尼提供服务，并且获得了极大的威名。查士丁尼为了制造他们与科特利古尔人之间的冲突，向他们赠送了大量的礼物。

没有时间感受疼痛，可怜的婴儿被抛弃，并被狗和鸟撕成了碎片，似乎他们被带到这个世界就是为此，并且徒然地感受生命。5 的确，罗马人的运气已经下降到如此之低，以至于在帝国之城（君士坦丁堡）的近郊，大量的蛮族人在实施着暴行。但这不是他们大胆的极限：通过继续施压，他们毫不费力就进入了长墙①以内，并且接近了内部的防御工事。时间久远和忽视事实上已经导致了城墙的结构在很多地方崩溃或者坍塌。城墙的一些部分已经被蛮族人推倒，仿佛他们是在冷漠地处理自己的私产一样。②6 没有什么可以阻止他们，没有岗哨、没有防御的器械，没人来阻挡他们。甚至没有狗叫声，也没有猪舍和羊圈里的声音。7 罗马军队事实上已经不再是早期皇帝们所拥有的那个令人羡慕的水平了，而是锐减到他们曾经的一小部分，已经无法满足广阔的大帝国的需要。然而，本应该有总数为645000人的一支有效的作战力量，此时已经下降到只有150000人了。8 此外，其中的一些驻守在意大利，其他人驻守在非洲、西班牙、拉齐卡，以及亚历山大里亚和埃及的提比斯。还有一小部分位于靠近波斯的前线，由于和平协议的原因这里不再需要他们密切的监督。那么，这就是由于权力中心的忽视而导致军队力量急剧下降的原因。

  14. 此前，皇帝已经夺取了整个意大利和利比亚，③ 作为这些世纪之战的结果，他已经成为拜占庭统治者中第一位事实上与名誉上的罗马皇帝。他在年富力强之时完成了这些以及相似的功绩，但是现在他已经衰老，当年老降临在他身上之时，他似乎已经厌倦了强有力的政策，而倾心于利用他的敌人彼此进攻，如果有必要，则以礼物来劝诱他们，而不是依靠自己的力量，将自己置于持久斗争的冒险之中。2 因此，他对军队的衰落漠不关心，仿佛他认为自己再也不需要它们了。基于这种冷漠的情绪，那些位高权重、负责向百姓征税和向军队分配物资的人，开始公开贪墨士兵的薪水，且剩余的部分往往拖延很久才支付。然后，在最终不得不支付拖欠的薪水之后，这些卑鄙且不择手段的薪水发放人立即拿到士兵名册，并撤回了薪资。3 事实上，他们的职位特权使得他们可以找到士兵各种各

---

① 长墙，又被称为阿纳斯塔修斯墙，修建于492年阿纳斯塔修斯当政时期，在查士丁尼时期，这里是君士坦丁堡的外部防线。它位于君士坦丁堡西面64公里处，从黑海穿过色雷斯半岛直到马尔马拉海岸边的希里姆布里亚。该墙由壕沟、塔楼和堡垒等构成，今天保留下的遗址不足其原来长度的一半。
② 坚信者塞奥法尼斯提到，发生于这一年的地震也导致了长墙的坍塌（Theophanes Confessor, *Chronographia*, 6051, 233~234）。
③ 指非洲汪达尔人统治的地区。

样的不法行为，并以此为借口剥夺士兵的供给。因此，任何分发给军团的金钱最终都会以某种方式重新进入那些分发它们的官员的口袋。4 英勇作战的士兵遭到忽视，他们因贫困而放弃了祖祖辈辈赖以为生的军事职业，四散到远方，去寻求不同的生活。结果是，士兵的收入被浪费在大街上的妇女身上、赛车手身上，以及那些激情和头脑发热、利用这些金钱来引起冲突，并且支持一种颜色来对抗另一种颜色的人身上，以及其他比这些人更加堕落的人身上。5 由于这个原因，整个色雷斯甚至包括帝国之城周边的城镇也都被抛弃并且没有得到保护，由此以至于他们成为蛮族人唾手可得的猎物，这些蛮族人如此傲慢，他们事实上就扎营在麦兰提亚斯村①附近，距离首都不到140斯塔德②。麦兰提亚斯村位于阿提拉斯河旁，河水从村庄流过，继续向东北方向蜿蜒，直到最终注入普罗庞提斯海③。因此，位于普罗庞提斯海口的岸边码头也以这条河命名，叫作阿提拉斯④。6 由于敌人在如此近的地方安营，拜占庭的市民们感到害怕，已经想到了围攻、火烧、缺少食物以及最终城墙被破坏的恐怖。7 因此，在城市中心大道上，经常有人群突然跑出来，在莫名的恐慌中推搡着、拥挤着，似乎蛮族人已经攻进来，极大的喧闹声已经在商店中起来，似乎大门受到了猛烈的敲击。8 不仅是普通人，甚至掌权者们也被这普遍存在的痛苦和恐慌的情绪所影响。我认为，甚至皇帝本人也感受到这个情况的严重性。因此，所有在欧罗巴一侧城外的教堂以及沿着博斯普鲁斯海峡海岸边从乌拉赫奈⑤和金角湾延伸到黑海的海岸地带的那些教堂，在黑海与博斯普鲁斯海峡终端的地方，都接到皇帝的命令除去其装饰物。9 所有值钱的物品和其他家具都被管事者移走。其中一些物品通过大车运到城里，其他的物品则装船，越过海峡，运到博斯普鲁斯海峡对岸。那个地区的教堂光秃秃的、没有装饰的样子使它们看起来像刚刚建成，还未得到祝圣。

15. 前景如此令人担忧，即将发生的危险是如此巨大，以至于大量的船长、军官以及士兵都在西凯⑥和金门⑦的堡垒那里执勤，想要在面对敌人的进攻中提供积极的抵抗。2 但是他们无法构成一支训练有素的有效的

---

① 罗马—拜占庭时期东色雷斯的一个居住区，靠近君士坦丁堡，位于阿提拉斯和雷吉翁之间。
② 大约27公里。
③ 即马尔马拉海，古典时期被称为普罗庞提斯海，罗马–拜占庭时期继续沿用。
④ 古色雷斯地区的城市，位于马尔马拉海岸边，靠近现今土耳其城市大切克梅杰附近。
⑤ 位于君士坦丁堡城墙内的西北角地区，这里在5世纪时期有一座圣母教堂，在500年的时候，这里修建了一座皇宫。
⑥ 城市围墙外部区域，位于金角湾的北口，今天的加拉太地区。
⑦ 位于君士坦丁堡提奥多西城墙的最南门。

战斗力量，他们被从那些如宫廷卫队等军团征集而来，是被挑选来在宫廷中打发时间的人。虽然他们被称为士兵，并且有名在册，但是大部分人只是身着制服的市民，纯粹具有表演功能来提高皇家出巡的气派。3 在过去的时间里，进入这支军队的资格被严格限制在那些公开接受这一荣誉但是没有薪金的人，借此认可他们之前在战场上的服务。4 伊苏里亚人芝诺似乎是将这一实践引入的第一人，在他复位以后，① 他让自己的很多追随者加入这一军团，虽然他们在战场上籍籍无名或者根本没有军事经验，但是他知道他们在某些方面的能力，并且都是他的密友。5 一旦有先例出现，那么不仅是那些有杰出军功的人可以有资格获得这样的特权得以登记在册，而且加入的资格得到了扩展，这不是以优秀而是以喜爱为基础的，对于那些根本不了解战斗、金钱是最有效的盟友的人，他们参加录用的竞争，整个事情被拖到了市场的水平，结果是不先支付一笔钱不可能加入这些军团。支付这笔钱之后的人可以自动注册，不需要通过任何的测试，他们的名字就包括在名册之中，即便他们根本不懂军事。6 一旦挑选的原则被抛弃，这些人自然就没有动力去努力，因为他们已经支付了一大笔钱来确保这份闲散的特权。就是这些人在缺少训练有素的士兵的情况下前去守卫城墙。7 在首都陷入持久的骚乱时，蛮族人继续蹂躏靠近他们的一切，年事已长的将军贝利撒留在皇帝的命令下被委派前去对抗他们。8 现在，在一段很长时间的流逝后，当他再一次穿上胸甲和头盔以及他年轻时代的熟悉的制服时，过去纵横捭阖的记忆再次涌入这位老人的脑海中，使得他充满了激情。的确，以他生命中这最后的军事功绩，他赢得了巨大的荣誉，如同他之前对汪达尔和哥特人的胜利。9 情况紧急，增加了这一事业的重要性和光彩，并且确保对其成功的结果的欣然接受。我现在将要对接下来的每个事件进行详细记述。

16. 贝利撒留表现出卓越的军事指挥才能，且勇气超乎他的年龄，他在离城市不远的贺图斯村驻扎。尽管已经年老且体弱，但他的勇气丝毫未减，似乎没有任何艰难的任务能让他退缩。2 他率领着接近 300 名重装士兵，他们是在贝利撒留晚期战争中与其并肩作战的一流的士兵。他的其他追随者是没有任何战争经验的平民，他们的缺乏经验以及对严酷现实的忽视给予他们一种前来观看表演的节日气氛，而不是来战斗。3 还有一群来自附近的农民追随他，他们的农田已经遭到了蛮族人的破坏。已经无处可去的他们立刻围绕在贝利撒留身边。4 而他则利用他们的数量优势，安

---

① 476 年。

排他们挖掘环绕营地的壕沟。密探随时被派出去,以获得对敌人力量尽可能准确的估计,并且带回来任何可以获得的其他信息,通过这种方式,他保持对事态的密切关注。5 当夜晚降临时,他点燃了在一大片空地间隔设置的大量火把,由此敌人可能会被火把的数量所误导,以致他们相信他有一支大军。开始,这一策略取得了成功,他们处于临时的静止状态中,但是不久他们得知罗马人的军队完全不稳定,而且没有希望在数量上超过自己。6 但是无论敌人的数量有多少,罗马士兵们都充满了信心和热情,他们对于自己的优越性充满了信心。毕竟他们是罗马人,并且久经沙场,经历过无数的重大危险。7 但是感受到他们喜气洋洋的情绪的贝利撒留意识到,过度沉溺于过去的成就意味着使得他们低估此时情况的严重性。他担心他们可能会因这一波乐观而太激动,结果则会令他们对前景有一个荒谬的美好想象。为了阻止这样的事情发生,他将他们召集起来,似乎即将要发生的战斗就要开始了,他出现在他们中间,向他们做出如下的演说:

17. "士兵们,我来到这里并不是要按照以往设计好的习惯的方式向你们发表演说,以此平复你们的担心并激起你们的士气。的确,事实上,我必须在表现出已经遗忘过去的经验所带给我的教训的情况下,才能劝告这些在军事生涯中成长起来并且消灭了世界上的一些最伟大的帝国的士兵们,我重复一遍,我很难要求这样的人不去担心面对着一帮蛮族流浪者,尤其是当这些人是匈人和科特利古尔人时。2 但是看到你们充满了轻率和过于自信后,我认为有理由让你们回忆起以往的节制。3 有理智的人会时刻警醒自己的不节制,即便将会是值得称赞的结果。没有什么比认为过去取得胜利肯定会在将来也取得胜利这样的想法更不利于理智的规划,也更容易导致狂妄和不切实际的虚荣心。此外,那些妄自尊大导致自己放弃所有节制的人很容易就会发现,他们是在与全能的上帝对抗。4 还有一点你们需要铭记于心:你们无比的勇气与他们的数量是抵消的,结果是一方的优势由于另一方的优势所消失。5 当我们的力量或多或少与我们的敌人的力量是相匹敌时,如果我们在没有按照既定的时间和位置以及考虑到机会的随机和偶然性的情况下而贸然进入战场,这的确是耻辱的。在没有正确的决断和考量的情况下,强大的力量也无力打败敌人。6 例如,如果没有依靠于谨慎的态度,我怎么能以我灰白的头发和年老的样子,长时间拿着武器,加入战争的冒险中去?现在,如果一个可靠、坚定的决断支撑着一位年长者的脚步,并且使其付诸行动,通过深谋远虑来弥补年龄的缺陷,这如何不会将更大的利益转移给你们这些依旧处于年少的人的身上呢?7 那些由偶然的事件或者是神经衰弱所产生的挫败可能由现在的意志以及没有过失的判断所修正或者转变为优势。但是当事情通过有缺陷的判断和不适宜的计划而无法控制时，如果我们想法的源泉已经受到污染，我们需要在哪里通过我们努力的渴望来拯救状况？8 然而，人们或许会对我采用这种新颖的劝勉方式感到惊讶。当我本应增强你们的信心、激励你们的士气时，我实际上却通过提出反对意见、对你们成功的可能性产生疑问，削弱了你们的自信心，打击了你们的热情。"

18. "的确，想到将与这样一群人一同奔赴战场，我满心欢喜与希望。他们勇气非凡、胆略过人，即便是能言善辩之人，也难以劝服他们哪怕片刻抑制自己的热情。2 然而，即便如此，你们每个人都要牢记，不假思索的蛮干不应被视为源自勇敢的慷慨冲动，而应归咎于愚蠢且固执的鲁莽。愿你们的勇敢与热忱能得到持久且不断增强的展现，但所有过度的鲁莽以及任何傲慢与固执的倾向，都应以理性与适度来加以克制。3 仔细思考该如何应对问题，这一做法并不会滋生怯懦与迟疑，反而会塑造出一种负责任且严肃认真的态度。合理的自信是明智选择有利策略的必然结果。这种自信基于这样一种认知，即人们并非盲目地闯入未知之境，而是通过运用判断力来获取确定性。4 但你们当中有些人可能会争辩说，要突然遏制高尚天性中合理的冲动与慷慨的抱负，或是试图通过强加一段不必要的思考与拖延时间来限制其行动，这是不可能的，尤其是鉴于当下蛮族人令人发指的行径所引发的愤慨与怨恨，他们竟敢将大规模的劫掠行径延伸至帝国都城的近郊。5 这的确是现在的情况。在我们的面前是你们针对敌人的怒火的正义以及他们滥用我们之前给予他们仁慈的程度的提醒。6 但是我认为，对于可靠的具有平衡判断力的人来说，清除他们不理性的愤怒中的任何因素的怒火或者是不计结果的暴力的应对，同时只保留与这种感情相连的优秀品质不是一项困难的工作——勇气，决绝以及回击的决心。7 现在，这些效果得当以及值得拥有的情感都要得到培养。但是那些能够拥有反面作用的情感不能被无条件地利用，但是到目前为止它们还是有利的。8 我认为，你们都会同意我的看法，谨慎是完全有益的，而愤怒有其值得赞赏的有力决绝的一面，但是它也有其严酷而鲁莽的一面，这是不利且不受欢迎的。9 因此，完全接纳前者以及后者中最好的部分，以洞察力去控制那些大胆的行为，让我们满怀信心地向敌人进军，确信没有忽视任何行动的过程。10 只是我们必须意识到，对于我们不得不与之竞争、习惯于以盗匪的方式战斗的蛮族人，他们善于伏击和突袭，但是他们不善于在公开战场的阵地战。虽然当他们看到使得他们参与到附近地区战斗的准备已经完成，抵抗他们的力量已经在城墙和堡垒外形成了阵势，他们受情势所迫放弃了他们正常的行动，而进行近距离的战斗。11 但是如果我们保持头脑清醒，维持训练有素和有效的传统的高标准，他们将付出代价去认识到，经过深思熟虑并提前接受训练在各方面都会远远优于那些在面对严峻需求前不得不尽可能随机应变的人。"

19. 贝利撒留的话使得士兵立即冷静下来，无论如何，他们没有丧失勇气，但是较之他们态度中的自负显得更加谨慎了。他们遵守纪律的勇气，以其谦卑的方式，与在温泉关当薛西斯率领大军接近时利奥尼达和他的斯巴达人所展现的不无相似之处。2 但是斯巴达人由于一个人而消失，他们的盛名建立在没有像懦夫一样死去，在全军覆没之前杀死了大量的波斯人。贝利撒留和他的罗马人除了展现了斯巴达人击溃敌人的勇气，导致了敌人大量的伤亡，但自身并没有损失。3 下面是接下来所发生的事情。一支由2000名蛮族骑兵构成的部队突然从他们的军队中分离出来，并且飞快地行动，引起了一阵可怕的喧闹声，使得人们确信他们可以横扫面前的一切。密探带着敌人已经赶来的消息刚抵达［他们近到几乎暴露］，贝利撒留立刻率领其部下迎击敌人，尽他最大努力隐藏自己人数上的劣势。4 他挑选出200名手持盾牌和长矛的骑兵，埋伏在他认为蛮族人会前来进攻的树木林立的峡谷之中。这些军队接到指令，只要他发出行动的信号，他们就将长矛投射到敌人部队序列的中间。这一行动的意图是卷起他们的两翼，让他们挤成一团，这样他们拥挤在一起，就没有了数量上的优势。5 他还指示农民们以及那些强壮的市民追随他，一起呼喊，制造出很大的噪声。他位于余部的中间，准备抵抗敌人第一波进攻。6 随着敌人的迫近，他们中的大部分人已经埋伏在这个区域，贝利撒留和其部下前去迎敌，对他们发动迎头痛击。农民和其余的人通过呼喊和敲击木头来制造声音的方式鼓励士兵们。7 只要信号一发出，其他的军队就会从隐藏的地方冲出来，从不同的角度攻击。呼喊声和混乱使得战斗的规模不成比例，此刻的蛮族人，8 的确如同贝利撒留所期望的，发现自己受到了来自不同方向的进攻。他们缩小阵形，蜷缩在一起，以至于都无法保卫自己，因为没有空间可以让他们使用弓箭或者控制战马。他们似乎已经完全被包围了，受到了大军的围剿。9 事实上他们是被罗马阵线后面的这些人群的声音和噪声制造的巨大的喧嚣所惊吓，产生的尘土飞扬使得他们无法得知对手的真实数量。10 在杀死了很多敌人后，贝利撒留打散了他们的阵形，迫使他们逃走。其后随着所有其他人对他们的进攻，蛮族人转身逃走，彻底陷入了混乱，四散逃亡。他们没有努力防卫后方，每个人都想找到最快逃走的方式来保命。11 罗马人以有序的、训练有素的方式追击他们，迅速完成了工作。蛮族人被大量屠杀,因为他们只是快速逃走而没有回头查看。他们战马的缰绳彻底被放松了,鞭子不断的抽打,使得它们不得有丝毫的松懈。12 甚至他们引以为傲的技能在恐怖之中抛弃了他们。因为逃跑时,蛮族人通常全力对抗那些追击的人以保护自己的安全,他们通过转身先向追击者射箭的方式来这么做。箭打击目标不仅是依靠自身的推动力,还有来自追击中的增加力,这样的效果是非常大的。

20. 但是彼时,匈人彻底失去了士气,并且无法自我防御。他们中大概有 400 人丧命。罗马人这一边没有致命的伤亡,只有一些人受伤。2 匈人的首领扎博汗和其他人设法逃回到了营地。此外,主要是由于追击者的马匹精疲力竭,他们才得以逃命,否则他们肯定要全军覆没。即便如此,他们的突然闯入以及进入大营的惊慌失措还是让其他军队陷入了混乱,使得他们充满了对未来彻底毁坏的令人恐慌的前景的想象。愤怒的哭泣声大到如同他们用匕首划破面颊的传统哀悼方式的声音一样。① 3 此时,在获得了极大的成功后,罗马人撤退了,虽然这是在如此环境下的蹒跚前行,但是这是他们统帅的智慧和预见所赋予他们的。在这个灾难之后,蛮族人迅速拔营,从麦兰提亚斯恐慌地撤退了。4 尽管贝利撒留很有可能骚扰他们的行军路线并杀死更多的人,因为这将是追击那些士气已经崩溃、似乎是在逃跑而不是撤退的人的问题,但他立刻回到了首都,这不是他个人的意愿,而是皇帝命令他这么做。5 只要他取得成功的事实传到了人们的耳朵里,那么他们在聚集之时就开始歌唱对他的赞美,并且把他描述为国家的拯救者。这种受欢迎度对于那些身居高位并受羡慕和嫉妒所困的人是极其烦恼的——这种强烈的情感的邪恶的影响从没有停止去攻击最伟大的成就。因此,他们散布了诽谤性传闻,即他所得到的欢迎度已经令他晕头转向,他渴望更高的东西。② 6 这些诽谤使得他快速返回,这限制了他巩固自己的战果。的确他没有因为自己所完成的事情而得到认可。相反,他们竭力去抹去他成功的记忆,并且拒绝对他任何的信任。7 古代一些最杰出的智者已经充分证明,当高尚的精神被剥夺了他们应得的赞誉时,主动性会被削弱,所有行动的激励也会被摧毁。结果就是那些遭受诽谤的品质,无论它们是否与军事成功、文学成就相关联,或者与关键忧虑的其他

---

① 在中文史料中该习俗被称为"劈面哭丧",主要是欧亚草原游牧族群送丧的习俗,弥南德在记载西突厥人首领室点密去世时,也提到了这种习俗,即西突厥首领达头可汗(Turxanthus)要求拜占庭使臣瓦伦丁努斯为其父亲室点密以他们传统割面的习俗来表示哀悼之情。Menander the Guardsman, *Frangments*, 19.1.

② 这里暗示,贝利撒留已经开始觊觎皇位。

事情相关联，就会被停止培养，这对社会的损害是巨大的。此外，我认为，不需要敏锐的洞察力就能看到，这种主张持续在我们的日常经历之中。8 首先，匈人在一直被追击的恐惧下，惊慌失措地逃离长墙。但是当他们发现贝利撒留被召回了，没有其他人被派去对付他们，他们开始慢慢返回。

21. 此时，其他正在围攻克尔松尼索斯的蛮族军队不断地攻击城墙，架起了云梯和围城器械，但是每次都被罗马守军的坚决抵抗所打退。2 防卫者们是由多罗塞乌斯①之子耶尔曼努斯②所率领，尽管很年轻，但他是一位非常杰出的将军，拥有超越其年龄的勇敢和足智多谋。他是伊里利亚城镇倍德里亚纳人，这里曾经这样被称呼，后来被重新命名为普利马·尤斯提尼亚纳，③这里事实上是皇帝查士丁尼的出生地，他以各种辉煌的公共建筑来装饰这里，将其由籍籍无名变得富有，并且以自己的名字来命名它。此外，耶尔曼努斯是皇帝的亲戚，皇帝对他有极大的关注。3 他（查士丁尼）将其在 8 岁时带到了帝国之城，在那里，这个男孩被给予各种优待，接受了语法教育，随后继续进入学校学习拉丁语。4 待到成年后，查士丁尼就立即委派他前往克尔松尼索斯，任命他为那里的驻军统帅，以此给予其年轻的热情一个恰当和有用的出路，并且阻止他荒废自己的能量，将精力浪费在竞技场中的战车比赛和流行的党派的倾轧之中。所有这些对于那些易于被吸引到的年轻人都有极大的破坏作用，除非令他们分心，并且忙于其他值得的事务上。5 彼时，当匈人正在围攻克尔松尼索斯时，年轻的耶尔曼努斯正在顽强地对抗他们的进攻，并且在防御中显示出无穷无尽的才能。他与生俱来的能力使得他对情况有直接的把握，并且能够采取最好的方式去应对，他倾听内部的年长人员中以及更有经验的士兵的建议。6 当所有的围攻堡垒或者是突然占领的企图被证实无果之后，蛮族人决定采取另一项非常大胆以及冒险的不同的活动。这意味着他们将快速占领这个地方或者为了利益放弃这里，并返回家园。7 因此，他们开始收集大量尤其粗壮的长芦苇，用绳索和细绳把这些芦苇紧紧地绑在一起，通过这种方式制造出大量的捆束。他们把芦苇捆束固定在木材的中间和两端，依次相连一起，就可以构成一艘足够宽的船，搭载四个人，并且足够承载他们的重量而不会下沉。他们制造了这样的 150 艘船。8 为了确保能够经受住航海，他

---

① 不见于其他史料。PLRE，p. 422.
② 只有阿加西阿斯提到他，此时他应该是将领或者军事随行总管，统率色雷斯半岛的军队。PLRE，p. 528.
③ 具体位置不详。一般认为位于科索沃地区的南塞尔维亚的莱斯科瓦克。

们把前端切割成鸟嘴状的船首,在两边安置了桨架和舷外支架。

22. 之后,当确保一切安全后,他们在环绕艾努斯镇①一圈的港湾的西海岸附近秘密驶入大海。2 大约600人登上了船,他们携带着大量的铲子,可以安置进桨架,以这种简单桨的形式前进,驶出大海,配备军械,准备行动。他们认为通过慢慢地划远,可以轻易地越过深入大海直到深水区域的城墙的范围,并且可以直到没有城墙包围的海岸那里以便顺利安全登陆,那里唯一的防御就是赫勒斯滂的海水。3 当耶尔曼努斯收到这些计划的情报后,了解到一支芦苇船舰队正在路上,他嘲笑敌人的愚昧,但是同时也在高兴,因为他知道,他们已经中了他的计。4 他立刻派出带着纵向船舵的20艘快艇,给他们配备充足的桨手、舵手以及身着胸甲,携带盾、弓箭以及戟的人,让他们停泊在城墙后面的入口处看不到的地方。5 当蛮族人已经抵达城墙的尽头,就在海岸那里,他们开始转向海岸,并且心中充满了自信的傲慢。此时,罗马人的船只出海迎击他们。6 借着潮汐快速前进,罗马人击败了他们,船头对船头猛力向蛮族人的芦苇船进攻,他们的船受到冲击而旋转,当他们晃动并从一边向另一边倾斜时,船员脚下乱了。有些人被抛出了船,淹死了,其他人则虚弱地趴倒,并且不知道下一步该怎么办。甚至那些依旧站得很稳的人也被这一波海浪所震惊,这海浪的效果在小船或者舰队上是一般的或者可以忽略不计的,但是对于太轻的芦苇船而言就是巨大的。7 这一刻他们都被抛到了波峰,另一刻又突然落下,似乎船破了。他们没有打算发动战斗,只希望能站稳脚跟。8 蛮族人目瞪口呆地看到罗马人能够将重物抛向他们,如同在陆地上作战一样突破阵线,轻松地将很多敌人打下海,因为他们自己在船上确保脚下稳定。他们围住一些敌人并用剑将其杀死。9 但是在很多例子中,罗马人还有些距离,不在他们可以用戟够得到的近处,他们砍断了将芦苇绑在一起的绳索,直到整个结构散开,芦苇朝向各个方向漂散,而匈人突然发现自己从船底落入水中。他们殒命了,没有人再次活着见到干燥的陆地。

23. 收集好依旧在水上漂浮着的敌人的武器后,罗马人航行回到他们原来的位置,军队陷入开心事件带来的欢悦中。军队被召集起来开会,并做出决定,他们必须继续保持优势。2 因此,几天之后,他们武装好自己,从墙内对围攻者发动了突然的出击,围攻者的数量依旧很多,但是他们的士气已经低到极点,这是因为他们还没有从最近令人震惊的失败中恢

---

① 色雷斯地区的城镇,靠近现马里查河的河口。

复过来。3 依旧很年轻的耶尔曼努斯不足以成熟地去控制其自然的冲动，相反，他更容易被年轻人的热情以及对荣誉的热爱所影响，而不是审慎和安全地考虑，那时，他无畏地冲进对抗敌人的战场，他没有把自己限定在发号施令和像一位将军那样鼓励其部下，而是像一名普通士兵那样战斗。在这种情况下，他的大腿被一支箭射中，差点就要被迫退出战斗。但是情况的紧急以及所承担工作的重要性证实比他的疼痛还要强烈，他没有停下战斗也没有停止鼓励其他人，直到他对敌人造成重创，并且杀了大量敌人。4 战斗接近尾声，罗马人回来了，占据他们在城墙后的位置，他们认为参与针对优势力量的拖延战既不安全也不谨慎。5 但是作为在他们的船只灾难性的崩溃中损失的结果，蛮族人如此彻底地没有了士气，并且他们处于罗马人针对他们的突袭中，这导致他们离开了克尔松尼索斯的周边，随后前去加入扎博汗和他的军队。这注定是失败者的重聚。6 科特利古尔人已经被派去希腊，但是在那里没有什么值得提及的，他们既没有进攻地峡，① 考虑到罗马驻军，也没有越过温泉关。因此，这帮人也开始撤退了，朝向色雷斯的方向，无疑是想加入他们的同胞之中，一起回到故土。7 但是扎博汗对他的军队说，他们不会离开，直到从罗马人那里得到一笔钱，就像乌提古尔人一样。此外，他们威胁要屠杀俘虏，除非他们快速地得到亲友的赎回。8 由此，皇帝送出了他认为是一大笔足够的黄金去赎回俘虏们，并且确保科特利古尔人的和平撤退。在很多回来的俘虏中有将军塞尔吉乌斯，② 他是巴库斯③之子，他在不久之前不幸被捕了，陷入了和其他人一样的困境。因此，科特利古尔人最终停止了他们的劫掠，开始回归故土。他们不久就与来自希腊的同胞们会合了。

24. 对于君士坦丁堡的居民来说，所达成的条款显得懦弱、卑鄙且不光彩，因为这些条款似乎意味着被动地接受一种无法忍受的局面。因为当他们的傲慢嘲弄让他们接近帝都时，他们本应立即遭到毁灭，却反而得到了黄金作为赏赐，仿佛我们是在为曾经对他们做过的某种错事赎罪。2 但是皇帝的决定目的在于实现一个不同的、更加雄心勃勃的目标，这在随后不久得到了实现，并且取得了良好的效果，这使得批评他的人信服了他非凡的远见与智慧。事实上，他已经决意要采取每一个可想到的策略，以此在蛮族人之间播种下不和的种子，令他们陷入彼此的冲突之中。带着这样

---

① 此处指科林斯地峡。
② 拜占庭军事指挥官（554~559），贵族，查士丁尼时期重要的将军，多次战争失利，后被杀，之所以官居高位是因为他与皇后提奥多拉相识。*PLRE*, pp. 1125~1128.
③ 据其他史料中记载，他是一位修士。*PLRE*, p. 162.

的想法，他立刻送出一封信给另一个匈人部族的首领桑迪尔霍斯，后者是帝国的盟友，并且受雇于帝国，此时扎博汗以及其部众正在以舒适的速度前进。3 这封信的内容大概如下："如果你们了解科特利古尔人对我们犯下的罪行带来的愤怒，并且对此不准备做任何事情，那么我们有理由对于你们的背叛，以及我们因为没有对你们的特点做出准确的评估而造成的判断的缺乏而感到惊讶。但是如果你们还没有了解事实，那么你们的行为是可以原谅的。即便此后你们做出快速的行动，你们也需要证明不是忽视而是的确对发生的事情一无所知。4 科特利古尔人主要的关注以及他们出现在这里的原因，作为事后的考虑，不是去蹂躏我们的领土，而是通过他们的行动证实，我们乐于信任你们，但是却忽略了一个更加强大部族的要求。事实上，他们认为无法忍受任何人将他们与乌提古尔人等同，或者甚至暗示，后者优越于自己，的确他们仅仅满足于被认为是具有极大的优势。5 结果，他们蹂躏了色雷斯全境，并且没有停下来，直到他们拿走了我们通常每年用来作为对你们的服务的回报支付给你们的黄金。虽然我们可以很容易把他们赶走，或者至少让他们空手而回，但是我们没有这么做，这是为了检验你们的忠诚。6 如果你们的确拥有极好的勇气和智慧，并且无法忍受被其他人掠走属于你们的东西的话，那么你们现在不会遭受任何损失，因为你们拥有极好的机会去为之复仇，通过对敌人的胜利的权力来得到你们的金钱，就像是我们通过他们送给你们的。7 但是如果即便在他们那里受到这样的羞辱后，你们依旧选择怯懦，如此没有骨气去采取任何行动，那么你们可以确信不会再得到我们的支付款，我们也将准备把我们的财富给予他们。那样的话你们不得不接受羞辱，并且为更优秀者让路，因为我们肯定不得不将我们与你们以及你们的部族签订的联盟协议转给他们，的确即便是在不同的环境中，对于我们而言，当我们处于赢得胜利者友谊的位置上，那么分享被征服者的耻辱是没有意义的。"

25. 当桑迪尔霍斯从一位译者那里得知这封信的内容后，立即感到愤怒，几乎无法控制自己的怒火，并且急于因为科特利古尔人的傲慢而去惩罚他们，这是一位拥有蛮族的唯利是图和傲慢的心态的人可被预测到的反应。2 结果他直接派出军队，对敌人的本土发动了突袭。那些在后面的人在没有任何守卫的情况下被抓获了，他还俘虏了很多妇女和儿童。当从色雷斯回来的科特利古尔人在越过多瑙河时，他与其突然相遇，并杀了很多人，抢劫了他们从皇帝那里得到的钱财以及所有的战利品。3 随后不久，幸存者回到故土，便立即加入同胞的行列，准备发动对乌提古尔人的战争。因此，从那时起，这两个部族彼此长时间作战，结果是他们之间的敌对愈演愈烈。4 在某些情况下，他们把自己限制在掠夺性的入侵上，在其他时间，他们则寻求公开战斗，直到他们实力变得弱小，人员耗尽，以至于失去了其部族的身份。5 这些匈人部族分散的残余事实上已经成为那些他们获得其名称的其他部族的土地上的奴隶；他们为自己之前的罪行付出了如此严苛的惩罚。但是这两个部族的完全消失发生在后来的时期，因此我将会严格按照时间的顺序，在恰当的地方记述该事件的细节。① 6 当科特利古尔和乌提古尔之间的纠纷达到顶点时，所发生事情的消息传到了拜占庭，皇帝的智慧和预见非常清楚地展现给所有人。蛮族人彼此相残，而他却没有诉诸武力，仅凭外交手腕便成为最终的胜利者，无论战争的结果如何，他都会获益。因此，由于继续被卷入内部纷争，不再有任何进攻罗马人领土的想法，的确他们陷入了完全的默默无闻之中。

---

① 阿莱克萨基斯认为，阿加西阿斯在这里的话暗示他的《历史》书写本应该超出本书的五卷所涵盖的时间，参见 Agathias, *Αγαθίου Σχολαστικοῦ Ἱστορίαι*, σ. 745, footnote。

第三章 专题研究

第一节 古代晚期及其视角下拜占庭
世俗历史书写的特点
—— 以阿加西阿斯《历史》为中心

古代晚期是目前国际史学界流行的主要研究理论和范式之一,它兴起于对"罗马帝国衰亡"说的反思,同时受到年鉴学派的积极影响,所关注的核心是以地中海为中心的多文明的宗教、文化与艺术的延续与发展。从古代晚期研究的时空范围来看,拜占庭帝国的早期史也囊括其中。① 受此影响,当代英国拜占庭学领军人物埃弗里尔·卡麦隆提出,当前,拜占庭学领域的研究者们出现了认同的危机,并出现了两种趋势:第一,部分学者将早期拜占庭史与中后期拜占庭史剥离,并纳入古代晚期研究之中;第二,另一部分学者专注于早期拜占庭史研究,将之与古代晚期研究区分开。卡麦隆认为,这两种情况事实上可以并行不悖,可以具体依据研究的

---

① 通过最近的研究可知,古代晚期的研究时限已经拓展到 10 世纪,参见 Charles F. Pazdernik, 2015: "Late antiquity in Europe c. 300~900 CE", in Craig Benjamin ed., *The Cambridge World History*, Vol. 4, New York: Cambridge University Press, pp. 375~406. 正如彼得·布朗在被问到"古代晚期究竟何时终结"时,他的回答是:"总比你认为的更晚。"参见 Peter Brown, "What's in a Name? A talk given at the opening of the Oxford Centre for Late Antiquity on Friday 28 September 2007", https://www.ocla.ox.ac.uk/sites/default/files/ocla_ opening_ talk. pdf? time = 1577640804436, 16 - 08 - 2023. 或者正如刘寅所总结的,"布朗的'古代晚期'并非一个固定的历史分期,而是一个时空边界开放的史学问题,变迁与延续之间的张力是其核心问题"。刘寅:《彼得·布朗与他的古代晚期研究》,《史学史研究》2021 年第 2 期。

范围和层面而定。① 笔者认同此观点,并强调,在宏观和微观视域内,二者的研究从不同的角度都可以推动拜占庭史的研究。本节从第一种视角出发,将拜占庭纳入古代晚期,通过其世俗历史书写的层面来考查早期拜占庭历史发展的特征及其与古代晚期总体特征的关系。

4~6世纪一般被认为是拜占庭的早期阶段,而6世纪是这个阶段中拜占庭发展的核心时期。此时,世俗历史书写的领域的基本特征是尚古,即追求古典风格。这些史家追溯先贤,自视为古典作家并以之为荣,但是同时,在帝国诸帝的支持下,基督教逐步壮大,已经成为社会的主流思想,加之拉丁文化的逐步消失,古典文化受到了基督教思想的影响,这使得他们的著作中也隐含着基督教理念,由此出现了普罗柯比、阿加西阿斯、侍卫官弥南德、塞奥费拉克特·西摩卡塔等前后相继的所谓最后的一批古典作家。阿加西阿斯作为该群体中承前启后的关键人物,他的著作《历史》明显体现出这个时代的独特特征,拉丁遗存、古典文化、希腊化以及基督教化等多重元素相互交织。由此可以看出,古代晚期的拜占庭处于凤凰涅槃的蜕变之中,在延续与发展中变换新颜,这与古代晚期的总体特征是相契合的。

(一) 古代晚期研究

古代晚期最初作为一个研究的历史时期的兴起,是受到 J. B. 布瑞(J. B. Bury)、A. H. M. 琼斯(A. H. M. Jones)和 A. 莫米里亚诺(A. Momigliano)等19世纪末和20世纪初英国晚期罗马帝国史学者的影响,主要是反对之前由吉本所确立、盛行数百年的"罗马帝国衰亡"说,强调罗马帝国的延续或者说转型。在此过程中,帝国在维持原有的罗马帝国政治制度、法律体系和行政管理的同时,在文化、宗教等领域出现了新的特点。② 古代晚期研究出现之初,主要关注宗教、艺术,随后向更加全面的主题范围扩展,并且跨越了多个研究领域:早期中世纪、拜占庭学、古典学、教父学、晚期罗马帝国研究、大迁徙研究,③ 甚至叙利亚研究和早

---

① Averil Cameron, 2016: "Late Antiquity and Byzantium: An Identity Problem", *Byzantine and Modern Greek Studies*, Vol. 40~1, pp. 27~37.

② G. W. Bowersock, Peter Brown and Oleg Grabar eds., 2001: *Interpreting Late Antiquity: Essays on the Postclassical World*, London: The Belknap Press of Harvard University Press, p. ix.

③ Edward James, 2008: "The Rise and Function of the Concept Late Antiquity", *Journal of Late Antiquity*, Vol. 1, pp. 20~30.

伊斯兰研究。①

在研究的进程中，古代晚期研究逐渐形成了其研究理论和范式。其发展受年鉴学派的影响，近年来又与全球史有交叉，体现的是地理范围的扩大，方法的多样，资料的丰富以及研究问题的相近（贸易、交流等）。波斯史学者帕尔万·布莎莉亚蒂（Parvaneh Pourshariati）从其研究的角度指出古代晚期研究在时间和空间上都超越了之前的范围，② 关于古代晚期研究的空间的扩展，如利兹大学瑞贝卡·达莉对印度古代晚期的研究，③ 普林斯顿大学莱扎汉尼（Khodadad Rezakhani）对古代晚期东部萨珊波斯的研究，④ 由马阿斯（Michael Maas）和狄宇宙（Nicda Di Cosmo）主编的《欧亚古代晚期的帝国与交流》已经关注到包括整个地中海与中国之间的区域，以及最近日本学者甚至将东亚置于其中。⑤

21世纪以来，以古代晚期为题的各类著作更是层出不穷，研究蔚为壮观，甚至出现了多份以古代晚期为题的专业期刊。⑥ 在国内来看，在理论层面，北京大学李隆国在研究罗马帝国转型的过程中，开始较早关注古代晚期研究，并撰文予以介绍。⑦ 之后，南开大学陈志强，作为一位国内拜占庭学的专业学者，从拜占庭学的角度对古代晚期研究与拜占庭研究的关系问题提出了具有启示意义的探讨。⑧ 在实践研究层面，国内也已经有

---

① Anthony Kaldellis, "Late Antiquity Dissolves", https://marginalia.lareviewofbooks.org/late-antiquity-dissolves-by-anthony-kaldellis/, 11 – 05 – 2023.
② Parvaneh Pourshariati, 2013: "Introduction: Further Engaging the Paradigm of Late Antiquity", *Journal of Persianate Studies*, Vol. 6, p. 1.
③ Rebecca Darley, 2021: "Byzantine Coins and Peninsular India's Late Antiquity", in Sven Günther, Li Qiang, Lin Ying, and Claudia Sode eds., *Byzantine Gold Coins in the World of Late Antiquity. Papers Read at the International Conference in Changchun, China, 23 ~ 26 June 2017*, Changchun: The Institute for the History of Ancient Civilizations, pp. 135 ~ 170.
④ Khodadad Rezakhani, 2017: *Reorienting the Sasanians: East Iran in Late Antiquity*, Edinburgh: Edinburgh University Press.
⑤ Nicola Di Cosmo and Michael Maas eds., 2018: *Empires and Exchanges in Eurasian Late Antiquity: Rome, China, Iran, and the Steppe, ca. 250 ~ 750*, New York: Cambridge University Press;〔日〕佐川英治:《多元的中華世界の形成：東アジアの「古代末期」》(*Formation of the Pluralistic Sinitic World: Late Antiquity in East Asia*), 臨川書店 2023 年。
⑥ 1993 年法文期刊《古代晚期》(*Antiquité Tardive*) 创立,《古代晚期杂志》(*Journal of Late Antiquity*) 和《古代晚期研究》(*Studies in Late Antiquity*) 分别于 2008 年和 2017 年在美国创刊。
⑦ 李隆国:《古代晚期研究的兴起》,《光明日报》2011 年 12 月 22 日第 11 版；李隆国:《从"罗马帝国衰亡"到"罗马世界转型"——晚期罗马史研究范式的转变》,《世界历史》2012 年第 3 期。
⑧ 陈志强:《古代晚期研究：早期拜占庭研究的超越》,《世界历史》2014 年第 4 期。

学者开始从古代晚期的角度探讨地中海世界的城市、环境以及宗教问题等。①

(二) 古代晚期与拜占庭的关系

有学者提出，古代晚期研究起源于早期拜占庭学研究，但是同时又是对其的扩展。② 不可否认，古代晚期的主要倡导者之一，埃弗里尔·卡麦隆长期从事拜占庭学研究，但是并不能因此强调古代晚期研究与拜占庭研究一脉相承。首先卡麦隆本人是来自古典学专业，后来转而关注6世纪的拜占庭文献学，而古代晚期研究的创立者彼得·布朗本人的研究也从未专门涉及拜占庭学，其早期的代表作是一部圣奥古斯丁的传记作品。③ 其次，布朗在《古代晚期世界》的目录和前言中④强调古代晚期是200~700年、以地中海为中心的周边世界的社会和文化变革。虽然在阐述中，布朗把拜占庭放在中心位置，但是拜占庭仍旧只是古代晚期研究中的有机组成部分。此后，布朗在1996年出版的《西方基督教王国的兴起：胜利与分化》一书中，对自己所倡导的古代晚期研究进行了总结性阐发，他指出，"这不再是一个罗马帝国衰亡的历史；其次，这是一个为现代欧洲奠基的新时代，具有独特的社会结构；第三，从意识形态角度而言，这是一个早期中世纪基督教世界，西欧独特的基督教想象开始定型。虽然古代晚期研究者对于古代晚期的具体时限远未取得共识，但是他们一致认为至少在300~600年间，包括波斯、阿拉伯在内

---

① 古代晚期理论目前在国内已经成为一种较为普遍接受的研究地中海世界历史的研究范式，以下仅举具有代表性的研究论著：焦汉丰：《古代晚期的宗教暴力、殉道与政治合法性》，硕士学位论文，上海师范大学，2013年；焦汉丰：《古代晚期城市的内涵、特点及研究现状》，《都市文化研究（第12辑）城市史与城市研究》，上海三联书店，2015；郑秀艳：《古代晚期的科林斯城市研究》，博士学位论文，上海师范大学，2015年；焦汉丰：《古代晚期神庙的命运》，《都市文化研究（第14辑）城市精神：一种生态世界观》，上海三联书店，2016；刘榕榕、董晓佳：《古代晚期地中海地区"尘幕事件"述论——兼论南北朝时期建康"雨黄尘"事件》，《安徽史学》2016年第2期；焦汉丰：《古代晚期异教的衰弱探迹——基于神庙视角的研究》，博士学位论文，上海师范大学，2017年；疏会玲：《古代晚期基督教社会犹太人的法律地位——基于罗马法的考察》，《历史教学问题》2017年第1期；刘榕榕：《古代晚期地中海地区自然灾害研究》，中国社会科学出版社，2018年。

② 陈志强认为，古代晚期研究始于拜占庭研究，但从研究的史观、时空范畴以及侧重领域完成了对拜占庭的超越，参见陈志强《古代晚期研究：早期拜占庭研究的超越》，《世界历史》2014年第4期。

③ Peter Brown, 1967: *Augustine of Hippo*: *A Biography*, Berkeley: University of California Press.

④ Peter Brown, 1971: *The World of Late Antiquity*: *AD 150 ~ 750*, content and preface.

的环地中海地区,不再是帝国衰亡之后的衰败景象,而是一个充满创造力的为未来奠基的独特转型期"。① 由上可知,古代晚期的时空范围远远超越拜占庭,但是与此同时,拜占庭帝国或者文明亦是古代晚期研究中不可忽视的部分,并且也已经深深地融入进古代晚期研究之中。② 古代晚期研究关注的是一个跨越时空观念的研究,或者说更倾向于专题性的讨论,借此从中发现在3～8世纪这一时段中地中海世界自身文化的变动以及与周边文化的互动与影响。

由于古代晚期研究的巨大动力和吸引力,拜占庭学研究学者也积极参与了讨论。但是比较有意思的现象是,近几年众多拜占庭学者在从事古代晚期研究时,也自觉将早期拜占庭纳入古代晚期,而将7～8世纪之后的时间作为拜占庭学研究的对象,强调古代晚期对于早期拜占庭的宗教、权力和信仰的构建的意义,并且多关注于7～8世纪以后拜占庭世界对3～8世纪古代晚期的接受,具有代表性的学者有斯特拉迪斯·帕帕约阿努(Stratis Papaioannou)③、彼得·古兰(Petre Guran)④ 和安东尼·卡尔德里斯⑤。卡尔德里斯认为古代晚期的范式限制了早期拜占庭的研究,例如,强调文献体裁,二元对立的整齐划一,异教徒是麻烦,异教徒与基督徒分享着同样的古典文化,异教徒可能会成为基督徒,他认为这都是有问题的。⑥

对于古代晚期研究与拜占庭学的关系,卡麦隆也提出自己的看法。她指出,古代晚期研究的发展,使得拜占庭研究的认同发生了危机。⑦ 而且古代晚期研究之初也并没有专门关注拜占庭的问题。古代晚期研究对于东方,即波斯—阿拉伯世界尤为关注。而极为重要的6世纪被边缘

---

① 李隆国:《从"罗马帝国衰亡"到"罗马世界转型"——晚期罗马史研究范式的转变》,《世界历史》2012年第3期。
② Leonora Neville, 2018: *Guide to Byzantine Historical Writing*, New York: Cambridge University Press, p. 4.
③ Stratis Papaioannou, 2009: "The Byzantine Late Antiquity", in Philip Rousseau ed., *A Companion to Late Antiquity*, New York: Wiley.
④ Petre Guran, 2012: "Late Antiquity in Byzantium", in Scott Fitzgerald Johnson ed., *The Oxford Handbook of Late Antiquity*, New York: Oxford University Press.
⑤ Anthony Kaldellis, 2018: "Late Antique Literature in Byzantium", in Scott McGill and Edward J. Watts eds., *A Companion to Late Antique Literature*, New York: Wiley-Blackwell.
⑥ Anthony Kaldellis, 2015: "Late Antiquity Dissolves", https://marginalia.lareviewofbooks.org/late-antiquity-dissolves-by-anthony-kaldellis/, 11-05-2023.
⑦ Averil Cameron, 2016: "Late Antiquity and Byzantium: An Identity Problem", *Byzantine and Modern Greek Studies*, Vol. 40~1, pp. 27~37.

化了，6世纪更多地被视作古典化的时期。6世纪的历史书写是复杂的，远非古典化可以概括的。应该避免以往只从历史的角度，而从文献的角度来考查，主要是关于文献体裁的角度考查。（关于这一问题，卡麦隆也提出自己早期的观点，即卡尔德里斯所批评的，过于固守于体裁的问题，需要修正，卡尔德里斯提出体裁的多样性和复杂性。）卡麦隆还提出，古代晚期集中于宗教，尤其是波斯、犹太等史料的加入，以及对新柏拉图主义的研究。大部分古代晚期学者不太重视拜占庭，而拜占庭学者也厌倦了这些分期的讨论，专注于自己的研究，她认为古代晚期和拜占庭可以并行不悖。①

（三）古代晚期视角下的拜占庭世俗历史书写

本节同意卡麦隆的意见，将早期拜占庭视作古代晚期中的一个重要构成部分，借助阿加西阿斯《历史》文本的考查，来探究早期拜占庭与古代晚期历史发展特点的契合。

以往的古代晚期研究著作已经对这一时期的历史文献有过整体性的考查，其中《古代晚期的希腊和罗马历史文献学：公元4~6世纪》（*Greek and Roman Historiography in Late Antiquity: Fourth to Sixth Century A.D*）②、《古代晚期的希腊文文献：活力、启蒙主义与古典性》（*Greek Literature in Late Antiquity: Dynamism, Didacticism, Classicism*）③、《古代晚期变化的体裁》（*Shifting Genres in Late Antiquity*）④ 等都是与拜占庭文献相关的研究成果，它们强调，古代晚期研究所倡导的社会转型和文化创新等问题在拜占庭文献中也有集中的反映。从文献学的角度来看，这一时间有很多突出的特点，譬如对古典书写的继承，与此同时对其体裁等进行重铸，以此来满足当时代人的兴趣，另一个主要的特点是基督教兴起的影响。⑤ 对于拜占庭帝国而言，多种基督教历史体裁的出现，如编年

---

① Averil Cameron, 2016: "Late Antiquity and Byzantium: An Identity Problem", *Byzantine and Modern Greek Studies*, Vol. 40~1, pp. 27~37.
② Gabriele Marasco ed., 2003: *Greek and Roman Historiography in Late Antiquity: Fourth to Sixth Century A.D*, Leiden: Brill.
③ Scott Fitzgerald Johnson ed., 2006: *Greek Literature in Late Antiquity Dynamism, Didacticism, Classicism*, New York: Routledge.
④ Geoffrey Greatrex and Hugh Elton eds., 2015: *Shifting Genres in Late Antiquity*, London: Routledge.
⑤ Scott McGill, Edward J. Watts, 2018: "Introduction", in Scott McGill and Edward J. Watts eds., *A Companion to Late Antique Literature*, New York: Wiley, p. 4.

史、教会史、圣徒传记、布道词等，极大地丰富了拜占庭的历史文献。虽然出现这种情况，但是在 6 世纪时，拜占庭的世俗史学依旧生命力顽强，以普罗柯比、阿加西阿斯、侍卫官弥南德以及塞奥费拉克特·西摩卡塔为代表的名家的作品集中反映了上述时代特征。

1. 阿加西阿斯其人其作

阿加西阿斯在 532 年左右生于小亚细亚的米里纳的一个律师家庭。在君士坦丁堡度过童年，并接受了一定的初等教育后，他前往亚历山大里亚的语法学校学习修辞和语法，完成那里的学业后，551 年左右，回到了君士坦丁堡继续学习法律，并且最后成为一名律师。他去世的时间大概在 579~582 年。阿加西阿斯是 6 世纪仅次于普罗柯比的一位重要的作家，他的作品丰富，涵盖面广，而且由于他的职业和地位处于中等阶层，因此其著述具有一定的代表性，相较于居于社会上层的普罗柯比，其作更能反映拜占庭社会的变迁。作为史家，他的主要作品是一部五卷本的《历史》，该书的写作时间自 565 年到 582 年，但是他未完成该书，便去世了。作者接续普罗柯比《战史》的记载，① 继续记述了 552~559 年拜占庭对外的征服和交往历史的细节。《历史》前两卷记载了查士丁尼手下的宦官大将纳尔泽斯在意大利与哥特人、法兰克人以及阿勒曼尼人的战争；第三卷记载了高加索地区拉齐卡王国的战争问题；第四卷继续讲述关于高加索地区的问题，同时对波斯的历史进行了回顾；第五卷涉及拜占庭对小亚细亚东北地区和亚美尼亚地区的控制。

2. 阿加西阿斯《历史》的特征

（1）传统的继承：古典书写

"模仿说"（Mimesis）是西方文学史上逾千年而不衰的文学原则，意指在著述中对先前经典文献的模仿。这是一种自古希腊就已经存在的现象，在拜占庭时期得到了继承。奥地利拜占庭学者鸿格（Herbert Hunger）曾专门撰文讨论拜占庭时期的"模仿说"现象。拜占庭帝国作家模仿的对象主要是古典时期的作家。鸿格甚至认为，中期拜占庭的作家根本不注重原创。"模仿说"的模仿是多方面的，包括体裁模仿、文本的直接引用、语言和场景的模仿以及意象的借用等。② 在 6 世纪的拜占庭，这种现象非常盛行，阿加西阿斯的《历史》就体现出极强

---

① 《战史》的记载到 552 年结束。
② Herbert Hunger, 1969~1970: "On the Imitation (ΜΙΜΗΣΙΣ) of Antiquity in Byzantine Literature", *Dumbarton Oaks Papers*, Vol. 23~24, pp. 15~38; "Imitation", in *ODB*, p. 998.

的模仿性。

阿加西阿斯在《历史》中追求古典化的阿提卡希腊文。阿提卡方言在古典希腊时代是整个希腊世界文学写作的标准语,① 它与修昔底德等古典史家一起成为后世作家的模仿典范。拜占庭帝国早期的世俗乃至教会作家都在模仿这种语言形式。瑞典学者瓦尔格伦（Staffan Wahlgren）提到,在 6 世纪的拜占庭以普罗柯比为首的一批作家都在以古典阿提卡化的语言来著述,其中就包括阿加西阿斯。② 阿加西阿斯对阿提卡方言的使用或者模仿主要包括词语、句式与时态等,如对形容词最高级的使用,以 "ατο" 形式结尾的过去完成时的应用,"καὶ ὅς" 形式的存在等。③

阿加西阿斯《历史》中有大量的"离题话",如波斯世系的记述,对前往波斯的雅典学园学者的记述等,据统计,《历史》中所有"离题话"占全部篇幅的近 1/3。这种使用"离题话"的方式不是阿加西阿斯的独创,自荷马时代就已经使用,而且希罗多德、修昔底德等古典作家都在大量使用。阿加西阿斯模仿的对象普罗柯比也大量使用"离题话",因此,这是其作品古典化的一个体现。但是这种"离题话"并不是生搬硬套,根据澳大利亚天主教大学学者嘉德-怀特（Sarah Gador-Whyte）的分析,"离题话"有机地构成了阿加西阿斯《历史》的一部分,并且很好地使《历史》成为一部带有古典特征、生动有趣的著作。嘉德-怀特对这些"离题话"进行了分类和分析,她认为这些"离题话"主要具有以下的作用：实现不同叙述之间的过渡,预见或者提示后面书写的主题等等。阿加西阿斯"离题话"还有一个特点,那就是常用"书归正传"的说法,将读者从"离题话"带回到主题上来。这种方式,嘉德-怀特发现,在诸如伊索克拉底、米南德、迪奥·赫里斯托姆、赫西俄德等古代作家的作品中也在使用。④

演说辞无疑是古代尤其是古典作家常用的方式,其历史可以追溯到荷马史诗的《伊利亚特》。希罗多德和修昔底德将之发扬光大。据统计,在修昔底德的《伯罗奔尼撒战争史》中,共有直接和间接的演说辞 141 篇,

---

① 徐晓旭：《古希腊语与古希腊文化》,《华中师范大学学报》（人文社会科学版）2004 年第 4 期。
② Staffan Wahlgren, 2010: "Byzantine Literature and the Classical Past", In Egbert J. Bakker ed., *A Companion to the Ancient Greek Language*, Oxford: Wiley-Blackwell, p. 530.
③ Averil Cameron, 1970: *Agathias*, Appendix H.
④ Sarah Gador-Whyte, 2007: "Digressions in the Histories of Agathias Scholasticus", *Journal of the Australian Early Medieval Association*, Vol. 3, pp. 141~158.

这占据了其全书体量的 1/4。① 演说辞无疑具有极强的代入感和现场感，能够使得读者体会到该著作的生动和鲜活。在阿加西阿斯著的《历史》中，演说辞并没有占有如此之高的比重，他使用了三次演说辞（卷1，12.3～10，纳尔泽斯针对进攻法兰克人的激励演说；卷2，12.1～9，纳尔泽斯对军队耽于享乐的忠告演说；卷5，17.1～8，贝利撒留针对士兵激励的演说，18.1～11）。这无疑是其著作古典特征的体现。虽然数量偏少，但是这些演说辞对于阿加西阿斯文本的意义非常重要，在演说辞的帮助下，他所塑造的纳尔泽斯和贝利撒留的英勇形象跃然于纸上。

　　阿加西阿斯在《历史》中明确提出他对古典作家的模仿，他提到，"我本应该闲暇更多地阅读我所要模仿的古人的著述，以批判的洞察力来审视所有的历史景象"②。而对于普罗柯比，虽然他并没有明确提出他是对其模仿，但是他却提出，自己是接续普罗柯比的内容继续。③ 卡麦隆认为阿加西阿斯对于希罗多德的模仿是有限的，主要是战争场面的模仿，贝利撒留与匈人的战斗，模仿了希罗多德的温泉关之战和普拉泰亚之战，她认为阿加西阿斯只是见到了一些希罗多德的片段，并且在其他的一些例子中，他极有可能是参考了普罗柯比。阿加西阿斯对于修昔底德的借鉴就多一些，而且更加集中，主要是演说辞的形式。普罗柯比的引用基本来自第1卷，其他则是来自前4卷。阿加西阿斯引用的其他部分，普罗柯比也引用了。所以极有可能阿加西阿斯是从普罗柯比那里引用来的修昔底德。除了这种直接引用或者间接从普罗柯比和修辞指南中引用等，阿加西阿斯还可能是从其他早先史家那里模仿而来，如阿里安、约瑟夫、迪奥·卡修斯、德科希普斯、普里斯库斯。④

　　阿加西阿斯对古典作家的模仿，也显著体现在其前言上。他模仿的对象主要包括琉善、波里比阿，但是最主要的还是西西里的狄奥多鲁斯，⑤据卡麦隆的研究，自普罗柯比以后，出现了一系列模仿狄奥多鲁斯前言的作家。而阿加西阿斯在模仿的同时，也提出了自己的看法，如他认为历史

---

① 李永明：《修昔底德〈伯罗奔尼撒战争史〉中的演说辞及其真实性问题研究》，《史学史研究》2019年第1期。
② Agathias, 1970：The Histories, Ⅲ, 1.4.
③ Agathias, 1970：The Histories, Prooimio, 31.
④ Averil Cameron, 1964： "Herodotus and Thucydides in Agathias"，Byzantinische Zeitschrift, Vol. 57, pp. 33～52.
⑤ 关于狄奥多鲁斯的前言特点，参见余春江《西西里狄奥多鲁斯史学思想述评》，载杨先东主编《史学理论与史学史学刊》2017年下卷（总第17卷），社会科学文献出版社，2017。

与诗歌是很相近的,除了节拍不同。狄奥多鲁斯认为:"诗歌带给人更多的是愉悦,而非实用……唯有历史完美地结合了文字与事实,在表述中蕴含着其他同样有益的品质。"① 而阿加西阿斯则认为,"历史主要的目的是把美德灌入人们的内心,而诗歌之美则能够使历史变得令人愉快"②。

阿加西阿斯《历史》中对古典历史书写的模仿还包括在纪年方法上的季节转换、③ 对其他部族和地名的仿古化称呼等。④

(2)拜占庭时期的新特征

基督教观念。关于阿加西阿斯《历史》中基督教元素的问题一直是学者们争论的焦点。甚至发展到讨论他是否为基督徒的问题上。学者们各执一词。卡麦隆认为阿加西阿斯是一位传统的基督教史家,在其文本中少量涉及基督教的话题中,如关于法兰克人的问题、阿勒曼尼人的动物献祭,以及波斯宗教,都体现出阿加西阿斯对基督教的尊重,文本中出现了很多看似多神教观念的问题,她认为是受到古典历史体裁的影响,⑤ 而与之相对的卡尔德里斯,虽然没有明确提出阿加西阿斯是异教徒,但是他认为,阿加西阿斯不会是一位特殊的宽忍的基督徒,而是一个柏拉图主义的同情者。⑥ 事实上,在6世纪这种多神教和基督教并存的情况下,除非作者本人明确提及,否则很难明确得知其信仰。毋庸置疑的是,阿加西阿斯文本中存在一定数量的基督教元素,意大利学者卡塔乌德拉认为阿加西阿斯与普罗柯比都在试图将多神教和基督教元素融合在一起。⑦

语言的混合。在6世纪阿加西阿斯生活的时代,希腊文俗语以及新的语言元素已经非常盛行,因此口语与书面语言之间的差距非常明显。⑧ 而

---

① Diodorus of Sicily, 1933: *Library of History*, 1.2.6.
② Agathias, 1975: *The Histories*, Prooimio, 5.
③ 修昔底德的撰史原则是按照冬季和夏季的方式来纪年,参见〔古希腊〕修昔底德:《伯罗奔尼撒战争史》,第5~6页;杨共乐:《修昔底德撰史特点新探》,《北京师范大学学报》(社会科学版)2017年第4期。
④ Agathias, 2008: Ἀγαθίου Σχολαστικοῦ, Ἱστορίαι, σ. 28.
⑤ Averil Cameron, 1970: *Agathias*, pp. 89~112.
⑥ Athony Kaldellis, 1999: "The Historical and Religious Views of Agathias: A Reinterpretation", *Byzantion: Revue internationale*, Vol. 69, pp. 206~252.
⑦ 阿加西阿斯使用了 to kleitton (mightiest) 和 to theion (devine) 这样的宗教术语,参见 M. R. Cataudella, 2003: "Historiography in the East," in Gabriele Marasco ed., *Greek and Roman Historiography in Late Antiquity*, p. 417.
⑧ 瓦尔格伦提到,同一时期有很多著述是用拜占庭通用希腊文写成的,如查士丁尼的立法、吕底亚人约翰的著述、约翰·马拉拉斯的《编年史》、莫里斯的《战略》等,参见 Staffan Wahlgren, 2010: "Byzantine Literature and the Classical Past", in Egbert J. Bakker eds., *A Companion to the Ancient Greek Language*, Oxford: Wiley-Blackwell, p. 531。

阿加西阿斯想要实现古典化希腊文的书写是非常困难的。纯正的阿提卡语言，在琉善和狄奥时代就已经丧失了。因此阿加西阿斯对古典语言的追求，所实现的结果就是借用一部分古典词语和句式，同时深受 6 世纪的世俗化语言，以及一些术语的影响，如此形成的一种混合的语言类型。①

文献体裁的混合。早在 20 世纪七八十年代，以卡麦隆为首的学者认为包括 6 世纪在内的早期拜占庭的文献著述有着明晰的体裁，如古典历史、诗歌、颂词等。但是 21 世纪以来，这种古典的认知受到质疑，甚至卡麦隆也开始修正自身观点，她指出，6 世纪的拜占庭著作，如普罗柯比的三部著作，其体裁并非如此明晰，其中有相互混合的内容，作为普罗柯比的继承者，阿加西阿斯更是如此。正如他在前言中提到的，他认为历史与诗歌区别不大，后者的形式和风格有助于增加历史文本的可读性和丰富性。②

阿加西阿斯的《历史》受到了后世学者的密切关注，并对其进行阅读、引用、借鉴与模仿，如直接在序言中提到续写阿加西阿斯《历史》的侍卫官弥南德、借鉴《历史》中关于波斯历史书写的 8 世纪的辛塞鲁斯，③ 此外还包括 9 世纪的史家贞内修斯（Genesius）、④ 10 世纪的执事利奥（Leo the Deacon）⑤ 以及 11 世纪的安塔里亚特斯（Michael Attaleiates）⑥ 等。由此可见，阿加西阿斯的《历史》是早期拜占庭世俗历史书

---

① Averil Cameron, 1970: *Agathias*, p. 73.
② Geoffrey Greatrex, 2015: "Introduction", in Geoffrey Greatrex and Hugh Elton eds., *Shifting Genres in Late Antiquity*, London: Routledge, p. 3.
③ Averil Cameron, 1964: "Zonaras, Syncellus, and Agathias-A Note", *The Classical Quarterly*, Vol. 14, No. 1, pp. 82~84.
④ 贞内修斯的作品记载了 814~886 年拜占庭诸帝统治的历史，卡尔德里斯提到，里贝里克（H. Lieberich）在研究中认为，贞内修斯著作的序言可能受到了《历史》的影响，参见 H. Lieberich, 1900: *Studien zu den Prodmien in der griechischen und byzantinischen Geschichtschreibung, v. 2: Die byzantinischen Geschichtschreiber and Chronisten*, Munich: Joh. Gg. Weiss, pp. 21~2; Joseph Genesios, 1998: *On the Reigns of the Emperors* (Byzantina Australiensia 11), trans. by Athony Kaldellis, Canberra: Australian Association for Byzantine Studies, p. 3.
⑤ 执事利奥的作品是一部关于 10 世纪拜占庭对外军事征服的历史著作，对于利奥而言，他的作品中除了序言，在正文中也大量模仿《历史》中的历史书写方式，参见 Leo the Deacon, 2005: *The History of Leo the Deacon: Byzantine Military Expansion in the Tenth Century*, introd., trans., and annotations by Alice-Mary Talbot and Denis F. Sullivan, Washington DC: Dumbarton Oaks, pp. 11, 17~18, 23, 44~45, 56, 58.
⑥ 安塔里亚特斯的《历史》主要记载了 1034~1079 年的拜占庭统治者及其治下的历史，在文中他直接引用阿加西斯《历史》中的事件对他的记载予以旁证，而且模仿阿加西阿斯的《历史》书写方式，参见 Michael Attaleiates, 2012: *The History*, trans. by Athony Kaldellis and Dimitris Krallis, Cambridge, Mass.: Harvard University Press, pp. 11 (note 7), 151 (note 148), 159 (note 150), 165 (main content and note 153).

写的代表作之一，因此成为后世竞相阅读和参考的对象。

结 论

通过对整个6世纪拜占庭历史现实的把握以及对阿加西阿斯的生平以及著作特点的考察可知，6世纪拜占庭社会的基本特征是古典多神教思想与基督教思想的冲突与交融。6世纪的学者追溯先贤，以自视为古典作家为荣，由此形成了普罗柯比、阿加西阿斯、侍卫官弥南德、塞奥费拉克特·西摩卡塔等前后相继、模仿并继承古典而构成的记载6世纪全部历史的重要文献。他们著作的特点包括使用模仿的阿提卡希腊文的形式写作，并模仿古典作品的写作形式和语言风格。但是随着5~6世纪基督教的逐步确立，基督教思想对人们思想和行为的渗透，加之拉丁文化的逐步消失，古典的特征逐渐让位于基督教的特征。随着查士丁尼为首的统治者上层对异教文化的严格限制，如529年的法令以及之后的打击多神教的行动不仅导致了传授新柏拉图主义的雅典学园走向了衰落，而且进一步使得古典异教哲学走向了社会舞台的幕后。卡麦隆准确地指出，"从普罗柯比到希拉克略登基这段时间是文化整合的过程，是艺术、文学以及帝国仪式围绕着基督教信仰和形象为核心的不断加强，而古典文化则默默地退到后台……那些曾经想要努力保持'古典'风格的帝国的史家和诗人现在开始在圣经旧约的语言体系中写作"。① 虽然如此，但是阿加西阿斯和普罗柯比等人仍在作品中大量使用希腊神话以及古典风格的写作范式来对其同时代的人物以及事件进行描述，显现出他们对古典风格的执着。② 但是时代的整体趋势无法改变，在6世纪末7世纪初，古典风格已经从拜占庭的世俗著作中逐渐隐匿，基督教文化占据了绝对的统治地位。③

整个6世纪的世俗历史作品中所呈现出来的古典和基督教二重性，是

---

① Averil Cameron, 1981: "Images of Authority: Élites and Icons in Late Sixth-century Byzantium", in M. Mullett and R. Scott eds., *Byzantium and the Classical Tradition*, Birmingham: Centre for Byzantine Studies, University of Birmingham, p. 206.

② 参见 Anthony Kaldellis, 2003: "Things Are Not What They Are: Agathias Mythistoricus and the Last Laugh of Classical Culture", *Classical Quarterly*, 53, p. 300。卡麦隆持不同观点，她认为，阿加西阿斯认识到基督教风格的影响，也在努力往这方面靠近，但是其古典传统的风格对他有很深的影响，令他轻易无法脱离古典的范式，参见 Averil Cameron, 1981: "Images of Authority: Élites and Icons in Late Sixth-century Byzantium", p. 225。

③ 这种比较突出的体现是从西摩卡塔开始的。他的著作中已经非常明显地展现出基督教的历史书写，尤其是大量对上帝和教会事务的关注，参见 Theophylact Simocatta, 1986: *The History of Theophylact Simocatta: An English Translation with Introduction and Notes*, trans. by Michale and Mary Whitby, New York: Oxford University Press, p. 130。

与古代晚期这个时代的整体特征密不可分的。在蛮族入侵和基督教获得统治地位这样的大背景下，原有的社会文化体系逐渐走向分崩离析。古典文化在地中海世界受到了蛮族文化和基督教文化的冲击，走向衰落，罗马的传统统治受到了威胁，为了维持统治，帝国统治者不得不调整策略，适应新的时代特征，因此基督教在地中海世界得到快速发展。7世纪之后古典与基督教文化的二元对立基本结束，尤其是在阿拉伯征服之后。但是古典文化事实上并没有完全丧失，在与基督教的对立冲突中，以其他方式扎根于基督教世界之中，并在9世纪的马其顿王朝中得以复兴。彼时的基督教思想已经深入人心，因此古典文化在社会生活和历史书写中就更多地体现在形式上以及审美层面上。

第二节 雅典学园的衰落是拜占庭古典多神教思想的终结吗？

本节讨论的雅典学园或新柏拉图主义学园是在柏拉图所创立的旧雅典学园结束后，于公元4世纪在雅典再次出现的一个古典希腊哲学的教育中心，其影响遍及地中海沿岸的古典学术与学人，使得古典希腊多神教哲学在古代晚期呈现出最后的一抹亮丽的光彩。学园历经4～6世纪的发展，在529年之后开始走向衰落，自此古典希腊多神教哲学在拜占庭帝国的公开传授和传播开始没落，仅局限于偏远地区和私人领域。

关于此雅典学园的关闭及其影响这一论题，引起了学界极大讨论，[①]尤其是它的所谓的关闭是否意味着拜占庭古典多神教（Hellene）思想的终结，这一论题涉及拜占庭帝国的社会转型以及拜占庭文明演进等重大问

---

① Alan Cameron, 1969: "The Last Days of the Academy at Athens", *Proceedings of the Cambridge Philological Society*, Vol. 195. 15, pp. 7～29; Alan Cameron, 2016: "The Last Days of the Academy at Athens", in Alan Cameron, *Wandering Poets and Other Essays on Greek Literature and Philosophy*, New York: Oxford University Press, pp. 205～245; Edward Watts, 2004: "Justinian, Malalas, and the End of Athenian Philosophical Teaching in A. D. 529", *The Journal of Roman Studies*, Vol. 94, pp. 168～182; Gonzalo Fernández Hernández, 1983: "Justiniano y la clausura de la Escuela de Atenas", *Erytheia: Revista de estudios bizantinos y neogriegos*, Vol. 2, pp. 24～30; G. Hällström, 1994: "The Closing of the Neoplatonic School in A. D. 529: An Additional Aspect", in Paavo Castrén ed. , *Post-Herulian Athens: Aspects of Life and Culture in Athens A. D. 267～529*, Helsinki: Suomen Ateenan-Instituutin Säätiö, pp. 141～65.

题，并反映了古代晚期的重要特征，因此，有必要将其阐述清楚。阿加西阿斯《历史》中记载了一则与雅典学园关闭事件相关的重要信息，是理解雅典学园发展的重要依据。结合拜占庭时期的其他史料、考古资料以及历代研究者的分析可发现，雅典学园在529年之后走向衰落，古典教育由公开行为演变为私人行为，这一方面是受到帝国当时基督教发展的影响，另一方面是作为统治者的查士丁尼皇帝打击古典多神教的激烈政策和行动所导致的，可见这一衰落是在整体社会环境影响下自上而下地进行的。虽然学园衰落具有一定的象征意义，但在当时对帝国的整体文化环境没有造成实质性影响，① 且从长时段来看，这也并不是拜占庭古典多神教思想的终结，后世学者过分夸大了其意义。② 从研究结论上看，6世纪以后，拜占庭的古典多神教思想伴随着帝国的转型，在基督教主导的中世纪拜占庭社会环境下，成为该时期帝国思想中隐性的一部分，与基督教思想一起共同塑造并推动了帝国文化的发展。

阿加西阿斯《历史》卷2，30～31提到，七位来自拜占庭帝国的哲学家（叙利亚的大马士齐乌斯、西里西亚的辛普利齐乌斯、弗里吉亚的尤拉米乌斯、吕底亚的普利西安、腓尼基的赫尔墨斯和迪奥吉尼斯以及加沙的伊西多尔），由于自己的信仰（古典多神教）与拜占庭帝国的官方宗教不一致，因而被禁止参与公共活动。在听说波斯国王库斯劳一世是"柏拉图的哲学王"③之后，他们欣然前往波斯。但是抵达波斯后，他们发现事实并非如此，那里的社会很混乱，国王也很肤浅，并且他们的宗教实践也与自己不一致。④ 因此他们决意返回拜占庭。波斯国王为了确保他们的安全，要求在此时与拜占庭签订的"无限期和平"停战协议⑤中加入

---

① 瓦西列夫在著作中也明确地表示："查士丁尼统治时期雅典异教（古典多神教）学园的关闭可能对这一时期的文学和教育活动没有产生很严重的危害，因为这个学园早已经失去了它存在的意义。"参见〔美〕A. A. 瓦西列夫：《拜占庭帝国史》，徐家玲译，商务印书馆，2019，第201页。
② 奥斯特洛格尔斯基就夸张地称，雅典学园的关闭和哲学家的出走是"在拜占庭帝国，古老的宗教消亡了，人类历史的漫长章节结束了"，参见〔南斯拉夫〕乔治·奥斯特洛格尔斯基：《拜占廷帝国》，陈志强译，青海人民出版社，2006，第57页。
③ 哲学王，即哲学家执政治国，这是柏拉图《理想国》中最具特色的内容之一，也是柏拉图理想国家的核心内容。
④ 萨珊波斯的国教是琐罗亚斯德教。
⑤ 该协议是532年拜占庭与波斯之间签署的永久停战协定。普罗柯比对协定的签署过程以及内容有详细的记载，但是有意思的地方是，普罗柯比的记载中并没有包含关于七位哲学家的问题，关于该问题后文会有讨论，上述记载见 Procopius, 1914: *History of the Wars*, I, xxii. 1~19; 马拉拉斯对该协定的内容也有记载，见 John Malalas, 1986: *The Chronicle of John Malalas*, XVIII, 72, 76。

禁止迫害这些哲学家并且允许他们拥有自己信仰的条款。① 阿加西阿斯记载的这个事件可能正是529年查士丁尼禁止古典多神教哲学家在雅典授课之后，来自那里的学者们的去向，一般认为，这是关于七位哲学家出走事件的唯一的史料。但是，最近俄罗斯学者内查叶娃（Ekaterina Nechaeva）根据一份叙利亚语圣徒传记内容证实，阿加西阿斯对哲学家出走以及永久停战协定中对其宽容的条款的记载是符合历史事实的。②

鉴于以上考查，本节将从五个方面来讨论雅典学园的衰落问题及其对后世的影响：旧雅典学园的历史沿革与地位、4~6世纪雅典学园的状况、前代以及查士丁尼时代的多神教政策与原因、雅典学园的关闭事件，以及之后的古典多神教思想与帝国文化。

（一）旧雅典学园的历史沿革与地位

雅典学园的衰落对于当时代的人而言，并不是一个重大事件，但是为何后世学者会认为雅典学园的衰落象征着拜占庭帝国古典多神教思想的终结呢？这需要考查一下雅典学园的历史沿革与地位。

公元前4世纪柏拉图在雅典创立了学园（Academia），并在此开坛设学，传授古希腊哲学，由此这里以雅典学园而知名。雅典学园不久之后成为整个地中海古希腊哲学的中心，来自各地的求知者不断前来，使之异常繁盛。在柏拉图及之后的300年时间里雅典学园经过了三个主要时期：1. 早期学园（Old Academy），由柏拉图及其诸代弟子担任历届园长，当时所倡哲学思想为道德的、思辨的和教理的；2. 中期学园（Middle Academy），起始由阿凯西劳斯（Arcesilaus，公元前316/315~？前241年）任园长，倡导一种非教理的怀疑论（Skepticism）的哲学思想；3. 后期学园（New Academy），由卡涅阿德斯（Carneades，前2世纪）开创，末任园长为阿什凯隆的安提奥库斯（Antiochus of Ascalon，卒于前68年）。③ 虽然雅典学园在公元前1世纪已经衰落，但雅典作为地中海文化中心的地位一直存在。

（二）4~6世纪的雅典学园

4世纪末，雅典著名哲学家普鲁塔克（Plutarch of Athens,？350~？430

---

① Agathias, 1975: *The Histories*, II, 30~31.
② Ekaterina Nechaeva, 2017: "Seven Hellenes and One Christian in the Endless Peace Treaty of 532", *Studies in Late Antiquity*, Vol. 1, No. 4, pp. 359~380.
③ David C. Lindberg, 2007: *The Beginnings of Western Science*, Chicago: University of Chicago Press, p. 70.

年)在雅典开始设立学园,教授柏拉图哲学。这里的学者认为自己是柏拉图思想的继承者,但事实上其哲学已然与柏拉图思想相去甚远,因此19世纪德国学者在提到他们的时候,将其称为新柏拉图主义者。① 在普鲁塔克的努力下,至5世纪初,雅典再次成为最受敬仰的古典哲学教育中心之一,由此来自东地中海的大量学生慕名前来。随后在普鲁塔克的继任者叙利亚努斯(Syrianus,? ~437)和普罗克鲁斯(Ploclus,412~485)的继续努力下,雅典的哲学教育愈加出名。然而由于当时雅典的基督教势力强大,雅典学园的哲学家们不得不借助信仰古典多神教的贵族来支持和保护自己。

6世纪初,雅典学园由于接连的几位继任领导者的能力问题,学园开始走向没落,并由此失去了大量的古典多神教贵族保护者。但是不久之后,雅典学园最后一位著名的领袖大马士齐乌斯(Damascius,? 458 ~ ? 538)的出现,再次使得雅典学园获得了新生。② 在5~6世纪,经由雅典学园培养的学生活跃在地中海世界各地,其中地中海世界另一个哲学教育中心——埃及的亚历山大里亚的主要哲学家都曾在雅典学习过。③ 由此可以看出,在5~6世纪雅典以及雅典学园在地中海世界古典多神教哲学教育和研究中的中心地位。

(三) 前代及查士丁尼打击异教的政策、活动

自313年《米兰敕令》获得合法宗教地位之后,基督教在地中海世界得到了极大的发展,它与传统宗教思想之间的矛盾和冲突也愈发显现。④ 作为基督教强有力的支持者,拜占庭的皇帝们开始了限制和打击基督教之外的宗教及其活动。《查士丁尼法典》的1.11中记载了自君士坦提乌斯至查士丁尼时代的立法中打击多神教献祭与神庙的措施,从中我们可以发现,帝国统治阶层打击异教、扶持基督教的高度一致性。⑤

至查士丁尼统治时期,基督教已经在帝国的宗教和思想领域占据绝对的统治地位,而查士丁尼在自己统治期间也非常重视处理宗教问题。

---

① Pauliina Remes, 2014: *Neoplatonism*, New York: Routledge, p. 2.
② Edward Watts, 2004: "Justinian, Malalas, and the End of Athenian Philosophical Teaching in A. D. 529", *The Journal of Roman Studies*, Vol. 94, pp. 169~70.
③ Christian Wildberg, 2006: "Philosophy in the Age of Justinian", in Michael Maas ed., *The Cambridge Companion to the Age of Justinian*, New York: Cambridge University Press, pp. 317~318.
④ 焦汉丰:《从冲突到融合共存——关于罗马帝国晚期异教和基督教的关系研究》,《世界历史评论》2020年第1期。
⑤ Justinian, 2016: *The Codex of Justinian*, Liber Primus, XI. 10. *The Codex of Justinian*, *A New Annotated Translation*, *with Parallel Latin and Greek Text*, *based on a translation by Justice Fred H. Blume*, ed. by Bruce W. Frier, et al., Cambridge, UK: Cambridge University Press.

他一方面通过宗教会议等努力解决基督教的内部冲突，另一方面便是制定更为严厉的打击异教的政策。6世纪中期拜占庭史家约翰·马拉拉斯提到，在查士丁尼统治时期，众多宗教受到了镇压，① 而这第一次就发生在529年。马拉拉斯提到，这一年发生了一次大的迫害异教的活动，很多人的财产都被没收。并且查士丁尼规定，持有古典多神教信仰的人不能再担任公职，信仰其他宗教的人在三个月内必须改信基督教，否则必须离开帝国。② 《查士丁尼法典》中也保存了一则529年反对多神教徒的法令，内容与马拉拉斯记载有些许差别："此外我们禁止多神教徒教授任何内容，以免他们企图教授那些不幸参与他们课堂的人，并且破坏了他们的灵魂。他们也不能享受公共津贴，因为没有任何的帝国法令给予他们这样的权利。"③ 马拉拉斯还记载到，在533/534年，矗立于君士坦丁堡朱利安港口附近的背教者朱利安的雕像被除去，上面重新树立起一个十字架。④ 546年君士坦丁堡爆发了第二次打击多神教徒的活动，据说这一次波及了教师、律师和医生，甚至还有贵族阶层。562年，在查士丁尼统治晚期，多神教信仰者被迫游街示众，他们的书籍以及多神教的画像遭到了焚烧。⑤ 在《秘史》中，普罗柯比也对查士丁尼打击多神教的行为进行了细致的描写："皇帝派遣官员到各地去，强迫人们放弃其祖辈的信仰……结果，人们源源不断地迁移到野蛮人居住的地区以及离罗马人最远的地方。"⑥ 显然，出走波斯的哲学家们，就是普罗柯比提到的这些迁移者之一。此外，以弗所的约翰在其《教会史》的第三卷中提到，波斯人听说了拜占庭皇帝在帝国内要求所有人都信仰基督教，否则将被驱逐出境的消息。据布洛柯里（R. C. Brockley）的研究，这是真实的事件，是查士丁二世在帝国境内颁布敕令，要求加强帝国内部宗教信仰的统一。⑦ 虽然这不是查士丁尼时代的事情，但是毫无疑问，查士丁尼以及之前统治者的宗教政策存在延续性，因此，这则记载真实反映了当时帝国统治阶层对待非基督教的

---

① John Malalas, 1986: *The Chronicle of Malalas*, XVIII, 7.
② John Malalas, 1986: *The Chronicle of John Malalas*, XVIII, 42.
③ Justinian, 2016: *The Codex of Justinian*, Liber Primus, XI. 10.
④ John Malalas, 1996: *The Chronicle of John Malalas*, XVIII, 82.
⑤ "συσχεθέντες Ἕλληνες περιεβωμίσθησαν καὶ τὰ βιβλία αὐτῶν κατεκαύθη ἐν τῷ Κυνηγίῳ καὶ εἰκόνες τῶν μυσερῶν θεῶν αὐτῶν καὶ ἀγάλματα," John Malalas, *The Chronicle of John Malalas*, XVIII, 136; J. A. S. Evans, 1996: *The Ages of Justinian: The Circumstances of Imperial Power*, London: Loutledge, p. 249.
⑥ 〔拜占庭〕普罗柯比：《秘史》，第58~59页。
⑦ Menander the Guardsman, 1985: *The History of Menander the Guardsman*, trans. by R. C. Brockley, Liverpool: Francis Cairns, pp. 268~269, note 166.

态度。①

由以上古代晚期拜占庭诸位皇帝，尤其是查士丁尼的宗教政策可以看出，对异教，尤其是古典多神教的限制与打击，已经成为查士丁尼时代的主要宗教策略。

（四）雅典学园关闭

一般学者们认为雅典学园关闭的时间是 529 年，因为马拉拉斯在其《编年史》中提到了查士丁尼针对雅典的一则禁令："在德西乌斯任执政官期间（529），皇帝颁布了一条法令，并发送到雅典，命令任何人不可以教授哲学，不可以解释法律。"② 与此同时，在查士丁尼法典中亦有相关记载："此外我们禁止多神教教徒教授任何内容，以免他们企图教授那些不幸参与他们课堂的人，并且破坏了他们的灵魂。他们也不能享受公共津贴，因为没有任何的帝国法令给予他们这样的权利。"③ 一般学者们都认为马拉拉斯的记载与查士丁尼法典的内容是同一件事。德国学者 E. 斯泰因（E. Stein）认为雅典学园的关闭就是查士丁尼这条法律的结果，④ 但是阿兰·卡麦隆（Alan Cameron）认为，阿加西阿斯和马拉拉斯的记述以及上述法律都没有明确是对雅典学园的攻击，⑤ 并且他提到，另一位重要的研究者安东尼·卡尔德里斯也指出，普罗柯比在 532 年的拜占庭与波斯的和平协定中也没有提到关于离开拜占庭的哲学家的问题，作为这个时期最重要的史家普罗柯比没有提到这个事件的确是一个很难解释的

---

① 这则记载反映的是 570 年逃到君士坦丁堡的波斯属亚美尼亚的基督教会人士转述受到波斯迫害的情节，其中包括波斯人对拜占庭情况的了解。John of Ephesus, 1860: *Ecclesiastical History*, II, 19.

② "ἐπὶ δὲ τῆς ὑπατείας τοῦ αὐτοῦ Δεκίου δαὐτὸς βασιλεὺς θεσπίσας πρόσταξιν ἔπεμψεν ἐν Ἀθήναις, κελεύσας μηδένα διδάσκειν φιλοσοφίαν μήτε ἀστρονομίαν ἐξηγεῖσθαι…," John Malalas, 1986: *The Chronicle of John Malalas*, XVIII, 47.

③ "πᾶν δὲ μάθημα παρὰ τῶν νοσούντων τὴν τῶν ἀνοσίων Ἑλλήνων μανίαν διδάσκεσθαι κωλύομεν, ὥστε μὴ κατὰ τοῦτο προσποιεῖσθαι αὐτοὺς παιδεύειν τοὺς εἰς αὐτοὺς ἀθλίως φοιτῶντας, ταῖς δὲ ἀληθείαις τὰς τῶν δῆθεν παιδευομένων διαφθείρειν ψυχάς. ἀλλὰ μηδὲ ἐκ τοῦ δημοσίου σιτήσεως ἀπολαύειν αὐτούς, οὐκ ἔχοντας παρρησίαν οὐδὲ ἐκ θείων γραμμάτων ἢ πραγματικῶν τύπων τοιούτου τινὸς ἄδειαν αὐτοῖς ἐκδικεῖν," Justinian, 2016: *The Codex of Justinian*, Liber Primus, XI. 10.

④ E. Stein, 1949: *Histoire du Bas-Empire*, Paris: Desclée de Brouwer, p. 372. 西蒙·考克兰通过对发现的草纸上的查士丁尼法典内容的对比，也认同该法律内容与雅典哲学教育终结有关，参见 Simon Corcoran, 2009: "Anastasius, Justinian, and the Pagans: A Tale of Two Law Codes and a Papyrus", *Journal of Late Antiquity*, Vol. 2. 2, p. 208。

⑤ Alan Cameron, 2016: "The Last Days of the Academy of Athens", p. 209.

问题。① 在此基础上，阿兰·卡麦隆更进一步指出，对于学园财产的没收应该是学园关闭的标志，但是，这一情况也并不发生在这一时期。② 因此，529 年雅典学园的关闭事件，没有足够的证据予以证实。但是结合阿加西阿斯对哲学家出走事件的记载，可以认为，529 年前后雅典学园确实走向了衰落，因为阿加西阿斯提到这些哲学家回到了拜占庭帝国内，但是此后的史料中对雅典学园以及这些哲学家只字不提，似乎他们都销声匿迹了。此外，据研究，6 世纪之后的雅典的基督教化更加普遍，多神教的建筑都被基督徒所占据，譬如位于雅典卫城战神山附近被认为是雅典学园的普鲁塔克——普罗克鲁斯以及大马士齐乌斯的宅院，随着雅典学园哲学家们的出走，在 6 世纪 30 年代被废弃或被挪作基督教用途，而有学者提出，雅典学园的授课很多就是位于这些古典学者的宅院中，因此这里可能就是雅典学园的教学场所。③ 由此，随着这些哲学家们的出走以及学园教学场所的废弃或挪作他用，雅典学园事实上走向了衰落。此后经历了 6 世纪末斯拉夫人的入侵后，雅典城也逐渐走向了没落，在中世纪时期仅仅成为一个基督教的小城镇。④

（五）雅典学园关闭之后的古典多神教思想与文化

雅典学园衰落后，虽然古典多神教思想或者哲学失去了最重要的中心，但文献与考古资料证实，拜占庭古典多神教思想并没有在帝国结束，虽然走向衰落，但仍旧以各种形式在不同时期存在。一方面，古典多神教思想继续独立存在。其中表现之一就是亚历山大里亚等地的古典语法与修辞学校依然存在。⑤ 根据阿兰·卡麦隆的研究，6 世纪 60 年代古典多神教哲学家奥林匹奥多鲁斯依旧在埃及亚历山大里亚教授古典多神教思想，而他这些授课被其门徒记载下来，流传至今。⑥ 另外，前往波斯的哲学

---

① Alan Cameron, 2016: "The Last Days of the Academy of Athens", p. 209; Anthony Kaldellis, 2004: *Procopius of Caesarea: Tyranny, History and Philosophy at the End of Antiquity*, Philadelphia: University of Pennsylvania Press, pp. 101 ~ 106.

② Alan Cameron, 2016: "The Last Days of the Academy of Athens", pp. 210 ~ 12.

③ 郑玮:《雅典：公元 267 ~ 582 年——从古典城市走向基督教城市》，天津人民出版社，2009，第 190 ~ 191 页。Anna Afonasina and Eugene Afonasin, 2014: "The Houses of hilosophical Schools in Athens", *ΣΧΟΛΗ*, 8. 1, pp. 9 ~ 23。

④ 郑玮:《雅典：公元 267 ~ 582 年——从古典城市走向基督教城市》，第 204 页。

⑤ Christian Wildberg, 2006: "Philosophy in the Age of Justinian", in Michael Maas ed., *The Cambridge Companion to the Age of Justinian*, New York: Cambridge University Press, pp. 320 ~ 322.

⑥ Plato, 1990: *Prolégomènes à la philosophie de Platon*, Texte établi par Leendert Gerrit Westerink, Traduit par Jean Trouillard, Paris: Les Belles Lettres, pp. xxi ~ xxxi.

家中的辛普利库斯是一位非常狂热的古典多神教哲学家,他的关于亚里士多德作品的评注作于6世纪三四十年代。① 9世纪君士坦丁堡大主教佛提乌斯的著作《图书集成》(Μυριόβιβλος)中保存了大量古典多神教思想的著述,诸如希罗多德的《历史》、利巴尼乌斯以及来自雅典学园的新柏拉图主义代表亚布里库斯(Iamblichus)、大马士齐乌斯等人的作品,这足以说明,在当时古典希腊哲学等文化依旧受到关注。② 玛利亚·曼德尔·曼戈在研究中提到,根据推测,到5世纪末拜占庭帝国境内基督徒的数量已经占总人数的90%,而查士丁尼的多神教打击政策又给予了古典多神教致命一击,由此仅有一部分顽固的学者和一些目不识丁的农民依旧坚持自己的信仰,③ 并且古典多神教思想或者古典多神教哲学家可能已经处于帝国的偏远地区。④ 但是即便如此,很多古典多神教的元素依旧保留下来:求助于巫师和术士、公众性的舞蹈、佩戴面具、狄奥尼修斯崇拜以及在新月时点燃火焰。此外,在艺术领域,虽然基督教极力去除其影响,但是通过考古挖掘,还是发现大量古典多神教形象的存在,如马赛克地板、银器和织物等,只不过此时的这些形象可能展现的并不是宗教上的意义,而更多的是从"文艺上"的角度对古典田园式情景的怀旧。⑤ 另一方面,其思想文化被基督教思想所吸收。例如,在古代希腊宗教中依靠梦来治疗疾病的做法,病人需要躺在一处神圣的特定区域内,奉献必要的祭品,然后等待神灵在其幻觉中出现并治愈其疾病。基督教中也存在依靠梦来治疗疾病的事例,只不过此时的神灵变成了圣徒,如在瘟疫中得病的查士丁尼就在梦境中被圣科斯玛斯和达米安治愈,为了感谢他们,他还在君士坦丁堡特意为他们修建了教堂。⑥ 玛利亚·曼德尔·曼戈提到,这二者的治疗疾病方式如此相似,而且在5~7世纪盛极一时,并持续到拜占庭时代末期。⑦

---

① Christian Wildberg, 2006: "Philosophy in the Age of Justinian", pp. 319~320.
② 佛提乌斯的《图书集成》目前已经有诸如法文和意大利文等现代译本,其中英译本部分内容可参见 Photius, 1930: *The Library of Photius*, Vol. 1, trans. by J. H. Freese, New York: The Macmillan Company.
③ 瓦西列夫也认为查士丁尼未能彻底根除古典多神教,古典多神教仍旧在偏僻的地区继续秘密地存在着。参见〔美〕A. A. 瓦西列夫:《拜占庭帝国史》,第235页。
④ Christian Wildberg, 2006: "Philosophy in the Age of Justinian", pp. 320~22.
⑤ 〔英〕玛利亚·曼德尔·曼戈:《新宗教与旧文化》,载于〔英〕西里尔·曼戈主编《牛津拜占庭史》,陈志强、武鹏译,北京师范大学出版社,2015,第113页。
⑥ Procopius, 1971: *Building*, Ⅰ, 6.5~6, Procopius, *Buildings*, trans. by H. D. Dewing, Cambridge, Mass.: Harvard University Press.
⑦ 〔英〕玛利亚·曼德尔·曼戈:《新宗教与旧文化》,载于〔英〕西里尔·曼戈主编《牛津拜占庭史》,陈志强、武鹏译,北京师范大学出版社,2015,第156页。

结　论

近年来，古代晚期研究中"多神教徒"与"基督教徒"的研究再次受到极大关注，旧有的"冲突模式"的阐释逐渐让位于多元文化主义、共存、合作、认同或者群体共融等新的阐释方式。① 结合史料分析和考古资料可以发现，雅典学园衰落之后的古典多神教哲学及思想的确经历了这样的一种发展路径。529 年查士丁尼通过法令强迫雅典学园关闭的说法尚没有准确史料予以证实，但是随着重要的雅典古典多神教哲学家的出走，以及之后雅典古典教学建筑的毁坏与挪作他用，雅典学园及其教学逐渐衰落。雅典学园之所以衰落，是受到基督教发展的影响以及当权者对古典多神教的施压。但这并不代表拜占庭帝国境内古典多神教思想的终结，最多可以说是新柏拉图主义古典哲学的传授在雅典走向衰落。② 诸多证据证实，古典多神教思想依旧以不同的形式在帝国内部存在，并且在一定程度上与基督教形成了共存和融合的局面。

总而言之，将 529 年视作拜占庭古典多神教思想终结的这一观点，不符合事实，应该避免这种以二分法的非此即彼的"矛盾冲突论"的方法来阐释这一时期拜占庭帝国境内的文化思想发展。此外，古典多神教哲学由兴盛走向衰落，并在一定程度上与基督教哲学并存和共融也是整个古代晚期地中海地区发展的总体特征，于拜占庭而言，帝国政治统治思想、文化领域以及社会领域都发生了重大变革，一个建立在古典多神教思想基础上的基督教希腊化帝国已然形成。

第三节　拜占庭视野中的法兰克人
——以阿加西阿斯《历史》为视角

查士丁尼时代是拜占庭帝国史上对外交往非常密集的时期，之所以出

---

① Marianne Sághy and Edward M. Schoolman eds., 2017: *Pagans and Christians in the Late Roman Empire New Evidence, New Approaches (4th ~ 8th centuries)*, Budapest: Central European University Press, p. 1.

② Edward Watts, 2004: "Justinian, Malalas, and the End of Athenian Philosophical Teaching in A. D. 529", p. 182.

现这种情形，其原因就是，所谓的欧洲民族大迁徙①与罗马帝国的分裂使得4~6世纪的拜占庭帝国拥有了新的地缘环境，周边面对着不同的族群和他们带来的各种压力。在此情况下，拜占庭帝国不得不在内外政策上做出适应性调整，改变了罗马帝国以武力为主的对外策略，进而采用以外交辅助武力的方式，来建构新的帝国统治体系。②作为该时期拜占庭帝国重要史家之一，阿加西阿斯是关键的历史见证者，其著作《历史》保留下来诸多有关当时代帝国对外交往的珍贵史料，其中，在与西部的族群交往过程中，有关墨洛温王朝法兰克人历史的丰富记载得以保存下来。5世纪至8世纪中期是墨洛温王朝法兰克人积极活跃开疆拓土的时代，③作为帝国西部最大的统治势力，其与拜占庭帝国有错综复杂的关系。以往有关墨洛温王朝法兰克人的研究多从拉丁史料入手，对拜占庭史料有所忽略。《历史》中记载的价值在于，它一方面可以为理清墨洛温法兰克人历史及其与哥特人、拜占庭帝国的关系提供了诸多可靠的史料；另一方面则有助于探究拜占庭帝国对以墨洛温王朝法兰克人为代表的帝国西部族群的认知和态度，进而发现拜占庭帝国的对外交往理念，并探究6世纪拜占庭帝国在面临新的地缘政治格局的情况下，如何塑造并处理与周边族群的关系。

6世纪是拜占庭帝国由早期向中期过渡的一个重要阶段，其标志是帝国重心由西部向东部转移，拉丁文化逐渐让位于希腊文化，新都君士坦丁堡成为帝国唯一的中心。虽然这种变化是历史发展的趋势，但是作为这一时期拜占庭帝国最伟大的皇帝，查士丁尼大帝却在做着最后的努力，试图恢复罗马帝国昔日的荣光，即将地中海再次变成"我们的海"。在他的领导下，帝国名将贝利撒留和纳尔泽斯先后征服了北非的汪达尔人和意大利的东哥特人，将这些地区的疆土再次掌握在拜占庭帝国的手中，实现了其"一个帝国"的梦想，将帝国在军事上推向了高峰，但是同时他也因此付出了沉重的代价：其一，与波斯人签署不平等协议，缴纳岁金；④其二，

---

① 关于欧洲4~6世纪的民族迁徙，参见〔英〕彼得·希瑟《帝国与蛮族：从罗马到欧洲的千年史》，任颖华译，中信出版社，2020。
② 关于4~6世纪的拜占庭外交，参见R. C. Blockley, 1992: *Eastern Roman Foreign Policy*, Leeds: Francis Cairns; Ekaterina Nechaeva, 2014: *Embassies, Negotiations, Gifts: Systems of East Roman Diplomacy in Late Antiquity*, Stuttgart: Franz Steine。
③ 国内的法兰克人史研究现在已经非常成熟，诸多重要史料得到了翻译，并出现了很多前沿性的研究。关于该时期法兰克人的历史，参见〔法兰克〕都尔教会主教格雷戈里《法兰克人史》；《弗莱德加编年史》，陈文海译注，人民出版社，2017；《法兰克人史纪》，陈文海译注，人民出版社，2018。
④ Procopius, 1914: *History of the Wars*, I, xxii. 18.

经年累月的对外战争与外交活动，导致国库空虚，为 7～8 世纪帝国的"黑暗时代"埋下伏笔。

尽管如此，6 世纪还是一个非常值得称道的时期，因为除了帝国军事上的胜利和对今天立法仍有深刻影响的《民法大全》外，该时期还是一个文化繁荣的时代。众多杰出史家闪亮在拜占庭帝国历史和文学的星空中，如以《战史》《秘史》和《论建筑》传世的普罗柯比、继承普罗柯比进行续写的阿加西阿斯和侍卫官弥南德，号称最后一位世俗古典史家的塞奥费拉克特·西摩卡塔，[①] 用通俗希腊文撰写编年史的马拉拉斯以及记载 6 世纪教会历史的埃瓦格里乌斯等。他们著作的内容包罗万象，既关注 6 世纪拜占庭的政治、经济、宗教、军事和外交生活，又记载帝国及周边地区的族群、地理、历史和文化等，可以说，他们为了解 6 世纪的拜占庭及其周边世界打开了一扇明窗。

阿加西阿斯的名望及著述均不及该时代著作等身且拥有亲身体验的史家普罗柯比。但是，其重要性在于，继续书写了普罗柯比停笔以后的拜占庭历史；即使在很多相同的主题上，他的记载也可以和普罗柯比相互参照，以反映更符合历史的真实。虽然阿加西阿斯是一位典型的书斋型史家，这可能在一定程度上会影响他的一些判断，但是这不能成为否定他著作价值的依据，因为他的身边有很多朋友来自政府和贵族，他们有机会接近官方文件和获取更可靠的知识，进而提供给阿加西阿斯，[②] 如阿加西阿斯在记载关于波斯历史时，自豪地提到，他的史料是来自一位曾在波斯宫廷待过的拜占庭的翻译官员塞尔吉乌斯，而后者很可能就是他的这些朋友之一。[③]

阿加西阿斯作为一个旁观者，他是如何看待法兰克人，他的记载又有多少符合历史事实，反映了帝国对法兰克人的什么观念？下面的内容将一探究竟。为了对他所记载的内容进行验证，本书亦参照了都尔教会主教格雷戈里的《法兰克人史》、普罗柯比的《战史》和莫里斯的《战略》。因为它们所记载的历史事件与阿加西阿斯的《历史》基本处于同一个时代，而且著作创作时间也前后相近。尤其是前两种保留了大量有关法兰克人的记载：前者是公认的记载 6 世纪高卢最重要的史料之一，主要记载了法兰克人的历史；后者则是普罗柯比参加汪达尔战争和意大利战争的实录。虽

---

① Theophylact Simocatta, 1986: *The History of Theophylact Simocatta: An English Translation with Introduction and Notes*, p. xiii.
② Warren Treadgold, 2007: *The Early Byzantine Historians*, p. 288.
③ Jakko Suolahti, 1947: "On the Persian Sources Used by the Byzantine Historian Agathias", *Studia Orientalia*, Vol. 13, p. 5.

然史家史观和背景有所差别，而且其内容真实性也存在误差和错误，但是他们在很多客观问题上还是提供了可靠的证据。

在开始分析之前，有必要交代一下法兰克人的背景。虽然法兰克人在4世纪时已经为罗马人所熟知，但是他们真正成为西欧最重要的力量是在5世纪末以后。在墨洛温王朝第一位杰出的统治者克洛维的领导下，法兰克人东征西讨，建立了一个统一的王国，成为当时西欧最大的力量，"511年他死时，确实把原长发高卢的三个部分又弥合起来了：法兰克、勃艮第和哥特。只有小小的勃艮第王国最后得以幸存，还有东哥特的普罗旺斯不受墨洛温王朝的控制。537年，克洛维之子们将他们吞并了。"① 在6世纪30～60年代，随着法兰克人势力的东扩，以及拜占庭帝国在意大利的再征服运动，他们在意大利相遇，正是在这种情况下，法兰克人的历史被记述拜占庭意大利征服战争的阿加西阿斯写入他的著作《历史》之中。

阿加西阿斯《历史》现存的内容主要包括两部分，第一部分记述了553～555年拜占庭名将纳尔泽斯征服东哥特人的史实，第二部分则重点记述555～557年拜占庭和波斯人之间的拉齐卡之战。② 有关法兰克人的描述集中在第一部分，即卷一和卷二。阿加西阿斯记载的法兰克人历史主要包括以下诸方面：居住范围、族属、宗教信仰、律法制度、服饰和语言、族群特点、继承制度、长发的皇族传统、克洛维的子嗣传承、武器和战术，与拜占庭的关系等。

法兰克人最早出现在《历史》之中，是与东哥特人的求助有关：继552年战败托提拉战死后，东哥特人在提亚斯的率领下，再次发动了反对拜占庭统治的战争，但是担心自己力量的不足，便向法兰克人求助："在和平协议达成之后，哥特人走上了他们各自的道路……他们没有将协议的义务付诸实践，享受安全占有他们的财产，与战争的艰难和危险保持距离，反而是在短暂的暂停后，开始制造新的麻烦，并发动战争。在觉得依靠自己的力量无法与罗马人对抗后，他们立即转向了法兰克人。他们认为现在的情况对他们非常有利，这种支持会很持久，他们可以通过和邻族的结盟快速发动战争"③。之后，阿加西阿斯话锋一转，像题外话一样插入了关于法兰克人的历史。他写到，此时法兰克人的边界已经与意大利接壤。他们居住在莱茵河及其周边地区，并且整个高卢已经被他们征服。他

---

① 〔法〕皮埃尔·米盖尔：《法国史》，蔡鸿滨、张冠尧、桂裕芳等译，商务印书馆，1985，第51页。
② Warren Treadgold, 2007: *The Early Byzantine Historians*, pp. 284～285.
③ Agathias, 1975: *The Histories*, Ⅰ, 1.6～7.

在提及法兰克的时候写到，法兰克人被等同于"日耳曼人"①。这一点，普罗柯比在《战史》中有更明确的记载，即法兰克人就是以前的日耳曼人，②并且他在书中大量使用日耳曼人一词代替法兰克人，结合阿加西阿斯对普罗柯比著作的了解，我们可以猜测这里阿加西阿斯可能是为了和普罗柯比的著述建立联系，以保持这种续写的风格。③

随后他提到法兰克人不是游牧族群，他们的合同、婚姻以及宗教仪式上与罗马持有相似的标准以外，他们的政府体系、行政和律法多多少少也是基于罗马的模式："法兰克人并不是游牧部族，当然有一些人的确来自蛮族，但是他们采用罗马人的生活方式和法律，而且在其他方面诸如合同、婚姻以及宗教仪式上也采取相似的行为……他们都是基督徒，遵守最正统的经典。"④应该说，阿加西阿斯对这些内容的记载非常简略，但是明显可以看出，其说明的核心问题是，法兰克人是一个相对文明的族群，因为他们在效仿罗马人的习俗、制度与信仰。但他也写到这个族群落后的地方，即他们的服饰很笨拙，并且语言很怪异。⑤从这一点上也可以看出，他在描写这些与帝国利益休戚相关的族群时是非常慎重的，甚至不吝溢美之辞，这与普罗柯比在记载6世纪对帝国的对外战略有利的嚈哒人（又称白匈奴）时候的描述如出一辙，⑥既强调他们优越于其他蛮族，但又略逊于罗马人，以罗马人为榜样。⑦

---

① "法兰克人与意大利拥有共同的边界。我认为他们就是那些在过去被称为'日耳曼人'的人，很明显由于以下原因：因为他们居住在莱茵河周围及那块土地上，他们占领了高卢地区的大部分，但是从前他们并不居住在这里，而是后来获得的"，参见 Agathias, *The Histories*, Ⅱ, 2.1。

② "只有在高卢执行保卫任务的哥特人他不能召来，因为他不放心法兰克人。这些法兰克人在古代被称为'日耳曼人'，这一地区的湖泊众多，这里古时是日耳曼人居住的地方，这是一个野蛮的族群，他们在起初没有引起人们的重视，现在则被称为法兰克人"，参见 Procopius, 1919：*History of the Wars*, Ⅴ, xi. 28, xii. 8。

③ 在稍晚一点的《战略》中，法兰克人被称为浅发族群，参见 Maurice, 1984：*Strategikon*, ⅩⅠ, 3, Maurice, *Maurice's Strategikon*, trans. by George T. Dennis, Philadelphia, Pennsylvania：University of Pennsylvania Press。

④ Agathias, 1975：*The Histories*, Ⅰ, 2.3.

⑤ Agathias, 1975：*The Histories*, Ⅰ, 2.4.

⑥ 关于嚈哒人的历史、史料及其在欧亚草原历史舞台上的活动，参见余太山《嚈哒史研究》；Yu Taishan, 2018：*Sources on the Hephthalite History*, Beijing：The Commercial Press。

⑦ "因此他们从不入侵罗马的国土，只有在伴随米底人的军队时是例外。在匈人中，他们是唯一白皮肤，且长相并不丑陋。他们的生活方式也和同族人的不同，并不过着蛮族的生活；但是他们由一位国王来统治，并且由于他们拥有法律的体制，因此他们无论是在自己人之间还是和邻人打交道的时候都遵守权利和正义，这一点丝毫不逊色于罗马人和波斯人"，参见 Procopius, 1914：*History of the Wars*, Ⅰ, iii. 4~5。

阿加西阿斯提到了他认为法兰克人所具有的重要特点：公正与和睦的精神，正义与友善。他提到，法兰克人在王国分立的时候主要是通过和平方式，而不是武力；王国之间多数时间是和睦相处，即使出现战争，也以公正的方式处理。① 他的这些描写显然是不符合史实的，法兰克人无论是对内还是对外都存在着违背这些精神的行为。《法兰克人史》中记载了克洛维儿子们之间的相互征伐和勾心斗角：克洛维的两个儿子希尔德贝尔特和克洛泰尔合谋，残忍地杀害了克洛维次子克洛多梅尔遗留下的两个孩子，② 希尔德贝尔特和提乌德贝尔特进攻克洛泰尔③等，这些亲人间钩心斗角与相互征伐的事实违背了和睦精神。普罗柯比记载到，法兰克人趁东哥特人与拜占庭刀剑相向之际，违背和东哥特人以及和拜占庭人的协议，占领了大量意大利的领土，④ 其中最重要的事件就是提乌德贝尔特率军侵入意大利，并且在其过程中大量杀害哥特人的妇女和儿童。⑤ 阿加西阿斯也记载了提乌德贝尔特时期的入侵拜占庭计划：他打算趁东哥特国王阿提拉与拜占庭作战之时，侵入意大利，剑指色雷斯，并以君士坦丁堡为目标。但阿加西阿斯并没有认为这是违背公正精神，而只是提及，提乌德贝尔特乐于冒险，并且有自己的理由，那就是查士丁尼称自己是统治众多族群的皇帝，是一种傲慢，而这种傲慢冒犯了提乌德贝尔特，虽然他认为其最终的结果会是失败的，⑥ 从普罗柯比的记载中可以明显地感受到他对哥特人的负面评价，狡猾、背信弃义、残暴。但在阿加西阿斯的记述中，他并没有评判哥特人的整体，而是将哥特人违背协议和相机而动的行为归咎为提乌德贝尔特个人的性格，从而维护了哥特人的所谓的公正和睦、正义与友善。

　　在宗教方面，阿加西阿斯简略提到，法兰克人是基督徒，信仰最正统的经典（正统教派），并且在他们的城市里也有宗教领袖。⑦ 此外，阿加西阿斯还提到，法兰克人在入侵中，对教堂保持尊重和克制，并且这与在

---

① "我还羡慕他们其他的一些优秀品质，尤其是他们中间公正与和睦的精神。在过去以及我所生活的时代，他们的权力多次在三位甚至更多位统治者之间瓜分，但是他们从未发生彼此之间的战争，也未发生通过他们的血来玷污其国家的事情"，Agathias, *The Histories*，Ⅰ，2.5.d。
② 〔法兰克〕都尔教会主教格雷戈里：《法兰克人史》，第130页。
③ 〔法兰克〕都尔教会主教格雷戈里：《法兰克人史》，第136页。
④ Procopius, 1962: *History of the Wars*, Ⅶ, xxxiii.7, Ⅷ, xxiv.4, 7~8, 15.
⑤ Procopius, 1919: *History of the Wars*, Ⅵ, xxv.
⑥ Agathias, 1975: *The Histories*, Ⅰ, 4.1~4.
⑦ Agathias, 1975: *The Histories*, Ⅰ, 2.4.

教堂肆意妄为的阿勒曼尼人形成了鲜明的对比。① 这方面，可以从格雷戈里的《法兰克人史》那里得到详细信息。作为核心的法兰克人史料，格雷戈里的记录忠实地提供了有关克洛维率领法兰克人受洗、改信基督教的详细情节。② 而作为阿加西阿斯模仿的对象，普罗柯比虽然也记载了法兰克人信仰基督教，但是他指出他们仍然保留了异教行为，譬如，他提到，"但当他们控制大桥后，法兰克人开始把发现的哥特妇女和孩子杀死，作为战利品投入河里……因为这些蛮族人，虽然他们成为基督徒，但是他们仍然行其古代的宗教，依旧采用人来献祭……"③ 埃弗里尔·卡麦隆也提及，阿加西阿斯对法兰克人的尊重教堂的行为，也仅仅是有选择的记录，事实上，他们在意大利也曾犯下劫掠教堂的不敬行为。④ 由以上内容可以看出，普罗柯比与阿加西阿斯对法兰克人的态度的差异，前者是正面的指责，而后者则是正面的褒奖。

子承父业的继承制度也出现在阿加西阿斯的记载中。⑤ 在后文中，他提到克洛维儿子们之间在王国继承时所采取的分配制度，"希尔德贝尔特、洛塔尔（即克洛泰尔）、提乌德里克和克洛多梅尔是兄弟。在他们的父亲克洛维去世后，他们将王国按照城镇和人民分成四部分，通过这种方式，我认为，是为了实现合理分配"，⑥ 此处便进一步说明，法兰克人的继承制度是父死子替基础上的平均分配，而非中世纪后期流传甚广的长子继承制度。后文中他还多次提到法兰克人父子相继的继承，如克洛维的长子，提乌德里克去世后，将头衔和财产留给了他的儿子提乌德贝尔特，⑦ 而提乌德贝尔特去世后，则由其年幼之子提乌德巴尔德继承其王位，并且这里阿加西阿斯还强调，这是按照法兰克王国的习俗。⑧ 这些叙述在《法兰克人史》的记载中均得到了证实，⑨ 由此可以证实，阿加西阿斯的确不仅是一位书斋式的史家，其作品的史料拥有可靠的来源，内容真实可信。

---

① "法兰克人对教堂表现出克制和尊重，如我已经指出的，因为他们对待宗教问题的正统观念，与罗马人的信仰几乎一致。但是阿勒曼尼人信仰极为不同，他们带着彻底的狂热劫掠教堂，抢劫珍贵的装饰品。他们移走并挪用大量的洗礼盘、金质香炉、酒杯、篮子以及任何用作神秘活动的其他物品，作为世俗之用。"参见 Agathias, 1975: The Histories, Ⅱ, 1.6~7。
② 〔法兰克〕都尔教会主教格雷戈里：《法兰克人史》，第90~91页。
③ Procopius, 1919: History of the Wars, Ⅵ, xxv. 9~10.
④ Averil Cameron, 1970: Agathias, p.54.
⑤ Agathias, 1975: The Histories, Ⅰ, 3.1.
⑥ Agathias, 1975: The Histories, Ⅰ, 3.1.
⑦ Agathias, 1975: The Histories, Ⅰ, 4.1.
⑧ Agathias, 1975: The Histories, Ⅰ, 5.1.
⑨ 〔法兰克〕都尔教会主教格雷戈里：《法兰克人史》，第110、134、144页。

阿加西阿斯还提到了法兰克王室的 种特权，即王室男性都留长发的传统，① 这是中世纪早期法兰克国家最具典型意义的争议符号之一。在描述克洛维的次子克洛多梅尔（Chlodomer）征战勃艮第人的时候，阿加西阿斯做出了如下生动的描述，"在对勃艮第人征战的时候，克洛多梅尔在激战中被击中胸部，去世了。当他跌落战马时，看到他背后散落的长发，勃艮第人意识到，他们已经杀死了敌人的统帅。因为不剪发是法兰克国王们的习俗"②。在这里，阿加西阿斯介绍了这种王室长发的传统，随后，他又对这种王室发式的具体样式进行了详细的描述，"他们的头发自孩童时代就不剪，每个人的发束都从肩头悬垂，因为前面的头发在额头前分开，悬垂在两侧。这与突厥人以及阿瓦尔人的发型不同，他们的发型是蓬乱、干枯、脏兮兮的，绑着一个很难看的结。与他们相反，法兰克人用各种肥皂精心打理头发，很仔细地梳理。这种习俗被王室保留，以此作为一种明显的标记和特权"③。此外，他还强调了对普通法兰克人留长发的限制，"臣民的头发被要求剪去四周，严格限制保留长头发"④。《法兰克人史》中也记载了此次克洛多梅尔进攻勃艮第的战争，而且内容较阿加西阿斯的记载更为详细，但是在此处，他并没有提及留长发这一法兰克王室特权的传统。长发特权的记载在《法兰克人史》中出现非常早，即在第二卷有关法兰克人起源的内容中，"一般传说，这族（法兰克）人来自潘诺尼亚，起初移植于莱茵河畔，后来渡过了莱茵河，穿越了图林根。他们按照村落和城镇推选出那些出生于本族中头等的，也就是最高贵的家族的披着长发的国王"⑤。此外，书中还提到，为了防止疆土被瓜分，希尔德贝尔特和洛塔尔选择杀害克洛多梅尔的孩子，而不是仅仅剃掉长发，让他们变成普通百姓；⑥ 克洛多梅尔的第三个孩子长大以后，则蔑视世俗王国，亲手剪掉头发，去当教士了。⑦ 应该说，《法兰克人史》仅提供了两个关

---

① 陈文海曾撰文讨论法兰克王室的发式问题，见陈文海《蓄发与削发——法兰克墨洛温王族象征符号释论》，《华南师范大学学报》（社会科学版）2012年第6期。
② Agathias, 1975: *The Histories*, Ⅰ, 3.3~4.
③ Agathias, 1975: *The Histories*, Ⅰ, 3.3~4.
④ Agathias, 1975: *The Histories*, Ⅰ, 3.4.
⑤ 〔法兰克〕都尔教会主教格雷戈里：《法兰克人史》，第69页。
⑥ "我们的母亲总是把哥哥的儿子带在身边，并且愿意把他们父亲的王国交给他们，因此，你如果赶快到巴黎来，那就好了，我们好一块儿商量一下，看这件事情该怎么办呢，是把他们的长长的头发剃掉，让人们把他们当作普通百姓呢，还是弄死他们，让我们两个人平分哥哥的国土呢？"参见〔法兰克〕都尔教会主教格雷戈里《法兰克人史》，第130页。
⑦ 〔法兰克〕都尔教会主教格雷戈里：《法兰克人史》，第131页。

于法兰克人王室留长发传统的例证，但是阿加西阿斯不仅是最早记载这一传统的史家，① 而且其内容更清楚地展现了这一特权的详细特征和区别，并且通过与被拜占庭视作典型蛮族人代表的阿瓦尔人和突厥人的对比，显示出法兰克人的与众不同，王室的高贵，体现了对法兰克人清晰的称赞。

虽然在前面，我们强调了阿加西阿斯《历史》信息的可靠，如关于克洛维子嗣们的很多事迹和征战，对照《法兰克人史》基本符合史实，但是在一些细节上，阿加西阿斯无法做到无一错误。他记载到，克洛维次子克洛多梅尔去世后，因为他没有子嗣，其名下的财产和土地被他的兄弟分享，② 而《法兰克人史》提供的信息则是，克洛多梅尔有三个儿子，最大的叫提乌多瓦尔德，第二个叫贡塔尔，第三个叫克洛多瓦尔德，③ 而且这一点也已经为现代学者所接受。④

此外，阿加西阿斯《历史》中的一些信息与《法兰克人史》以及《战史》中的记载不同。阿加西阿斯记载了一个传言，即提乌德贝尔特计划进攻色雷斯，进而威胁拜占庭的首都君士坦丁堡，⑤ 但在该计划实施之前，提乌德贝尔特在一场外出狩猎中受伤，不治身亡，⑥ 而《法兰克人史》对提乌德贝尔特去世的记载则是简单的"这些事情发生之后，提乌德贝尔特国王病了……经过久病缠身，他已衰弱不堪，体力不支而死"⑦ 这样的描述，普罗柯比的记载更为简单，只有一句"提乌德贝尔特在不久前病故了"⑧。

通过上文的文本分析可以发现，阿加西阿斯关于法兰克人的记载，有很多信息真实可靠，如对法兰克人族属、与罗马在制度和行政管理上的相似性、信仰基督教、子承父业的继承制度、王室的长发传统等；与此同时，他的记载也有很多不实之处，如他认为法兰克人拥有公正和和睦的精神等则是他个人的臆断，关于克洛维次子没有子嗣的记载也不符合史实。从总体上看，他笔下的法兰克人与普罗柯比所记载的有极大不同，后者笔下的法兰克人，仍旧是蛮族的一支。虽然他们信仰了基督教，并且在各方面趋向于罗马化，但是他们仍旧保留了蛮族的习性，还保持一些原始的宗

---

① 李隆国：《长发王制度与西欧中世纪王权的开启》，《光明日报》2022 年 8 月 8 日第 14 版。
② Agathias, 1975: *The Histories*, I, 3.6.
③ 〔法兰克〕都尔教会主教格雷戈里：《法兰克人史》，第 116 页。
④ Ian Wood, 1994: *The Merovingian Kingdoms 450~751*, London and New York: Longman, p. 56.
⑤ Agathias, 1975: *The Histories*, I, 4.1.
⑥ Agathias, 1975: *The Histories*, I, 4.6.
⑦ 〔法兰克〕都尔教会主教格雷戈里：《法兰克人史》，第 142 页。
⑧ Procopius, 1962: *History of the Wars*, VIII, xxiv. 6.

教信仰活动。而阿加西阿斯则将其描绘成与蛮族不同的文明群体，认为其公正和睦、正义友善。整体而言，阿加西阿斯对笔下的法兰克人充满了溢美之词，而普罗柯比则更像是秉笔直书。之所以出现这样的差距，英国学者埃弗里尔·卡麦隆认为，首先是阿加西阿斯对法兰克人信仰正统基督教的偏袒，其次是阿加西阿斯在撰写本书时受到了政治环境的影响，因为阿加西阿斯撰写本书处于570~580年，拜占庭在意大利面临伦巴德人的威胁，因此帝国急切地希望可以和法兰克人结成同盟。① 于是有学者提出，他所提供的法兰克人的形象也仅是建构的结果而已，不足以采信。② 甚至安东尼·卡尔德里斯认为，阿加西阿斯关于法兰克人政制（politeia）的书写就是虚构的，其目的是为罗马人提供镜鉴。③

结　论

埃弗里尔·卡麦隆认为，阿加西阿斯关于法兰克人的题外话式的记载受到了传统的民族志书写的影响，很多内容摘自普罗柯比的《战史》，与此同时，其中体现了很强的道德说教。④ 因此，通过对阿加西阿斯《历史》中所载法兰克人形象的考查可以发现，阿加西阿斯笔下的法兰克人以一种超越蛮族，甚至近于罗马人的形象出现，这与普罗柯比和格雷戈里笔下的记载不同。之所以会出现这种情况，是因为在6世纪70年代，拜占庭帝国正处于一个较为恶劣的地缘政治环境中，曾经被查士丁尼征服的意大利地区陷入伦巴德人之手，而帝国北部和东部的阿瓦尔人、斯拉夫人和波斯人频繁制造麻烦，施加压力，帝国内部随着查士丁尼的去世，查士丁二世的强硬对外政策而危机重重。⑤

法兰克人的崛起对拜占庭的西部统治政策产生了重大影响，拜占庭帝国希望可以借助法兰克人之手压制伦巴德人，稳定西部地中海的局势，因此法兰克人在拜占庭帝国精英的笔下呈现出一种与众不同的形象。从普罗柯比到阿加西阿斯的书写可以看出，法兰克人的形象在拜占庭史料中是在

---

① Averil Cameron, 1968: "Agathias on the Early Merovigians", pp. 116, 136~139; Averil Cameron, 1970: *Agathias*, p. 120.〔英〕保罗·福拉克主编：《新编剑桥中世纪史　第一卷　约500年至约700年》，徐家玲译，中国社会科学出版社，2021，第170~174页。
② Hans-Ulrich Wiemer, 2022: "Procopius and the Barbarians in the West", in M. Meier, Federico Montinaro eds., *A Companion to Procopius of Caesarea*, p. 303.
③ Anthony Kaldellis, 2013: *Ethnography after Antiquity: Foreign Lands and Peoples in Byzantine Literature*, Philadelphia, Pennsylvania: University of Pennsylvania Press, pp. 23~24.
④ Averil Cameron, 1970: *Agathias*, p. 42.
⑤ 〔英〕保罗·福拉克主编：《新编剑桥中世纪史》第一卷，第151页。

不断变动的，6世纪之后，随着拜占庭帝国的重心更多集中在东地中海，而法兰克人在西部的影响日益增强，他们更多的是以帝国的敌人形象出现，而且他们注定将会成为拜占庭帝国在西部的主要对手，而这也正是古代晚期地中海地区转型中，政治、军事、宗教以及族群关系转变的直接写照。

第四节　6~7世纪拜占庭帝国与西突厥交往中的地缘政治影响[①]

地缘政治是政治地理学中的重要理论与概念，它强调的是地理与政治的结合，"注重地理学对国际政治的特征、历史、结构尤其是他国关系的影响"[②]。虽然作为一门理论或者概念，其形成时间较为晚近，但是作为一种考查问题的角度，完全适用于古代晚期世界。本节即借助该概念，从拜占庭与西突厥的关系这一个案来探究公元6~7世纪位于丝绸之路中西段的地理与政治环境的复杂性，并试图通过研究说明，古代晚期拜占庭的转型除了受到内部政治、文化、思想、社会等诸方面的影响外，还深受周边地缘政治环境的影响。

公元6~7世纪，拜占庭帝国作为地中海地区最强大的政治和军事实体，通过丝绸之路与东方世界保持着密切的联系。在其与东方交往的网络中活跃着众多丝路族群，其中阿瓦尔、阿兰、萨珊波斯、嚈哒、粟特、突厥是主要的势力。在这一时期，上述族群一方面直接或间接对拜占庭的北部和东部边境造成军事压力，另一方面则以中介者的身份影响着拜占庭与东方的商贸往来及文化交流。6世纪中后期，突厥的西部分支——西突厥[③]作为其中一支重要的族群势力，在与萨珊波斯交恶之后，转与丝绸之路西

---

① 本节在前期成果上修改而成，参见李强《公元6~7世纪西突厥与拜占庭帝国交往中的地缘政治》，《西域研究》2022年第1期。
② John Simpson and Edmund Weiner eds., 1989: *The Oxford English Dictionary*, 2nd edition, Vol. Ⅵ, Oxford: Clarendon Press, p. 463.
③ 有关西突厥的含义问题，诸位学者持不同意见。其中，薛宗正提出，"西突厥是一个政权概念，不等于突厥的西部地区，不等于室点密的西部封国，不等于内战中形成的西部联盟……西突厥汗国的汗统是由阿波、室点密两系共同组成的，在不同时期中互为大、小可汗。仁寿三年（603）内战的终结是西突厥独立的历史标志。阿波系的泥利可汗是西突厥汗国的创立者，射匮可汗完成了西突厥汗系由阿波系向室点密系的历史转移"。参见薛宗正《从西部突厥到西突厥汗国》，《新疆大学学报》（哲学人文社会科学版）2008年第1期。笔者赞同这一说法，但是鉴于西突厥已然成为通用之法，此文仍旧使用该名称，但实指室点密这一系。

端的拜占庭帝国建立密切联系，对拜占庭在东方的政治、军事、外交和贸易战略产生了关键性影响。

有关拜占庭与西突厥交往关系史的记载，见于拜占庭、亚美尼亚、波斯以及突厥等不同政权所用文字的文献中，其中核心史实多保存在拜占庭希腊文文献之中。依据上述文献，国内外学者已经在拜占庭—西突厥交往关系史的研究中取得了丰硕的成果，如哈迪斯·帕拉兹·俄德米尔、蓝琪以及张绪山等对拜占庭与西突厥关系的综合分析，① C. A. 马卡尼以及莫拉夫切克对拜占庭希腊文中有关西突厥史料的整理和研究，② 林英从丝路发现的拜占庭金币角度对拜占庭与西突厥关系的分析，③ 斯戴法诺斯·科尔多西以外交和国际关系理论对西突厥角色进行的综合考察，④ 张绪山和王政林从外交使节角度的分析，⑤ 此外还有数篇从其他角度间接涉及二者关系的研究。⑥ 通过对上述研究成果的考查可发现，拜占庭与西突厥关系的基本史实已经得到了梳理，西突厥在草原丝路上对拜占庭与东方沟通所起的作用得到了较为深入的分析，但是上述研究依据的核心文献是弥南德《历史》与西摩卡塔《历史》，除此以外一些零散记载拜占庭与西突厥交往相关史实的拜占庭文献并未受到应有的重视。此类文献不但包含可以证实拜占庭与西突厥交往史实的细节信息，而且弥补了核心文献中"缺席"的重要内容。鉴于此，本节在上述核心文献的基础上，集中分析这些碎片化的史料，通过对拜占庭文献中记载的拜占庭与西突厥使节交往问题进行

---

① 蓝琪：《西突厥与东罗马的关系》，《贵州师范大学学报》（社会科学版）1987年第4期；张绪山：《中国与拜占庭帝国关系研究》，中华书局，2012，第250~257页；Hatice Palaz Erdemir, 2004: "The Nature of Turko-Byzantine Relations in the Sixth Century AD", Cilt LXVIII, sayı 252, TTK, Belleten, Ankara, Ağustos, pp. 423~429。

② C. A. Macartney, 1944: "On the Greek Sources for the History of the Turks in the Sixth Century", Bulletin of the School of Oriental and African Studies, Vol. 11, No. 2, pp. 266~275; Gyula Moravcsik, 1958: Byzantinoturcica, Berlin: Brill Archive.

③ Lin Ying, 2003: "Western Turks and Byzantine Gold Coins Found in China", Transoxiana, http://www.transoxiana.org/0106/lin-ying_turks_solidus.html, 2016年11月24日；2006: "From Portraiture of Power to Gold Coin of Kaghan: Western Turks and the Eastward Diffusion of Solidus", From Aures to Denar: Roman Gold Coins in the East, Roma.

④ Στέφανος Κορδώσης, 2012: Οι Τούρκοι ανάμεσα στην Κίνα και το Βυζάντιο (552~659 μ. Χ.), Αθήνα: Ποιότητα.

⑤ 张绪山：《6~7世纪拜占庭帝国与西突厥汗国的交往》，《世界历史》2002年第1期；王政林、左永成：《论西突厥汗国与拜占庭帝国的结盟》，《河西学院学报》2013年第6期。

⑥ 兰琪：《西突厥汗国与萨珊波斯的关系》，《贵州师范大学学报》（社会科学版）1986年第2期；王政林：《西突厥与萨珊波斯合击嚈哒始末》，《昌吉学院学报》2015年第3期；张爽：《6世纪欧亚大陆的丝绸贸易与丝路——以突厥外交军事活动为中心》，《社会科学辑刊》2015年第6期。

再考查，补证以往的研究，使拜占庭—西突厥交往图景更为明晰，同时借助对拜占庭与西突厥互动关系的形成以及破裂成因的阐释，揭示 6~7 世纪丝绸之路中西段地缘政治的复杂性，并且指出丝路上大国博弈中居间族群的重要角色以及该博弈对居间族群的影响。

（一）记载拜占庭与西突厥交往史实的拜占庭文献

拜占庭帝国拥有发达的历史编纂传统，并为后世保留下来丰富的文献史料，成为研究帝国历史的重要依据。其中，6~7 世纪拜占庭与西突厥密切交往的史实被众多拜占庭史家以不同的形式记载在各类文献当中，如历史、教会史、军事战略、编年史著作等。由于种种原因，大量的拜占庭文献在历史的发展过程中佚失或部分佚失，因此我们仅能依靠流传至今的文献进行研究。通过整理可以发现，西突厥的史实主要保存在以下文献当中：埃瓦格里乌斯《教会史》、弥南德《历史》、约翰·艾比法尼亚《历史》（残篇）、拜占庭的塞奥法尼斯《历史》（残篇）、以弗所的约翰《教会史》、莫里斯《战略》、塞奥费拉克特·西摩卡塔《历史》、尼基福鲁斯《简史》、坚信者塞奥法尼斯《编年史》① 等。虽然以上文献之间存在创

---

① 以上史料在下面的分析中主要采用下列版本：埃瓦格里乌斯《教会史》采用 Evagrius, 2000: *The Ecclesiastical History of Evagrius Scholasticus*, translated with an introduction by Michael Whitby, Liverpool: Liverpool University Press；弥南德《历史》采用 Menander the Guardsman, 1985: *The History of Menander the Guardsman*, tr. Roger Blockley, Liverpool: Francis Cairns；〔英〕裕尔撰：《东域纪程录丛：古代中国见闻录》，张绪山译，中华书局，2008，第 167~180 页；约翰·艾比法尼亚的《历史》仅有残篇，见 K. Müller, 1851: *Fragmenta Historicorum Graecorum*, Vol. 4, Cambridge: Cambridge University Press, p. 272ff, 英译文来自 *History of the submission of Chosroës the Younger to Maurice the Roman Emperor by John of Epiphania the Scholastic and the Expraefectus*, trans. by Scott Kennedy, http://www.tertullian.org/fathers/john_of_epiphania.htm, 2016-11-23。拜占庭的塞奥法尼斯的著作已经佚失，仅有部分摘要内容保存在 9 世纪佛提乌斯《图书集成》之中，该著采用 J. H. Freese, 1920: *The Library of Photius*, Vol. 1, New York: The Macmillan Company，部分内容的摘录参见〔英〕裕尔撰《东域纪程录丛：古代中国见闻录》，第 165~166 页；以弗所的约翰《教会史》采用 John of Ephesus, 1860: *Ecclesiastical History*, Part 3, tr. Robert Payne Smith, Oxford: University of Oxford Press；莫里斯《战略》采用 Maurice, 1984: *Maurice's Strategikon*, tr. George. T. Dennis, Philadelphia: University of Pennsylvania Press；塞奥费拉克特·西摩卡塔《历史》采用 Theophylact Simocatta, 1986: *The History of Theophylact Simocatta. An English Translation with Notes*, tr. Michael Whitby and Mary Whitby, Oxford: Clarendon Press；尼基福鲁斯《简史》采用 Nikephoros, 1990: *Nikephoros Patriarch of Constantinople Short History*, text, translations, and commentary by Cyril Mango, Washington D. C.: Dumbarton Oaks；坚信者塞奥法尼斯《编年史》采用 Theophanes Confessor, 1883: *Theophanis Chronographia*, Vol. 1, Recens. Carolus de Boor, Leipzig: Aedibus B. D. Tevbneri; Theophanes Confessor, 1997: *The Chronicle of Theophanes Confessor: Byzantine and Near Eastern History AD 284~813*, tr. Cyril Mango and Roger Scott, Oxford: Clarendon Press。

作时间、涵盖内容以及文献体裁等差异，但是它们保存了有关西突厥的珍贵信息，为考查西突厥的历史提供了有力的证据，更重要的是上述文献详细地记载了拜占庭与西突厥之间的密切联系，为研究该时期欧亚大陆上不同文明的交流与互动提供了可供参考的依据。

下面简单介绍一下上述诸文献的基本情况。它们成书时间多为6世纪末和7世纪初。埃瓦格里乌斯《教会史》、弥南德《历史》、拜占庭的塞奥法尼斯《历史》及以弗所的约翰《教会史》创作于6世纪末；莫里斯《战略》和塞奥费拉克特·西摩卡塔《历史》成书于7世纪初；虽然尼基福鲁斯《简史》和坚信者塞奥法尼斯《编年史》成书于8世纪末9世纪初，但是其关于7世纪初的历史直接取自已经佚失的7世纪史料，尤其是坚信者塞奥法尼斯《编年史》被学者们认为是记载7世纪历史的关键原始史料。[①] 因此，该特征使得以上文献所载西突厥及其与拜占庭关系的历史具有较强的可信度。

以上文献的体裁包括历史、教会史、军事战略、编年史等，不同体裁的著作所关注的内容亦不相同，由此使得它们保留下来的历史信息可以从多角度展现西突厥及其与拜占庭的关系。弥南德《历史》、拜占庭的塞奥法尼斯《历史》及塞奥费拉克特·西摩卡塔《历史》是历史类著作，此类作品更多地关注具体事件的描写，对拜占庭与西突厥之间使节往来的记载非常详细；莫里斯《战略》是军事类著作，其内容以对拜占庭军队的战略、战术记载为主，同时关注其周边族群的特点及其军事问题，对西突厥记载侧重于其军事组织、战斗场面的内容；埃瓦格里乌斯《教会史》及以弗所的约翰《教会史》侧重于教会事务的记载，对于世俗事件仅少数提及，而坚信者塞奥法尼斯《编年史》则侧重于长时段的历史编年，对于具体时段的记载多比较简略，这两类著作对西突厥及其与拜占庭关系记载有零散的信息。

（二）四次拜占庭—西突厥使节交往活动补证与辨析

拜占庭与西突厥的交往主要体现在其使节往来上，这也是史料中所详细记载的。二者之间的使节往来都带有一定的政治和经济使命，目的是解决当前双方所面临的外部困境，从中可以发现，当时丝绸之路中西段不同势力之间的角逐与合作关系，进而揭示该时期位于该地区的复杂的地缘

---

① Theophanes Confessor, 1997: *The Chronicle of Theophanes Confessor: Byzantine and Near Eastern History AD 284~813*, p. v.

政治。

　　拜占庭文献记载了多次拜占庭与西突厥的外交使节交往，具有相对详细内容的使节共有四次。其中西突厥派往拜占庭的使节为两次，拜占庭派往西突厥的使节亦是两次。以往关于拜占庭—西突厥使节往来的研究，多集中于记载相对翔实的568年以粟特人马尼亚克为首领的前往拜占庭的西突厥使团、569年前往西突厥的拜占庭泽马尔库斯使团和575～576年拜占庭派往西突厥的瓦伦丁努斯使团，而563年第一次西突厥使团由于记载相对简略而被忽视；同时，以往的研究对记载较多的后三次使节交往也存在一些讹误，一些相关史实有待进一步的补充。下文将从上述不足的两个角度展开分析。

　　拜占庭帝国与西突厥的首次使节往来发生在563年。① 以往研究拜占庭—西突厥交往关系的学者多根据弥南德《历史》记载将拜占庭与西突厥的首次外交使节交往时间定在568年。② 事实上这是有误的。综合拜占庭的塞奥法尼斯和坚信者塞奥法尼斯的记载，可以将这一时间提前到563年。先来看6世纪史家拜占庭的塞奥法尼斯的记载："突厥人，从前被称为马萨哥特人，波斯人称他们为基尔米匈尼人，生活在顿河东部，他们派遣使节向查士丁（为查士丁尼的讹误）皇帝进献礼物，并请求他不要接纳阿瓦尔人。"③ 8世纪的坚信者塞奥法尼斯则记载："563年7月，基尔米匈尼人的国王阿悉结（Askel）派使团来到君士坦丁堡，他们居住在大海边蛮族国家的内陆"④；综合以上两位史家的记载，可以推定，他们记载的是同一支人，而且基尔米匈尼人被称为突厥人。由此据上述史料还原，突厥人于563年便委派使团抵达君士坦丁堡。关于上述使团时间基本没有疑问。唯一受到激烈讨论的是对基尔米匈尼人与突厥人的关系有

---

① 斯戴法诺斯·科尔多西提到，有学者认为阙特勤碑文中记载的拂菻使者，可能是去吊唁553年去世的布民可汗，因此是最早的拜占庭与突厥交往的证据，但是拜占庭文献中没有相关记载印证这一说法，见Στέφανος Κορδώσης, 2012: Οι Τούρκοι ανάμεσα στην Κίνα και το Βυζάντιο (552～659 μ. X.), σ. 92. 张绪山则认为，碑文中的拂菻使者是拜占庭帝国最后一次向突厥遣使，即576年的瓦伦丁努斯使团，见张绪山《中国与拜占庭帝国关系研究》，第255页。

② Hatice Palaz Erdemir, 2004: "The Nature of Turko-Byzantine Relations in the Sixth Century AD", p. 426; D. Sinor, 1997: "Réfléxions sur la présence Turco-Mongole dans le monde Méditerranéen et Pontique à l'époque pré-Ottomane", in D. Sinor, Studies in Medieval Inner Asia, Aldershot, Hampshire: Ashgate Publishing, p. 489.

③ Photius, 1930: The Library of Photius, p. 73.

④ Theophanis Chronographia, p. 239; The Chronicle of Theophanes Confessor: Byzantine and Near Eastern History AD 284～813, p. 351.

不同的看法。沙畹认为基尔米匈尼人是伪阿瓦尔人，① 但更多学者赞同基尔米匈尼人是西突厥的臣属。如马卡尼认为，虽然基尔米匈尼人不是突厥人，但是伪阿瓦尔人曾经臣属于基尔米匈尼人，随后基尔米匈尼人又被突厥人所征服，因此拜占庭的塞奥法尼斯称其为突厥人；② 斯戴法诺斯·科尔多西认为，基尔米匈尼人是西突厥人治下的一个小部落，受室点密指派，出使拜占庭；③ 在《中亚文明史》中，D. 西诺尔和 S. G. 克利亚什托尔内认为 563 年的使团，是突厥使团是由西突厥的弩失毕部落联盟的第一部落首领阿悉结所遣。④ 综合以上史料和现代学者的观点可以确信，即便没有其他证据可以明确佐证基尔米匈尼人即突厥人，但是可以明确的是，他们与西突厥有密切的关系，其出使拜占庭是由西突厥主导的。⑤ 因此可以得出结论，拜占庭史料记载的拜占庭和西突厥首次使节交往时间应该在 563 年，而非弥南德记载的 568 年——这比以往的说法提早了 5 年。

马卡尼认为上述两位拜占庭史家记载的突厥使团是同一个。⑥ 其依据是史料中记载的阿瓦尔人与拜占庭和西突厥的历史关系。据拜占庭的塞奥法尼斯记载，563 年，查士丁尼（原文中讹误为查士丁）亲切地接待了西突厥使团。该使团请求拜占庭不要接纳阿瓦尔人，查士丁尼遂与之达成协议。当阿瓦尔人来到拜占庭，请求定居在潘诺尼亚并缔结和平约定时，查士丁尼考虑到和突厥人的协议，拒绝了他们。⑦ 该内容与弥南德记载的西突厥首领室点密发出誓言，要在"结束同嚈哒的战争后"进攻阿瓦尔人，以及阿瓦尔使团向查士丁尼提出给予他们居住地的请求相契合，而且以上两

---

① 沙畹的观点，参见 The Chronicle of Theophanes Confessor: Byzantine and Near Eastern History AD 284～813, p. 352, note 23。
② C. A. Macartney, 1944: "On the Greek Sources for the History of the Turks in the Sixth Century", Bulletin of the School of Oriental and African Studies, Vol. 11, No. 2, pp. 266～275.
③ Στέφανος Κορδώσης, 2012: Οι Τούρκοι ανάμεσα στην Κίνα και το Βυζάντιο (552～659 μ. X.), σ. 88～94.
④ 〔俄〕B. A. 李特文斯基、张广达主编：《中亚文明史·第三卷 文明的交会：公元 250 年至 750 年》，马小鹤译，中国对外翻译出版公司，2003，第 281 页。阿悉结是西突厥的弩失毕部落中最强大的一支，在突厥儒尼文中写作"Assikil"，后来分为两支，统治地区在中亚的卢戈佛伊（Lugovoy），见薛宗正《突厥史》，中国社会科学出版社，1992，第 318 页。
⑤ 有助于对这一问题理解的是，突厥帝国本身就是一个多部落构成的政治联盟，并非一个单一族群，而且这些部落都改用"突厥"为名，见薛宗正《突厥史》，第 314 页。
⑥ Photius, 1930: The Library of Photius, p. 73; C. A. Macartney, 1944: "On the Greek Sources for the History of the Turks in the Sixth Century", p. 267; Στέφανος Κορδώσης, 2012: Οι Τούρκοι ανάμεσα στην Κίνα και το Βυζάντιο (552～659 μ. X.), σ. 143.
⑦ Photius, 1930: The Library of Photius, p. 73.

件事情发生的时间都在 563 年左右。① 因此可以确认，拜占庭的塞奥法尼斯和坚信者塞奥法尼斯笔下的突厥使团为同一个。根据以上分析，563 年的使团史实可以还原如下：阿瓦尔人原是西突厥治下的一支部族。558 年前后，在西突厥人忙于与嚈哒战争之时，② 因受到前者的不公正待遇，③ 于是阿瓦尔人在给西突厥人造成财产损失后逃离西突厥的统治区，④ 沿黑海北岸向拜占庭多瑙河防线迁徙。得知阿瓦尔人出逃，西突厥首领室点密异常恼怒，于是在 563 年委派西突厥人治下的基尔米匈尼人使团前往拜占庭，觐见拜占庭皇帝查士丁尼，并与之约定，不要接纳阿瓦尔人。在意识到阿瓦尔人是一支可以利用的力量之后，拜占庭皇帝查士丁尼欲借阿瓦尔人之手来解决北部边境的外族问题，⑤ 但是双方在定居地问题上没有达成满意的协议。

拜占庭与西突厥的第二次交往发生在 568 年，这是西突厥统治者第一次直接派往拜占庭的使团。据弥南德记载，在拜占庭皇帝查士丁（查士丁二世）统治的第四年年初（568），西突厥首领室点密⑥派遣以粟特人马尼亚克为首领的西突厥使团前往拜占庭，⑦ 觐见当时的拜占庭皇帝查士丁，并赠送礼物以请求缔结联盟。其请求得到了查士丁的首肯。⑧ 关于此次西突厥使团来访的目的，综合弥南德和拜占庭的塞奥法尼斯的记载，可

---

① 弥南德的说法略有不同：查士丁尼想让西突厥人定居于第二潘诺尼亚地区，而后者想要小斯基泰地区，后来查士丁尼借机拖延，结果是双方没有达成协议，见 The History of Menander the Guardsman, pp. 44 ~ 47, 50 ~ 53；埃瓦格里乌斯也明确记载了阿瓦尔人脱离西突厥人统治、西迁以及此次使者觐见查士丁尼的史实，见 The Ecclesiastical History of Evagrius Scholasticus, p. 255。
② 关于西突厥与波斯人合击嚈哒人的史实可参见薛宗正《突厥史》，第 98 页。
③ The Ecclesiastical History of Evagrius Scholasticus, p. 255.
④ 弥南德简略记载了阿瓦尔人给西突厥造成了财产损失，具体细节没有提及，见 The History of Menander the Guardsman, pp. 44 ~ 47。
⑤ 事实证明，阿瓦尔人的确是一支强大的族群，他们不仅扫平了黑海沿岸活跃的其他小族群势力，甚至击败了这一时期较为强大的科提利古尔人（Cotrigurs），见 Michael Whitby, 1988: The Emperor Maurice and His Historians: Theophylact Simocatta on Persian and Balkan Warfare, Oxford: Clarendon Press, p. 85。
⑥ 学界较为一致的观点认为，弥南德《历史》中的 Silzibul 和 Sizabul 就是西突厥可汗 Istämi，即中文史料中的室点密，见 The History of Menander the Guardsman, p. 262, note 112；〔英〕裕尔撰：《东域纪程录丛：古代中国见闻录》，第 167 ~ 170 页；Στέφανος Κορδώσης, 2012: Οι Τούρκοι ανάμεσα στην Κίνα και το Βυζάντιο（552 ~ 659 μ. Χ.），σ. 81。
⑦ 关于粟特人受到突厥人重用，充当使节的传统参见薛宗正《突厥史》，第 220 ~ 221 页。
⑧ The History of Menander the Guardsman, pp. 111 ~ 117；〔英〕裕尔撰：《东域纪程录丛：古代中国见闻录》，第 168 页，注释。

得到更为全面的认识。弥南德提到，此前西突厥人向萨珊波斯派遣了两个使团，请求给予粟特人在波斯境内自由出售丝绸生丝的权利，并建立西突厥—波斯友好关系，但是遭到了波斯的拒绝和侮辱。① 马尼亚克转而建议西突厥人与罗马人通好，因为罗马人对生丝的消费多于其他诸国。② 此外，在拜占庭滞留期间，马尼亚克还向拜占庭皇帝提出缔结联盟的请求。③ 以往关于此次使团的目的，学者们皆依据弥南德的这种解释，即强调粟特人企图获得在拜占庭直接出售生丝和丝绸的权利，以及建立西突厥—拜占庭政治联盟。但是除此以外，这次使团是否还有其他目的？笔者认为解决阿瓦尔人问题也应该是此次使团的任务之一。如上文所分析，拜占庭的塞奥法尼斯提到，西突厥人在563年就已通过使团请求拜占庭不要接纳阿瓦尔人。在568年西突厥使团到来之际，阿瓦尔人问题又被提及，"皇帝问道，'告诉我们，有多少阿瓦尔人叛离突厥，是否还有阿瓦尔人归突厥统治？''陛下，还有一些阿瓦尔人仍然依附我们，逃跑的阿瓦尔人大约有两万人'"④。西突厥对阿瓦尔的痛恨，以及突厥人不放弃对敌人追击的传统，⑤ 使得处理阿瓦尔人问题成为此次使团的任务之一。由此可以看出，568年西突厥使团的目的主要有三个方面：越过萨珊波斯，建立和拜占庭的丝绸生丝的直接交易；建立西突厥—拜占庭政治联盟，以对付萨珊波斯；解决阿瓦尔人问题。

为了回应西突厥人568年使团，加强同西突厥的联盟关系，569年，拜占庭皇帝查士丁派出了以西西里亚人泽马尔库斯⑥为首的使团出访西突厥。弥南德对泽马尔库斯的行程，以及西突厥人的王庭、生活方式、宗教信仰等进行了细致的描述，因此《历史》一直被学者看作研究拜占庭—突厥关系的核心史料。然而，除了弥南德的记载，还有其他两份相关的文

---

① 第一次使团的生丝被波斯人当着粟特人的面焚毁，第二次使团成员大部分被鸩杀，见 The History of Menander the Guardsman, pp. 112~115；〔英〕裕尔撰：《东域纪程录丛：古代中国见闻录》，第167~169页。
② 拜占庭的塞奥法尼斯记载了查士丁向西突厥使团展示拜占庭掌握的养蚕和缫丝的技术，见 Photius, 1930: The Library of Photius, p. 74。
③ The History of Menander the Guardsman, p. 115；〔英〕裕尔撰：《东域纪程录丛：古代中国见闻录》，第169页。
④ The History of Menander the Guardsman, pp. 114~117；〔英〕裕尔撰：《东域纪程录丛：古代中国见闻录》，第170页。
⑤ 莫里斯《战略》中提到，"当他们的敌人将要逃离的时候，他们（突厥人）放下一切事情，不像波斯人和罗马人满足于合理距离的追击和抢夺战利品，而是不放弃任何方式直到他们彻底消灭敌人，他们通过各种方式来达到这种目的"，见 Maurice's Strategikon, p. 117。
⑥ 另一种译法为蔡马库斯，见〔英〕裕尔撰《东域纪程录丛：古代中国见闻录》，第170页。

献未受到应有的重视：这就是拜占庭的塞奥法尼斯和以弗所的约翰的著作。虽然拜占庭的塞奥法尼斯仅概述了泽马尔库斯的出使情况，① 没有提出超出弥南德所提供的信息，但是其旁证价值不应被忽视；以弗所的约翰对泽马尔库斯与波斯使者的论辩记载详尽，是对弥南德记载的全面补充。弥南德记载到，泽马尔库斯在西突厥时，被室点密邀请参与出征波斯。在怛逻斯（Talas）宿营时，他们遇到了前来的波斯使者，并与之同席。在宴席上室点密对拜占庭人礼遇有加，但是对波斯人则是兴师问罪，这招来了波斯使者的不满，他们不顾应有的礼节，与室点密相互指责和抗辩。② 在以弗所的约翰的记载中，整个事件如下：突厥国王询问拜占庭使臣，波斯人所谓"罗马人的皇帝是他们的奴隶，并向他们贡献岁币"的说法是否属实，泽马尔库斯据理反驳，并且举出图拉真对波斯的征服，以及波斯人对其领土内的一座图拉真雕像的敬畏来予以驳斥。波斯人无法反对以上事实的真实性，因此遭到了突厥国王的训斥。随后波斯使者返回波斯，将事件经过报与其国王，波斯国王认为是拜占庭人从中作梗，破坏其与突厥人的关系，因此对拜占庭的敌意更加强烈。③ 弥南德与以弗所的约翰都记载了这次会面，但是后者保留了对整个事件生动而又完整的记载，因此使得我们对突厥人如何与拜占庭建立更加密切的关系并且与波斯敌对有了更为直观的了解。

以往研究依据弥南德的记载强调，拜占庭使者得知波斯人在其返程中将要伏击他们，但是弥南德没有提及伏击的原因，这一点多被研究者们忽视。因此本节所涉及的史料对这一问题做出了较为明确的解释。弥南德记载，571年，泽马尔库斯完成使命返回拜占庭。途中经过阿兰人的地区时，阿兰人告知泽马尔库斯，波斯人准备在苏阿尼亚（Suania）伏击他们。④ 坚信者塞奥法尼斯、约翰·艾比法尼亚和塞奥费拉克特·西摩卡塔的记载共同揭示了波斯人伏击的原因。据坚信者塞奥法尼斯记载："571年有一个突厥使团欲经过阿兰人的领地前往拜占庭，这引起了波斯国王的忧虑。"⑤ 约翰·艾比法尼亚记载到，"因为突厥人派出

---

① Photius, 1930: *The Library of Photius*, Vol. 1, p. 74.
② *The History of Menander the Guardsman*, pp. 121~123；〔英〕裕尔撰：《东域纪程录丛：古代中国见闻录》，第173页。
③ John of Ephesus, 1860: *Ecclesiastical History*, Part 3, pp. 426~427.
④ *The History of Menander the Guardsman*, pp. 126~127；〔英〕裕尔撰：《东域纪程录丛：古代中国见闻录》，第176页。
⑤ *Theophanis Chronographia*, p. 362；*The Chronicle of Theophanes Confessor: Byzantine and Near Eastern History AD 284~813*, p. 362.

使者抵达罗马人那里，皇帝查士丁派出元老院成员泽马尔库斯以回应，后者在返程时，波斯人打算贿赂阿兰人，通过他们的土地来阻碍泽马尔库斯以及同他一起的罗马人和突厥人"①。塞奥费拉克特·西摩卡塔也提到了与此极为相似的内容。②无疑，这三份文献记载的是同一件事情，理由是在泽马尔库斯的归程中，突厥首领委派了另一队突厥使者与其同行，"西扎布鲁（室点密）招来泽马尔库斯一行，重申愿与罗马人修好，然后遣罗马使团回国，又遣另一使者随罗马人一并前往……西扎布鲁（）派他为使节出使罗马，随行者有已故马尼亚克的儿子"③。因此，以上三份史料还原了这样的史料，即通过泽马尔库斯的使团，拜占庭与西突厥建立更加密切的合作关系，以此招致了波斯人的不满，并企图阻止他们的合作。

以上记载西突厥568年使团及拜占庭回访使团的史实表明：阿瓦尔人与东方的萨珊波斯人是拜占庭和西突厥共同的敌人。568年西突厥使团的到来，促成拜占庭与西突厥建立了合作关系，共同对付阿瓦尔人和萨珊波斯。为了巩固与西突厥的关系，商讨对付波斯人的细节，查士丁向西突厥人派出了以拜占庭东方大区军事统帅（*Magister militum per Orientem*）泽马尔库斯为首的拜占庭回访使团。泽马尔库斯的到来受到了西突厥人的热情款待，同时也使得西突厥首领对波斯人的态度继续恶化，并发动了对波斯的战争。在此情况下，为了防止西突厥和拜占庭东西夹击，④波斯便企图借助阿兰人的力量阻断拜占庭和西突厥的联系，而已经与拜占庭建立关系的阿兰人则出卖了波斯人的计划。⑤

继泽马尔库斯之后，弥南德《历史》还记载了拜占庭和西突厥之间

---

① John Epiphania, 1851: in K. Müller, *Fragmenta Historicorum Graecorum*, Vol. 4, p. 272ff, 英译文来自 *History of the Submission of Chosroës the Younger to Maurice the Roman Emperor by John of Epiphania the Scholastic and the Expraefectus*, trans. by Scott Kennedy。

② Theophylact Simocatta, 1986：*The History of Theophylact Simocatta*: *An English Translation with Introduction and Notes*, p. 86. 鉴于约翰·艾比法尼亚的文本和塞奥费拉克特·西摩卡塔著作的极度相似，而前者的成书时间远早于后者，所以学者们认为后者是利用了前者的著作，见 *History of the submission of Chosroës the Younger to Maurice the Roman Emperor by John of Epiphania the Scholastic and the Expraefectus*, trans. by Scott Kennedy。但是塞奥费拉克特·西摩卡塔提到，此次波斯人干预的突厥使团是第一次突厥使团，这与约翰·艾比法尼亚记载不符，应该是他的讹误。

③ *The History of Menander the Guardsman*, p. 123；〔英〕裕尔撰：《东域纪程录丛：古代中国见闻录》，第173~174页。

④ 弥南德记载了此次随泽马尔库斯前来拜占庭的突厥使团请求拜占庭与其东西合击波斯的问题，见 *The History of Menander the Guardsman*, pp. 146~147。

⑤ Agustí Alemany, 2003: "Sixth Century Alania: between Byzantium, Sasanian Iran and the Turkic World", *Transoxiana*, p. 6.

的多次互派使节，其中最为详细的是 575～576 年的拜占庭瓦伦丁努斯使团。据其记载，此次拜占庭使团前往西突厥的目的有三：一是向突厥人通报提比略已经成为凯撒；① 二是重申查士丁和室点密之前所建立的联盟关系；三是请求突厥人出兵，协助拜占庭与波斯作战。② 然而，瓦伦丁努斯使团受到了西突厥首领之一咄陆设（Turxanthus）的恶劣对待。他指责拜占庭人与西突厥人的敌人阿瓦尔人签署了协定，并隐瞒穿过西突厥人的土地前往拜占庭的道路。此外，在室点密的葬礼上，他还要求拜占庭使臣按照突厥人的风俗，以匕首割面以示哀悼，通过这种方式对他们进行侮辱。③ 在此次拜占庭使团出使期间，咄陆设发起了对依附于拜占庭的博斯普鲁斯城的进攻，以此挑起了对拜占庭的战争。④ 瓦伦丁努斯的这次出使并没有达到目的，反而导致了拜占庭—西突厥战略关系的破裂。综合之前拜占庭与西突厥的关系可以看出，此次拜占庭使团失败的原因表面上看是拜占庭与阿瓦尔人保持密切关系惹怒了西突厥人，实际上并非全然如此。西突厥与拜占庭合作的目的是对付阿瓦尔人和萨珊波斯人，并且打通向西的贸易道路。但是直到此次使团出使之时他们才发现，拜占庭人与上述两方敌人都保持着合约关系，通往拜占庭的商道也并未打开，西突厥仅仅被拜占庭人当作牵制萨珊波斯和草原族群的工具；此外，西突厥势力的西扩此时已达到阿兰人居地，构成了对拜占庭帝国东方防御体系的威胁。综合以上原因，收获甚微，但却有更大野心的西突厥人遂与拜占庭反目决裂。

（三）拜占庭与西突厥联盟关系形成与破裂的原因及其所反映的地缘政治

丝绸之路作为沟通欧亚大陆东西部的重要交通要道，具有极其重要的战略意义。6～7 世纪，在此道路网络上活跃着的拜占庭、波斯、中国等

---

① 根据希腊文文本和英文译本的解释，此处应该是提比略被任命为凯撒，发生于 574 年，而非其登基为皇帝（578）（复活节编年史中对此亦有明确记载，见 *Chronicon Paschale 284～628 AD*, trans. by Michael Whitby and Mary Whitby, Liverpool: Liverpool University Press, 2007, p. 138)，有一些中文译、论著中误认为是提比略登基为帝，见〔英〕裕尔撰：《东域纪程录丛：古代中国见闻录》，第 176 页。

② *The History of Menander the Guardsman*, pp. 172～173；〔英〕裕尔撰：《东域纪程录丛：古代中国见闻录》，第 177 页。

③ *The History of Menander the Guardsman*, pp. 176～177；〔英〕裕尔撰：《东域纪程录丛：古代中国见闻录》，第 179 页。

④ *The History of Menander the Guardsman*, pp. 178～179；〔英〕裕尔撰：《东域纪程录丛：古代中国见闻录》，第 180 页。

强大的军事势力以及阿瓦尔、突厥、粟特等中介族群形成了错综复杂、密切相连的地缘政治格局。

在这种环境下，拜占庭与突厥之间的关系建构必然受到这种地缘政治格局的影响，同时也影响着地缘政治的变化。首先，来看拜占庭。在内部，6~7世纪的拜占庭出现了查士丁尼大帝的对外军事征服后的种种困境。战争造成了国库空虚，因此需要通过对外贸易、征收税款等方式来补充；6世纪的多次瘟疫以及自然灾害导致帝国人口下降，军力不足，因此在边疆的守卫上，捉襟见肘。[①] 在外部，拜占庭的西部意大利疆域在查士丁尼时代的短暂收复后，迅速落入伦巴德人之手，拜占庭唯统辖以拉文纳为中心的总督区；与此同时，拜占庭在北方和东方边疆面临着更大的外部压力。萨珊波斯作为拜占庭在东方的宿敌，时刻威胁着拜占庭的东方边疆，并控制着拜占庭与东方的贸易往来。北方的阿瓦尔人、斯拉夫人等草原族群跨过帝国多瑙河防线，对帝国色雷斯地区以及巴尔干半岛等内陆地区进行不定期侵扰。[②]

在此情况下，6世纪中期兴盛于丝绸之路中段的西突厥成为处于重重危机下的拜占庭帝国化解危机的主要外部依靠力量。首先，西突厥拥有强大的军事实力，[③] 可以与拜占庭东部宿敌萨珊波斯抗衡（西突厥已经同波斯交恶），由此减轻帝国的东部边疆压力；[④] 其次，6世纪中后期在北方对拜占庭边疆造成困扰的阿瓦尔人是西突厥人的"叛徒"，西突厥对之恨之入骨，并发誓追击到底，[⑤] 由此拜占庭可以借西突厥制约阿瓦尔人，缓解其北方多瑙河沿线的压力；此外，在西突厥人保护下的粟

---

① 刘榕榕《古代晚期地中海地区自然灾害研究》一书是国内第一部集中研究拜占庭灾害史的重要著述。在该著作中，她细致分析阐释了6世纪拜占庭瘟疫、地震、水灾等灾害造成的人员、农业、商业等损失，详见刘榕榕《古代晚期地中海地区自然灾害研究》，中国社会科学出版社，2018，第169~236页。

② 关于查士丁尼去世之后拜占庭帝国的外部地缘环境，参见 Paul Foulacre ed., 2005: *The New Cambridge Medieval History*: *Volume 1 c. 500 ~ c. 700*, Cambridge: Cambridge University Press, pp. 112~116。

③ 西突厥与波斯联合消灭嚈哒一方面证实了其军事实力的强大，另一方面进一步增强了其势力，见薛宗正《突厥史》，第98页。

④ 关于6~7世纪拜占庭与萨珊波斯的冲突问题，参见 Geoffrey Greatrex and Samuel N. C. Lieu eds., 2002: *The Roman Eastern Frontier and the Persian Wars* (Part Ⅱ, 363~630 AD), London and New York: Routledge。

⑤ 室点密宣称："他们（阿瓦尔人）不是鸟儿，能飞到天空而躲避突厥人的刀剑，他们也不是鱼儿，能躲藏到大海之下。他们肯定是在大地上迁徙，待我结束与嚈哒的战争，我定去攻打阿瓦尔人，他们肯定无法逃脱我的手掌。"见 *The History of Menander the Guardsman*, pp. 46~47。

特人精于商贸，是活跃在丝绸之路上最重要的商队，他们多次试图与拜占庭建立联系，由此拜占庭可以借助粟特人建立拜占庭与东方的贸易通道，打破波斯人垄断对丝绸等丝路重要商品的垄断。① 鉴于此，善于利用外交手段的拜占庭通过使臣交往与西突厥建立了密切的军事以及商贸合作关系。

西突厥方面，6世纪中期，西突厥成长为丝绸之路上的一支重要的军事族群势力，他们一方面亟须对外领土扩张，另一方面意欲推动其经济力量的发展。554~568年，他们与萨珊波斯一起消灭了中亚的另一支强大的族群势力——嚈哒，将其领土予以瓜分，这进而加快了其西扩的脚步（东部的东突厥正在与中国的唐朝处于复杂的关系中）。但是萨珊波斯的强大，限制了他们领土的进一步扩张。② 同时，希望借助粟特人与波斯人达成贸易合作的想法遭到了波斯人恶意的拒绝后，他们对波斯失去了希望。在此情况下，作为萨珊波斯的宿敌，拜占庭帝国是强大的军事实体，同时他们对东方的丝绸等奢侈品一直是需求不断，由此，突厥人借助粟特人，与拜占庭建立了合作关系，一方面共同摆脱并限制萨珊波斯，另一方面则打开通向西方的领土扩张和贸易路线。

但是拜占庭与西突厥的这种合作关系持续时间很短暂。在瓦伦丁努斯使团期间（575~576），西突厥斥责拜占庭与阿瓦尔人交好，③ 隐瞒从西突厥前往拜占庭的便捷通道，因此公开与拜占庭决裂。④ 这一决裂与该时期丝绸之路西段的地缘政治格局的变化密切相关。首先，西突厥与拜占庭联合，破除了波斯的军事威胁和对贸易的垄断，但是与此同时，西突厥的强大给拜占庭帝国带来了新的压力和威胁。拜占庭人认为，作为草原游牧族群的突厥人"非常迷信、奸诈、愚蠢、不忠、对财富充满了无尽的渴望。他们轻视誓言，不看重约定，并且不因得到礼物而满足。即便在接受

---

① 关于拜占庭获取来自东方的丝绸，以及萨珊波斯对丝绸之路中西段的垄断，参见张爽《论4~6世纪拜占庭的丝绸贸易与查士丁尼开辟丝路的努力》，《海交史研究》2019年第3期。
② 嚈哒之战后，西突厥与萨珊波斯直接接壤，成为威胁萨珊波斯的新力量，引起了后者的敌对，这也是萨珊波斯与西突厥关系交恶的主要原因。
③ 奥伯林斯基认为，该时期拜占庭—西突厥关系破裂的主要原因是拜占庭的重心转移到多瑙河流域，并且与突厥的宿敌阿瓦尔人订立了合约，引起了突厥人的不满，见 Dimitri Obolensky, 1994: *Byzantium and the Slavs*, New York: St Vladimir's Seminary Press, p. 30。
④ 弥南德记载到，此时的西突厥首领咄陆设斥责瓦伦丁努斯，指责拜占庭人油嘴滑舌，没有实话，不但与阿瓦尔人签署协议，而且向西突厥人隐瞒黑海北岸通向拜占庭的道路，见 *The History of Menander the Guardsman*, pp. 174~175；〔英〕裕尔撰：《东域纪程录丛：古代中国见闻录》，第178页。

礼物之前，他们仍旧为背叛约定做准备"①。因此，为了更好地控制西突厥，拜占庭加强了对后者的防范：拜占庭一方面与西突厥的"二臣"阿瓦尔人交好，另一方面对其要求敷衍搪塞。拜占庭的这种做法令西突厥对拜占庭的联盟产生了怀疑，并对拜占庭帝国的行为大为不满——突厥可汗谴责拜占庭帝国隐瞒通向拜占庭的道路的事实可证。其次，该时期拜占庭帝国军事上处于弱势，虽然拜占庭帝国与波斯人签订了5年和平协定，但是被迫送给波斯3万金币作为回报，同时二者在亚美尼亚的战事仍在继续，② 这使得拜占庭不得不考虑波斯人的反应，由此在处理与西突厥的关系上，受到极大牵制。对于西突厥而言，他们与拜占庭建立友好关系，目的是从中受益，但是事实却相反，在联盟中，他们被作为拜占庭对外关系中的棋子，借其来牵制萨珊波斯和其他草原族群，进而稳定其东部和北部的边疆。因此，综合以上两方面原因，我们可以理解瓦伦丁努斯使团遭到西突厥的责难：公开指责拜占庭与其叛徒阿瓦尔人签订条约，并且隐瞒从黑海北岸接近拜占庭的路线，对瓦伦丁努斯进行侮辱，占领帝国战略要地博斯普鲁斯城，进而断绝与拜占庭的联盟关系。

瓦伦丁努斯使团之后一段时间，西突厥又再次向拜占庭示好。据塞奥费拉克特·西摩卡塔记载，595年，西突厥的泥利可汗派使者向拜占庭皇帝莫里斯递交国书，以示友好。③ 而且，625～626年拜占庭皇帝希拉克略在对波斯的战争中得到了西突厥统属的可萨部的援助。④ 拜占庭与西突厥关系之所以出现这样的转变，是因为这两个时期是拜占庭在对阵波斯中占优势的阶段，此外西突厥本身与波斯之间也战争不断，⑤ 所以西突厥进而与强大的拜占庭保持友好关系，于他们是有直接的经济和军事利益。

---

① *Maurice's Strategikon*, p. 116.
② Geoffrey Greatrex and Samuel N. C. Lieu eds., 2002: *The Roman Eastern Frontier and the Persian Wars（Part Ⅱ, 363～630 AD）*, pp. 151～152.
③ Theophylact Simocatta, 1986: *The History of Theophylact Simocatta: An English Translation with Introduction and Notes*, pp. 188, 191. 最新的研究来自魏义天，他认为这封信的时间应该是在595年，而发出者是泥利可汗，这与传统的观点不同：即598年达头可汗发出该信件，见魏义天、赵飞宇、马翀斐：《东罗马皇帝莫里斯和突厥可汗：泰奥菲拉克特·西摩卡塔所记突厥史料》，《西域研究》2018年第2期。
④ *Nikephoros Patriarch of Constantinople Short History*, pp. 54～55; *The Chronicle of Theophanes Confessor: Byzantine and Near Eastern History AD 284～813*, p. 446.
⑤ *The Ecclesiastical History of Evagrius Scholasticus*, p. 307, footnote 59.

结 论

本节借助更为全面的拜占庭文献，以拜占庭与西突厥使节往来为中心，探讨了6~7世纪拜占庭与西突厥交往中体现的丝绸之路中西段复杂的地缘政治。丝绸之路中西段位于欧亚大陆的中部，这里是沟通东西方的主要枢纽，是地缘政治学中"陆权论"提出者哈福德·麦金德所认为的"心脏地带"。麦金德的"心脏地带论"认为，"控制了东欧就等于控制了心脏地带，控制了心脏地带就等于控制了世界岛，控制了世界岛就等于控制了世界"①。由此可见该地的重要地缘战略意义。

从6~7世纪来看，上述地区主要位于拜占庭的北部和东部边疆，主要被萨珊波斯以及阿瓦尔、西突厥等族群控制，主要影响拜占庭帝国与东方的关系。6世纪前半叶，拜占庭的战略重心在帝国西部，对于东部和北部倾向于采取外交手段维持和平。6世纪后半叶至7世纪，查士丁尼大帝的军事征服给帝国遗留下了一系列困境，使得帝国此时在上述两个地区处于战略上更加不利的守势，由此，西突厥的西进，给予了拜占庭摆脱困境的机会。拜占庭希望借助西突厥来挽回其在东方的颓势，实现地缘政治的平衡（查士丁二世有过短暂的扩张野心，但是很快被萨珊波斯挫败）：采取各种手段对其加以利用，借助灵活的外交和强大的经济实力来引诱和控制西突厥，对付自己的直接敌人，从而实现其边疆的稳定，对外交流的通畅。对于西突厥而言，在瓜分嚈哒之后，其西进扩张之路与贸易通商之路遭到了萨珊波斯的阻挡，其本意是与萨珊波斯继续友好关系，但是遭到了后者的断然拒绝。粟特人为其找到了拜占庭帝国，从而打开了一个新的突破口。但是拜占庭与西突厥的联盟关系并非铁板一块，西突厥意识到，居于各个强大的帝国之间，在丝绸之路上多变的地缘政治格局中，如何以最佳方式获取疆域以及经济利益是其主要目的。当他们发现自己被当作博弈的棋子，自然也学会了游走于不同势力之间，以获得自己的最大利益。②

综上，6~7世纪的丝绸之路中西段处于非常复杂的地缘政治格局中，以拜占庭与西突厥为代表的各方丝路势力，在权衡利弊的情况下，

---

① 〔英〕哈福德·麦金德：《民主的理想与现实：重建的政治学之研究》，王鼎杰译，上海人民出版社，2016，第128页。

② 在建国初期，突厥汗国就通过互派使者、联盟、联姻等方式与波斯保持密切的关系，到6世纪70年代末，西突厥的扩张威胁到了波斯的利益，波斯进而对其限制，西突厥便转而与拜占庭合作，共同对抗波斯，见兰琪《西突厥汗国与萨珊波斯的关系》，《贵州师范大学学报》（社会科学版）1986年第2期。

做出了自己的敌对与联盟的选择,但是上述关系并非长久不变,而是受到随时变化的地缘政治格局的影响,同时他们的选择也反过来影响了该地的地缘政治格局。而这揭示了古代晚期位于欧亚丝路上地缘政治生态的变动,对于拜占庭而言,在这种变局中,不得不采取更加符合帝国东部特征的举措,但就结果来看,帝国的行动还是有些为时过晚,因为在7世纪初萨珊波斯衰落、阿拉伯兴起之后,帝国的东部环境变得更加恶劣,帝国不得不接受新的地缘政治格局,并走向了中世纪希腊化的拜占庭帝国之路。

第五节 古代晚期视角下6世纪拜占庭转型及其对东西方的影响
——以查士丁尼的帝国统治为中心

古代晚期研究兴起于20世纪70年代,其理论强调3~8世纪的地中海世界及其周边是一个积极活跃的区域,处于这个区域的文明正在经历一个重大的社会转型。[①] 作为这个区域最重要的文明体,罗马—拜占庭帝国在该时期同样正在经历着社会转型,这一转型观点并不是由古代晚期研究学者首创,在此之前,英国学者琼斯就已在其名著《284~602年间的晚期罗马帝国》中提出这一说法[②]。转型的关键时期在6世纪。6世纪在拜占庭帝国的历史上又被称为查士丁尼时代,[③] 此时帝国虽然形式上依旧在努力维持罗马帝国的传统,试图重新构建罗马的政治版图(以查士丁尼的再征服运动为代表),但是由于当时帝国内外政治环境的变化、思想文化基础的冲突与融合,帝国逐渐由原来的以地中海为中心的罗马帝国转向更具东方特征的中期希腊化拜占庭帝国。帝国的转型或变革既有外部因素的冲击,也有内部因素的调适,而这种变化也无形中形塑了7~9世纪的地中海文明圈及其周边世界。

以往研究较多从政治和军事层面关注查士丁尼及其时代,对查士丁尼

[①] 陈志强:《古代晚期研究:早期拜占庭研究的超越》,《世界历史》2014年第4期。
[②] A. H. M. Jones, 1986: *The Later Roman Empire 284~602: A Social, Economic, and Administrative Survey*, Baltimore: Johns Hopkins University Press.
[③] J. A. S. Evans, 1996: *The Age of Justinian: The Circumstances of Imperial Power*, London: Routledge; Michael Maas ed., 2005: *The Cambridge Companion to the Age of Justinian*.

的个人及其时代评价也是褒贬不一。① 近年来随着古代晚期研究的兴盛，国际学界开始从思想文化层面来探究查士丁尼时代对拜占庭帝国转型的意义。② 本节无意超越以往学者的观点，只是结合古代晚期的特征，对查士丁尼时代进行一个综合考察，希冀可以揭示查士丁尼统治时期拜占庭帝国发生了怎样的转型、查士丁尼如何适应这种转型以及其对地中海世界和周边的影响。

查士丁尼是帝国历史上最重要的皇帝之一。这不仅是因为他作为帝国最重要的政治人物活跃在舞台上多达40余年，更重要的是他的一系列行动和改革对帝国的发展产生了直接而深远的影响。瓦西列夫称登基后的查士丁尼皇帝具有极大的抱负，他的目标是实现"一个国家、一部法典、一个教会"的梦想。③ 而通过对他的这三个梦想的分析就会发现，在这个大转型的时代，为了维护自己的统治，查士丁尼一方面以坚持传统的统一罗马帝国的理念，另一方面在现实面前，顺应潮流采取调适的政策，以构建稳定、有序的拜占庭帝国。

（一）查士丁尼的再征服运动

自 392 年罗马帝国分为东、西两个部分之后，虽然东、西方各自走向了不同的道路，但是在帝国统治者们的信念与行动中，维护一个帝国的形象依旧是共同的追求。476 年蛮族征服罗马城，西罗马帝国的统治正式结束，唯有东部罗马依旧存在。因此在东部罗马帝国（即拜占庭帝

---

① 自 18 世纪以来，学者们对查士丁尼及其时代的评价经历了由贬低、批评到相对公平的过程，这既体现了其复杂性，也与不同时代的思潮和价值体系密切相连，关于该问题可参见 Peter Sarris, 2023: *Justinian, Emperor, Soldier, Saint*, London: Basic Books, pp. 387~389。近年来查士丁尼及其时代的研究又再次受到学者的密切关注，如 Peter Heather, 2018: *Rome Resurgent: War and Empire in the Age of Justinian*, Oxford: Oxford University Press; P. Maraval, 2016: *Justinien: Le rêve d'un Empire Chrétien Universel*, Paris: Tallandier; H. Leppin, 2011: *Justinian: Das Christliche Experiment*, Stuttgart: Klett-Cotta Verlag; M. Meier, 2004: *Justinian: Herrschaft, Reich und Religion*, Munich: C. H. Beck; M. Meier, 2003: *Das andere Zeitalter Justinians*, Göttingen: Vandenhoeck & Ruprecht。

② 卡麦隆指出，近年来国际学界对于查士丁尼时代的研究已经从政治、经济和军事转向文化、宗教等领域，并且该时期的古典化的史家也再次受到关注，这是受到了古代晚期研究的影响，见 Averil Cameron, 2019: "Justinian and the Sixth Century Now", in Sven Günther, Li Qiang, Claudia Sode, Staffan Wahlgren and Zhang Qiang eds. , *Byzantium in China: Studies in Honour of Professor Xu Jialing on the Occasion of Her Seventieth Birthday*, Changchun: The Institute for the History of Ancient Civilizations, pp. 57~70。2023 年刚出版的一部关于查士丁尼的专著强调了以往英文学界对查士丁尼军事政治及其对外征服的过度关注，该书则转移到了从法律和宗教的角度来考察查士丁尼内部改革的影响，见 Peter Sarris, 2023: *Justinian, Emperor, Soldier, Saint*。

③ 〔美〕A. A. 瓦西列夫：《拜占庭帝国史》，第 231 页。

国）统治者的信念中，西部地中海在政治理论上依旧是其统辖的一部分，只不过这种统辖更多的是通过蛮族的口头上的尊奉与帝国形式上的控制。登基之后的查士丁尼将恢复罗马帝国对西部的统治作为自己的政治目标，并付诸实践，在不同时机之下，对西部地中海世界进行了再征服活动。①

查士丁尼的西部再征服运动历时 30 余年，分别完成了"汪达尔战争"和"哥特战争"。再征服运动的目的是夺回蛮族人所控制的罗马帝国的领土，恢复罗马帝国昔日的版图与统治。从短时段来看该活动的结果是成功的，汪达尔人、东哥特人的政权被终结，乃至于一些西哥特人被迫臣服于拜占庭皇帝，地中海几乎再次成为帝国的内湖。② 正如查士丁尼在其《法学总论—法学阶梯》序言中的自称："凯撒·弗拉维·查士丁尼皇帝，征服阿拉曼、哥特、弗朗克（法兰克）、日耳曼、安特、阿兰、汪达尔、阿非利加，是幸运的、光荣的、凯旋的、永远威严的胜利者"③。但是，从长时段来看，"拜占庭帝国取得成功的代价太过沉重，因为它导致了拜占庭国家经济的全面崩溃，总之，由于军队都被转向西方，东方和北方则暴露在波斯人、斯拉夫人和阿瓦尔人的进攻之下"④。这种态势在查士丁尼去世之后，变得愈发严重，帝国陷入了前所未有的危机。⑤

关于查士丁尼再征服运动的意义评价，正如前文所言，学界存在着长期的争论，没有形成统一的结论。注重结果的学者更强调再征服运动并没

---

① 奥斯特洛格尔斯基提出，"恢复罗马遗产是罗马皇帝的天然责任。不仅如此，将罗马土地从蛮族入侵和阿里乌派异端控制下解放出来，进而恢复罗马统一帝国和正统基督教帝国，也是其神圣的使命。查士丁尼的全部政策就是以此为目的的"，见〔南斯拉夫〕乔治·奥斯特洛格尔斯基：《拜占廷帝国》，第 51 页。陈志强也强调，查士丁尼意欲实现"重建昔日罗马大帝国的理想"，参见陈志强《拜占庭帝国史》，商务印书馆，2017，第 111 页。彼得·萨利斯认为，普罗柯比本人对查士丁尼这近似于狂妄的抱负是持负面评价的，见 Peter Sarris, 2023: *Justinian, Emperor, Soldier, Saint*, pp. 324~327。

② 关于查士丁尼再征服运动，参见 J. A. S. Evans, 2005: *The Emperor Justinian and the Byzantine Empire*, Westport: Greenwood Press, pp. xxiv~xxvii. 〔英〕保罗·福拉克主编：《新编剑桥中世纪史》第一卷，第 137~145 页。

③ 〔罗马〕查士丁尼：《法学总论—法学阶梯》，序言，第 1 页。事实上，该序言颁布的时间是 533 年 12 月 11 日，彼时，查士丁尼刚刚完成对北非汪达尔的成功征服，但是对哥特人的征服活动尚未开始；同样的头衔也出现在 534 年颁布的《查士丁尼法典》第二版修正条文中，Justinian, 2016: *The Introductory Constitutions, De Emendatione Codicis Iustiniani et Secunda Eius Editione*, first 4 lines, in Justinian, *The Codex of Justinian, A New Annotated Translation, with Parallel Latin and Greek Text*, based on a translation by Justice Fred H. Blume, etal., ed. by Bruce W. Frier, Cambridge, UK: Cambridge University Press。

④ 〔美〕A. A. 瓦西列夫：《拜占庭帝国史》，第 209 页。

⑤ 关于查士丁尼及其后的各种危机，参见刘榕榕《古代晚期地中海地区自然灾害研究》。

有最终解决上述地区的问题,而且帝国统治并不稳定,① 更重要的是带来了帝国后期的多种危机,因此认定查士丁尼的该项计划是失败的;而注重该时代以及长远影响的学者则强调再征服运动是顺势而为,② 对于西部原帝国的版图产生了深远的政治、经济与宗教影响,③ 并且也加强了东部帝国与西部之间密切的联系④。本节认为,我们应该回归到历史中去评价该事件的意义。查士丁尼的行动是符合当时的历史现实与需要的,并且取得了成功。虽然再征服运动之后,帝国面临重重危机,一部分是征服带来的经济压力,但这主要是查士丁尼统治中后期出现了新的地缘政治形势与无法控制的自然灾害等多重因素造成的,不能一概而论将6世纪中后期帝国走向衰落的原因完全归咎于再征服运动或者查士丁尼个人的统治政策。不过,正如有学者提出,虽然查士丁尼在北非和意大利取得了成功,但是他的战争在某种意义上,"却事与愿违地加速了东西方世界的分离"⑤。

(二) 查士丁尼的调适政策

首先,统一东西教会,消除异端、异教思想。

4~5世纪是基督教发展最重要的阶段,从确立合法宗教到成为国教,从宗教会议的召开到处理异端派别,基督教逐渐成为拜占庭帝国大部分居民所信仰的宗教,并已深入人们的日常生活。⑥ 在这一基督教化的过程中,拜占庭的皇帝们扮演了重要的角色。自君士坦丁大帝于313年通过"米兰敕令"⑦ 宣布基督教是帝国内的合法宗教以来,基督教发展

---

① 虽然汪达尔的统治在533年被终结,但北非的柏柏尔人仍旧制造很多麻烦,该地直到548年才最终稳定,但不久在7世纪便最终落入阿拉伯人之手,永远脱离了帝国的统治。意大利的征服耗时30余年,虽然最后东哥特人政权被彻底消灭,但随之来的法兰克人与伦巴德人的争夺,使得拜占庭无法在意大利获得稳定的统治,最终只能局限于拉文纳地区。
② 查士丁尼对汪达尔和东哥特人发动的战争,都是借助两地发生了王位更迭,实力变弱的机会。
③ 有学者提出,6世纪中期是拜占庭在西方影响的最高水平,在政治、宗教事务,在文化联系等方面都展现了非常密切的控制与影响关系,参见〔英〕保罗·福拉克主编《新编剑桥中世纪史》第一卷,第145~147页。
④ Peter Sarris, 2023: *Justinian, Emperor, Soldier, Saint*, pp. 311~312.
⑤ 〔英〕保罗·福拉克主编:《新编剑桥中世纪史》第一卷,第150页。
⑥ 瓦西列夫提到了4世纪末的帝国教士对人们日常生活中谈论神学问题的普及性的记载,真实地反映了基督教在拜占庭帝国的影响之广:"到处是那些谈论着晦涩难懂问题的人们……当我希望知道面包的价格时,一个人回答:'父比子大';当我询问,我的洗浴间是否备好时,一个人回答:'圣子非所造'"。译文按照徐家玲译文稍作修改,参见〔美〕A. A. 瓦西列夫《拜占庭帝国史》,第128~129页。
⑦ 关于"米兰敕令"的颁布以及其性质问题,参见徐家玲、李继荣《"米兰敕令"新探》,《贵州社会科学》2015年第1期。

的每一步都离不开帝国皇帝的干预,如君士坦丁大帝于 324 年召开解决基督教"三位一体"教义问题的尼西亚宗教会议,开启了由皇帝召集大公宗教会议的先河;392 年提奥多西大帝宣布基督教为唯一官方宗教,并颁布法令打击多神教;482 年芝诺皇帝为解决基督教异端问题颁布"合一通谕"等①。之所以帝国皇帝如此关注基督教,并亲力亲为解决教会问题,这是因为他们认识到,基督教的教义、组织对帝国统治的积极意义。因此,自君士坦丁大帝以来,历代皇帝都秉承支持基督教这一原则。为了强调基督教的重要性,查士丁尼将基督教思想明确体现在帝国的法令之中:如其颁布的《法学总论—法学阶梯》序言中第一句即"以我主基督耶稣的名义"②。查士丁尼认为,在一个具有良好秩序的国家内,皇帝具有绝对的权力,因此,教会应该成为政府机构的武器,由此他尽一切努力令教会服从自己。③

查士丁尼统治时期所面临的基督教问题是,东西教会在 5 世纪出现的分裂影响依然存在,一性论派与正统卡尔西顿派的冲突无法弥合,异教思想依旧盛行。由此造成的结果是,帝国的思想非常混乱,无论是上层精英还是下层民众都无法处于同一个立场进行对话。作为一位强有力的统治者,查士丁尼认为加强帝国信仰的管理,统一思想是其皇权稳定的重要内容。因此,他试图从三个方面来推动基督教的统一以及加强对其作为统治思想的控制。

一是加强与罗马教会的联系,调和东西方教会的矛盾。4 世纪时,随着君士坦丁堡主教区地位的上升,罗马主教区作为教会首席的地位受到了威胁,由此开始了罗马主教区与君士坦丁堡主教区之间的矛盾,这是东西方教会冲突和分裂的起始。在 5 世纪,随着多次大公会议的召开,东西方教会各自在教义、主教地位等方面产生了更为激烈的冲突,为了缓和各派别针对卡尔西顿大公会议教义规定的矛盾,拜占庭皇帝芝诺发布《合一统谕》(Henotikon),试图弥合教会内部的分裂,回避争议。这一行为遭到了罗马大主教的反对,并引发了所谓的"阿卡迪乌分裂",这也是东西

---

① 关于早期拜占庭基督教发展问题,参见徐家玲《论早期拜占庭的宗教争论问题》,《史学集刊》2000 年第 3 期。
② 〔罗马〕查士丁尼:《法学总论—法学阶梯》,第 1 页。
③ 很多学者将查士丁尼时期处理皇权和教权的原则归纳为"凯撒教权主义"(Caesaropapism),其意思是指,查士丁尼将教权置于皇权之下,对之加以利用,D. J. Geanakoplos, 1965: "Church and State in the Byzantine Empire: A Reconsideration of the Problem of Caesaropapism", Church History, Vol. 34, Issue 4, pp. 381~403。

方教会的第一次分裂。在查士丁皇帝统治时期的519年，由查士丁选任且认可其宗教政策的罗马大主教霍尔米兹达斯（Hormisdas）和君士坦丁堡大主教达成和解，分裂暂时结束。①

查士丁尼登上皇位后，雄心勃勃，想要建立一个处于他统治下的统一的基督教帝国，他于535年的一则新律中清楚地表达出来："上帝以其仁慈至爱赐予人类最伟大的赠礼是教士和帝国；前者掌管圣事，后者掌控世俗之事，两者来自同一个上帝，是为人类生活所设。所以，如果教士们能够尽其职责不断地向上帝诉求，君王的最大愿望就是维持教士们的尊严……如是，朕对于上帝的教义和教士们的尊严保持着最大的关注。"② 鉴于此，他积极拉拢罗马大主教，并给予其崇高的地位。查士丁尼不但在致罗马大主教的书信中，称其为"教父""罗马之父""使徒之父"等，而且在新律中，提到"最受恩宠的君士坦丁堡大主教的教区，即新罗马，应位于最神圣的使徒教区旧罗马之次"③。在查士丁尼统治时期，东地中海地区面临着严重的一性论派与正统卡尔西顿派之间的冲突，为了解决这一问题，查士丁尼组织召开了553年的第五次基督教大公会议。此次会议的主要议题是"三章案"，即批判憎恨一性论派的三位5世纪的主教的思想，其目的是，既要解决东部的正统与异端的问题，也想促成教会的统一。但是这一行动受到了罗马教会的反对，他们认为这是皇帝对卡尔西顿信经的干预，目的是支持一性论派。查士丁尼为了会议的举行，将罗马大主教维吉里乌斯强制带到君士坦丁堡，并将他软禁，直到他接受会议的决定。但是查士丁尼的计划没有得到完美的实现，罗马教会并不支持维吉里乌斯，随后维吉里乌斯在返回意大利的途中就去世了，而一性论派在帝国内部造成更多的麻烦，查士丁尼统一教会的理想自然宣告破产。

二是缓和一性论派与正统教派之中的冲突。基督一性论（monophysitism）派是5世纪在东地中海非常盛行的一个基督教思想派别，他们主张耶稣的神性超越其人性，而这一观念与得到帝国官方支持和认可的451年卡尔西顿大公会议的三位一体理论是相违背的，因此在会议上被斥责为异

---

① 吴舒屏：《拜占廷心态文化研究——基于对东正教之神圣象征的分析》，人民出版社，2015，第42页。

② Justinian, 2018: *Novella*, 6, Preamble, Justinian, *Novels of Justinian: A Complete Annotated English Translation*, ed. by David. J. D. Miller and Peter Sarris, New York: Cambridge University Press.

③ Justinian, *Novella*, 131, 2；〔美〕A. A. 瓦西列夫：《拜占庭帝国史》，第234~235页。

端。鉴于该思想诞生于埃及地区，并盛行于叙利亚和巴勒斯坦地区，其在东地中海具有强大的影响力，因此虽然被斥为异端，但在帝国仍旧影响非常大。在5世纪末至6世纪初这段时间，诸位皇帝为了帝国统治的稳定，努力弥合各教派之间的矛盾，其中主要针对的就是一性论派与正统派的问题，但是鉴于个别皇帝在两派之间摇摆，结果并没有解决问题，反而导致了更为严重的冲突。① 查士丁尼登基后，两派之间的冲突更为白热化，查士丁尼不得不去解决这一问题，虽然查士丁尼在各方面展现出强大统治者的形象，但针对一性论派问题，他的政策发生了多次反复，时而打击，时而缓和矛盾，由此可以看出，一性论派的影响力已经大到他不得不慎重考虑的地步，尤其是他心爱的妻子提奥多拉是一性论派的积极保护者。这种针对一性论派政策的变动进一步加剧了一性论派对皇帝的不信任和日渐分离的心态。②

三是通过法律和实际行动打击异教。查士丁尼打击异教的政策是对前代政策的延续，并不是其发明。自君士坦丁时代至查士丁尼时代，200余年的时间里，帝国统治者在扶持基督教的同时，一直以各种方式来打压诸异教，其目的就是要削弱异教的社会影响，进而提高基督教的地位，将其作为自己统治的思想手段。查士丁尼多次颁布法律和实施行动来打击异教，包括摩尼教、犹太教、古典多神教等。其中最为突出的体现是处理古典多神教的问题，其中最重要的事件就是所谓的雅典学园的关闭。③ 他规定，古典多神教徒不得担任公职，必须改信基督教，否则将要被没收财产，而滑入多神教（hellene）的基督徒则要被处以死刑。④ 通过这种方式，拜占庭帝国内的古典多神教思想受到极大的打压，基本被剥夺了在公共场所传播的机会，古典思想呈现出衰落的状态。即便如此，古典多神教哲学思想并没有完全消失，他们被部分被吸收进基督教文化中，或在偏远地方存在，随后在中世纪拜占庭时期得到了再次的关注并在文学典籍中得

---

① 阿纳斯塔修斯皇帝在位期间就倾向支持一性论派，结果导致了君士坦丁堡正统派教徒在竞技场高呼换掉阿纳斯塔修斯，最后后者不得不妥协。
② 郭云艳将查士丁尼统治时期针对一性论派的政策分为四个时期，奉命迫害时期（518~527）、缓靖求全时期（529~536）、再次迫害时期（536~548）、拉拢求和时期（548年以后），参见郭云艳《查士丁尼宗教政策失败原因初探》，《历史教学》2005年第11期。关于查士丁尼时期一性论派的问题，更为全面的分析参见武鹏《东地中海世界的转变与拜占廷帝国的奠基时代》，北京大学出版社，2020，第150~162页。
③ 雅典学园关闭事件见专题研究的第三节。关于其他异教遭到的打压，参见〔英〕保罗·福拉克主编《新编剑桥中世纪史》第一卷，第165页。
④ J. A. S. Evans, 2005: *The Emperor Justinian and the Byzantine Empire*, pp. xxvii~xxx.

到了复兴。

总体上,查士丁尼的宗教政策是失败的,西方教会并没有屈从于查士丁尼的威慑,正统教派与一性论派也并没有重归统一,而是走向了更加严重的分裂,后来的一性论派分离出去成为埃及以及亚美尼亚的独立派别。但是,从长时段来看,他的宗教政策也具有一定的积极意义,那就是随着他的征服,帝国周边更多的族群皈依基督教,进入了基督教文化圈,① 由此使拜占庭帝国的基督教帝国理念得到更大的推广,并产生了更深远的影响。

其次,修订适应时代的法典,用希腊文颁布新律。

查士丁尼对罗马法的整理与修订既是为了其统一大业的实现,也是对其时代发展的积极回应。自罗马帝国形成以来,历代皇帝颁布的法令以及法学家们的阐释形成了大量的法律文本,这些法律一直被沿用,但是由于时代的发展,其中很多过时,并且相互重合,在进行案件审理的时候,非常繁杂,虽然提奥多西二世曾经对罗马法进行过一次整理与修订,编辑而成《提奥多西法典》,但是其中只收录了皇帝们的法令,并没有涉及法学家们的著作。因此,查士丁尼认为有必要对法律进行一次彻底的整理,很明显,其目的仍旧是为其统一帝国做准备。正如他在《法学总论—法学阶梯》的序言中所说,"皇帝的威严光荣不但依靠武器,而且须用法律来巩固,这样无论在战时或平时,总是可以将国家治理得很好……各族人民现在都受制于我们已经颁布的或编纂的法律了"②。在任期间,查士丁尼任命法学家和官员完成了《查士丁尼法典》《法学汇纂》和《法学总论—法学阶梯》等三部法律文献的编订工作。与此同时,为了适应 6 世纪帝国内主要使用希腊文的状况,他在其后以希腊文来颁布新律。③ 正如瓦西列夫所评价的那样,"希腊化思想和基督教对于法典编纂者无疑是有影响的,而且东方的生活习俗也必然反映在对古典罗马法的更改中……当代法制史学科的问题应该是充分肯定和评价查士丁尼《查士丁尼法典》《法学汇纂》

---

① 〔美〕A. A. 瓦西列夫:《拜占庭帝国史》,第 241 页。
② 〔罗马〕查士丁尼:《法学总论—法学阶梯》,第 1 页。
③ 关于查士丁尼立法的具体信息,参见 A. H. M. Jones, 1964: *Later Roman Empire*: 284 ~ 602, pp. 278 ~ 283; J. A. S. Evans, 2005: *The Emperor Justinian and the Byzantine Empire*, pp. 22 ~ 26; Averil Cameron, Bryan Ward-Perkins and Michael Whitby eds., 2001: *The Cambridge Ancient History*, Vol. XIV, *Late Antiquity: Empire and Successors*, A. D. 425 ~ 600, Cambridge: Cambridge University Press, pp. 67 ~ 69。

和《法学总论—法学阶梯》中的拜占庭因素"①。

查士丁尼立法活动产生的法律文本,成为此后拜占庭继续立法的依据和范本,如 8 世纪的《法律选编》和 9 世纪的《帝国法典》都是在此基础上的修订版。虽然查士丁尼去世后,帝国对地中海西部的影响大大减弱,查士丁尼所颁布的法律也被那里的蛮族法所代替,但是随着 12 世纪意大利文艺复兴开始的法学研究,查士丁尼的《民法大全》再次被发现,这成为欧洲近现代法律发展的源泉,并以此为基础,深刻影响了现代世界各地的立法发展。②

最后,在对外关系中,加强灵活外交手段的利用。

6 世纪帝国的外部地缘环境发生了重大变化。由于查士丁尼将重心用于对西部地中海的再征服运动,因此,在东方和北方更多的是采取一种防御的方式。而此时的波斯人、斯拉夫人、阿瓦尔人等对帝国的东方和北方战线造成了极大的威胁。查士丁尼通过缔结合约,赠送礼物、金币的手段来获得短暂的和平,③ 实现对上述地区边疆的维护。可以说,查士丁尼采取的上述政策是符合此时帝国所面临的新的内外环境,并且有利于帝国的发展。查士丁尼去世后,他的这种利用灵活外交手段处理对外关系问题的模式,得到了很好的继承和进一步的发展,甚至在 10 世纪初的君士坦丁七世统治时期,在其《论帝国行政》和《论礼仪》④ 两部文献中有大量关于处理与外部族群关系的惯例,其中很多内容便是承袭自查士丁尼时代。

结　论

从以上对查士丁尼统治时期帝国的状况以及查士丁尼个人对帝国的统治策略可以发现,拜占庭帝国的转型是古代晚期地中海世界变革的重要组成部分。蛮族入侵打破了之前罗马帝国的强大统治网络,随着帝国西部丧失于日耳曼人之手,帝国东部不得不做出政策的调整。在天时、地利的情

---

① 〔美〕A. A. 瓦西列夫:《拜占庭帝国史》,第 230 页。
② M. Stuart Madden, 2006: "Paths of Western Law After Justinian", *Pace Law Faculty Publications*, 130, pp. 369~433, https://digitalcommons.pace.edu/lawfaculty/130369~433, 2-2-2024.
③ Geoffrey Greatrex and Samuel N. C. Lieu eds., 2002: *The Roman Eastern Frontier and the Persian Wars* (Part Ⅱ, 363~630 AD), p. 96.
④ Constantine Porphyrogenitus, 2009: *De Administrando Imperio*, Gyula Moravcsik ed., R. J. H. Jenkins trans., Washington D. C.: Dumbarton Oaks Research Library and Collection; Konstantinos Porphyrogennetos, 2012: *Konstantinos Porphyrogennetos: The Book of Ceremonies*, 2 volumes, Ann Moffatt tr., eds., Byzantina Australiensia (Reiske ed.), Canberra: Australian Association for Byzantine Studies.

况下，查士丁尼计划完成帝国的统一，树立其个人权威，并采取了对外征服、对内立法、统一思想等一系列的举措来实现这一计划。但事实是，此时，地中海地区已经发生了转变，无论是族群构成、社会联系，还是思想体系都已经发生了或剧烈或缓和的变化：基督教在整个地中海世界盛行，且其内部派系争论不休，各不统一，同时，与原生文化的古典—拉丁文化发生了碰撞和冲突；帝国边疆变得异常复杂，东西方的不同族群已经深入帝国境内，渗透与入侵，因此，在边疆全面遭到压力的情况下，单纯依靠武力，无法维持帝国边疆的稳定，由此更为灵活的外交手段和其他新的策略得到了重用。但是无论如何，帝国的变化不是与过去的决然分离，而是以前者为基础的再建构。在此过程中，拜占庭帝国更加趋于内缩，统治重心与核心思想偏于东方，同时与周边世界联系更为密切，也促进了地中海世界文化的多元发展，这为以法兰克为代表的西欧文明和以阿拉伯为代表的伊斯兰文明与中世纪希腊化的拜占庭文明之间的三足鼎立奠定了基础。

第六节　古代晚期拜占庭金币的东方之旅
——兼论拜占庭金币研究的意义及其对中国拜占庭学的启示[①]

古代晚期的地中海世界发生了重要转型和变革，既是地中海世界自身变化的结果，又是与周边世界发生密切互动与交往的结果。拜占庭帝国作为参与者置身其中并深受影响。作为帝国权威象征的金币，在这一时期尤其是 5~8 世纪大量流出拜占庭帝国，向欧亚大陆传播，这既是转型的体现，也是转型的证据。

拜占庭金币是帝国政治、军事权力与经济实力的象征。在帝国与东方诸族群的交往过程中，通过外交赠礼、赎金以及贸易等方式，金币沿丝绸之路网络流入西亚、中亚、南亚和东亚等地区。流出帝国的金币在新的地区展现帝国权威的同时也发生了新的功能转变。

近年来随着考古活动的进展，越来越多的拜占庭金币在丝绸之路沿线地区被发掘出来，这为研究拜占庭金币的东向流动提供了丰富的实物证据。与此同时，随着全球史、帝国史、内亚史、丝绸之路史等研究成为热

---

① 本节是在《光明日报》上的《拜占庭金币的东方之旅》一文基础上的完善与扩充版，参见李强、徐家玲《拜占庭金币的东方之旅》，《光明日报》2017 年 8 月 14 日第 14 版。

点，拜占庭金币在丝绸之路上跨区域、跨文明流动的历史价值和意义日渐凸显，拜占庭金币研究愈发受到各领域学者的重视。

2017年6月23~26日，东北师范大学世界古典文明史研究所与中山大学、德国科隆大学联合举办了"古代晚期世界的拜占庭金币"国际学术研讨会。① 组织者召集了来自国内外知名大学的40余位从事古代晚期欧亚大陆研究的专家学者，共同分享了一场金币的"盛宴"。此次研讨会是国内首次以拜占庭学为专题的国际会议，有助于推动古代晚期研究向更深入、更宽广的层面拓展，对中国乃至国际拜占庭学的发展都具有极其重要的意义。②

（一）中国拜占庭学的现状

拜占庭学虽然起源于16世纪，但作为一门学科，其确立于19世纪末，20世纪在欧美主要国家以及原拜占庭帝国版图内的国家中迅速发展。拜占庭学是以探究拜占庭帝国历史文化为中心的学术研究分支，其主要宗旨是通过对文献和考古资料的解读和阐释，揭示拜占庭帝国的历史发展脉络及其对世界历史发展的影响和意义。相对于蓬勃发展的国际拜占庭学而言，中国拜占庭学学科的发展相对较晚：20世纪80年代，留学希腊的徐家玲和陈志强，成为中国的第一批拜占庭学者。其后，随着中国经济发展带动的整体学术的发展，越来越多的学者投身于该领域，如留学希腊的清华大学张绪山以及中山大学林英。③ 在他们的努力下，拜占庭学在国内生根发芽，迅速发展，形成了十余所大学开设拜占庭学课程，多所大学具有硕士和博士培养权，数十位拜占庭学专业学者活跃在学界的规模。④

---

① 此次会议受到学界广泛关注，国内外多家媒体对会议进行了报道：赵徐州、曾江：《"古代晚期世界的拜占庭金币"国际学术研讨会在东北师大召开》，中国社会科学网2017年6月27日，http://www.cssn.cn/gd/gd_rwdb/xhlt/201706/t20170626_3560004.shtml；Sven Güenther, 2017: "Byzantine Gold Coins in the World of Late Antiquity. Internationales Symposium in Changchun vom 23. bis zum 25", *Numismatisches Nachrichtenblatt*（NNB），Vol. 6, pp. 237~238。
② 会议后，《光明日报》邀请国内的拜占庭学研究者在理论版刊发了一组以拜占庭金币为主题的文章，正式将拜占庭学这一重要的世界史学科分支推到了学术前沿。这一组文章以"全球视野下的拜占庭金币研究"为题，共由四篇文章组成：李强、徐家玲：《拜占庭金币的东方之旅》；郭云艳：《在中国发现拜占庭金币》；张绪山：《拜占庭金币与"二重证据法"》；陈志强：《蒙古国出土拜占庭金币的学术意义》，《光明日报》2017年8月14日第14版。
③ 林英是我国独立培养的第一位拜占庭学学者。
④ 关于国内拜占庭学的发展史参见陈志强、孙丽芳、赵立庆《我国拜占廷学发展——南开大学历史学院陈志强教授访谈》，《社会科学家》2014年第2期。

综合来看，近年来国内拜占庭学已取得极大进展。① 第一，与国际拜占庭学界确立了双向的合作关系。在走出去方面，国内的拜占庭学者积极参与国际性的拜占庭学术会议和项目②；在请进来方面，以近 10 年（2014～2024）为例，有十余位国际拜占庭学界的知名学者来华讲学，并参与项目的研究。③ 第二，国内拜占庭学研究突破传统研究藩篱，转向新视角和多学科的研究。近年来，国内的拜占庭学者开始关注灾害史与环境史等新兴领域，为国内的拜占庭学研究开辟了新的研究路径。④ 与此同时，法律史、文化史、社会史等其他学科方法和理论也被国内的拜占庭学者用来阐释拜占庭社会深层关系问题的研究中。⑤ 此外，全球史研究的热潮也在国内拜占庭学领域内受到关注，如"古代晚期世界的拜占庭金币"会议即以此为视角的考查，《光明日报》刊发的一组拜占庭金币文章也以此为主题。

---

① 陈志强在 2007 年曾撰文讨论了国内拜占庭学发展的趋势，见陈志强《我国拜占庭文化研究的新动向》，《世界历史》2007 年第 6 期。本节所讨论的新趋势主要是根据近 10 余年来的概况所作的分析。

② 东北师范大学徐家玲参加了 2001 年、2006 年和 2016 年的国际拜占庭学大会，东北师范大学李强、复旦大学吴刚参加了 2016 年、2022 年的国际拜占庭学大会，毕业于南开大学的朱子尧同学参加了 2022 年的国际拜占庭学大会；中山大学林英和朱子尧分别参加了 2017 年和 2018 年的英国春季拜占庭学研讨会，朱子尧参加了 2024 年的英国春季拜占庭学研讨会；2018 年 7 月 2 日，东北师范大学徐家玲、李强和中山大学林英在英国利兹大学国际中世纪史学大会以"中国的拜占庭学研究"为主题组织了一个专门讨论组，受到西方学者的密切关注。具体内容参见：徐家玲《第 20 届世界拜占庭大会在巴黎召开》，《世界历史》2002 年第 3 期；徐家玲：《第 21 届世界拜占庭研讨会综述》，《古代文明》2007 年第 2 期；李强：《国际拜占庭学发展迅速》，《中国社会科学报》2016 年 10 月 10 日；李强：《第 23 届国际拜占庭学大会在贝尔格莱德举行》，《新史学》第八辑，大象出版社，2017；Zhu Ziyao, 2018: "A Failed Attempt at Restoration: The Office of Megas Domestikos in Late Byzantium", in Provisional Programme of 51st Spring Symposium of Byzantine Studies "The Post-1204 Byzantine World: New Approaches and Novel Directions", School of History, Classics & Archaeology, the University of Edinburgh 13~15 April.

③ 希腊国家基金研究会的达科西阿尔基斯·高利亚斯（Taxiarchis Kolias）、希腊约阿尼纳大学的米哈伊尔·科尔多西（Michael Kordosis）、法国索邦大学的让·克劳德·舍耐（Jean-Claude Cheynet）与碧阿翠丝·卡索（Beatrice Caseau）、科隆大学的克劳迪娅·索德（Claudia Sode）、挪威科技大学的斯塔芬·瓦尔格伦（Staffan Wahlgren）等。

④ 陈志强团队最先关注的是"查士丁尼瘟疫"：崔艳红《查士丁尼大瘟疫述论》，《史学集刊》2003 年第 3 期；陈志强：《"查士丁尼瘟疫"影响初探》，《世界历史》2008 年第 2 期；陈志强：《地中海世界首次鼠疫研究》，《历史研究》2008 年第 1 期。刘榕榕近年来关注于拜占庭的自然灾害研究，参见刘榕榕《古代晚期地中海地区自然灾害研究》；庞国庆关注于天气对拜占庭帝国历史的影响，见庞国庆《拜占廷帝国 717~718 年保卫战胜利的天气因素研究》，《云南民族大学学报》（哲学社会科学版）2017 年第 5 期。

⑤ 徐家玲、毛欣欣：《〈市政官法〉对君士坦丁堡城市的管理理念》，《经济社会史评论》2018 年第 4 期；李继荣：《拜占庭〈法律选编〉"仁爱"化原因探微》，《历史教学问题》2017 年第 2 期；尹忠海：《节制权贵的比较优势——对马其顿王朝土地立法活动的一种类型学分析》，《江西财经大学学报》2010 年第 5 期。

（二）拜占庭金币的历史及其发现

拜占庭帝国留下的文字资料可称汗牛充栋，是唯一可以和中国史料媲美的西方文明。"尽管拜占廷（拜占庭）历史文献资料十分丰富，但其所反映的拜占廷（拜占庭）历史文化的真实性具有一定的局限性。原始文献的记载水平、文献长时间的历史损耗以及对流传至今的文本的误读等都使我们同真实客观的拜占廷（拜占庭）历史保持着遥远的距离，换句话说，我们认识到的拜占廷（拜占庭）史是相对的。"[①] 由此，随着考古资料的不断发现，地下资料也日渐受到重视，成为辅助解读拜占庭历史的重要证据。其中拜占庭钱币，尤其是金币的发掘和研究，成为拜占庭学研究中重要的新兴研究方向。[②]

拜占庭金币是帝国权力和财富的象征。拜占庭在货币发行上继承了罗马帝国的传统，有金、银、铜三种材质。其中金币由于其质地精良、价值不菲，并且有强大的帝国做后盾，因此被誉为"中世纪的美元"[③]。4 世纪初，拜占庭帝国第一任皇帝，君士坦丁大帝在戴克里先货币改革的基础上，继续推行帝国的货币革新政策，确立了以索里德金币（*solidus*）为核心的货币体系，其中索里德的重量标准为 4.55 克，为罗马磅的 1/72。5 世纪末帝国皇帝阿纳斯塔修斯一世再次进行币制改革，创制了铜币弗里斯（*follis*，相当于古代罗马铜币努姆斯的 40 倍），由此，确立了拜占庭货币相对固定的兑换比率，自此金币索里德（希腊文称为诺米兹玛，*nomisma*）确立了其无可动摇的统治地位。[④]

拜占庭索里德价值高昂，质地精良，因此其主要功能是用于帝国的财

---

① 陈志强、孙丽芳、赵立庆：《我国拜占廷学发展——南开大学历史学院陈志强教授访谈》，《社会科学家》2014 年第 2 期。
② 关于拜占庭钱币研究的发展及其动态，参见郭云艳《中国发现的拜占廷金币及其仿制品研究》，博士学位论文，南开大学，2006；Cécile Morrisson，2007："La Numismatique, Source de l'Histoire de Byzance"，Πρακτικὰ τῆς Ακαδημίας Αθηνῶν，82，2，pp. 211～236；Eurydike Georganteli，2009："Numismatics"，in Elizabeth Jeffreys，John Haldon and Robin Cormack eds.，*The Oxford Handbook of Byzantine Studies*，New York：Oxford University Press，pp. 157～175。
③ R. S. Lopez，1951："The Dollar of the Middle Ages"，*The Journal of Economic History*，Vol. 11，No. 3，pp. 209～234。
④ Philip Grierson，1999：*Byzantine Coinage*，Washington，D. C.：Dumbarton Oaks Research Library and Collection，pp. 1，3. 鉴于阿纳斯塔修斯改革的重要性，一般学者将其作为拜占庭货币史的开端，参见 Eurydike Georganteli，2009："Numismatics"，in Elizabeth Jeffreys，John Haldon and Robin Cormack eds.，*The Oxford Handbook of Byzantine Studies*，New York：Oxford University Press，p. 161。

富储备、收税、纳贡、支付官员们的工资；另外，金币上丰富生动的帝王半身像、宗教元素和铭文又使得其担负着宣传皇帝权威与教会教化意图的功能。《查士丁尼法典》中规定："黄金不仅不得提供给蛮族；甚至一旦发现蛮族人持有拜占庭黄金，必须以智谋取回。此后若有商人因购买奴隶或其他商品而将金子支付予蛮族，他们不会被罚款，而是处以死刑；若有法官发现此类罪行而不予处罚，甚或助之隐瞒者，以同犯论处。"① 黄金本身的价值，金币上宗教符号的意义，法律的严格规定，加之帝国的权威，使得拜占庭金币拥有至高无上的地位。拜占庭金币不仅是财富的象征，更是帝国权力的象征，天然令其他国家和族群趋之若鹜。

虽然拜占庭帝国严格控制金币外流，但是丰富的史料记载表明拜占庭索里德曾大量流出帝国。拜占庭金币的流出主要有以下几种方式：赠礼、纳贡、赎金、被掠、购买奢侈品（丝绸等）。前面几种情况主要是通过外交的方式来实现的。据6~7世纪的文献记载，阿瓦尔人定居在拜占庭北部边境地区之后，曾向帝国皇帝请求效忠。为了安抚他们并借助其军事力量打击高加索及北部多瑙河流域的蛮族，查士丁二世曾大量赠送其拜占庭金币，而他们的要求则逐年增加，后来的索求高达20万索里德；561年同萨珊波斯签订50年停战和约时，查士丁尼大帝同意送给萨珊波斯每年3万枚索里德；6世纪70年代，为与萨珊波斯停战，查士丁二世被迫每年提供给萨珊波斯4.5万枚索里德，连续5年。此外，在对外贸易中，官方控制的丝绸等东方奢侈品的进口主要用以索里德代表的金币支付。② 通过以上各种方式，拜占庭金币得以走出帝国，尤其是向东方流去。

大量拜占庭金币流出帝国后境遇如何？文献记载为我们提供了蛛丝马迹。拜占庭史著《基督教世界宇宙志》成书于6世纪，其作者科斯马斯是一位曾航行于印度洋的修士，记述了6世纪基督教统治下的世界。该书提到，来自埃塞俄比亚和波斯的船只每年定期航行前往斯里兰卡。他还提到，在公元5世纪末6世纪初，一位名为索帕特罗斯的商人从阿迪斯港乘船前往斯里兰卡。在觐见当地国王的时候，国王要求他指出拜占庭与波斯

---

① Justinian, 2016：*The Codex of Justinian*, Liber Tertius, LXIII, De Commerciis et Mercatoribus。
② 6世纪拜占庭史家科斯马斯（Cosmas Indicopleustes）提到了帝国之外拜占庭金币的使用："上帝赋予罗马人特权的另一标志是，从世界的一端到另一端，所有国家都用他们的货币进行商贸交易，所有人都以羡慕之情接受这一事实，因为他们国家没有类似的货币。"见 Cosmas Indicopleustès, 1968：*Topographie Chriétienne*, traduction par Wanda Wolska-Conus, Paris：Les Éditions du Cerf, pp. 393~395；Cosmas Indicopleutes, 2010：*The Christian Topography of Cosmas, an Egyptian Monk*, J. W. McCrindle ed., New York：Cambridge University Press, p. 73。

谁更伟大，而这个拜占庭商人则通过将拜占庭的金币与波斯的银币相比较，令当地的国王惊叹于拜占庭金币的精美，并高度赞扬了拜占庭帝国的伟大。① 据《隋书·食货志》记载，北周时期（557～580）"河西诸郡，或用西域金银之钱，而官不禁"②，大部分学者认为这里的金币应该是拜占庭金币。③ 吐鲁番出土文书在记载突厥与西域高昌国交往时提到："头六抛书后做王信金钱一文。"显然这里的金钱是作为建立双方关系的信物。学者们同样认为只有拜占庭金币才能具有这一殊荣。④ 由此可见，拜占庭金币在6~8世纪已经出现在了印度和中国西部并且受到当地人的追捧。耳听为虚，眼见为实，文字材料始终是一种书写和再创造，若无考古资料的互证，则只是一种说法而已，陈寅恪先生概括的王国维先生二重证据法之一——"一曰取地下之实物与纸上之遗文互相释证"——使得该问题迎刃而解。⑤ 在拜占庭帝国世界之外，尤其是沿古丝绸之路所发现的拜占庭金币，为我们提供了一幅拜占庭与东方交往的盛景。

近代以来，沿古丝绸之路向东不断有拜占庭金币及其仿制品被发现。拜占庭金币在东方的发现和出土，一方面显示了金币的强大生命力，另一方面佐证了拜占庭帝国时期东西方外交和经济交往的繁盛。据美国中亚史学家内马克的研究，中亚拜占庭金币及其仿制品的发现数量在20枚左右（以其收集的考古报告为主）。⑥ 鉴于金币的发现多与粟特人有关，学者一般认为粟特人是这些金币的主要持有者。⑦ 2011年蒙古国布尔干省巴彦诺

---

① Cosmas Indicopleustis, 1864: *Cosmae Christina Topographia*, Patrologia Graeca, Vol. 88, Paris: Migne Press, p.448; Cosmas Indicopleustes, 2010: *The Christian Topography of Cosmas, an Egyptian Monk*, pp. 369~370.
② （唐）魏徵、令狐德棻：《隋书》，中华书局，1973，第691页。
③ 夏鼐：《咸阳底张湾隋墓出土的东罗马金币》，《考古学报》1959年第3期。张绪山：《中国与拜占庭帝国关系研究》，第224页。
④ 姜伯勤：《敦煌吐鲁番文书与丝绸之路》，文物出版社，1994，第9~10页；林英：《金钱之旅——从君士坦丁堡到长安》，人民美术出版社，2004，第34~36页；林英：《唐代拂菻丛说》，中华书局，2006，第59~61页。还有学者认为，这里的金钱也可能是拜占庭的金印封，因为其形制与金币相似，但该观点目前无法证实。
⑤ 张绪山：《拜占庭金币与"二重证据法"》，《光明日报》2017年8月14日第14版。
⑥ Aleksandr Naymark, 2001: *Sogdiana, Its Christians and Byzantium: A Study of Artistic and Cultural Connections in Late Antiquity and Early Middle Ages*, Ph. D. Dissertation, Department of Central Eurasian Studies and Department of Art History, Indiana University, Bloomington, pp. 99~127, 128, 129.
⑦ 粟特人拥有大量接触拜占庭金币的机会，这不仅因为粟特人是丝绸之路上最重要的商人，还因为他们曾作为西突厥的使节，亲赴拜占庭，并商讨商贸往来，参见 Li Qiang, Stefanos Kordosis, 2018: "The Geopolitics on the Silk Road: Resurveying the Relationship of the Western Türks", *Medieval Worlds*, Vol. 8, pp. 109~125.

尔发掘的突厥墓出土了 41 枚金银币,这些金银币的构成、来源以及用途,受到了众多学者的关注。据中国拜占庭钱币学者郭云艳判断,在该批钱币中,大概有 25 枚拜占庭金币和其仿制品,10 枚萨珊银币仿制品。① 鉴于这批金币发现于突厥人的墓葬中,这使得我们更加明确了突厥人对拜占庭金币的热爱以及在其传播中的作用。② 印度在罗马帝国初期便是重要的东方贸易中心,斯特拉波就曾在其《地理志》中提到,在奥古斯都时期,每年都有多达 120 艘船只从埃及的红海港口出发远航至曼德海峡之外各地,有的甚至远达恒河。大约在提比略一世(14~37)执政时期,有一位名叫希帕鲁斯的罗马商人在长期实践的基础上发现了印度洋季风的规律。罗马人利用季风,可以直接跨越印度洋,大大缩短了罗马至印度的航程。③ 根据学者统计,印度出土的大量罗马时期 1~3 世纪的钱币数量多达 6000 多枚,且以银币为主。关于该时期的罗马—印度贸易及钱币研究成果斐然,但印度—拜占庭的关系研究没有得到应有的关注。据英国学者瑞贝卡·达莉统计,印度所发现的拜占庭时期钱币总数也高达 4000 多枚,以铜币为主,其中金币及仿制品 189 枚。④ 由此看来,拜占庭时期帝国与东方的贸易非常繁盛,并非如文献所载被萨珊波斯所垄断,这也印证了科斯马斯对出现在斯里兰卡的拜占庭金币的记载。

从数量上看,在丝绸之路中部和东部,中国是拜占庭金币及其仿制品发现量最多的地区。中国自 19 世纪末开始发现拜占庭金币以来,⑤ 至今已经有近 200 枚金币及其仿制品(据郭云艳统计,来自出土报告、博物馆收藏和私人收藏)被发现。⑥ 这一数据远远高于中亚和南亚地区。考古

---

① 郭云艳:《论蒙古国巴彦诺尔突厥壁画墓所出金银币的形制特征》,《草原文物》2016 年第 1 期;陈志强:《蒙古国拜占庭金币考古断想》,《南京政治学院学报》2016 年第 6 期;陈志强:《蒙古国出土拜占庭金币的学术意义》,《光明日报》2017 年 8 月 14 日第 14 版。
② Lin Ying, 2006: "From Portraiture of Power to Gold Coin of Kaghan: Western Turks and the Eastward Diffusion of Solidus", *From Aures to Denar: Roman Gold Coins in the East*, Roma.
③ 杨共乐:《丝绸之路:人类携手合作的创举》,《光明日报》2017 年 9 月 11 日第 14 版。
④ Rebecca Darley, 2013: *Indo-Byzantine Exchange, 4th to 7th Centuries: A Global History*, PhD Thesis, University of Birmingham, p. 211.
⑤ 关于中国发现的拜占庭金币的最早记录是在 1897 年,参见 A. H. R. Hoernle, 1899: "A Collection of Antiquities from Central Asia", *Journal of the Asiatic Society of Bengal*, Vol. 68. 1, pp. i ~ xxxii, 1 ~ 110。
⑥ Guo Yunyan, 2021: "Classification of Byzantine Gold Coins and Imitations Found in China", in Sven Günther, Li Qiang, Lin Ying and Claudia Sode eds. *From Constantinople to Chang-'an. Byzantine Gold Coins in the World of Late Antiquity. Papers Read at the International Conference in Changchun, China, 23 ~ 26 June, 2017*, Changchun: The Institute for the History of Ancient Civilizations, pp. 207 ~ 240.

报告显示，中国所发现的拜占庭金币及仿制品大部分出自墓葬，且以外族人墓葬为主，如粟特人；中原出土金币的墓葬有一些属于贵族和皇族。另外考古报告显示上述金币出土地点基本位于古丝绸之路在中国境内的沿线。包括新疆、青海、甘肃、宁夏、河南、河北、内蒙古、辽宁等地。①这些信息基本上可以反映出，金币及其仿制品来自西域及其之外的族群，现在受到密切关注的族群包括波斯人、粟特人、嚈哒人、柔然人、突厥人等。②

（三）拜占庭金币研究的意义及其对中国拜占庭学研究的启示

从学术角度上看，拜占庭金币及仿制品的存在，不仅对于拜占庭帝国自身的历史、经济，而且对于其与东西方贸易、文化乃至外交活动都具有积极深远的意义。③拜占庭金币在帝国外部的流动是全球史的一个极其重要的例证。拜占庭金币在欧亚大陆上，沿着古丝绸之路在不同国家和地区的流动所形成的网络，展现了罗马—拜占庭在欧亚大陆各地的文化影响，以及各个地区的不同国家与族群对其的接受与回应，构建出东西方经济文化交流的动态图景。

从现实角度看，拜占庭金币的研究有助于推动当代东西方世界的沟通与交流。古代丝绸之路上的东西方互动和交流，主要是在文化意义和经济意义上。通过这两种方式，位于欧亚大陆上的文明区之间实现了语言、音乐、艺术等文化上的彼此交流融合，同时也通过物产和货币的东来西去建立了长期的经济往来关系。今天中国"一带一路"的倡议便是在这个基础上提出来的，其初衷是加强古代丝路上的现代文明、国家和地区的互动和融合，重现昔日繁荣景象，共同推动世界和平发展和进步，而拜占庭金币的发现与国际合作研究也正是"一带一路"倡议的

---

① 张绪山：《中国与拜占庭帝国关系研究》，第 216~218 页。
② 郭云艳：《萨珊波斯帝国在拜占廷金币传入过程中的影响》，《安徽史学》2008 年第 4 期；Lin Ying, 2006: "Sogdians and the Imitation of Byzantine Coins from the Heartland of China", in Matteo Compareti, Paola Raffetta and Gianroberto Scarcia eds. *ērān ud Anērān: Studies presented to Boris Ilich Marshak on the Occasion of His 70th Birthday*, Venice: Cafoscarina; 郭云艳：《嚈噠与拜占庭帝国的往来及其影响》，参见中国世界古代中世纪史研究会编《中国世界古代史 2016 年会会议论文集：古代世界的生成和成长》，2016，第 77~92 页；林英：《磁县东魏茹茹公主墓出土的拜占庭金币和南北朝史料中的"金钱"》，《中国钱币》2009 年第 4 期；林英：《西突厥与拜占廷金币的东来》，参见林中泽主编《华夏文明与西方世界》，博士苑出版社，2003，第 21~36 页。
③ 郭云艳就拜占庭金币在中国被发现的意义提出了较为全面的见解，参见郭云艳《在中国发现拜占庭金币》，《光明日报》2017 年 8 月 14 日第 14 版。

最好体现。①

　　由以上可知，对国内发现的拜占庭金币进行深入研究具有深远的意义。事实上，自夏鼐先生于 1959 年最先开始拜占庭金币研究以来，②随着考古挖掘、新的拜占庭金币的出土，国内的拜占庭金币研究经过数十年的时间已经取得了一定成绩。③但是综合来看，国内拜占庭金币研究依旧停留在对发掘品的介绍与初步研究的阶段，④与国际学界较为成熟的拜占庭金币研究有较大差距。因此在"古代晚期世界的拜占庭金币"国际学术研讨会上，学者们达成共识，国内拜占庭学者可以以拜占庭金币研究为突破口，加强与国际学界的合作与交流。首先，完成中国所发现的拜占庭金币英文目录出版。其次，加强与国际学者的合作，深入研究所发现拜占庭金币的材质和制造技术。最后，将拜占庭金币纳入全球史视域下的中国与地中海世界交往史研究中。以上共识不但可以加强中国拜占庭学与国际拜占庭学的联系与接轨，而且有助于国内拜占庭学者在国际舞台发出"本土"的声音。⑤

第七节　全球史视域下的纸张西传拜占庭之路

　　前述研究已经较为全面地阐释了古代晚期的含义以及国内外学界对古代晚期主题的讨论。古代晚期虽然以地中海为起点，但是其影响却不限于

---

① 厉以宁、林毅夫、郑永平：《读懂"一带一路"》，中信出版社，2015。
② 夏鼐：《咸阳底张湾隋墓出土的东罗马金币》，《考古学报》1959 年第 3 期。
③ 关于国内拜占庭金币研究的历史，参见郭云艳《中国发现的拜占廷金币及其仿制品研究》，博士学位论文，南开大学，2006；郭云艳：《罗马—拜占庭帝国嬗变与丝绸之路：以考古发现钱币为中心》，中央编译出版社，2022；Li Qiang, 2015: "Roman Coins Discovered in China and Their Research", *Eirene Studia Graeca et Latina*, Vol. 51, pp. 279～299；Li Qiang, 2021: "The Dynamics of the Studies on Byzantine Gold Coins Found in China: 2007～2017", in Sven Günther, Li Qiang, Lin Ying and Claudia Sode eds., *From Constantinople to Chang'an, Byzantine Gold Coins in the World of Late Antiquity, Papers Read at the International Conference in Changchun, China, 23～26 June, 2017*, Changchun: The Institute for the History of Ancient Civilizations, pp. 193～206.
④ 国内拜占庭金币研究已经出现了一些新的趋势，如已经有科学人员尝试采用物理和化学方法来检测所发现金币的材质构成和制作工艺，参见 Li Qiang, 2021: "The Dynamics of the Studies on Byzantine Gold Coins Found in China: 2007～2017", pp. 193～206.
⑤ 如本节第一部分所述，中国学者已经积极参与到国际拜占庭学会议中，并且发表最新研究成果，受到国际学者的热烈欢迎和极大支持。

此，正如狄宇宙与马阿斯主编的《欧亚古代晚期的帝国与交流：罗马、中国、伊朗与草原：250～750 年》所揭示的一样，在古代晚期的时段，整个欧亚也正在经历着前所未有的变革，而这种变革不仅来自各个文明和区域内部本身的变化，事实上也是由他们彼此之间的联系所推动的，其中，政治、经济、军事、文化、艺术、商品以及人员的互动和交流都牵涉其中。① 这一互动和交流的主题与当下另一个学术界关注的研究领域——全球史不谋而合。②

当下，随着世界经济全球化浪潮的发展，全球史研究日益成为国内外学术界炙手可热的研究主题，以全球史为名的论著更是异常丰富。然而，关于何为全球史这一问题，目前学界尚未形成定论。不过，有一点是基本达成共识的，即"全球史的核心关怀在于流动（mobility）和交换（exchange），以及超越国界和各边界的进程。其出发点是互联的世界（interconnected world），主要议题则是物质、人口观念、制度的流动和交换"③。尽管目前来看，全球史的书写多集中于所谓真正连通世界的 13 世纪及以后，但是从方法论与影响力的角度来看，古代时期（包括古代晚期）丝绸之路上的物质与精神文化的交流与互动也适用全球史这一研究范式，因为全球史并不是必须把全球作为分析研究的框架。④ 由此便引出本节的话题：纸张沿着丝绸之路向拜占庭的传播。

纸是人类文明发展史上具有划时代意义的发明，它的出现不仅使人类的文字记载大大便捷，而且使得古代世界的历史得以通过文本的形式传至后世，为我们保留下来丰富的研究史料。虽然在古代，世界各地都有不同形式的纸的出现，但是一般认为现在普遍使用的纸张及其技术的发源地是在中国。中国纸张及其技术向世界传播经历了一个长期的过程。在论及纸向西方传播的研究中，更多的笔墨指向了拥有丰富实物发现的西欧，而在

---

① Nicola Di Cosmo and Michael Maas eds., 2018: *Empires and Exchanges in Eurasian Late Antiquity: Rome, China, Iran, and the Steppe, ca.250～750*, pp.1～2.
② 本节发表于《全球史评论》2022 年第 1 期，另有部分内容曾以《从草纸到纸：拜占庭帝国书写材料的演变》为题，发表于《经济社会史评论》2016 年第 1 期。本节是中文论文的扩充和英文论文的修订版，英文见 Li Qiang, 2019: "From China to Byzantium: Tracing Paper's Westward Journey", pp.137～154。
③ 〔德〕塞巴斯蒂安·康拉德：《全球史是什么》，杜宪兵译，中信出版集团，2018，第 4 页。
④ William Gervase Clarence-Smith, Kenneth Pomeranz and Peer Vries, 2006: "Editorial", *Journal of Global History*, Vol.1, Iss.1, p.2；〔德〕塞巴斯蒂安·康拉德：《全球史是什么》，第 8 页。

东西方交流史当中占有关键战略和经济地位的拜占庭帝国多被忽视。① 鉴于此，本节将从纸张在中国的发明，纸张传入之前罗马—拜占庭使用的书写材料、纸从中国经由丝绸之路传入拜占庭的路线和时间以及拜占庭文献与实物中的纸张等问题着手，希冀可以从纸张的传播史这一角度，来探究丝绸之路的全球史研究路径。

（一）纸张的发明及其向世界各地的传播

首先我们来回顾一下纸张在中国的发明历史。纸发明于中国，传统的观点将其发明归功于蔡伦。《后汉书·蔡伦传》提到："多编以竹简，其用缣帛者谓之为纸。缣贵而简重，并不便于人。伦乃造意，用树肤、麻头及敝布、鱼网以为纸。元兴元年奏上之，帝善其能，自是莫不从用焉，故天下咸称'蔡侯纸'。"②《后汉书》的这则记载告知我们，在蔡伦以前，中国主要的书写材料是竹简和丝绸。由于竹简笨重而丝绸昂贵，故蔡伦决定造纸并于公元 105 年成功地将他制造的纸敬献给当时的皇帝东汉和帝，由是纸得到推广，继而人们便称这种纸为"蔡侯纸"。

虽然文献记载将造纸技术归于蔡伦，但考古证据表明，造纸技术的出现要早于蔡伦。1957 年，在陕西省西安市郊的灞桥，出土了一块纸的残片，通过检测发现，该纸片制造于公元前 2 世纪以前。然而，这个纸片由于其质地粗糙，因而无法书写。1986 年，在甘肃省的放马滩，又发掘出纸的残片。该残片的时间被推测在公元前 179～前 143 年。放马滩纸的质量明显比灞桥纸的要好。根据考古报告和检测，这些纸残片被认为是出现在中国的最早的纸。20 世纪 90 年代初，何双全等人又在甘肃敦煌悬泉置遗址共挖掘出古纸 550 张，其中西汉纸 297 张，7 张上面有字。这是目前我国考古发掘中发现古纸最多的地方，也进一步为西汉有纸说提供了论据。这一系列发现使得学界最终得出结论：早在公元前 2 世纪的西汉初期，中国已经有造纸技术，而且应用于包装、书写和绘图等领域，比东汉蔡伦造纸早了两三百年。③

虽然考古资料为我们提供了更新的证据，证明造纸技术的发明时间要

---

① 很多中外学者或对拜占庭避而不谈，或认为最先接触纸的欧洲国家是西班牙，新近研究如葛剑雄《造纸术如何传入西方?》，《月读》2015 年第 12 期；汪前进：《中国造纸术的发明及传播》，《光明日报》2018 年 1 月 15 日第 14 版。
② （南朝宋）范晔：《后汉书·宦者列传第六十八》第 10 册，中华书局，2014，第 2513 页。
③ 松竹：《放马滩地图：世界上最早的纸（镇馆之宝）》，《人民日报》（海外版）2014 年 6 月 6 日第 15 版。

早于蔡伦,但是,鉴于蔡伦的造纸方法大大提高了纸的质量,而且使之得到广泛应用,大多数学者依然认为,我们应该尊重蔡伦在造纸技术发展道路上的里程碑式的地位。①

中国史书记载表明,纸在公元3世纪左右代替竹简和丝绸成为主要的书写材料,② 随后纸从中国传播到世界各地:在北方,4~5世纪纸传播到了朝鲜,5世纪初到达日本;在南方,3世纪以前,纸到达越南,7世纪以前到达印度;在西方,10世纪传播到非洲,12世纪到达欧洲。③ 这里需要注意的是,大多数学者在提到纸传播到世界各地的时间表中,在谈到欧洲时,并没有把拜占庭包括在内。

(二)纸张传入之前罗马—拜占庭世界使用的书写材料

在欧亚大陆另一边的罗马—拜占庭帝国使用的是什么书写材料呢?史书记载和实物资料证实,在纸传入之前,拜占庭主要盛行两种书写材料:草纸和皮纸。在西方的书写历史中,这两种材料占有极其重要的地位。

草纸是古代地中海世界最重要的书写材料之一,它承载了地中海文明延续与传播的重任。据说莎草这种植物,最早在公元前4000多年前便已经出现在埃及和南苏丹。考古遗存表明,莎草制品在公元前2000年左右已出现在希腊的克里特岛。④ 及至公元前7世纪中叶草纸才开始作为书写材料用于文字的记载,并一直沿用到公元7世纪左右。⑤ 作为建立于公元1世纪、并将地中海作为内海的罗马帝国,草纸自然成为其首要的书写材

---

① 中国科学院自然科学史研究所潘吉星通过研究已经证实,蔡伦之前造纸技术早就存在,但是他也强调,蔡伦作为造纸技术的推广者和革新者的地位值得尊重,见侯笑如、吴稼南、潘吉星《造纸技术的滥觞与贡献——访自然科学史研究专家潘吉星先生》,《中国出版史研究》2015年第2期。

② 钱存训:《中国古代书史》,香港中文大学出版社,1975,第131页;Tsien Tsuen-Hsuin, 1985: *Paper and Printing*, *in Science and Civilisation*, Cambridge: Cambridge University Press, p. 298。

③ 钱存训:《中国古代书史》,第132页。

④ Simon Hornblower and Antony Spawforth, eds., 1996: *The Oxford Classical Dictionary*, 3rd edition, Oxford: Oxford University Press, p. 250;2013年的一份报道中提到,一支法国—埃及考古队发现了公元前4500年以前的草纸,这是在埃及所发现的最古老的草纸,见"Egyptian archaeologists find oldest port, oldest parchment in country", http://www.foxnews.com/science/2013/04/11/egyptian-archaeologists-find-oldest-port-oldest-parchment-in-country.html, 10 - 04 - 2020。

⑤ 张强:《西方古典著作的稿本、抄本与校本》,《历史研究》2007年第4期。

料。早期拜占庭帝国延续罗马帝国传统仍以草纸作为最主要的书写材料。目前所发现的早期拜占庭档案资料（包括合同/书信/账单等）大多用草纸书写而成，① 由此可见，草纸在拜占庭日常生活中的重要意义。② 随着阿拉伯人在 7 世纪占领埃及，草纸材料的供应受到限制，③ 拜占庭的草纸文献也因缺乏该材料，而在数量上大大减少。虽然很难断定草纸在拜占庭帝国完全消失的确切时间，但是可以确信的是，自 7 世纪以后，草纸作为拜占庭帝国首要书写材料的地位已经丧失。④

皮纸是拜占庭世界继草纸短缺之后、纸传入之前最流行的书写材料。皮纸主要由牛、绵羊、山羊的皮制作而成。目前大部分著述将其发明归于小亚细亚希腊城邦帕加马（*Πέργαμος*）的国王尤门尼斯（*Εὑμένης Βʹ ο Σωτήρ*，公元前 197～前 158）。而这依据来自老普林尼。在其《自然史》（*Plinii Naturalis Historiae*）中，老普林尼提到古罗马史家瓦罗的说法，即埃及国王托勒密和帕加马国王尤门尼斯相互争夺世界第一图书馆的称号。前者继承并大大发展了举世闻名的亚历山大里亚图书馆，为了阻止后者，托勒密限制埃及的草

---

① 例如，20 世纪 90 年代发现于叙利亚古城佩特拉的草纸就包括遗嘱、婚姻契约、财产分配协议等内容的文献，见李强《论佩特拉草纸文献整理在拜占庭学研究中的意义》，《外国问题研究》2017 年第 4 期。
② Todd Hickey, 2008: "Papyrology", in Elizabeth Jeffrey, John Haldon and Robin Cormack eds., *Oxford Handbook of Byzantine Studies*, Oxford: Oxford University Press, p. 118.
③ Cyril Mango, 2002: *The Oxford History of Byzantium*, p. 218; C. H. 罗伯茨和 T. C. 斯基特提及，埃及的草纸制造一直持续到 12 世纪，并且在阿拉伯人征服埃及很久之后，草纸还在继续输往西欧，因此他们怀疑，"公元 641 年阿拉伯人征服埃及是导致草纸出口中断的原因" 这一流行观点的可信度，见〔英〕C. H. 罗伯茨、T. C. 斯基特《册子本起源考》，高峰枫译，北京大学出版社，2015，第 11 页。
④ 一份拜占庭文献提到，10 世纪时，还有草纸从埃及运到拜占庭帝国首都君士坦丁堡；12 世纪末著名的拜占庭学者、塞萨洛尼卡的尤斯塔修斯（*Εὑστάθιος ο Θεσσαλονικεύς*），在书信中抱怨草纸在拜占庭的消失，伊科诺米德斯提出，已知最晚的一份写在草纸上的拜占庭官方性质的文件，是 1083 年拜占庭大将军格利高里·帕库利亚诺斯为班克夫圣母修道院（Bachkovo Monastery Dormition of the Holy Mother of God）制定的院规（Typikon of Gregory Pakourianos），参见 N. Oikonomides, 2002: "Writing Materials, Documents, and Books", in Angeliki E. Laiou, ed., *The Economic History of Byzantium: From the Seventh through the Fifteenth Century*, Washington, D. C.: Dumbarton Oaks Research Library and Collection, p. 589. 但是著者所见研究，并未提到其 1083 年的原始文件及其材质，不过，学者们所见到的该文件的副本中的确提到了这个时期写在草纸上的拜占庭官方文件："66 号草纸是一份我作为担保人、颁给马尔贡的敕令"（A chrysobull for Margon on papyrus 66 which I have as a guarantee），见 "Pakourianos: Typikon of Gregory Pakourianos for the Monastery of the Mother of God Petritzonitissa in Backovo", in John Thomas and Angela Constantinides Hero, eds., 2000: *Byzantine Monastic Foundation Documents: A Complete Translation of the Surviving Founders' Typika and Testaments*, Washington, D. C.: Dumbarton Oaks Research Library and Collection, p. 555。

纸出口到帕加马；为了打破限制，在尤门尼斯的主持下，新的书写材料——皮纸被发明出来。① 正是如此，帕加马便被公认为皮纸的诞生地。有趣的是，皮纸（parchment，希腊文为περγαμηνή）一词的词源与帕加马的希腊文形式一致。虽然这是目前最为流行的观点，但是亦有学者认为这仅是一个虚构的故事，因为在此之前，小亚细亚以及其他地区已经出现了皮纸，② 如有"历史之父"美誉的希罗多德便提出，在他所生活的时代，使用兽皮代替草纸书写已经成为一件普遍的事情。③ 据证，1977 年在阿富汗东北部的一座希腊人古城遗址——阿伊哈努姆（Aï Khānum）出土的皮纸希腊文残篇，是公元前 3 ~ 前 2 世纪前后创作于地中海地区。④ 但是与拜占庭时期的皮纸相比，早期皮纸的制作不仅粗糙，而且使用范围亦有所限。虽然如此，但鉴于皮纸的词源问题以及皮纸的实际使用情况，我们至少可以推断，皮纸制作技术的提高以及广泛应用可能与帕加马有直接联系。⑤

皮纸代替草纸成为地中海世界主要书写材料的确切时间很难断定。有学者提到，公元 1 世纪时，罗马人便已经开始拥有皮纸册子文献。随着基督教的发展，皮纸册子越来越受欢迎。⑥ 目前所发现的实物中，已知最早的希腊文皮纸文献即来自 4 世纪的基督教文献手抄本。⑦ 由于皮纸具有便于保存、耐久等优于草纸的特点，在草纸缺乏的情况下，它逐渐代替后者

---

① "按照瓦罗的说法，由于国王托勒密和国王尤门尼斯彼此在图书馆上相互竞争，托勒密便限制草纸的出口，随之，皮纸就在帕加马得以发明；之后，人类所使用的这种材料得到了传播。" Pliny the Elder, 2005: *Plinii Naturalis Historiae*, Book XIII. xxi. 70。
② Peter Green, 1990: *Alexander to Actium: The Historical Evolution of the Hellenistic Age*, Berkeley and Los Angeles, California: University of California Press, p. 168；〔英〕C. H. 罗伯茨、T. C. 斯基特：《册子本起源考》，第 8~9 页。
③ "因此，伊奥尼亚人自古代以来就称草纸为皮子，因为由于之前缺少草纸，他们使用绵羊和山羊皮。直到今天还有很多外国人使用这样的皮子来书写。" Herodotus, 2006: *Histories*, Book V, 58.
④ Rapin Claude, Hadot Pierre, Cavallo Guglielmo, 1987: "Les textes littéraires grecs de la Trésorerie d'Aï Khanoum", *Bulletin de correspondance hellénique*, T. 111, pp. 225~266.
⑤ 这一情况与传统观点将造纸技术的发明归于蔡伦极为相同，事实证明，蔡伦并不是纸的发明者，而是造纸技术的改进者，并且自此以后，纸开始普遍使用。
⑥ Jonathan M. Bloom, 2001: *Paper Before Print: The History and Impact of Paper in the Islamic World*, New Haven and London: Yale University Press, pp. 24~25；Cyril Mango, 2002: *The Oxford History of Byzantium*, p. 217.
⑦ 这两部手抄本分别是 *Codex Sinaiticus* (London, B. L., Add. 43725) 和 *Codex Vanticanus* (Vat. gr. 1209)，见 Alexander P. Kazhdan, 1991: *ODB*, Vol. 3, p. 1587。

成为拜占庭帝国的主要书写材料。① 从时间上来看，6 世纪时皮纸流行于拜占庭世界，7 世纪成为帝国主要的书写材料。② 皮纸是否是最合适的书写材料？很显然，答案是否定的。首先，皮纸材料价格昂贵。"一只体型大的幼年绵羊皮可以制作两张或至多三张长方形的皮纸，该皮纸折叠两次可以做成四页或者六页的手稿。在 10 世纪，这样的一张皮的价值大约是一个米里亚力西翁银币"③。该币价值是拜占庭帝国标准金币诺米斯玛的 1/12。与此同时，若干张皮纸才可以做成一部书，因此其价格通常在 1～10 个金币，④ 而彼时普通士兵的年收入仅为 3 金币，⑤ 因此书本属于奢侈品，"普通人是没有能力购买书本的……一部《新约》的价格足够购买一头驴，这可能是一个穷人的一大笔投入"⑥。其次，皮纸的缺乏是限制拜占庭帝国使用皮纸的第二个不利的因素。⑦ 在拜占庭帝国，皮纸是一种季节性产品，有时很难找到符合品质要求的皮料。即使是在帝国的首都君士坦丁堡，也经常会发生缺乏可制作皮纸的原料的情况，尤其是在冬季，只有在复活节之后供应才会增多，⑧ 如 13 世纪的塞浦路斯宗主教格里高利就在书信中提到，他没有一部德摩斯梯尼的著作，因为直到下一个夏天人

---

① Danuta Maria Gorecki, 1984: "Books, Production of Books and Reading in Byzantium", *Libri*, Vol. 34. 1, p. 117。除了以上特点，C. H. 罗伯茨和 T. C. 斯基特还提到两个皮纸优于草纸的特点：皮纸表面光滑、平整，不仅非常悦目，而且为最精美的缮写和插画，提供了无限的可能；草纸的制品局限于埃及一地，而皮纸则不然，见〔英〕C. H. 罗伯茨、T. C. 斯基特：《册子本起源考》，第 11 页。著者认为还有一点需要注意，那就是使用皮纸更容易制作册子本。

② Elpidio Mioni, 1998: *Εισαγωγή στην ελληνική Παλαιογραφία*, Αθήνα: ΜΙΕΤ (Μορφωτικό Ίδρυμα Εθνικής Τραπέζης), σ. 34.

③ 该类银币的希腊文是 "μιλιαρήσιον"，它是 8～11 世纪拜占庭帝国流行的一种银币。N. Oikonomides, 2002: "Writing Materials, Documents, and Books", p. 589.

④ Cécile Morrisson and Jean-Claude Cheynet, 2002: "Prices and Wages in the Byzantine World", in Angeliki E. Laiou ed., *The Economic History of Byzantium: From the Seventh through the Fifteenth Century*, Washington, D. C.: Dumbarton Oaks Research Library and Collection, p. 857.

⑤ Cécile Morrisson and Jean-Claude Cheynet, "Prices and Wages in the Byzantine World", p. 861.

⑥ Cyril Mango, 1980: *Byzantium: The Empire of New Rome*, London: Charles Scribner's Sons, p. 238.

⑦ N. Wilson, 1975: "Books and Readers in Byzantium", in Cyril Mango, Ihor Ševčenko eds., *Byzantine Books and Bookmen*, Washington D. C.: Dumbarton Oaks, p. 1.

⑧ 复活节吃烤全羊是东正教的习俗且羊肉是节日期间的主要肉食，因此，复活节之后大量的羊皮便会出现，见 N. Oikonomides, 2002: "Writing Materials, Documents, and Books", p. 589。

们大量食肉之前是没有皮纸供应的。① 为了解决皮纸材料缺乏的问题，人们甚至将以前的皮纸文献的文字刮去，重新书写，形成新的文献，这种文献被当代学者称为"重写本"（*palimpsest*）。②

基于以上分析可以看出，皮纸作为书写材料非常受限，由此，新的更符合需要的书写材料便成为帝国的目标，这就是来自东方的纸。由于纸具有重量轻、价格便宜、量大以及便于书写等优点，③ 一经接触，拜占庭人便很快采用其作为书写材料。

（三）纸由中国、经中亚—西亚（阿拉伯世界）传入拜占庭的时间和路线

1. 东部传播时间和路线：从中国到中亚

早在公元 3 世纪纸便已出现在西域即现在的中国新疆地区。西域是丝绸之路的核心地区之一，是历史上中国与西方交流的门户。在古代，成群结队的东西方商人云集于此，进行商品交换，景象盛极一时，④《后汉书·西域传》载："驰命走驿，不绝于时月；胡商贩客，日款塞下。"⑤ 这是对东西交流盛况最好的描述。1900 年，瑞典探险家斯文·赫定（Sven Hedin）在新疆楼兰发掘出嘉平四年（252）、咸熙二年（265）、泰始二年（266）和永嘉四年（310）等魏晋纸本文书，大多为麻纸，说明此时内地的纸早已传到西域地区。1907 年，英国探险家斯坦因（Marc Aurel Stein）在敦煌发现九封用中亚粟特文写成的纸质书信，⑥ 这是客居该地的中亚商人那耐·万达克（Nanai vandak）在 311 ~

---

① N. Wilson, 1975: "Books and Readers in Byzantium", p. 2.
② 李强：《西方古代—中世纪文献研究的新路径——试论重写本的研究及意义与启示》，《新世界史》（第二辑），社会科学文献出版社，2018。
③ 中国科学院大学汪前进对纸的优点有如下总结："纸的表面平滑，洁白受墨，还可染色；幅面宽大，容字较多，又便于裁剪，做成各种型制；柔软耐折，可任意舒卷，便于携带与存放；寿命长，易于保存；造纸原料易寻，价格低廉；用途广泛，既可作书写、印刷之用，又可用作包装材料等"，见汪前进《中国造纸术的发明及传播》，《光明日报》2018 年 1 月 15 日第 14 版。
④ 新疆出土的大量萨珊和拜占庭钱币以及吐鲁番文书等都证明，这里在古代时期曾出现东西方交流繁荣的盛况，主要相关研究见姜伯勤《敦煌吐鲁番文书与丝绸之路》；孙莉《萨珊银币在中国的分布及其功能》，《考古学报》2004 年第 1 期；郭云艳《中国发现的拜占廷金币及其仿制品研究》，博士学位论文，南开大学，2006，第 72 ~ 76 页。
⑤ （南朝宋）范晔：《后汉书·宦者列传第六十八》第 10 册，第 2931 页。
⑥ 上述粟特文书现藏于大英博物馆，发现号 T. XI I a. ii. 2；编号 8212/95（信）；8212/99.1（信封）；99.2（包裹）；99.3（原粘连在信封上的碎纸）。

313 年写给撒马尔罕友人的信件，① 是目前所发现的最早的粟特文书，由此可见，粟特人早在 4 世纪初已接触到中国纸。② 继斯文·赫定和斯坦因之后，普鲁士和日本的考古学者在新疆的吐鲁番和高昌地区发现了属于 4~5 世纪的纸，近年来中国的考古挖掘也发现了属于该时期的纸。③ 鉴于该地区的历史地位、纸在该地区的发现以及已知纸向世界各地传播的大体时间脉络，可以肯定，纸首先经由该地向西走出中国，通过丝绸之路，传播到西方。

中国的西域地区与中亚相邻，因此纸西传的下一个中转站即该地。美籍德国学者劳费尔发现，萨珊王朝（226~651）治下的波斯已经了解纸的用途：作为一种稀有的产品，它仅被用于皇家文件。他还提到，学者研究表明，出产于中国的纸早在 610/611 年就已经传入撒马尔罕（Samarkand），707 年再次出现在那里。④ 此外，1933 年于中亚穆格山发现的粟特纸质文书的成书时间在 717~719 年。⑤ 以上学者的研究与之前斯坦因所发现的粟特纸质文书说明，中国纸早在 8 世纪之前就已经出现在了中亚，最早甚至可以追溯到 4 世纪，而粟特人则是纸传播中的一支重要力量。⑥ 波斯帝

---

① 关于上述粟特文书的书写时间有很大争议，"311~313 年说" 是由德国中世纪伊朗语言和文学学者亨宁（W. B. Henning）研究提出的，这是目前大家基本一致接受的看法，见 W. B. Henning, 1948: "The Date of the Sogdian Ancient Letters", *Bulletin of the School of Oriental and African Studies*, Vol. 12, No. 3/4, pp. 601~615; N. Sims-Williams, "Ancient letters", in *Encyclopedia Iranica*, http://www.iranicaonline.org/articles/ancient-letters, 11-4-2020。

② 此外，汪前进还提到，"新疆在十六国时期（304~439）已于当地造纸"，见汪前进《中国造纸术的发明及传播》，《光明日报》2018 年 1 月 15 日第 14 版。

③ Tsien Tsuen-Hsuin, 1985: *Paper and Printing*, in *Science and Civilisation*, p. 296.

④ B. Laufer, 1919: "Sino-Iranica, Chinese Contributions to the History of Civilisation", *Ancient Iran. FMNHP/AS*, Vol. 15, No. 3, p. 559.

⑤ 国内对穆格山粟特文书的研究并不充分，其中马小鹤先生的研究颇具代表性，见马小鹤《公元八世纪初年的粟特——若干穆格山文书的研究》，《中亚学刊》第 3 辑，中华书局，1990。

⑥ 德国学者夏德曾从词源学的角度上分析了纸传播到中亚的承担者的可能性。他提到，阿拉伯人称呼纸的术语 "kaghad"，借自波斯语 "kaghaz"，而后者又是从粟特语 "kygdyh" 转化而来。而该词最终是来自中文 "榖纸"，主要指桑皮纸，见 Friedrich Hirth, "Die Erfindung des Papiers in China", *T'oung Pao*, Vol. 1, Iss. 1, 1890, p. 12, 但是该说法很早就已经被劳费尔否定，他认为，无论从词源角度还是情理上，夏德的说法都不成立，见 B. Laufer, 1919: "Sino-Iranica, Chinese Contributions to the History of Civilisation", p. 559. 虽然美国伊斯兰文化研究学者布鲁姆（Jonathan M. Bloom）在其早期的著作中，依旧借用夏德的说法，但是在与笔者的邮件中（2018 年 3 月 21 日），布鲁姆提到，他的一位通晓波斯语和阿拉伯的学者朋友提出，该词更可能是来源于希腊文对草纸的称呼：khartes (papyrus): kh > k, r > gh, and s > d. 笔者目之所及，刘迎胜在《丝绸之路》一书中明确提出粟特人在 4 世纪将中国的纸张传播到中亚，见刘迎胜《丝绸之路》，江苏人民出版社，2014，第 141 页。事实上，钱存训早在 20 世纪 80 年代就曾认为，纸可能在 3 世纪就已经传播到了中亚，见 Tsien Tsuen-Hsuin, 1985: *Paper and Printing*, in *Science and Civilisation*, p. 296。

国或者说粟特人本可以成为纸继续西进的传递者，但阿拉伯人的征服，使得萨珊王朝灰飞烟灭，粟特人的商业网络也遭到了破坏，纸继续西传的重任，落在阿拉伯人的肩上。

阿拉伯人是纸张在西方世界大放异彩的主要推动者。随着他们对波斯帝国的征服，挺进中亚，具有商业头脑的阿拉伯人一接触纸张，便认识到了其价值。但是，阿拉伯人对纸张的大规模传播首先与造纸技术有关。8世纪中期阿拉伯人已经可以利用中国的造纸技术，造出了纸，这正是后来西方世界广泛采用的书写材料。但是，这里需要澄清长期以来大多数学者对阿拉伯人掌握造纸技术方式的一个误解：即怛逻斯之战的中国战俘中有中国造纸工匠，他们把造纸技术传给了阿拉伯人。关于这一说法主要来自11世纪阿拉伯史家萨里比（Thaalibi，961~1039）的记载。他在著作《奇闻逸事录》（*Book of Curious and Entertaining Information*）中记载了阿拉伯人从中国人手中获得造纸技术的故事。① 故事提到，在751年的怛逻斯②之战中，阿拉伯联军打败了中国唐朝的军队，并且俘虏了数千中国士兵。这些士兵里面有多人在从军之前是各种工匠，其中就包括造纸匠。这些造纸匠被阿拉伯人带到撒马尔罕，他们于757年在那里建造了阿拉伯世界的第一个造纸工厂。现在学界的大部分学者和出版物将这一记载作为信史来对待，认定怛逻斯之战就是阿拉伯人掌握造纸技术的开端。③ 然而，自20世纪80

---

① Jonathan M. Bloom, 2001: *Paper Before Print: the History and Impact of Paper in the Islamic World*, pp. 8~9. 潘树林曾在《阿拉伯帝国的造纸业及其影响》一文中提到，976年，阿拉伯史家伊本·豪克尔（Ibn Haukal，943~969）曾提及，"纸是由怛逻斯战役的俘虏从中国传入撒马尔罕的. 当时的俘虏为萨利赫（salih）的儿子齐亚德所有，其中有些是造纸匠"。如果这一说法可靠，就又增加了阿拉伯史家记载该事件的证据，而且豪克尔的作品成书时间要早于萨里比的著作。著者在与布鲁姆的通邮中，请他代为查阅阿拉伯文的豪克尔著作，他查阅的结果是，没有上述说法，豪克尔只是提到10世纪时，撒马尔罕依旧是造纸业的中心，因此，我们可以排除这一证据。同时，潘树林还提到，阿拉伯学者比鲁尼（Al-Biruni，973~1048）在《印度志》中记载："造纸始于中国……中国战俘把造纸法输入撒马尔罕，从此，许多地方都造起纸来，以满足当时的需要。"见潘树林《阿拉伯帝国的造纸业及其影响》，《阿拉伯世界》1992年第1期。同一史料汪前进也在文章中提到，见汪前进《中国造纸术的发明及传播》，《光明日报》2018年1月15日第14版。著者认为，上述阿拉伯史家的史料极有可能来自同一部著作，具体问题将另文讨论。

② 现哈萨克斯坦塔拉兹（Taraz）地区。

③ Dard Hunter, 1978: *Papermaking: The History and Technique of an Ancient Craft*, New York: A. A. Knopf, p. 60; 葛剑雄：《造纸术如何传入西方？》，《月读》2015年第12期；张国刚：《"纸"的全球史》，《中华读书报》2019年3月6日第13版。

年代以来，已不断有学者对该说法提出质疑，① 主要依据是唐代史家杜环撰写的亲身游记《经行记》中的记载。在《经行记》中，杜环提到，被阿拉伯人抓获的俘虏中有"绫绢机杼，金银匠、画匠、汉匠起作画者，京兆人樊淑、刘泚，织络者河东人乐（还）、吕礼"②。很明显，这段文字中没有提到造纸匠。虽然阿拉伯人通过此战获得造纸技术的观点有众多拥趸，但是两种记载相比，前者为11世纪学者所撰，且图书名为《奇闻异事录》，可见内容多为奇怪志异，信息来源值得怀疑；③ 后者作为该事件的亲历者，未涉及任何隐晦机密问题，显然内容更为可信。

既然上述阿拉伯人掌握造纸技术的故事存疑，那么造纸技术是什么时候传入中亚的呢？很多学者认为，在阿拉伯人征服中亚之前，当地人已经掌握了造纸技术，而阿拉伯人正是在征服该地之后，才从那里学到了造纸技术，并发扬光大。④ 无论如何，阿拉伯人征服撒马尔罕之后，这里出现了阿拉伯世界的第一所造纸工场，其生产出的"撒马尔罕纸"举世闻名，行销阿拉伯世界。纸的大量应用，使得造纸业也很快由撒马尔罕传播到了

---

① Tsien Tsuen-Hsuin, 1985: *Paper and Printing*, in *Science and Civilisation*, p. 297; Jonathan M. Bloom, 2017: "Silk Road or Paper Road", *Silk Road*, 03 - 02, http://silkroadfoundation.org/newsletter/vol3num2/5_bloom.php, 11 - 4 - 2020；布鲁姆提出，对于751年阿拉伯俘虏唐朝工匠带来造纸技术的说法，他认为这是一种比喻，如同把改进造纸技术的蔡伦说成是造纸技术的发明者一样，见 Jonathan M. Bloom, 2001: *Paper Before Print: the History and Impact of Paper in the Islamic World*, pp. 44 ~ 45。在发给笔者的邮件中（2018年3月21日），他依旧强调该说法不可信，并且提出，粟特文书以及佛教徒使用纸张的证据。刘迎胜先生也注意到了该问题，但是没有对此做出结论，见刘迎胜《话说丝绸之路》，安徽人民出版社，2017，第43~47页。

② （唐）杜环：《经行记笺注》，张一纯笺注，中华书局，2000，第55页。

③ 布鲁姆提到，萨里比的著作是一种非常流行的阿拉伯文学形式，这种文学的特点是记载一些奇异之事，见 Jonathan M. Bloom, 2001: *Paper Before Print: The History and Impact of Paper in the Islamic World*, p. 43。

④ 关于该问题，西方学者很早就提出，在751年之前，中亚地区已经掌握了基本的造纸技术，而且中亚的造纸原料与中国的原料有所不同，阿马尔（Zohar Amar）、格尔斯基（Azriel Gorski）和纽曼（Izhar Neumann）三位学者在其合作的文章中提到了早期西方学者关于该问题的讨论，见 Zohar Amar, Azriel Gorski and Izhar Neumann, 2011: "The Paper And Textile Industry in the Land of Israel And Its Raw Materials", in Ben Outhwaite and Siam Bhayro eds., *Light of an Analysis of The Cairo Genizah Documents*, "From a Sacred Source" Genizah Studies in Honour of Professor Stefan C. Reif, Leiden: Brill, p. 27。与此同时，布鲁姆在其著作中论述了中亚的造纸原料，见 Jonathan M. Bloom, 2001: *Paper Before Print: the History and Impact of Paper in the Islamic World*, pp. 44~45；关于认同该结论的最新著作，见 Mark Kurlansky, 2016: *Paper: Paging Through History*, New York: W. W. Norton & Company, chapter 3; Alexander Monro, 2016: *The Paper Trail: An Unexpected History of a Revolutionary Invention*, New York: Vintage, part 8。

阿拉伯人统治的中心——巴格达。据13世纪阿拉伯百科全书史家亚克特（Yaqut）的记载，巴格达第一所造纸工场兴建于794~795年。这一时期，大量的纸代替草纸和皮纸被阿拉伯的官员们用于书写和记录。① 也正是在此时，纸代替皮纸成为阿拉伯世界主要的书写材料。这在无形中也推动了随后发生的阿拉伯百年翻译运动。巴格达逐渐成为帝国的造纸业中心，位于南巴格达的市场苏卡尔-瓦拉琴（Suqal-warraqin）拥有一百多家出售纸张和书本的商店。② 自此，造纸工场在叙利亚地区兴起，时间是在10世纪之前。造纸工场先后出现在的黎波里（Tripoli）、提比利亚（Tiberias）、大马士革（Damascus）、阿勒颇（Aleppo）、哈玛（Hama）以及曼比耶（Manbij）等城市。③ 阿拉伯世界生产的纸开始出口西方，他们对欧洲纸张的供应一直持续到15世纪。

综上所述，纸张最迟在3世纪已经出现在西域地区，通过丝绸之路，粟特人在4世纪就将纸以书信的方式传播到了中亚，7世纪时，波斯人将其用于宫廷文书的书写。阿拉伯人征服中亚以后，随着阿拉伯人掌握造纸技术以及其领土的扩张，纸以及造纸业向西传播到美索布达米亚、叙利亚以及埃及等阿拉伯统治区，阿拉伯帝国成为纸和造纸技术继续西传的中心。

2. 西部传播路线和时间：从西亚到拜占庭

在阿拉伯人掌握造纸技术后，纸和造纸技术一起经阿拉伯人之手向更西方传播，传播路线主要有两条：西亚—埃及—西班牙④；西亚—小亚细亚—拜占庭。⑤ 前一条路线最为知名，因为大量的文献和考古实物证明，纸和造纸技术从这一条路线传遍欧洲。后一条路线鲜有文献记载，而且对整个欧洲的纸张和造纸技术的传播没有产生重大影响，因而少有关注。

现存的文献中，没有明确的记载表明纸是如何从阿拉伯统治下的西亚地区传入拜占庭的，但从拜占庭对纸的称谓中可寻找到一些线索。拜占庭

---

① Jonathan M. Bloom, 2001: *Paper Before Print: The History and Impact of Paper in the Islamic World*, p. 48.
② Jonathan M. Bloom, 2001: *Paper Before Print: The History and Impact of Paper in the Islamic World*, p. 12.
③ A. Y. Al-Hassan, 2001: *Science and Technology in Islam: Technology and Applied Sciences*, Paris: UNESCO, p. 155.
④ 纸在西班牙的出现，最早可以追溯到950年，在西西里的使用可以追溯到1102年，见 Dard Hunter, 1978: *Papermaking: The History and Technique of an Ancient Craft*, pp. 470~474。
⑤ Tsien Tsuen-Hsuin, 1985: *Paper and Printing, in Science and Civilisation*, p. 299.

所发现的最早的纸被拜占庭人称为 Bombykinon 或者 Bambakeron。此种纸在拜占庭一直使用到 15 世纪。① 虽然传统观点认为，此种纸的制作材料是棉花，与其名称的希腊文语意吻合，② 但是这种说法已经被科学检测所否定。③ 现在，学界最通行的观点认为，此种纸来自叙利亚城市 Bambyn，其现代名称是曼比耶（Manbij）。该城在中世纪时期以造纸业闻名于世。曼比耶最早在希腊文中被称为 Bambyce，随后便以此名为拜占庭人所熟知，该名也随即成为纸的名称 Bombykinon 或者 Bambakeron。该城位于现代叙利亚的阿勒颇地区，幼发拉底河的西部。源于土耳其的萨朱尔河便流经这里。靠近水源为造纸业的发展提供了有利的条件。据称，造纸业在这里出现的时间不晚于 10 世纪。④ 鉴于拜占庭所用纸的名称以及曼比耶作为中世纪重要的造纸业产地等原因，这里便被认为是拜占庭通用纸的主要来源。此外，有文献记载，拜占庭所采用的纸还有一种被称为巴格达纸（βαγδατικόν）的类型，显然，这些纸来自阿拉伯人的统治中心，也是最重要的造纸业产地之一——巴格达。⑤ 除以上记载外，一份现存最早的纸质希腊文手稿也为此提供了证据。⑥ 据考证，该手稿由阿拉伯生产的纸张构成，内容是基督教会教父的论著，在公元 800 年左右，成书于西亚阿拉伯城市大马士革。⑦ 虽然无法证实这份手稿与拜占庭的直接关系，但是这起码可以说明，希腊文的文献在 800 年左右已经开始用纸来制作，因此，很有可能，这种纸质希腊文基督教文献会被带回拜占庭帝国，而承担这个任务的就是基督教人士。

简言之，根据之前阿拉伯世界纸张使用和制造的情况以及拜占庭对纸的称谓可以判定，拜占庭最初使用的纸张来自东方，更加具体地说，是来自阿拉伯世界的曼比耶、大马士革和巴格达等城市。大批的纸张从这些地区沿着拜占庭与阿拉伯人的商路，或者还有与基督教徒的流动一起传入拜

---

① N. Oikonomides, 2002: "Writing Materials, Documents, and Books", p. 590.
② 传统的观点认为，"Bombykinon" 的词源是希腊文 "βαμβάκι"，该词的中文词义是棉花。
③ 1887 年卡拉巴克（J. Karabacek）和威斯纳（J. Wiesner）已经通过科学的分析证实了该说法是错误的，转引自 Tsien Tsuen-Hsuin, 1985: *Paper and Printing*, in *Science and Civilisation*, p. 298。
④ Jonathan M. Bloom, 2001: *Paper Before Print: The History and Impact of Paper in the Islamic World*, p. 57.
⑤ Jonathan M. Bloom, *Paper Before Print: The History and Impact of Paper in the Islamic World*, p. 204.
⑥ Codex vat. gr. 2200，现藏于梵蒂冈博物馆。
⑦ N. Oikonomides, 2002: "Writing Materials, Documents, and Books", p. 590.

占庭帝国各地。

（四）拜占庭对纸张的应用

关于纸在拜占庭出现的时间，主要依靠文献记载和实物考察。在拜占庭书写材料研究方面做出诸多建树的拜占庭学家伊科诺米德斯通过研究认定 10 世纪拜占庭肯定已经出现纸的使用，而它的传入有可能可以推到 9 世纪，他的依据是，拜占庭文献中提到了一种税收为 χαρτιατικά，他认为这就是"纸张税"①。考虑到阿拉伯人在 8 世纪中期就已经开始使用纸并掌握了造纸技术以及拜占庭和阿拉伯人之间的商贸往来并没有因阿拉伯人的征服而衰落等原因，拜占庭教育史研究专家高斯塔斯·康斯坦丁尼德斯（Costas Constantinides）认为，纸极有可能在 8 世纪末就已经出现在拜占庭，9 世纪时在拜占庭得到正常使用。② 康斯坦丁尼德斯之所以提出这一观点，可能是考虑到前面提及的成于 800 年左右、现存最早的纸质基督教手稿，在此基础上做出的推论。

除上述观点外，已经发现的实物也可以提供相应的时间线索。目前，在拜占庭境内所发现最早的纸质文献是保存在希腊基督教圣山拉乌拉修道院的歌里盖莉娅捐赠书（Donation of Glykeria），该文献的形成时间是在 1016 年。③ 在同一个修道院里，还保存着一份由拜占庭皇帝君士坦丁九世莫诺马赫（Κωνσταντίνος Θ´ Μονομάχος，1042～1055 年在位）签署于 1052 年的皇家敕令。该文件是目前所发现的拜占庭纸质文献中最早的官方文书。④ 除此之外，还有 13 份属于 11 世纪的拜占庭文书性质的纸质文献被发现。⑤ 因此，通过以上信息，一些学者提出，在 11～12 世纪纸已经作为主要的书写材料在拜占庭的大部分地区（马其顿地区除外，因为该地长期流行使用皮纸）被皇家秘书处和个人使用。尽管如此，在 1204

---

① 希腊文单词"χαρτί"对应的英语单词 paper，"χαρτιατικά"是该单词的形容词复数形式，伊科诺米德斯认为这里是指有关纸张的税收，见 N. Oikonomides，2002："Writing Materials, Documents, and Books", p. 590。
② Κώστας Κωνσταντινίδης，2000：Η Παιδεία στο Βυζάντιο, Ιωάννινα: Πανεπιστήμιο Ιωαννίνων，σ. 10.
③ Paul Lemerle, A. Guillou and N. Svoronos, 1970：Acts de Lavra, Premiere Partie, de Origins a 1204，Paris: Editions P. Lethielleux, p. 155.
④ Paul Lemerle, A. Guillou and N. Svoronos, Acts de Lavra, Premiere Partie, de Origins a 1204，pp. 189~190.
⑤ Jonathan M. Bloom, 2001：Paper Before Print: The History and Impact of Paper in the Islamic World，p. 204.

年西方拉丁十字军占领君士坦丁堡之后，皮纸在拜占庭所有地区又使用了近3~4个世纪。14世纪下半叶以后，纸已经真正成为帝国主要的书写材料，只不过此时统治拜占庭纸张市场的是意大利纸。

纸张在拜占庭的普及使用，极大地推动了书籍的书写与抄录，从而使得大量的古典—拜占庭文献得以保存。在第四次十字军攻陷君士坦丁堡以及1453年帝国覆灭之后，这些书籍通过流亡的拜占庭学者进入意大利和西欧，从而推动了欧洲的文艺复兴运动，为欧洲文明的发展奠定了重要的基础。①

结　论

通过以上梳理与分析可以发现，中国纸向拜占庭的传播是一个历时700余年，跨越欧亚大陆，经由粟特人、阿拉伯人和基督教徒等众人之手完成的一项东西方交流与互动的壮举。这一传播是丝绸之路东西方世界跨文化交流的实证，更是丝绸之路全球史的典型案例。通过纸张的传播，我们可以看到，在丝绸之路上，古代东西方世界的人员、物品甚至观念的流动，是一个缓慢和长期的过程，这一进程并不是一蹴而就，而是通过短途的中转和传递来完成的，此外，这一流动一旦完成其影响极为深远。从丝绸之路来看，尤其是物品方面，无论是纸张、丝绸、香料还是玻璃的东西方流动，都对人类文明的发展产生了深远的影响。从古代晚期的视角来看，丝绸之路上的互动和交流也对丝路沿线文明与区域的变革产生了重要的影响。就拜占庭而言，纸张的应用使得拜占庭帝国在古代晚期大变动的时期，尤其是草纸短缺、皮纸昂贵的情况下，文化得以保持强大的生命力，进而推动了马其顿文艺复兴和所谓的科穆宁文艺复兴的实现，使得处于中期的拜占庭帝国能够焕发新的姿态，继续帝国的长久存续。

---

① A. A. Vasiliev, 1958: *History of Byzantine Empire*, Vol. 2, Madison: The University of Wisconsin Press, pp. 721~722; Jonathan Harris, 2020: "Byzantines in Renaissance Italy", in *The ORB: On-line Reference Book for Medieval Studies*, https://the-orb.arlima.net/encyclop/late/laterbyz/harris-ren.html, 24-4.

结　语

古代晚期作为一个新兴的研究领域，它首先关注的是一个时期，一个连接古典与中世纪的中间时段，其次它关注的地理范围以地中海为中心，并扩展至欧亚东西两端。[①] 在此基础上，其秉持的观点是，以地中海世界为中心的罗马—拜占庭帝国并没有走向衰落，而是在政治、经济、文化、社会等各个方面经历了重要的变革，使得帝国走向无法避免的社会转型，而这一转型又进而推动了地中海及其周边世界向中世纪文明的过渡。这一转型或者变革并不是孤立的，而是与整个欧亚大陆的变动息息相关，彼此相连。

拜占庭帝国作为罗马帝国的东部统治区，在罗马帝国西部被蛮族灭亡后，继续存续，并保持着罗马帝国以往的政治、经济、军事以及文化传统。与此同时，随着1~4世纪基督教的传入、传播和外来族群的渗透与融入，拜占庭帝国昔日的罗马帝国传统受到了极大的冲击，帝国的古典多神教传统、古典文化逐渐走向衰落，基督教在帝国获得合法地位并逐渐占据统治地位，旧有的法律因为时代的更迭与变迁发生了革新，帝国的对外军事战略也随着帝国边疆族群的靠近和涌入而发生了重要转变。在这种面对外来宗教文化和族群的冲击和帝国内部相应做出调适的情况下，帝国在各方面展现出了新的特征，并且朝向新的方向发展，中世纪的希腊化帝国呼之欲出。

6世纪是拜占庭帝国转型的核心和关键时代。其中查士丁尼皇帝作为这个时代的关键人物，在面对帝国出现的新状况，通过自己的运筹帷幄，在政治、经济、宗教、文化等领域都做出了积极的回应，并获得了

[①] 古代晚期研究的最新成果已经将其最初的地理范围极大地扩展，见佐川英治《多元的中華世界の形成：東アジアの「古代末期」》（《多元中华世界的形成：东亚的古代晚期》）；Nicola Di Cosmo and Michael Maas eds., 2018：*Empires and Exchanges in Eurasian Late Antiquity：Rome，China，Iran，and the Steppe, ca. 250~750*.

极大的成就。在政治上，通过与波斯签署协议，他暂时地实现了帝国东部边疆的基本稳定；利用外交策略，他与阿瓦尔等巴尔干半岛的不同族群达成了妥协与合作，使得巴尔干—多瑙河地区处于查士丁尼的领导之下；与此同时，他将所有的军事力量用于对西部的再征服运动，成功将北非再度纳入帝国统治之下，意大利地区也在贝利撒留和纳尔泽斯的共同努力下，重归帝国统治。在经济上，他通过增加税收来提高国家收入，并发行一些减重钱币来应对外部族群。应该说，他的部分经济政策虽然没有得到下层民众的积极支持，甚至受到普罗柯比的讽刺，但是在其统治时期，还是发挥了重要的作用，尤其是有力地支持了其对外战争以及与外部族群的外交通好。在宗教上，他试图通过召开宗教会议（第二次君士坦丁堡大公会议，553年）和颁布一些敕令来打击包括古典多神教在内的异教，弥合基督教内部的教派和教义纷争。虽然最终的结果并没有完全按照他所设想的道路去发展，但是在其统治时期，古典多神教的确受到了极大的打击，并在帝国由公共空间逐渐走向了私人空间和偏远地区，而基督教内部的纷争也没有发生重大的事件，他也被教会奉为圣徒。① 在文化领域，应该说，在查士丁尼统治时期极为宽松的环境下，帝国传统的教育模式和文化氛围依旧浓厚，由此以普罗柯比和阿加西阿斯为首的一批社会精英（大多数具有行政或者宫廷背景）和教会精英，创作了丰富的世俗历史、教会历史、诗歌、颂词等各类作品，在反映这个时期帝国的历史发展脉络的同时，也揭示了社会文化和人文精神风貌的新特征与转变的历程。

阿加西阿斯作为这个时期重要的史家，出身于律师家庭，属于该时期的中等阶层，通过接受传统的古典教育、法律教育，成为拥有诗人、律师以及史家等多重身份的社会精英。他的个人背景、人生追求、《历史》中的语言和风格从不同角度展现了帝国转型中的特点以及同时代人应对这种变化的反应。虽然他和普罗柯比一样并非来自帝国的政治中心君士坦丁堡，也不是文化中心雅典或者亚历山大里亚，但是从拜占庭的文献学史中可以发现，早期拜占庭帝国时期，帝国的文化精英大多像阿加西阿斯一样是来自近东地区，这里是传统的早期拜占庭帝国古典和法学教育的核心区域，如凯撒利亚、安条克以及贝鲁特都位于这里。因此阿加西阿斯也深受这种氛围的影响，历经米里纳、君士坦丁堡到亚历山大里亚的一路从古典

---

① Peter Sarris, 2023：*Justinian：Emperor, Soldier, Saint*.

到法律的仕途发展的教育路径。从阿加西阿斯和遵循几乎同样路径的普罗柯比的发展道路可以看出，这一时期的古典传统依旧在延续，这一特点导致的结果就是，他们的作品中必然会充满了古典教育的痕迹：古典希腊文、古典作家的书写和修辞特征，甚至包括古典的思想影响。但是正如本书的讨论所言，查士丁尼时代基督教已经在帝国占据绝对的统治地位，统治者在法律文本中不断重申基督教的重要性，尤其是查士丁尼更将自己视作上帝在人间的代理人，而下层民众的信仰更是处处可见。因此，即便是写给精英人士阅读的书籍中也无法避免基督教的痕迹，例如阿加西阿斯提到地震来临时，人们祈祷、前往教堂避难的情景，还有一些自以为是的人在大街上谈论上帝基督的性质问题等。[1]

从内容来看，《历史》展现了552~559年，也就是查士丁尼统治后期帝国在意大利和高加索地区的军事、政治与文化事务。前者是查士丁尼再征服运动的继续，后者则是拜占庭在高加索地区与波斯以及当地缓冲政权的纷争与协议。这些事务反映出，该时期帝国在面对外部边疆的军事、政治和文化问题的冲击下，试图采取不同的应对策略，其目的就是在地中海变动的政局中，占据主动，并维持帝国的统治稳定与持续的影响力。但是可以看出，仅依靠传统的军事打击，已经无法实现其最终目的，因此，帝国采取了灵活的军事、政治、外交以及文化策略，从而实现目标。

通过对上述诸方面分析可以发现，作为精英阶层，阿加西阿斯深受传统文化的影响，对古典教育、古典思想持有一种固守的态度，但是与此同时，统治者对基督教的扶持以及基督教在社会中的广泛传播，也使得这些精英的身上附着了基督教文化的痕迹。从统治阶层来讲，查士丁尼个人也已经清楚地认识到了时代变革，因此在他实现恢复昔日帝国的政治统治的同时，他也积极去顺应潮流，扶持基督教，打击异教思想，改变帝国军事战略，整理旧法，编纂新律。在这种帝国内部变化的同时，帝国与外部世界的交往也更加密切，也更加参与到整个地中海乃至欧亚草原的互动和交流的关系中。在变革与转型的整体背景下，拜占庭金币在帝国境外的广泛传播以及来自东方的纸张通过丝路传入拜占庭就是古代晚期这一时期东西方密切交流的最佳例证。

应该说，在古代晚期，以拜占庭帝国为代表，整个地中海世界内部与

---

[1] Agathias, 1975: *The Histories*, Ⅱ, 29.2; Ⅴ, 3.6~8.

周边世界的变革是时代发展的要求，同时也是不同文明交汇、冲突以及交融的过程。文明交流互鉴是习近平主席提出的中国在21世纪与世界各国各地区共同发展的倡议，这也是历史的经验，借助古代晚期研究理论对拜占庭帝国转型时代予以探究，有助于我们对世界历史的发展有一个准确而又清晰的认识，我们今天的世界何尝不是又一个"古代晚期"，顺应时代发展的潮流，加强与各国各地区之间的交流与合作最终有助于整个世界的发展，有助于全人类的幸福。

参考文献

（一）《历史》校勘本（及拉丁译本）

Agathias, 1594: *Agathiae historici et poetae eximii De imperio et rebus gestis Justiniani imperatoris libri quinque. Ex bibliotheca et interperatione Bonaventurae Vulcanii cum notis eiusdem. Accedunt eiusdem epigrammata Graeca*, Lugduni Batavorum ex officina Platiniana apud Franciscum Raphelengium.

Agathias, 1660: *Agathiae scholastici De imperio et rebus gestis Justiniani imperatoris libri quinque. Ex bibliotheca et interpretation Bonaventurae Vulcanii cum notis eiusdem. Accesserunt eiusdem Agathiae epigrammata cum versione Latina*, Parisiis: Typographia Regia.

Agathias, 1828: *Agathiae Myrinaei Historiarum Libri Quinque*, cum versione latina et annotationibus Bon. Vulcanii; B. G. Niebuhrius C. F. graeca recensuit, Bonnae: Impensis ED. Weberi.

Agathias, 1860: *Agathias Myrinaeus: Historiarum Libri Quinque*, accurante et denuo recongnoscente Jean P. Migne, in *Patrologia Graeca*, Vol. 88, Paris: Migne Press.

Agathias, 1871: in *Historici Graeci Minores* II: *Menander Protector et Agathias*, Leipzig: B. G. Teubneri.

Agathias, 1967: *Agathiae Myrinaei Historiarum Libri Quinque* (CFHB 2), recensuit R. Keydell, Series Berolinensis, Berlin: Walter de Gruyter.

（二）现代语言译本

Agathias, 1671: *Histoire de Constantinople, depuis le règne de l'ancien Justin jusqu'à la fin de l'Empire*, traduites sur les originaux grecs par M. Cousin, t. 2, Paris.

Agathias, 1953: *Агафий Миринейский. О царствовании Юстиниана* (Ag-

athias of Mirineas. On the reign of Justinian), trans. by М. В. Левченко (M. V. Levchenko), Moscow: AN Publishing House of the Academy of Sciences.

Agathias, 1969: *Agathiae Myrinaei Historiarum Libri Quinque*, recensuit S. Costanza, Messina: Universita degli Studi.

Agathias, 1975: *Agathias: The Histories* (*CFHB 2A*), trans. by J. D. Frendo, Series Berolinensis, Berlin: Walter de Gruyter.

Agathias, 2006: *Thesaurus Agathiae Myrinaei: Historia et epigrammata*, ed. by B. Coulie, Turnhout: Brepols.

Agathias, 2007: *Agathias, Histoires, Guerres et malheurs du temps sous Justinien*, trans. by P. Maraval, Paris: Les Belles Lettres.

Agathias, 2008: *De imperio et rebus gestis Iustiniani*, trans. by Rosario García Ortega, Madrid: Gredos.

Agathias, 2008: *Historias*, trans. by Pagano Alessandro, Madrid: Editorial Gredos.

Agathias, 2018: *Historias: guerras en Italia y Persia*, trans. by Rosario García Ortega, Granada: Centro de Estudios Bizantinos, Neogriegos y Chipriotas.

Agathias, 2023, 2008: *Ἀγαθίου Σχολαστικοῦ, Ἱστορίαι*, trans. by Alexandros Alexakis, Athens: Kanakis Editions.

Averil Cameron, 1969 ~ 1970: "Agathias on the Sassanians", *Dumbarton Oaks Papers*, Vol. 23 ~ 24.

(三) 相关原始文献

Ammianus Marcellinus, 1940: *Ammianus Marcellinus*, xxv, 9.1, trans. by John C. Rolfe, Cambridge, Mass.: Harvard University Press (reprinted 2000).

Aristotle, 1923: *Meteorologica*, trans. by E. W. Webster, Oxfrod: Clarendon Press.

Chronicon Paschale, 2007: *Chronicon Paschale 284 ~ 628 AD*, trans. by Michael Whitby and Mary Whitby, Liverpool: Liverpool University Press.

Constantine Porphyrogenitus, 2009: *De Administrando Imperio*, Gyula Moravcsik ed., R. J. H. Jenkins trans., Washington D. C.: Dumbarton Oaks Research Library and Collection.

Cosmas Indicopleutes, 2010: *The Christian Topography of Cosmas, an Egyp-*

tian Monk, J. W. McCrindle ed., New York: Cambridge University Press.

Cosmas Indicopleutès, 1968: *Topographie Chriétienne*, traduction par Wanda Wolska-Conus, Paris: Les Éditions du Cerf.

Dard Hunter, 1978: *Papermaking: The History and Technique of an Ancient Craft*, New York: A. A. Knopf.

Diodorus of Sicily, 1933: *Diodorus Siculus: Library of History*, Vol. 1, trans. by C. H. Oldfather, Cambridge, Mass.: Harvard University Press (reprinted 1989).

Elpidio Mioni, 1998: Εισαγωγή στην ελληνική Παλαιογραφία, Αθήνα: ΜΙΕΤ (Μορφοτικό ἴδρυμα Εθνικής Τραπέζης).

Euripides, 1998: *Suppliant Women. Electra. Heracles*, ed. and trans. by David Kovacs, Vol. III, Cambridge, Mass.: Harvard University Press.

Eusebius, 1989: *The History of the Church*, trans. by G. A. Williamson and G. A. Andrew Louth, New York: Penguin Classics.

Evagrius, 2000: *The Ecclesiastical History of Evagrius Scholasticus*, translated with an introduction by Michael Whitby, Liverpool: Liverpool University Press.

Gregory of Tour, 1974: *History of the Franks*, trans. with an Introduction by Lewis Thorpe, London: Penguin Books.

Herodotus, 1920: *Herodotus*, Book 1 ~ 2, Vol. 1, trans. by A. D. Godley, London: William Heinemann (reprinted 1975).

Herodotus, 1921: *Herodotus*, Book 3 ~ 4, Vol. 2, trans. by A. D. Godley, London: William Heinemann (reprinted 1928).

Herodotus, 2006: *Herodotus*, Book 5 ~ 7, Vol. 3, trans. by A. D. Godley, Cambridge, Massachusetts: Cambridge University Press.

Hesiod, 2006: *Hesiod: Volume I, Theogony. Works and Days. Testimonia*, ed. and trans. by Glenn W. Most, Cambridge, Mass.: Harvard University Press.

J. H. Freese, 1920: *The Library of Photius*, Vol. 1, New York: The Macmillan Company.

John Epiphania, 1851: in K. Müller, *Fragmenta Historicorum Graecorum*, Vol. 4, Cambridge: Cambridge University Press.

John Epiphania, 2020: *History of the Submission of Chosroës the Younger to Maurice the Roman Emperor by John of Epiphania the Scholastic and the Ex-*

praefectus, trans. by Scott Kennedy, http：//www. tertullian. org/fathers/john_ of_ epiphania. htm, 26 – 12.

John Malalas, 1986： *The Chronicle of John Malalas*, trans. by E. Jeffreys, M. Jeffreys & R. Scott [et al.], Melbourne： Australian Association for Byzantine Studies.

John of Ephesus, 1860： *The Third Part of Ecclesiastical History*, trans. by R. Payne Smith, Oxford： At the University Press.

Jonathan M. Bloom, 2017："Silk Road or Paper Road", *Silk Road*, 03 – 02, http：//silkroadfoundation. org/newsletter/vol3num2/5_ bloom. php, 11 – 4 – 2020.

Joseph Genesios, 1998： *On the Reigns of the Emperors* (*Byzantina Australiensia* 11), trans. by Athony Kaldellis, Canberra： Australian Association for Byzantine Studies.

Justinian, 2016： *The Codex of Justinian*, *A New Annotated Translation*, *with Parallel Latin and Greek Text*, based on a translation by Justice Fred H. Blume, ed. by Bruce W. Frier, etal. , Cambridge, UK： Cambridge University Press.

Justinian, 2018： *Novels of Justinian*： *A Complete Annotated English Translation*, ed. by David. J. D. Miller and Peter Sarris, New York： Cambridge University Press.

Konstantinos Porphyrogennetos, 2012： *Konstantinos Porphyrogennetos*： *The Book of Ceremonies*, 2 Volumes, trans. by Ann Moffatt, Canberra： Australian Association for Byzantine Studies.

Leo the Deacon, 2005： *The History of Leo the Deacon*： *Byzantine Military Expansion in the Tenth Century*, introd. , trans. , and annotations by Alice-Mary Talbot and Denis F. Sullivan, Washington DC： Dumbarton Oaks.

Maurice, 1984： *Maurice's Strategikon*, trans. by George. Dennis, Philadelphia, Pennsylvania： University of Pennsylvania Press.

Menander the Guardsman, 1985： *The History of Menander the Guardsman*, trans. by R. C. Blockley, Liverpool： Francis Cairns.

Nikephoros, 1990： *Nikephoros Patriarch of Constantinople Short History*, text, translations, and commentary by Cyril Mango, Washington D. C. ： Dumbarton Oaks.

Paul Lemerle, A. Guillou and N. Svoronos, 1970： *Acts de Lavra*, *Premiere*

Partie, *de Origins a 1204*, Paris: Editions P. Lethielleux.

Peter N. Bell, 2009: *Three Political Vocies from the Age of Justinian*: *Agapetus*, *Adviceto the Emperor Dialogue on Political Science*, *Paul the Silentiary*, *Description of Hagia Sophia*, trans. with an introduction and notes by Peter N. Bell, Liverpool: Liverpool University Press.

Photius, 1930: *The Library of Photius*, Vol. 1, trans. by J. H. Freese, New York: The Macmillan Company.

Plato, 1925: *Lysis. Symposium. Gorgias*, trans. by W. R. M. Lamb, Cambridge, Mass. : Harvard University Press.

Plato, 1990: *Prolégomènes à la philosophie de Platon*, Texte établi par Leendert Gerrit Westerink, Traduit par Jean Trouillard, Paris: Les Belles Lettres.

Pliny the Elder, 2005: *The Natural History*, trans. by H. Rackham, Cambridge, Massachusetts: Cambridge University Press.

Procopius, 1914: *History of the Wars*, Ⅰ~Ⅱ, trans. by H. B. Dewing, New York: Macmillan.

Procopius, 1916: *History of the Wars*, Ⅲ~Ⅳ, trans. by H. B. Dewing, New York: Macmillan.

Procopius, 1919: *History of the Wars*, V-part of Ⅵ, trans. by H. B. Dewing, New York: Macmillan.

Procopius, 1962: *History of the Wars*, part of Ⅵ-part of Ⅶ, trans. by H. B. Dewing, Cambridge, Mass. : Harvard University Press.

Procopius, 1962: *History of the Wars*, Ⅶ, xxxvi~Ⅷ, trans. by H. B. Dewing, Cambridge, Mass. : Harvard University Press.

Procopius, 1971: *Buildings*, trans. by H. D. Dewing, Cambridge, Mass. : Harvard University Press.

Prokopios, 2014: *The Wars of Justinian*, ed. by Anthony Kaldellis, trans. by H. B. Dewing, Indianapolis: Hackett Publishing Company Inc. .

Richard Price, 2009: *The Acts of the Coucil of Constantinople of 553*, *with Related Texts on the Three Chapters Controversy*, translated with an introduction and notes by Richard Price, 2 Vols. , Liverpool: Liverpool University Press.

Strabo, 1923: *Geography*, Ⅲ~Ⅴ, trans. by Horace Leonard Jones, Cambridge: Harvard University Press (reprinted 2006).

Theophanes Confessor, 1883: *Theophanis Chronographia*, Vol. 1, Recens. Carolus de Boor, Leipzig: Aedibus B. D. Tevbneri.

Theophanes Confessor, 1997: *The Chronicle of Theophanes Confessor*, translated with Introduction and Commentary by Cyril Mango and Roger Scott with the assistance of Geoffrey Greatrex, Oxford: Clarendon Press.

Theophylact Simocatta, 1986: *The History of Theophylact Simocatta. An English Translation with Notes*, trans. by Michael Whitby and Mary Whitby, Oxford: Clarendon Press.

（四）其他外文研究文献

A. A. Vasiliev, 1958: *History of Byzantine Empire*, Vol. 2, Madison: The University of Wisconsin Press.

Aglae Pizzone, 2013: "Toward a Self-Determined and Emotional Gaze: Agathias and the Icon of the Archangel Michael", in Stock W. -M. and Mariev S. (eds.), *Theurgy and Aesthetics in Byzantium*, "Byzantinisches Archiv" 25, New York and Berlin: de Gruyter.

Agustí Alemany, 2003: "Sixth Century Alania: between Byzantium, Sasanian Iran and the Turkic World", *Transoxiana*.

A. H. M. Jones, 1986: *The Later Roman Empire 284~602: A Social, Economic, and Administrative Survey*, Baltimore: Johns Hopkins University Press.

A. H. R. Hoernle, 1899: "A Collection of Antiquities from Central Asia", *Journal of the Asiatic Society of Bengal*, Vol. 68. 1.

Alan Cameron, 1969: "The Last Days of the Academy at Athens", *Proceedings of the Cambridge Philological Society*, Vol. 195. 15.

Alan Cameron, 2016: "The Last Days of the Academy at Athens", in Alan Cameron, *Wandering Poets and Other Essays on Greek Literature and Philosophy*, New York: Oxford University Press.

Albert De Jong, 1997: *Traditions of the Magi: Zoroastrianism in Greek and Latin Literature*, Leiden: Brill.

Aleksandr Naymark, 2001: *Sogdiana, Its Christians and Byzantium: A Study of Artistic and Cultural Connections in Late Antiquity and Early Middle Ages*, Ph. D. Dissertation, Department of Central Eurasian Studies and Department of Art History, Indiana University, Bloomington.

Alexander Monro, 2016: *The Paper Trail: An Unexpected History of a Revolu-*

tionary Invention, New York: Vintage.

Alexander P. Kazhdan, 1991: *Oxford Dictionary of Byzantium* (abbreviated as *ODB*), 3 Vols., New York: Oxford University Press.

Alexander Sarantis, 2013: "Fortifications in the East: A Bibliographic Essay", in Alexander Sarantis and Neil Christie eds., *War and Warfare in Late Antiquity*, Leiden: Brill.

Alexandros Alexakis, 2008: "Two Verses of Ovid Liberally Translated by Agathias of Myrina (Metamorphoses 8.877~878 and Historiae 2.3.7)", *Byzantinische Zeitschrift*, 101.2.

Angeliki E. Laiou (ed.), 2002: *The Economic History of Byzantium: From the Seventh through the Fifteenth Century*, Washington, D.C.: Dumbarton Oaks Research Library and Collection.

Anna Afonasina and Eugene Afonasin, 2014: "The Houses of Philosophical Schools in Athens", *ΣΧΟΛΗ*, 8.1.

Anthony Kaldellis, 2004: *Procopius of Caesarea: Tyranny, History and Philosophy at the End of Antiquity*, Philadelphia: University of Pennsylvania Press.

Anthony Kaldellis, 2013: *Ethnography after Antiquity: Foreign Lands and Peoples in Byzantine Literature*, Philadelphia, Pennsylvania: University of Pennsylvania Press.

Anthony Kaldellis, 2023: *The New Roman Empire: A History of Byzantium*, New York: Oxford University Press.

Apostolos Karpozelos, 2002: *Βυζαντινοί ιστορικοί και χρονογράφοι. Τόμος Α′ (4ος- 7ος αἰ.)*, Athens: Kanake.

Athony Kaldellis, 1997: "Agathias on History and Poetry", *Greek, Roman and Byzantine Studies*, 38.

Athony Kaldellis, 1999: "The Historical and Religious Views of Agathias: A Reinterpretation", *Byzantion: Revue internationale*, Vol. 69.

Athony Kaldellis, 2003: "Things are not what they are: Agathias Mythistoricus and the last laugh of Classical", *Classical Quarterly*, 53.

Athony Kaldellis, 2015: "Late Antiquity Dissolves", https://marginalia.lareviewofbooks.org/late-antiquity-dissolves-by-anthony-kaldellis/, 24-08-2023.

Athony Kaldellis, 2018: "Late Antique Literature in Byzantium", in Scott McGill and Edward J. Watts eds., *A Companion to Late Antique Literature*, New York: Wiley-Blackwell.

Ανδρέας Λεντάκης, 2019: *500 Ποιήματα από την Παλατινή Ανθολογία*, trans. by Ανδρέας Λεντάκης, Gutenberg.

Averil Cameron, 1964: "Herodotus and Thucydides in Agathias", *Byzantinische Zeitschrift*, Vol. 57.

Averil Cameron, 1968: "Agathias on the Early Merovigians", *Annali della Scuola Normale Superiore di Pisa. Lettere, Storia e Filosofia*, Serie II, 37 ~ 1/2.

Averil Cameron, 1970: *Agathias*, Oxford: Clarendon Press.

Averil Cameron, 1981: "Images ofAuthority: Élites and Icons in Late Sixth-century Byzantium", in M. Mullett and R. Scott eds. , *Byzantium and the Classical Tradition*, Birmingham: Centre for Byzantine Studies, University of Birmingham.

Averil Cameron, 1996: *Procopius and the Sixth Century*, New York: Routledge.

Averil Cameron, 2016: "Late Antiquity and Byzantium: An Identity Problem", *Byzantine and Modern Greek Studies*, Vol. 40 ~ 1.

Averil Cameron, 2017: *Byzantine Christianity: A Very Brief History*, London: SPCK Publishing.

Averil Cameron, 2019: "Justinian and the Sixth Century Now," in Sven Günther, Li Qiang, Claudia Sode, Staffan Wahlgren, and Zhang Qiang (eds.), *Byzantium in China: Studies in Honour of Professor Xu Jialing on the Occasion of her Seventieth Birthday*, Changchun: The Institute for the History of Ancient Civilizations.

Averil Cameron, Bryan Ward-Perkins and Michael Whitby eds. , 2001: *The Cambridge Ancient History*, Vol. XIV , *Late Antiquity: Empire and Successors*, A. D. 425 ~ 600, Cambridge: Cambridge University Press.

Ben Outhwaite and Siam Bhayro, eds. , 2011: Lightof an Analysis of The Cairo Genizah Documents, "From a Sacred Source" Genizah Studies in Honour of Professor Stefan C. Reif, Leiden: Brill.

Bernard S. Bachrach, 1970: "Procopius, Agathias and the Frankish Military", *Speculum*, 45. 3.

B. Laufer, 1919: "Sino-Iranica, Chinese Contributions to the History of Civilisation", *Ancient Iran. FMNHP/AS*, Vol. 15, No. 3.

Bruno Gentili, 1944: "I codici e le edizioni delle „ Storie "di Agatia", *Bulletino dell" Instituto Storico Italiano per il Medio Evo e Archivo Muratoriano*, 68.

C. A. Macartney, 1944: "On the Greek Sources for the History of the Turks in the Sixth Century", *Bulletin of the School of Oriental and African Studies*, Vol. 11, No. 2.

Cécile Morrisson, 2007: "La Numismatique, Source de l'Histoire de Byzance," *Πρακτικά τῆς Ἀκαδημίας Ἀθηνῶν*, 82. 2.

Charles F. Pazdernik, 2015: "Late antiquity in Europe c. 300 ~ 900 CE," in Craig Benjamin (ed.), *The Cambridge World History*, Vol. 4, New York: Cambridge University Press.

Christian Wildberg, 2006: "Philosophy in the Age of Justinian", in Michael Maas ed., *The Cambridge Companion to the Age of Justinian*, New York: Cambridge University Press.

C. Lillington-Martin and E. Turquois eds., 2017: *Procopius of Caesarea: Literary and Historical Interpretations*, Milton Park: Routledge.

C. P. Jones, 2011: "An Inscription Seen by Agathias", *Zeitschrift für Papyrologie und Epigraphik*, Vol. 179.

Cyril Mango, 1980: *Byzantium: The Empire of New Rome*, London: Charles Scribner's Sons.

Cyril Mango, 2002: *The Oxford History of Byzantium*, 3 Vols., Oxford: Oxford University Press.

Cyril Mango, Ihor Ševčenko (eds.), 1975: *Byzantine Books and Bookmen*, Washington D. C.: Dumbarton Oaks.

Dallas DeForest, 2020: "Agathias on Italy, Italians and the Gothic War", *Estudios bizantinos*, 8.

Danuta Maria Gorecki, 1984: "Books, Production of Books and Reading in Byzantium", *Libri*, Vol. 34. 1.

Dariusz Brodka, 2004: *Die Geschichtsphilosophie in der spätantiken Historiographie. Studien zu Prokopios von Kaisareia, Agathias von Myrina und Theophylaktos Simokattes (= Studien und Texte zur Byzantinistik, Band 5)*, Frankfurt: Peter Lang GmbH, Internationaler Verlag der Wissenschaften.

David C. Lindberg, 2007: *The Beginnings of Western Science*, Chicago: University of Chicago Press.

David Frendo, 2004: "Agathias' View of the Intellectual Attainments of Khusrau I: A Reconsideration of the Evidence", *Bulletin of the Asia Institute*, New Series, 18.

David Hunter, 1978: *Papermaking: The History and Technigae of an Ancient Craft*, New York: A. A. Knopf.

David Magie, 1920: "Augustus' War in Spain (26 ~ 25 B. C.)", *Classical Philology*, Vol. 15, No. 4.

Dimitri Obolensky, 1994: *Byzantium and the Slavs*, New York: St Vladimir's Seminary Press.

D. J. Geanakoplos, 1965: "Church and State in the Byzantine Empire: A Reconsideration of the Problem of Caesaropapism", *Church History*, Vol. 34, Issue 4.

D. Sinor, 1997: "Réfléxions sur la présence Turco-Mongole dans le monde Méditerranéen et Pontique à l' épogue pré-Ottomane", in D. Sinor, *Studies in Medieval Inner Asia*, Aldershot, Hampshire: Ashgate Publishing.

Edward James, 2008: "The Rise and Function of the Concept Late Antiquity", *Journal of Late Antiquity*, Vol. 1.

Edward Watts, 2004: "Justinian, Malalas, and the End of Athenian Philosophical Teaching in A. D. 529", *The Journal of Roman Studies*, Vol. 94.

"Egyptian archaeologists find oldest port, oldest parchment in country", http://www.foxnews.com/science/2013/04/11/egyptian-archaeologists-find-oldest-port-oldest-parchment-in-country.html, 10 – 04 – 2020.

Ekaterina Nechaeva, 2014: *Embassies, Negotiations, Gifts: Systems of East Roman Diplomacy in Late Antiquity*, Stuttgart: Franz Steine.

Ekaterina Nechaeva, 2017: "Seven Hellenes and One Christian in the Endless Peace Treaty of 532", *Studies in Late Antiquity*, Vol. 1, No. 4.

Elizabeth Jeffreys, John Haldon and Robin Cormack eds., 2008: *The Oxford Handbook of Byzantine Studies*, New York: Oxford University Press.

E. Stein, 1949: *Histoire du Bas-Empire*, Paris: Desclée de Brouwer.

Eurydike Georganteli, 2009: "Numismatics", in Elizabeth Jeffreys, John Haldon and Robin Cormack eds., *The Oxford Handbook of Byzantine Studies*, New York: Oxford University Press.

Floris Bernard, 2018: *The Poems of Christopher of Mytilene and John Mauropous*, New York: Harvard University Press.

Francesco Valerio, 2013: "Aazia student ad Alessandria (Hist. 2. 15. 7)", *Byzantion*, 83.

Geoffrey Greatrex, 1995: "Procopius and Agathias on the Defences of the Thracian Chersonese", in C. Mango and G. Dagron eds., *Constantinople and its Hinterland*, Aldershot: Ashgate.

Geoffrey Greatrex, 2015: "Introduction," in Geoffrey Greatrex and Hugh Elton eds., *Shifting Genres in Late Antiquity*, London: Routledge.

Geoffrey Greatrex and Samuel N. C. Lieu eds., 2002: *The Roman Eastern Frontier and the Persian Wars (Part II, 363 ~ 630 AD)*, New York: Routledge.

Geoffrey Greatrex and Sylvain Janniard eds., 2018: *Le Monde de Procope/ The World of Procopius*, Paris: Éditions de Boccard.

Gherardo Gnoli, 2004: "Agathias and the Date of Zoroaster", *East and West*, 54 ~ 1/4.

G. Hällström, 1994: "The Closing of the Neoplatonic School in A. D. 529: An Additional Aspect", in Paavo Castrén ed., *Post-Herulian Athens: Aspects of Life and Culture in Athens A. D. 267 ~ 529*, Helsinki: Suomen Ateenan-Instituutin Säätiö.

G. Kardaras, 2019: *Byzantium and the Avars, 6th ~ 9th Century AD Political, Diplomatic and Cultural Relations*, Leiden: Brill.

Gonzalo Fernández Hernández, 1983: "Justiniano y la clausura de la Escuela de Atenas", *Erytheia: Revista de estudios bizantinos y neogriegos*, Vol. 2.

Guo Yunyan, 2021: "Classification of Byzantine Gold Coins and Imitations Found in China", in Sven Günther, Li Qiang, Lin Ying and Claudia Sode eds., *From Constantinople to Chang'an. Byzantine Gold Coins in the World of Late Antiquity. Papers Read at the International Conference in Changchun, China, 23 ~ 26 June, 2017*, Changchun: The Institute for the History of Ancient Civilizations.

G. W. Bowersock, Peter Brown and Oleg Grabar eds., 2001: *Interpreting Late Antiquity: Essays on the Postclassical World*, London: The Belknap Press of Harvard University Press.

Gyula Moravcsik, 1958: *Byzantinoturcica*, Berlin: Deutsche Akademie der Wissenschaften zu Berlin.

Hatice Palaz Erdemir, 2004: "The Nature of Turko-Byzantine Relations in the Sixth Century AD", *Cilt LXVIII, sayı 252*, TTK, Belleten, Ankara, Ağustos.

Herbert Hunger, 1969 ~ 1970: "On the Imitation (ΜΙΜΗΣΙΣ) of Antiquity in Byzantine Literature. Imitation", *Dumbarton Oaks Papers*, Vol. 23 ~ 24.

H. Leppin, 2011: *Justinian: Das Christliche Experiment*, Stuttgart: Klett-Cotta Verlag.

Ian Wood, 1994: *The Merovingian Kingdoms 450 ~ 751*, London and New York: Longman.

Jakko Suolahti, 1947: "On the Persian Sources Used by the Byzantine Historian Agathias", *Studia Orientalia*, Vol. 13.

J. A. S. Evans, 1996: *The Ages of Justinian: The Circumstances of Imperial Power*, London: Routledge.

J. A. S. Evans, 2005: *The Emperor Justinian and the Byzantine Empire*, Westport: Greenwood Press.

Johannes Preiser-Kapeller, 2023: *Byzanz: Das Neue Rom und die Welt des Mittelalters*, München: C. H. Beck.

John Haldon, 2010: *The Palgrave Atlas of the Byzantine Empire*, New York: Palgrave Macmillan.

John R. Martindale, A. H. M. Jones and John Morris eds. , 1992: *The Prosopography of the Later Roman Empire, Volume Ⅲ: AD 527 ~ 641*, New York: Cambridge University Press.

John Scarborough, 1984: "Early Byzantine Pharmacology", *Dumbarton Oaks Papers*, Vol. 38.

John Simpson and Edmund Weinereds. , 1989: *The Oxford English Dictionary*, 2nd edition, Vol. Ⅵ, Oxford: Clarendon Press.

John Thomas and Angela Constantinides Hero, eds. , 2000: *Byzantine Monastic Foundation Documents: A Complete Translation of the Surviving Founders' Typika and Testaments*, Washington, D. C. : Dumbarton Oaks Research Library and Collection.

Jonathan Harris, 2020: "Byzantines in Renaissance Italy", in *The ORB: Online Reference Book for Medieval Studies*, https: //the-orb. arlima. net/encyclop/late/laterbyz/harris-ren. html, 24 - 4 - 2020.

Jonathan M. Bloom, 2001: *Paper Before Print: The History and Impact of Paper in the Islamic World*, New Haven and London: Yale University Press.

Κώστας Κωνσταντινίδης, 2000: *Η Παιδεία στο Βυζάντιο*, Ιωάννινα: Πανεπιστήμιο Ιωαννίνων.

K. Adshead, 1983: "Thucydides and Agathias", in B. Croke and A. M. Emmett eds. , *History and Historians in Late Antiquity*, Sydney: Pergamon Press.

Khodadad Rezakhani, 2017: *Reorienting the Sasanians: East Iran in Late Antiquity*, Edinburgh: Edinburgh University Press.

Leonora Neville, 2018: *Guide to Byzantine Historical Writing*, New York: Cambridge University Press.

L. Ficulle Santini, 2023: *Reassessing Agathias: Early Byzantine Historiography beyond Procopius*, PhD dissertation, St. Andrews University.

Lin Ying, 2003: "Western Turks and Byzantine Gold Coins Found in China", *Transoxiana Webfestschrift Series* I, *Webfestschrift Marshak*, retrieved on 20 - 08 - 2018, http://www.transoxiana.org/Eran/Articles/lin_ying.html.

Lin Ying, 2006: "From Portraiture of Power to Gold Coin of Kaghan: Western Turks and the Eastward Diffusion of Solidus", *From Aures to Denar: Roman Gold Coins in the East*, Roma.

Lin Ying, 2006: "Sogdians and the Imitation of Byzantine Coins from the Heartland of China", in Matteo Compareti, Paola Raffetta and Gianroberto Scarcia eds., *ērān ud Anērān: Studies presented to Boris Ilich Marshak on the Occasion of His 70th Birthday*, Venice: Cafoscarina.

Li Qiang, 2015: "Roman Coins Discovered in China and Their Research", *Eirene. Studia Graeca et Latina*, Vol. 51.

Li Qiang, 2021: "The Dynamics of the Studies on Byzantine Gold Coins Found in China: 2007~2017", in Sven Günther, Li Qiang, Lin Ying and Claudia Sode eds., *From Constantinople to Chang'an. Byzantine Gold Coins in the World of Late Antiquity. Papers Read at the International Conference in Changchun, China, 23~26 June, 2017*, Changchun: The Institute for the History of Ancient Civilizations.

Li Qiang, Stefanos Kordosis, 2018: "The Geopolitics on the Silk Road: Resurveying the Relationship of the Western Türks", *Medieval Worlds*, Vol. 8.

L. Liculle Santini, 2023: "Literary (self-) Criticism in Agathias' Histories", *Maia*, Vol. 75.

Maria Elisabetta Colonna, 1956: *Gli storici Byzantini dal IV al XV Seculo*, Napoli: Armanni.

Marianne Sághy and Edward M. Schoolman eds., 2017: *Pagans and Christians in the Late Roman Empire New Evidence, New Approaches (4th~8th centuries)*, Budapest: Central European University Press.

Mark Kurlansky, 2016: *Paper: Paging Through History*, New York: W. W. Norton

& Company.

Michael Maas ed., 2005: *The Cambridge Companion to the Age of Justinian*, New York: Cambridge University Press.

Michael Whitby, 1988: *The Emperor Maurice and His Historians: Theophylact Simocatta on Persian and Balkan Warfare*, Oxford: Clarendon Press.

M. Meier, 2003: *Das andere Zeitalter Justinians*, Göttingen: Vandenhoeck & Ruprecht.

M. Meier, 2004: *Justinian: Herrschaft, Reich und Religion*, Munich: C. H. Beck.

M. Meier and Federico Montinaro eds., 2022: *A Companion to Procopius of Caesarea*, Leiden: Brill.

M. R. Cataudella, 2003: "Historiography in the East", in Gabriele Marasco ed., *Greek and Roman Historiography in Late Antiquity*, Leiden: Brill.

M. Stuart Madden, 2006: "Paths of Western Law After Justinian", *Pace Law Faculty Publications*, 130, https://digitalcommons.pace.edu/lawfaculty/130369~433, retrieved on 2-2-2024.

Nicola Di Cosmo and Michael Maas eds., 2018: *Empires and Exchanges in Eurasian Late Antiquity: Rome, China, Iran, and the Steppe, ca. 250~750*, New York: Cambridge University Press.

N. Sims-Williams, 1985: "Ancient letters," in *Encyclopedia Iranica*, http://www.iranicaonline.org/articles/ancient-letters, 11-4-2020.

Parvaneh Pourshariati, 2013: "Introduction: Further Engaging the Paradigm of Late Antiquity", *Journal of Persianate Studies*, Vol. 6.

Paul Foulacre (ed.), 2005: *The New Cambridge Medieval History: Volume 1 c. 500~c. 700*, Cambridge: Cambridge University Press.

Pauliina Remes, 2014: *Neoplatonism*, New York: Routledge.

Peter Brown, 1967: *Augustine of Hippo: A Biography*, Berkeley: University of California Press.

Peter Brown, 1971: *The World of Late Antiquity, AD 150~750*, New York: Thames and Hudson Ltd..

Peter Green, 1990: *Alexander to Actium: The Historical Evolution of the Hellenistic Age*, Berkeley and Los Angeles, California: University of California Press.

Peter Heather, 2018: *Rome Resurgent: War and Empire in the Age of Justini-*

an, Oxford: Oxford University Press.

Peter Sarris, 2023: *Justinian, Emperor, Soldier, Saint*, London: Basic Books.

Petre Guran, 2012: "Late Antiquity in Byzantium", in Scott Fitzgerald Johnson ed., *The Oxford Handbook of Late Antiquity*, New York: Oxford University Press.

Philip Grierson, 1999: *Byzantine Coinage*, Washington, D. C.: Dumbarton Oaks Research Library and Collection.

P. Maraval, 2016: Justinien: *Le rêve d'un Empire Chrétien Universel*, Paris: Tallandier.

Στέφανος Κορδώσης, 2012: *Οι Τούρκοι ανάμεσα στην Κίνα και το Βυζάντιο* (552~659 μ. X.), Αθήνα: Ποιότητα.

Rapin Claude, Hadot Pierre, Cavallo Guglielmo, 1987: "Les textes littéraires grecs de la Trésorerie d'Aï Khanoum", *Bulletin de correspondance hellénique*, T. 111.

R. C. Blockley, 1992: *Eastern Roman Foreign Policy*, Leeds: Francis Cairns.

Rebecca Darley, 2013: *Indo-Byzantine Exchange, 4th to 7th Centuries: A Global History*, PhD Thesis, University of Birmingham.

Rebecca Darley, 2021: "Byzantine Coins and Peninsular India's Late Antiquity", in Sven Günther, Li Qiang, Lin Ying, and Claudia Sode eds., *Byzantine Gold Coins in the World of Late Antiquity. Papers Read at the International Conference in Changchun, China, 23~26 June 2017*, Changchun: The Institute for the History of Ancient Civilizations.

Reka Forrai, 2014: "Agathias", *Catalogus Translationum et Commentariorum*, 10.

Richard J. A. Talbert ed., 2000: *Barrington Atlas of the Greek and Roman World*, Princeton: Princeton University Press.

R. Keydell, 1968: "Sprachliche Bemerkungen zu den Historien des Agathias", *Byzantinische Zeitschrift*, 61.

Ronald C. McCail, 1967: "The Earthquake of A. D. 551 and the Birth-date of Agathias", *Greek, Roman and Byzantine Studies*, 8.

Ronald C. McCail, 1968: "Poetic Reminiscence in the Histories of Agathias", *Byzantion*, 38.

Ronald. C. McCail, 1970: "On the Early Career of Agathias Scholasticus", *Revue des études byzantines*, 28.

Ronald C. McCail, 1977: " 'The Education Preliminary to Law': Agathias,

'Historiae', 11, 15, 7", *Byzantion*, 47.

R. S. Lopez, 1951: "The Dollar of the Middle Ages," *The Journal of Economic History*, Vol. 11, No. 3.

Sarah Gador-Whyte, 2007: "Digressions in the Histories of Agathias Scholasticus", *Journal of the Australian Early Medieval Association*, Vol. 3.

Scott Fitzgerald Johnson ed., 2006: *Greek Literature in Late Antiquity Dynamism, Didacticism, Classicism*, New York: Routledge.

Scott McGill, Edward J. Watts. ed., 2018: *A Companion to Late Antique Literature*, New York: Wiley.

Simon Corcoran, 2009: "Anastasius, Justinian, and the Pagans: A Tale of Two Law Codes and a Papyrus", *Journal of Late Antiquity*, Vol. 2. 2.

Simon Hornblower and Antony Spawforth, eds., 1996: *The Oxford Classical Dictionary*, 3rd edition, Oxford: Oxford University Press.

Staffan Wahlgren, 2010: "Byzantine Literature and the Classical Past", in Egbert J. Bakker ed., *A Companion to the Ancient Greek Language*, Oxford: Wiley-Blackwell.

Stephanus von Byzanz, 2014: *Stephani Byzantii Ethnica, Volumen III: Kappa—Omikron*, Recensuit Germanice vertit adnotationibus indicibusque instruxit von Margarethe Billerbeck, Berlin: Walter de Gruyter.

Stratis Papaioannou, 2009: "The Byzantine Late Antiquity", in Philip Rousseau (ed.), *A Companion to Late Antiquity*, New York: Wiley.

Sven Güenther, 2017: "Byzantine Gold Coins in the World of Late Antiquity. Internationales Symposium in Changchun vom 23. bis zum 25", *Numismatisches Nachrichtenblatt (NNB)*, Vol. 6.

T. R. S. Broughton, 1935: "Some Non-Colonial Coloni of Augustus", *Transactions and Proceedings of the American Philological Association*, 66.

Tsien Tsuen-Hsuin, 1985: *Paper and Printing, in Science and Civilisation*, Cambridge: Cambridge University Press.

Walter Pohl, 2018: *The Avars: A Steppe Empire in Central Europe, 567~822*, Ithaca: Cornell University Press.

W. B. Henning, 1948: "The Date of the Sogdian Ancient Letters", *Bulletin of the School of Oriental and African Studies*, Vol. 12, No. 3/4.

William Gervase Clarence-Smith, Kenneth Pomeranz and Peer Vries, 2006: "Editorial", *Journal of Global History*, Vol. 1, Iss. 1.

W. R. Paton, 1920: *The Greek Anthology*, Vol. 1, London: William Heinemann.

W. S. Teuffel, 1846: "Agathias von Myrine", *Philologus*, 1, S. 439~509.

W. Treadgold, 2007: *The Early Byzantine Historians*, London: Palgrave Macmillan.

Yu Taishan, 2018: *Sources on the Hephthaliate History*, Beijing: The Commercial Press.

Zhu Ziyao, 2018: "A Failed Attempt at Restoration: The Office of Megas Domestikos in Late Byzantium", in *Provisional Programme of 51st Spring Symposium of Byzantine Studies "The Post-1204 Byzantine World: New Approaches and Novel Directions"*, School of History, Classics & Archaeology The University of Edinburgh 13~15 April.

（五）原始文献中文译本

〔古罗马〕安娜·科穆宁娜：《阿莱科休斯传》，李秀玲译，上海三联书店，2018。

〔东罗马〕安娜·科穆宁娜：《阿莱克修斯传》，谭天宇、秦艺芯译，东北林业大学出版社，2017。

〔罗马〕查士丁尼：《法学总论—法学阶梯》，张企泰译，商务印书馆，1989。

〔拜占庭〕利奥六世：《战术》，李达译，台海出版社，2018。

〔拜占庭〕莫里斯一世：《战略》，王子午译，台海出版社，2019。

〔拜占庭〕普罗柯比：《秘史》，吴舒屏、吕丽蓉译，陈志强审校注释，上海三联书店，2007。

〔东罗马〕普罗柯比：《战史》，崔艳红译，陈志强审校注释，大象出版社，2010。

〔拜占庭〕普洛科皮乌斯：《普洛科皮乌斯战争史》，王以铸、崔妙因译，商务印书馆，2010。

〔拜占庭〕约达尼斯：《哥特史》，罗三洋译注，商务印书馆，2012。

《法兰克人史纪》，陈文海译注，人民出版社，2018。

《弗莱德加编年史》，陈文海译注，人民出版社，2017。

〔法兰克〕都尔教会主教格雷戈里：《法兰克人史》，寿纪瑜、戚国淦译，商务印书馆，1998。

〔古希腊〕柏拉图：《苏格拉底的申辩》，吴飞译/疏，华夏出版社，2007。

〔古希腊〕希罗多德：《历史》（详注修订本），徐松岩译注，上海人民出版社，2018。
〔古希腊〕修昔底德：《伯罗奔尼撒战争史》（详注修订本上册），徐松岩译注，上海人民出版社，2017。

（六）中文原始文献

（南朝宋）范晔：《后汉书·宦者列传第六十八》第10册，中华书局，2014。
（唐）杜环：《经行记笺注》，张一纯笺注，中华书局，2000。
（唐）魏徵、令狐德棻：《隋书》，中华书局，1973。

（七）中文文献

陈文海：《蓄发与削发——法兰克墨洛温王族象征符号释论》，《华南师范大学学报》（社会科学版）2012年第6期。
陈志强：《拜占庭帝国史》，商务印书馆，2017。
陈志强：《"查士丁尼瘟疫"影响初探》，《世界历史》2008年第2期。
陈志强：《地中海世界首次鼠疫研究》，《历史研究》2008年第1期。
陈志强：《古代晚期研究：早期拜占庭研究的超越》，《世界历史》2014年第4期。
陈志强：《蒙古国拜占庭金币考古断想》，《南京政治学院学报》2016年第6期。
陈志强：《蒙古国出土拜占庭金币的学术意义》，《光明日报》2017年8月14日第14版。
陈志强、孙丽芳、赵立庆：《我国拜占廷学发展——南开大学历史学院陈志强教授访谈》，《社会科学家》2014年第2期。
陈志强：《我国拜占庭文化研究的新动向》，《世界历史》2007年第6期。
崔艳红：《查士丁尼大瘟疫述论》，《史学集刊》2003年第3期。
葛剑雄：《造纸术如何传入西方？》，《月读》2015年第12期。
郭云艳：《查士丁尼宗教政策失败原因初探》，《历史教学》2005年第11期。
郭云艳：《论蒙古国巴彦诺尔突厥壁画墓所出金银币的形制特征》，《草原文物》2016年第1期。
郭云艳：《罗马—拜占庭帝国嬗变与丝绸之路：以考古发现钱币为中心》，中央编译出版社，2022。
郭云艳：《萨珊波斯帝国在拜占廷金币传入过程中的影响》，《安徽史学》

2008 年第 4 期。

郭云艳：《嚈噠与拜占庭帝国的往来及其影响》，中国世界古代中世纪史研究会编：《中国世界古代史 2016 年会会议论文集：古代世界的生成和成长》，2016。

郭云艳：《在中国发现拜占庭金币》，《光明日报》2017 年 8 月 14 日第 14 版。

郭云艳：《中国发现的拜占廷金币及其仿制品研究》，博士学位论文，南开大学，2006。

侯笑如、吴稼南、潘吉星：《造纸技术的滥觞与贡献——访自然科学史研究专家潘吉星先生》，《中国出版史研究》2015 年第 2 期。

姜伯勤：《敦煌吐鲁番文书与丝绸之路》，文物出版社，1994。

焦汉丰：《古代晚期城市的内涵、特点及研究现状》，《都市文化研究》2015 年第 1 期。

焦汉丰：《古代晚期的宗教暴力、殉道与政治合法性》，硕士学位论文，上海师范大学，2013。

焦汉丰：《古代晚期神庙的命运》，《都市文化研究》2016 年第 2 期。

焦汉丰：《古代晚期异教的衰弱探迹——基于神庙视角的研究》，博士学位论文，上海师范大学，2017。

康凯：《"476 年西罗马帝国灭亡"观念的形成》，《世界历史》2014 年第 4 期。

兰琪：《西突厥汗国与萨珊波斯的关系》，《贵州师范大学学报》（社会科学版）1986 年第 2 期。

蓝琪：《西突厥与东罗马的关系》，《贵州师范大学学报》（社会科学版）1987 年第 4 期。

李继荣：《拜占庭〈法律选编〉"仁爱"化原因探微》，《历史教学问题》2017 年第 2 期。

李隆国：《长发王制度与西欧中世纪王权的开启》，《光明日报》2022 年 8 月 8 日第 14 版。

李隆国：《从"罗马帝国衰亡"到"罗马世界转型"——晚期罗马史研究范式的转变》，《世界历史》2012 年第 3 期。

李隆国：《古代晚期研究的兴起》，《光明日报》2011 年 12 月 22 日第 11 版。

李强：《公元 6~7 世纪西突厥与拜占庭帝国交往中的地缘政治》，《西域研究》2021 年第 1 期。

李强:《国际拜占庭学发展迅速》,《中国社会科学报》2016年10月10日。
李强:《论佩特拉草纸文献整理在拜占庭学研究中的意义》,《外国问题研究》2017年第4期。
李强:《西方古代—中世纪文献研究的新路径——试论重写本的研究及意义与启示》,《新世界史》(第二辑),社会科学文献出版社,2018。
李强、徐家玲:《拜占庭金币的东方之旅》,《光明日报》2017年8月14日第14版。
李晓嘉:《他者叙事中的"波斯崇水":基于拜占庭早期史家相关记述的思考》,《全球史评论》2023年第1期(总第二十四辑)。
李永明:《修昔底德〈伯罗奔尼撒战争史〉中的演说辞及其真实性问题研究》,《史学史研究》2019年第1期。
林英:《磁县东魏茹茹公主墓出土的拜占庭金币和南北朝史料中的"金钱"》,《中国钱币》2009年第4期。
林英:《金钱之旅——从君士坦丁堡到长安》,人民美术出版社,2004。
林英:《唐代拂菻丛说》,中华书局,2006。
刘榕榕、董晓佳:《古代晚期地中海地区"尘幕事件"述论——兼论南北朝时期建康"雨黄尘"事件》,《安徽史学》2016年第2期。
刘榕榕:《古代晚期地中海地区自然灾害研究》,中国社会科学出版社,2018。
刘寅:《彼得·布朗与他的古代晚期研究》,《史学史研究》2021年第2期。
刘迎胜:《话说丝绸之路》,安徽人民出版社,2017。
刘迎胜:《丝绸之路》,江苏人民出版社,2014。
吕厚量:《古希腊史学中帝国形象的演变研究》,中国社会科学出版社,2021。
马锋:《关于普罗柯比的宗教信仰问题》,《中南大学学报》(社会科学版)2013年第3期。
马小鹤:《公元八世纪初年的粟特——若干穆格山文书的研究》,《中亚学刊》第3辑,中华书局,1990。
潘树林:《阿拉伯帝国的造纸业及其影响》,《阿拉伯世界》1992年第1期。
庞国庆:《拜占廷帝国717~718年保卫战胜利的天气因素研究》,《云南民族大学学报》(哲学社会科学版)2017年第5期。
钱存训:《中国古代书史》,香港中文大学出版社,1975。
疏会玲:《古代晚期基督教社会犹太人的法律地位——基于罗马法的考

察》,《历史教学问题》2017 年第 1 期。

松竹:《放马滩地图：世界上最早的纸（镇馆之宝）》,《人民日报》（海外版）2014 年 6 月 6 日第 15 版。

孙莉:《萨珊银币在中国的分布及其功能》,《考古学报》2004 年第 1 期。

汪前进:《中国造纸术的发明及传播》,《光明日报》2018 年 1 月 15 日第 14 版。

王政林、左永成:《论西突厥汗国与拜占庭帝国的结盟》,《河西学院学报》2013 年第 6 期。

王政林:《西突厥与萨珊波斯合击嚈哒始末》,《昌吉学院学报》2015 年第 3 期。

魏义天、赵飞宇、马翊斐:《东罗马皇帝莫里斯和突厥可汗：泰奥菲拉克特·西摩卡塔所记突厥史料》,《西域研究》2018 年第 2 期。

吴舒屏:《拜占廷心态文化研究——基于对东正教之神圣象征的分析》,人民出版社,2015。

武鹏:《东地中海世界的转变与拜占廷帝国的奠基时代（4—6 世纪）》,北京大学出版社,2020。

徐国栋:《优士丁尼〈法学阶梯〉评注》,北京大学出版社,2011。

徐家玲:《拜占庭文明》,人民出版社,2006。

徐家玲:《第 20 届世界拜占庭大会在巴黎召开》,《世界历史》2002 年第 3 期。

徐家玲:《第 21 届世界拜占庭研讨会综述》,《古代文明》2007 年第 2 期。

徐家玲、李继荣:《"米兰敕令"新探》,《贵州社会科学》2015 年第 1 期。

徐家玲:《论早期拜占庭的宗教争论问题》,《史学集刊》2000 年第 3 期。

徐家玲、毛欣欣:《〈市政官法〉对君士坦丁堡的城市管理理念》,《经济社会史评论》2018 年第 4 期。

徐家玲:《早期拜占庭和查士丁尼时代研究》,东北师范大学出版社,1998。

徐晓旭:《古希腊语与古希腊文化》,《华中师范大学学报》（人文社会科学版）2004 年第 4 期。

薛宗正:《从西部突厥到西突厥汗国》,《新疆大学学报》（哲学人文社会科学版）2008 年第 1 期。

薛宗正:《突厥史》,中国社会科学出版社,1992。

杨共乐:《丝绸之路：人类携手合作的创举》,《光明日报》2017 年 9 月 11 日第 14 版。

杨共乐:《修昔底德撰史特点新探》,《北京师范大学学报》（社会科学版）2017 年第 4 期。

尹忠海：《节制权贵的比较优势——对马其顿王朝土地立法活动的一种类型学分析》，《江西财经大学学报》2010 年第 5 期。

余春江：《西西里狄奥多鲁斯史学思想述评》，《史学理论与史学史学刊》2017 年第 2 期。

余太山：《柔然—阿瓦尔同族论质疑——兼说阿瓦尔即悦般》，收录于余太山《古代地中海和中国关系史研究》，商务印书馆，2012。

余太山：《嚈哒史研究》，商务印书馆，2012。

张国刚：《"纸"的全球史》，《中华读书报》2019 年 3 月 6 日第 13 版。

张强：《西方古典著作的稿本、抄本与校本》，《历史研究》2007 年第 4 期。

张爽：《6 世纪欧亚大陆的丝绸贸易与丝路——以突厥外交军事活动为中心》，《社会科学辑刊》2015 年第 6 期。

张爽：《公元 4 至 6 世纪欧亚丝路贸易中的拜占庭—波斯战争》，《学海》2022 年第 4 期。

张爽：《论 4~6 世纪拜占庭的丝绸贸易与查士丁尼开辟丝路的努力》，《海交史研究》2019 年第 3 期。

张小贵：《达克玛与纳骨瓮：中古琐罗亚斯德教葬俗的传播与演变》，罗丰主编《丝绸之路考古》第 4 辑，科学出版社，2020。

张小贵：《康国别院"令狗食人肉"辨》，《西域研究》2007 年第 3 期。

张绪山：《6~7 世纪拜占庭帝国与西突厥汗国的交往》，《世界历史》2002 年第 1 期。

张绪山：《中国与拜占庭帝国关系研究》，中华书局，2012。

郑玮：《雅典：公元 267~582 年——从古典城市走向基督教城市》，天津人民出版社，2009。

郑秀艳：《古代晚期的科林斯城市研究》，博士学位论文，上海师范大学，2015。

（八）译著

〔德〕塞巴斯蒂安·康拉德：《全球史是什么》，杜宪兵译，中信出版集团，2018。

〔俄〕B. A. 李特文斯基、张广达主编：《中亚文明史·第三卷 文明的交会：公元 250 年至 750 年》，马小鹤译，中国对外翻译出版公司，2003。

〔法〕皮埃尔·米盖尔：《法国史》，蔡鸿滨、张冠尧、桂裕芳等译，商务印书馆，1985。

〔美〕A. A. 瓦西列夫：《拜占庭帝国史》，徐家玲译，商务印书馆，2019。

〔南斯拉夫〕乔治·奥斯特洛格尔斯基：《拜占廷帝国》，陈志强译，青海人民出版社，2006。

〔苏联〕列夫臣柯：《拜占廷》，葆煦译，生活·读书·新知三联书店，1962。

〔英〕C. H. 罗伯茨、T. C. 斯基特：《册子本起源考》，高峰枫译，北京大学出版社，2015。

〔英〕保罗·福拉克主编：《新编剑桥中世纪史　第一卷　约500年至约700年》，徐家玲等译，中国社会科学出版社，2021。

〔英〕彼得·希瑟：《帝国与蛮族：从罗马到欧洲的千年史》，任颂华译，中信出版社，2020。

〔英〕哈福德·麦金德：《民主的理想与现实：重建的政治学之研究》，王鼎杰译，上海人民出版社，2016。

〔英〕玛利亚·曼德尔·曼戈：《新宗教与旧文化》，载于〔英〕西里尔·曼戈主编：《牛津拜占庭史》，陈志强、武鹏译，北京师范大学出版社，2015。

〔英〕西里尔·曼戈主编：《牛津拜占庭史》，陈志强、武鹏译，北京师范大学出版社，2015。

〔英〕裕尔撰：《东域纪程录丛：古代中国见闻录》，张绪山译，中华书局，2008。

索 引

A

A. A. 瓦西列夫 15,179,185,212—214,216,218,219
A. H. M. 琼斯 167,211
A. 莫米里亚诺 7,167
阿波罗 41,67,134
阿尔巴基斯 79
阿尔达希尔(二世) 137
阿尔达希尔(一世) 80,81,135
阿尔戈斯 69
阿耳忒弥斯 61
阿弗洛狄特(维纳斯,阿纳西塔) 16,41,78,153
阿胡拉·玛兹达 39,77,78
阿加西阿斯 1,3,4,6,7,9—12,14—22,25—29,32,33,36,61,64,68,76—78,86,88—90,101,102,125,137,141,144,150,161,165—167,171—177,179,180,183,184,186—195,244,245
阿卡狄乌斯 28,137,138
阿凯西劳斯 180
阿莱奥宾杜斯 84
阿莱克萨基斯 5,17,19,36,68,129,144,165
阿莱克修斯(阿莱科休斯) 8

阿莱山德罗 6
阿兰·卡麦隆 183,184
阿里安 19,174
阿里根努斯 40,50,51,60
阿里曼 39,78
阿里斯通 25,82
阿鲁斯 50
阿马尔 238
阿玛拉松塔 30,37
阿蒙尼乌斯 85
阿纳克瑞翁 17
阿纳斯塔修斯 28,42,82,154,217,223
阿纳托利乌斯 145,146
阿瑞斯 39,69
阿萨梅斯 79
阿萨息斯 80
阿森诺克勒斯 77
阿斯科利皮乌斯 67
阿斯尼乌斯·夸德拉图斯 38
阿塔巴内斯 29,42,46,54,59
阿塔巴努斯 80
阿塔纳修斯 101,102,115,124
阿塔薛西斯 76,77
阿忒 39
阿提拉 31,35,140,191
阿悉结 200,201

埃厄忒斯 69,92
埃厄特斯 95,97—100
埃弗里尔·卡麦隆 1,2,5,7,14,
  20,166,169,192,195
埃奈西德穆 84
埃涅阿斯 41,82
埃瓦格里乌斯 188,198,199,202
艾尔敏内猝尔 108,126,127
艾拉加巴鲁斯 80
爱德华·吉本 2
安东尼·卡尔德里斯 20,170,183,
  195
安基塞斯 41,82
安娜·科穆宁娜 8
安塔里亚特斯 176
安提奥库斯 48
安提奥库斯(阿什凯隆) 180
安西米乌斯 147—150
昂吉拉斯 107,109,112
奥伯林斯基 208
奥德纳托斯 135
奥多亚克(奥多亚塞) 37
奥尔特加 6
奥莱斯蒂斯 140
奥林皮乌斯 147
奥林匹奥多鲁斯 184
奥罗鲁斯 82
奥斯特洛格尔斯基 179,213
奥维德 19

B

B. A. 李特文斯基 201
巴巴斯 106
巴尔马赫 104
巴库斯 163

巴拉泽斯 125
柏拉图 25,82,84,85,139,146,171,
  175,177—181,185,186
拜扎兹 29
保罗(莫里斯之父) 1
保罗(静默官) 17,26,141,150
保罗·福拉克 195,213,214,217
葆煦 17
卑路斯(一世) 28,138,139
贝勒塔拉斯 79
贝雷苏斯 79
贝利撒留 19,28—30,42,70,156,
  157,159—161,174,187,244
贝流斯 78,79
贝罗娜 39
贝洛苏斯 77
贝萨斯 70,72,89,93,106
彼得·布朗 2,166,169
彼得·古兰 170
彼得·萨利斯 213
彼得·希瑟 187
碧阿翠丝·卡索 222
波里比阿 174
波塞冬 66,69,149
博尼法斯 29
博努斯 49
布鲁姆 236—238
布洛柯里 182
布提林努斯 37,39,42,45,53—56,
  59,60,62
布泽斯 70,89—94,107,125

C

C. A. 马卡尼 197,201
C. H. 罗伯茨 232—234

蔡鸿滨 189
蔡伦 230,231,233,238
查士丁（耶尔曼努斯之子） 14,27,
　28,42,70,72,82,89—93,104,107,
　111,112,125,126,132—134,182,
　195,200—203,205,206,210,216,
　224
查士丁（二世） 14,28,70,133,182,
　195,202,203,205,206,210
查士丁尼（优士丁尼） 2,3,8,10,
　11,14,15,18,27—30,35,38,42,
　48,50,55,66,70,72,82,84,89,91,
　101,103,107,115,132,140,142,
　144,151,153,154,161,163,172,
　175,177,179—183,185—187,191,
　195,200—202,207,208,210—220,
　222,224,243—245
查士丁（一世） 28,42,82
陈文海 34,187,193
陈志强 8,12,168,169,179,185,
　211,213,221—223,226
崔妙因 8,18
崔艳红 8,222

D

D. 西诺尔 201
达米安 185
达提斯 61
达头可汗 160,209
达乌拉叶扎斯 93,108,129,130
大流士（二世） 77,79
大流士（三世） 79
大流士（一世） 32,61,81,141
大马士齐乌斯 85,179,181,184,185
戴克里先 223

德尔凯塔德斯 78,79
德科希普斯 174
德摩斯梯尼 61,82,234
德荣 75,76
德西乌斯 183
狄奥 19,176
狄奥多鲁斯 70,79,174,175
狄奥斯科鲁斯 147
狄宇宙 168,229
迪奥·赫里斯托姆 173
迪奥吉尼斯 85,179
迪奥·卡修斯 174
迪奥尼修斯 185
迪奥尼修一世 61
迪斯考迪娅 39
丁多夫 5
董晓佳 169
杜环 238
杜宪兵 229
多罗塞乌斯 161
咄陆设 206,208

E

厄里斯 39
厄倪俄 39
厄瑞玻斯 39

F

法尔桑德斯 125
法尼泰乌斯 42
法塔泽斯 97,101
樊淑 238
范晔 230,235
菲拉格里乌斯 102
菲洛马修斯 107,109

腓力(二世) 79
腓力三世 79
费利姆斯 42
佛提乌斯 185,198
夫里提哲 50
弗尔坎尼乌斯 4
弗莱多 5,68,129,144
弗劳鲁斯 26,150
弗里迪根努斯 30,40
福卡里斯 42,45—47

G

盖塞里克 29
盖乌斯·马略 36
盖亚 77
冈比西斯(二世) 32,81
冈比西斯(一世) 32,79,141
冈多巴德 34
高峰枫 232
高斯塔斯·康斯坦丁尼德斯 241
格尔斯基 238
格雷戈里 32—34,36,37,187,188,
　191—195
格里高利 234
格利高里·帕库利亚诺斯 232
葛剑雄 230,237
贡塔尔 194
古巴泽斯 70,89—91,95,97—101,
　115—125,132
桂裕芳 189
衮塔利斯 29,42
郭云艳 217,221,223,226—228,235

H

哈迪斯·帕拉兹·俄德米尔 197
哈杜斯 103
哈福德·麦金德 210
哈纳郎吉斯 57
海雷蒙 68,69
何双全 230
荷马 18,39,66,83,173
赫尔墨斯 85,179
赫拉 39
赫拉克勒斯(桑蒂斯) 24,78,88
赫里安斯 30
赫罗诺斯 77
赫西俄德 18,39,69,77,173
亨宁 236
鸿格 172
侯笑如 231
霍尔米兹达斯 216
霍尔米兹德(二世) 136
霍尔米兹德(一世) 135

J

J.B.布瑞 167
基德尔 4,5,10,21,22,24
吉布鲁斯 108
吉利美尔 29
吉利普斯 61
嘉德—怀特 173
姜伯勤 225,235
焦汉丰 169,181
居鲁士(静默官保罗的父亲) 26,
　150
居鲁士大帝(二世) 32,76,79,81,
　141
居鲁士(一世) 79
君士坦丁 14,15,19,29,50,66,83,
　88,144,145,153—155,163,172,

182，185，187，191，194，200，214—217，222，223，225，232，234，242，244
君士坦丁九世莫诺马赫　241
君士坦丁·凯法拉斯　16
君士坦丁七世　22，219

K

卡拉巴克　240
卡拉卡拉　80
卡涅阿德斯　180
卡塔乌德拉　175
卡瓦德（一世）　28，139，140，142
康凯　37
科隆娜　21
科农　140
科斯马斯（修士）　224
科斯玛斯（圣）　185
克劳迪娅·索德　222
克洛多梅尔　33—35，191—194
克洛多瓦尔德　194
克洛诺斯　77
克洛泰尔（洛塔尔）　33，36，65，191，192
克洛维　32，33，189，191—194
库里耶　5
库斯劳（一世）　1，28，29，30，70，80，82，84—88，119，134，141，142，179
库提奇斯　104

L

拉格纳里斯　64
莱安德罗斯　153
莱昂提乌斯　129，130
莱扎汉尼　168

兰琪　197，210
劳费尔　236
李达　8
李继荣　214，222
李隆国　2，12，34，168，170，194
李强　138，196，220—222，232，235
李晓嘉　78
李秀玲　8
李永明　174
里贝里克　176
厉以宁　228
利奥（六世，《战术》作者）　8
利奥（执事）　176
利奥三世　108
利奥一世　140，152
利巴尼乌斯　185
列夫臣柯　5，17
林英　197，221，222，225，227
林中泽　227
令狐德棻　225
刘泚　238
刘榕榕　169，207，213，222
刘寅　2，166
刘迎胜　76，236，238
刘悦　16
琉善　174，176
柳塔利斯　19，37，39，42，53—56，62
鲁斯梯库斯　89—91，93，99，101，115，119，120，124，129，132
吕厚量　79
吕礼　238
吕丽蓉　8
罗丰　75
罗慕路斯　82，144
罗慕路斯·小奥古斯都　37

罗穆卢斯 102
罗三洋 8

M

马阿斯 168,229
马丁 29,70—72,89,90,92,93,101,104,106,107,109—111,113,114,124,125,127,129,132,142
马尔贡 232
马尔库斯·弗里乌斯·卡米卢斯 36
马尔西亚斯 134,135
马锋 19
马哈瓦尔 5
马凯冬尼乌斯 17
马克林努斯 80
马克森提乌斯 125,126
马尼亚克 200,202,203,205
马塞林努斯 129,137
马小鹤 201,236
马佐齐乌斯 4
玛利亚·曼德尔·曼戈 185
迈穆诺尼乌斯 14,26
迈斯特里安努斯 101,102
毛欣欣 222
蒙都斯 50
弥南德(侍卫官) 3,20,167,172,176,177,188
米哈伊尔·科尔多西 222
米南德 173
米涅 5
米太亚德(小) 61
米特里达特(二世) 80
米特洛多鲁斯 147,148
缪斯 25,88

莫拉夫切克 21,197
莫里斯 1,8,141,175,188,198,199,203,209
莫莫罗斯 30,70—74,82,88,89,127

N

那耐·万达克 235
纳尔沙赫 136
纳尔泽斯 18,30,31,35,37,39—52,55,57—60,62,64,65,172,174,187,189,244
纳赫拉汗 88,89,92,102,104,106—111,113,114,124,125,134,142
内波斯 140
内马克 225
尼布尔 5,22
尼查叶娃 86
尼基福鲁斯 198,199
尼努斯 69,76,78,79
尼西亚斯 61
尼亚斯 76
泥利可汗 196,209
倪克斯 39
纽曼 238
诺努斯 134

O

欧格纳里斯 113
欧里庇得斯 18,88
欧瑞斯特斯 37

P

帕尔万·布莎莉亚蒂 168
帕拉迪乌斯 40
帕里萨迪斯 77

帕维克斯(帕帕克) 81
潘吉星 231
潘树林 237
庞国庆 222
佩里科莱娅 14
皮埃尔·米盖尔 189
皮尔松纳 4
皮浪 84
品达 18,88
普里斯库斯 174
普利阿莫斯 82
普利西安 85,179
普林尼(老) 79,232
普鲁塔克 76
普鲁塔克(雅典) 180,181,184
普罗柯比(普洛科皮乌斯) 3,4,7,
　　8,12,18—21,28—30,42,47,49,
　　71,72,86,114,127,138—140,142,
　　167,172—177,179,182,183,188,
　　190—192,194,195,213,244,245
普罗克鲁斯 181,184

Q

戚国淦 32
齐伯尔 129
契赫 142
钱存训 231,236
乔治·奥斯 179,213
秦艺芯 8

R

让·克劳德·舍耐 222
任颂华 187
瑞贝卡·达莉 168,226

S

S.G.克利亚什托尔内 201
撒桑 81
萨尔达纳帕鲁斯 79
萨福 17
萨里比 237,238
萨利赫 237
塞奥法尼斯(拜占庭) 198—204
塞奥法尼斯(坚信者) 154,198—
　　204
塞奥菲拉斯图斯 84
塞奥费拉克特·西摩卡塔 3,20,
　　167,172,177,188,197—199,204,
　　205,209
塞巴斯蒂安·康拉德 229
塞尔吉乌斯 141,142,188
塞尔吉乌斯(将军) 163
塞克斯图斯 84
塞索斯特里斯 69
赛米拉米司 69,76—78
桑迪尔霍斯 153,164
桑蒂尼 7
色诺芬 73
沙普尔(二世) 136,137
沙普尔(三世) 137
沙普尔(一世) 134,135
沙畹 201
射匮可汗 196
室点密(西扎布鲁) 160,196,201,
　　202,204,205—207
寿纪瑜 32
疏会玲 169
斯戴法诺斯(拜占庭) 107
斯戴法诺斯(圣) 74,92

斯戴法诺斯·科尔多西　197,200,201
斯蒂法努斯　47,48
斯梅尔迪斯　81
斯塔芬·瓦尔格伦　173,175,222
斯坦因　235,236
斯特拉波　39,144,226
斯特拉迪斯·帕帕约阿努　170
斯托扎斯　29,42
斯文·赫定　235,236
松竹　230
苏阿鲁纳斯　131
苏格拉底　25,84,139
苏谅　76
孙莉　235
孙丽芳　221,223
索迪利库斯　102—104,124,127,131,132
索帕特罗斯　224
琐罗亚斯德（扎拉迪斯）　39,77

T

T.C.斯基特　232,233
泰西阿斯　76,78,79
谭天宇　8
忒耳西特斯　83
提奥达哈德　30,37
提奥多拉　163,217
提奥多里克　30,37,38
提奥多鲁斯　72,73,107,109,112,125,126,129,143,144
提奥多西大帝　28,215
提奥多西（二世）　28,137
提比略（二世）·君士坦丁　1,14,141,206

提比略一世　226
提乌德巴尔德　36—38,65,192
提乌德巴尔都斯　51
提乌德贝尔特（一世）　33,35,36,38,191,192,194
提乌德里克（一世）　33,35,192
提乌多瓦尔德　194
提亚斯　30,31,36,40,50,63,155,160,189
头六抛　225
托勒密（地理学家）　144
托勒密（一世）　77
托勒密（二世）　232
托提拉　30,35,40,45,63,189

W

瓦赫兰（二世）　136
瓦赫兰（三世）　136
瓦赫兰（四世）　137
瓦赫兰（五世）　28,138
瓦赫兰（一世）　136
瓦赫利兹（法布里佐斯）　114
瓦卡鲁斯　51
瓦拉什　139
瓦莱里安　42,59,108
瓦勒良　135
瓦伦丁努斯　160,200,206,208,209
瓦罗　232,233
瓦西里库斯　140
汪前进　230,235—237
王鼎杰　210
王以铸　8,18
王政林　197
王子午　8
威斯纳　240

维吉尔　41
维吉里乌斯　216
维利娜　140
维塔利安　42
维提吉斯　30
维永　79
魏义天　209
魏徵　225
沃伦·特里高德　17
乌尔达赫　54
乌拉尼乌斯　83—85,87
乌拉诺斯　77
乌里伽格斯　93
乌西贾杜斯　93
屋大维·奥古斯都　68,226
吴飞　25
吴刚　222
吴稼南　231
吴舒屏　8,216
武鹏　185,217

X

西比拉　41
西吉斯蒙德　34
西里尔·曼戈　17,185
西马库斯　78
西蒙·考克兰　183
西亚尼斯　103
希波克拉底　67
希尔德贝尔特（一世）　33
希拉克略　20,76,177,209
希罗多德　1,7,18,19,24,69,73,74,78,173,174,185,233
希洛　152
希帕鲁斯　226
希司塔斯佩斯　32,77
夏德　236
夏鼐　225,228
小伊西多尔　150
辛杜阿尔　50,58—60
辛奈西乌斯　17
辛普利齐乌斯　85,179
辛塞鲁斯　176
修昔底德　1,7,19,82,173—175
徐国栋　8
徐家玲　8,15,27,29,179,195,214,215,220—222
徐松岩　25,82
徐晓旭　173
叙利亚努斯　181
薛西斯（一世）　61
薛宗正　196,201,202,207

Y

雅典娜　69
亚布里库斯　185
亚克特　239
亚里士多德　66,82,83,85,147,185
亚历山大（塞维鲁）　80,135
亚历山大（博学者）　78—80
亚历山大（安西米乌斯的兄弟，医生）　147
亚历山大大帝（三世）　77,79,135
杨共乐　175,226
耶尔曼努斯　29,70,104,107,111,112,126,132,161—163
伊阿宋　69,92
伊本·豪克尔　237
伊科诺米德斯　232,241
伊利格尔　104

伊鲁斯 129,140
伊嗣俟(二世) 138
伊嗣俟(一世) 28,137
伊索克拉底 173
伊西奥多鲁斯 85
伊西多尔(加沙) 85,179
尹忠海 222
尤拉米乌斯(尤拉里乌斯) 85,179
尤利娅·阿维塔·马梅娅 80
尤门尼斯 232,233
尤斯塔修斯 232
尤斯特拉提乌斯 102
尤提西亚努斯 18,26
余春江 174
余太山 34,138,190
裕尔 198,202—206,208
约尔丹(约达尼斯) 8
约翰(达科纳斯) 129,131
约翰(利比亚人) 132,133
约翰(吕底亚人) 175
约翰(鲁斯梯库斯的兄弟) 90,91,99,101,102,115,119,120,132
约翰(维塔利安之侄) 42,46
约翰(以弗所) 182,198—199,204
约翰·艾比法尼亚 198,204,205
约翰·马拉拉斯 3,30,175,179,182,183,188
约瑟夫 174
约维安 137

Z

泽马尔库斯(蔡马库斯) 200,203—206
曾江 221
扎博汗 152,153,160,163,164
扎玛斯普 139,140
扎摩尔克西斯 24
扎塞斯 101,102
詹达拉斯 49,59
张冠尧 189
张广达 201
张国刚 237
张企泰 8
张强 231
张爽 86,197,208
张绪山 197,198,200,221,225,227
张一纯 238
赵飞宇 209
赵立庆 221,223
赵徐州 221
贞内修斯 176
贞提利 21
郑玮 184
郑秀艳 169
芝诺(塔拉西科蒂萨) 37,108,140,156,215
芝诺(修辞学家) 148,149
宙斯(贝尔) 39,77,78,149
朱利安 137,182
朱子尧 222
左永成 197
佐川英治 168,243

后　　记

　　独自撰写的第一本书即将付梓，虽心中惶恐惴惴，但这依旧无法掩饰我内心的喜悦之情。

　　本书的完成，离不开我的硕士导师徐家玲教授始终如一的鼓励和支持，她就像爱琴海上的灯塔，指引着我前进的方向。自 2015 年入职东北师范大学以来，历史文化学院和世界古典文明史研究所的诸位师长同仁给予我极大的支持与帮助，为我搭建了自由的平台，使我能够在工作中尽情发挥。尽管我尚未取得优异成绩回报他们，但他们的鼓励让我心怀感恩，斗志昂扬。

　　2017 年 3 月，我曾在挪威科技大学古典学系访学一个月，并在该系拜占庭学专家瓦尔格伦（Staffan Wahlgren）教授的指导下，完成了《历史》前两卷的翻译工作。每日和他一起在狭小的图书资料室里分析译文，是我那段时期最美好的回忆，借此机会，我也向他表达最真诚的谢意。此外，译文还得到了我博士阶段母校——希腊约阿尼纳大学阿莱克萨基斯（Alexandros Alexakis）教授的帮助。他是国际知名的拜占庭文献学家，也是阿加西阿斯《历史》的现代希腊文译者。通过线上线下的多次沟通，他帮助我解决了译文中的诸多困惑，我一直像尊敬师长一样崇敬他。

　　本文的研究内容主要完成于疫情前后，也在很多不同场合分享过，期间承蒙诸多师友不弃，给予赐教，在此深表谢意。

　　最后，我要感谢我的家人。没有父母的支持，我无法走到今天。妻子刘霞和儿子李希哲的陪伴，是我前进的最大动力。

2024 年 9 月 7 日
写于长春市净月假日名都小区，
2025 年 4 月 2 日修改